메코시코주쿠
유학생 대학수험 총서

일본유학시험(EJU)
일본어 단어·어휘 10000어

출제 빈도순

한국어번역판

10000 Words, Phrases and Idioms for the EJU Japanese test

글로벌 인재 육성, 1984년 설립
(주)해외교육사업단

한국어 번역판을 발행하며

여러분이 일본어에 대해 자신감을 가지려면 먼저 단어·어휘에 대한 실력을 갖추는 것이라고 생각합니다. 한국어와 일본어는 어순이 같다는 점에서 일본어 단어를 많이 외우고 이해하는 것이 일본어 정복의 지름길이라고 할 수 있습니다. 그러한 의미에서 이 책은 일본유학시험을 준비하는 여러분에게 매우 유용한 참고서가 될 것으로 믿습니다.

이 책은 12년간 시행된 일본유학시험 기출문제를 가지고 단어·어휘의 빈출도 분석 프로그램을 이용하여 컴퓨터로 빈출도를 처리하였습니다. 그에 따라 단어·어휘별 중요도를 인식함으로써 일본어 학습의 지름길을 제시해 준다는 점은 수험생 여러분에게 매우 도움이 되는 정보가 될 것으로 생각합니다.

나아가 일반 품사 외에 숙어(속담, 관용구, 사자성어)를 추가 수록하고 부록으로 EJU 문과, 이과 각 과목의 키워드를 한국어로 제시하여 이들 과목의 학습에도 도움이 되도록 하였습니다.

일본에서 발행된 이 책의 한국어 번역판 발행에 있어서는 아래와 같은 점에 중점을 두고 편집하였음을 참고해 주시기 바랍니다.

첫째는, 표제어의 품사 분류는 원저자의 의도에 맞게 그대로 따랐습니다. 학습자 입장에서는 표제어 하나만 가지고 보면 그 분류가 애매하게 느껴지는 부분도 있을 것이라 생각됩니다. 그러나 단어 하나가 여러 품사로 사용되는 경우도 있을 수 있으므로 그것에 너무 민감할 필요 없이 문장의 전체 흐름으로 뜻을 파악하도록 해 주시기 바랍니다.

둘째는, 표제어의 뜻을 우리말로 표기함에 있어서는 대표적인 의미를 하나 또는 여러 개를 표기하였습니다만, 가급적 여러 개를 표기하려고 노력하였습니다. 이 책은 사전은 아니지만 학습자가 여러 가지 의미로 해석할 수 있도록 그렇게 상정하여 표제어의 번역어를 제시했습니다.

셋째는, 예문의 번역에 있어서는 학습자의 일본어 단어별 의미 파악을 돕기 위해 가급적 직역에 가깝도록 번역하였습니다. 그러나 원문의 뜻에서 벗어나지 않는 범위에서 문장의 흐름에 어색함이 없도록 의역도 시도하였습니다.

아무쪼록 일본어 학습 및 일본유학시험을 준비하시는 여러분에게 많은 도움이 되시기를 바라는 바입니다.

이 책의 특색　　　　　　　　　　　　　　　　本書の特色

이 책은 일본유학시험 (EJU) 일본어 과목의 과거 문제 12 년분을 언어처리기술로 분석, 출제 빈도 순으로 중요한 단어·어휘를 게재한 참고서입니다.
- 일본어 과목의 독해·청해·청독해에 나오는 「빈도순」으로 수록
- 동사·형용사·형용동사·부사·숙어·명사의 분류
- 표제어 외에 유의어·반대어·혼동어·동음이의어 및 동훈이자어의 파생어, 본시험을 의식한 아카데믹한 예문
- 아나운서, 성우에 의한 표제어·파생어·예문의 음성수록
- 전체 10,000 문제 확인 온라인 테스트 (무료)

일본유학시험 (EJU) 의 일본어

일본유학시험 (EJU) 의 모든 과목에 있어 문과계, 이과계에 관계없이 앞으로 시험을 치르기로 마음먹은 학생에게 일본어는 가장 중요한 기둥입니다. 일본유학시험 (EJU) 의 일본어 과목과 일본어능력시험 (JLPT, 레벨 N1~N2) 의 가장 큰 차이점은 유학시험은 일본어 구사능력과 학술적인 이해능력, 일반적인 회화능력이 더욱 중시된다는 점입니다. 앞으로 일본에서 생활하고 대학에 응시함에 있어 아카데믹한 어휘는 일상회화에서 뿐만 아니라 학교생활에 있어서도 빈출합니다. 시험에 합격하고 높은 점수를 받기 위해서는 학술적인 어휘는 필수입니다. 문과 계열이라면 면접이나 소논문, 이과 계열이라도 다량의 시험을 소화하기 위해서는 풍부한 어휘가 필요하게 됩니다

12 년분의 시험문제를 언어처리기술로 분석

메코시코주쿠는 2004 년부터 일본어 유학시험의 어휘강좌를 업계 최초로 개강하고 그것을 통해 이미 풍부한 지도경험을 축적해 왔습니다. 학생 여러분이 시험 정보를 보다 많이 습득할 수 있도록 이 책은 본사의 도요하라 아키라 사장과 사내 정보기술 부문이 독자적으로 공동개발한 어휘 빈출도 분석 프로그램을 이용하여 과거 12 년분의 유학시험을 분석하고 단어·어휘의 출제경향을 통계적으로 정리했습니다. 그리고 그 통계를 바탕으로 본시험의 학술적인 분위기를 의식하면서 예문을 구성하고 있습니다.

여기서 유의해 두었으면 하는 점은 과거에 출제된 어휘의 빈도가 꼭 중요도를 나타내는 것이라고는 할 수 없다는 점입니다. 왜냐하면 시험의 난이도는 그 당시의 시사나 상황의 영향을 받는 경우가 있기 때문입니다. 그러나 과거에 출제빈도가 낮았던 다시 말하면 대표적인 어휘가 아니었다고 해서 그것이 장래에도 마찬가지일 것이라고 단정할 수 없다는 것에 주의해야 합니다.

마지막으로

이상이 메코시코주쿠의 「EJU 일본어 단어·어휘 10,000 어」의 특색입니다. 이 책이 일본어시험을 목표로하는 유학생 여러분의 공부에 도움이 되었으면 좋겠습니다. 저희 메코시코주쿠는 유학생 여러분이 각자의 이상적인 점수를 획득하고 희망하는 대학에 무사히 입학하도록 건투를 빕니다.

本書は，日本留学試験（EJU）日本語科目の過去問題12年間分を言語処理技術で分析し，出現頻度順に重要な単語・語彙を掲載した参考書である。
■日本語科目の読解・聴解・聴読解に出る「頻度順」に収録
■動詞・形容詞・形容動詞・副詞・熟語・名詞の分類
■見出し語以外に類・反・混・同の派生語，本番試験を意識したアカデミックな例文付き
■アナウンサー・声優による見出し語・派生語・例文の音声収録
■全10000問確認オンラインテスト付き（無料サービス）

日本留学試験（EJU）の日本語

日本留学試験（EJU）のあらゆる科目において，文系理系に関わらず，これからそれを受けようとしている学生にとっては，日本語は最も重要な柱である。日本留学試験（EJU）の日本語科目と日本語能力試験（JLPT，レベルN1〜N2）の最も大きな違いは，留学試験は日本語運用能力と，学術的な理解能力，一般的な会話能力がより重視される点である。これから，日本で生活し，大学を受験するにあたって，アカデミックな語彙は日常会話においてだけでなく，学生生活においても頻出する。試験に合格し，高い点数を取るに当たって，学術的な語彙は必要不可欠である。文系であれば，面接や小論文，理系であっても，大量の試験をこなすためには豊富な語彙が必要になってくる。

12年分の試験問題を言語処理技術で分析

名校志向塾は，2004年から日本語留学試験における語彙講座を業界で初めて開講し，それらを通して，すでに豊富な指導経験を蓄積してきた。学生諸君が試験の情報をより多く吸収できるように，本書は社長である豊原明氏と社内情報技術部門が独自に共同開発した語彙頻出度解析プログラムを利用して，過去12年分の留学試験を分析し，単語・語彙の出題傾向を統計的にまとめた。そして，その統計を基にして，本番試験の学術的な雰囲気を意識しつつ例文の構成をしている。

ここにおいて留意しておきたい点は，過去に出題された語彙の頻度が，必ずしも重要度を表しているとは限らないということである。なぜなら，試験の難易度はその時の時事や状況の影響を受ける場合があるからである。しかし，過去に出題頻度が低かった，あるいは代表的な語彙ではなかったからと言って，それが将来においてもそうであるとは限らないことに注意しなければならない。

最後に

以上が名校志向塾の「EJU日本語単語・語彙10000語」の特色である。この本が，日本語試験を目指す留学生諸君の勉強の助けになれば幸いである。我々名校志向塾は，留学生諸君がそれぞれ理想的な点数をし，希望する大学に無事入学を果たせるよう，健闘を祈っている。

이 책의 사용 방법　　　　　本書の使い方

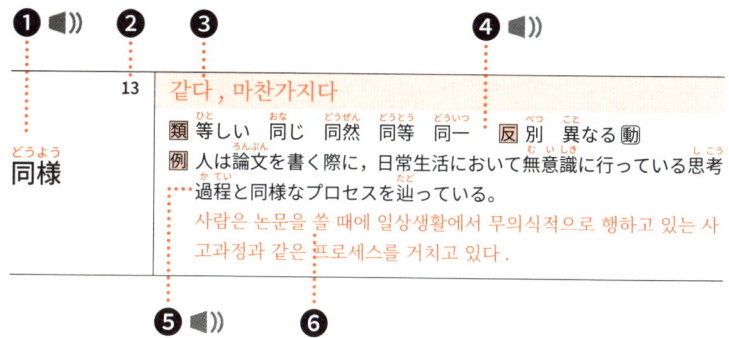

❶ 見出し単語
표제단어

❷ 頻度
출제빈도

❸ 見出し単語の韓国語訳（意味）
표제단어의 한국어 번역(뜻)

❹ 関連語（類，反，混，同）
관련어（유,반,혼,동）

❺ 例文
예문

❻ 例文の韓国語訳（意味）
예문의 한국어 번역(뜻)

関連語
관련어

類 類義語又は一部の意味が近い単語
유의어 또는 일부 의미가 비슷한 단어

反 反義語又は一部の意味が逆の単語
반의어 또는 일부 의미가 반대인 단어

混 間違えられやすい単語
틀리기 쉬운 단어

同 同音異義語 or 同訓異字語
동음이의어 혹은 동훈이자어

関連語の中の品詞表記
관련어 중의 품사표기

動 動詞　　ナ 形容動詞　　名 名詞
동사　　　형용동사　　　　명사

イ 形容詞　　副 副詞
형용사　　　부사

※형용사와 형용동사 부분에서 일부 틀리기
쉬운 단어에 대해 품사표기를 하고 있습니다.

❶❷❸ 어휘별로 세세하게 분류하여 보다 높은 효율로 학습이 가능

이 책의 특징적인 구성으로 단어・어휘를 각각 동사, 형용사, 형용동사, 부사, 숙어, 명사로 분류하고 있습니다. 표제단어의 우측 상단에 과거 12년간 시험문제에 나온 횟수를 숫자로 표기하였고 한국어의 번역문도 함께 있습니다.

❹ "유", "반", "혼", "동" 이라는 4 가지 기둥

이 책에서는 어휘의 관련성을 의식하여 매년 출제경향을 분석하여 아카데믹한 어휘도 망라하고 있습니다. 유의어, 반의어, 틀리기 쉬운 어구, 동음(훈)이의(자)어를 게재함으로써 더욱 어휘력 향상을 도모하고 전체상을 파악하기 쉽도록 구성하고 있습니다. 또한 복습의 효율을 높이기 위해 이 책에는 빨간 시트를 부록으로 넣었습니다. 그것으로 효율적인 학습을 가능케하여 확실하게 어휘 실력을 향상시킬 수 있습니다.

❺ 아카데믹한 단어를 망라하여 난해한 어구도 독해가 가능하게 한다.

어떤 언어를 습득하는 과정에서 아카데믹한 용어든 일상생활의 언어든 어휘의 습득은 기초 중의 기초이며 이것은 특히 중요하게 여겨야 합니다. 토대가 없으면 집이 세워질 수 없는 것처럼 어떠한 일도 기초를 다지는 것이 중요합니다. 이 책은 유학시험에 있어 오랜 학습의 여정을 확실히 서포트할 수 있도록 어휘와 예문에 번역문을 게재하는 것 뿐만 아니라 실제 시험에 보다 가까운 형태의 예문을 게재하고 있습니다. 아카데믹한 단어를 외우는 데에 있어 관련된 어휘를 스스로 습득해 나감으로써 점차 지식을 쌓아갈 수 있습니다. 이러한 어휘들은 반드시 시험에 있어서도 충분한 실력을 발휘하는 힘이 될 것입니다.

❶❷❸ 語彙ごとに細かく分類し，より高い効率で学習が可能

本書の特徴的な構成として，単語・語彙をそれぞれ動詞，形容詞，形容動詞，副詞，熟語，名詞に分類している。見出し単語の右上に過去12年間試験問題に出る回数を数字で表記し，韓国語の訳文もつけている。

❹ 類義語，反義語，混合しやすい語，同音(訓)異義(字)語という四つの柱

本書では，語彙の関連性を意識し，毎年の出題傾向を分析した上で，アカデミックな語彙も網羅している。類義語，反義語，混合しやすい語句，同音(訓)異義(字)語を掲載することで，より語彙力の向上を図り，全体像をも把握しやすくなるよう構成している。また，復習の効率を高めるために，本書には赤シートを付録に付けている。それにより，効率的な学習を可能にし，確かな語彙の実力を付けることができる。

❺ アカデミックな言葉を網羅し，難解な語句も読解可能にする

ある言語を習得する過程において，アカデミックな用語であれ，日常生活の言葉であれ，語彙の習得は基礎中の基礎であり，これは特に重要視しなければならない。土台がなければ，家が建たないように，何事も地盤を固めることが大事である。本書では，留学試験における長い学習の道のりをしっかりとサポートできるように，語彙と例文に翻訳文を付けただけでなく，より実際の試験に近い形の例文を掲載している。アカデミックな単語を覚えるにあたって，関連する語を自身で習得していくことにより，次第に知識を積み重ねていくことができる。それらは，きっと試験においても，十分な実力を発揮する力となるだろう。

◀))전문 성우 아나운서와 제휴한 음성파일

특필해야 하는 것으로 이 책에 수록되어 있는 단어 및 예문의 음성은 모두 그룹 학교인 전문학교 애니메이션 아티스트 아카데미의 협력을 얻어 현역 아나운서와 성우에 의해 녹음되었습니다. 이로써 기존의 기계적인 음성이 아닌 입체적인 음성에 의해 귀에 대한 자극이 가능해지므로써 보다 효율적으로 단어나 예문을 외울 수 있습니다.

각 항목별 확인 테스트를 통해 자신의 이해도를 세세하게 체크한다.

이 책에는 5~10 페이지마다 단어의 확인 테스트가 있습니다. 각 항목에 마련되어 있는 QR 코드를 읽으면 테스트 전용 페이지가 표시되어 음성파일의 재생이나 학습도에 맞춘 테스트를 해볼 수 있습니다. 이로써 보다 간편하게 자신의 이해도를 체크할 수 있을 뿐만 아니라 반복적으로 복습함으로써 보다 높은 학습효과를 기대할 수 있습니다. 이 테스트의 문항수는 10,000 여개에 이릅니다. 자신의 학습 진척도에 맞추어 적절히 이용할 것을 추천합니다.

이 책을 이용하는 데 있어서의 주의사항과 보충

우선 이 책은 사전처럼 밋밋하게 단어를 게재하는 것만을 목적으로 하지 않습니다. 이 책을 구성하는 단계에서 이 책을 이용하는 학습자가 얼마나 효율적으로 어휘를 이해하고 암기력을 향상시킬 수 있을지를 중시했습니다. 여기서 주의해 주었으면 하는 점은 이 책이 게재하고 있는 단어의 표제어와 예문에 사용되고 있는 단어의 품사가 반드시 동일하다고는 할 수 없다는 점입니다. 예를 들면 다음과 같은 경우도 있습니다.

	2	**따뜻해지다**
ぬく 温もる		類 温める（暖める） 温まる（暖まる） 温む　ポカポカする 例 人の手のぬくもりは，心の癒しとなるだろう。 사람 손의 온기는 마음의 위안이 될 것이다.

이 경우 표제어는 「따뜻해지다(동사)」이지만 예문에서는 「온기(명사)」가 사용되고 있습니다. 이것은 이 책의 특징이기도 하지만 관련된 단어를 효율적으로 외울 수 있게 하기 위함입니다. 일본어의 품사는 다양한 형태로 변화하지만 일본어 학습에 있어 비슷한 의미의 단어를 구분하여 제대로 이해하는 것은 매우 중요합니다. 물론 시험에서도 일본어의 어휘는 다양한 형태로 활용되어 변화합니다. 그러므로 이 책에서는 그러한 까다로운 변화에도 유연하게 대응할 수 있도록 하기 위해 표제어의 다양한 파생어(다른 품사나 복합어 등)를 예문에 다수 수록했습니다. 또한 이러한 생각은 유의어의 게재에도 들어 있습니다. 유의어 란에는 관련된 단어를 효율적으로 외울 수 있도록 표제어에 관련된 단어뿐만 아니라 비슷한 의미를 가진 다른 품사도 게재하고 있습니다. 그렇게 함으로써 암기력과 응용력을 향상시켜 보다 깊게 이해할 수 있도록 하고 있습니다. 여러분에게 이 책을 단순한 사전으로 사용하는 것이 아니라 일본어 학습의 최적의 참고서로서 적극적으로 활용할 것을 추천합니다.

🔊 プロの声優アナウンサーと提携した音声ファイル

特筆すべきこととして，本書に収録されている単語及び例文の音声は，すべてグループ校である専門学校アニメ・アーティスト・アカデミーの協力を得て，プロの現役アナウンサーや声優によって吹き込まれている。これによって，従来の機械的な音声ではなく立体的な音声による耳への刺激が可能になり，より効率的に単語や例文を覚えられるようになる。

各項目ごとの確認テストを通して，自分の理解度を細かくチェックする

本書は，5~10ページごとに単語の確認テストを作成している。各項目に設けられているQRコードを読み取ると，テスト専用ページが表示され，そこから音声ファイルの再生や，学習度に合わせたテストを受けることができる。それにより，より手軽に自身の理解度をチェックすることができるだけでなく，反復的な復習を行うことで，より高い学習効果が期待できる。自身の学習進捗度に合わせて，適宜利用されることをおすすめしたい。

本書を利用するにあたっての注意事項と補足

まず本書は，辞書のように淡々と単語を掲載することのみを目的としていない。この本を構成する段階において，これを利用する学習者が，いかに効率的に語彙を理解し，暗記力を向上させるかを重視している。ここで注意していただきたい点は，本書が掲載している単語の見出しと例文で使用されている単語の品詞が必ずしも同一のものであるとは限らない点である。例えば，以下のような場合もある。

ぬく 温もる	2	**따뜻해지다** 類 温める（暖める） 温まる（暖まる） 温む ポカポカする 例 人の手のぬくもりは，心の癒しとなるだろう。 사람 손의 온기는 마음의 위안이 될 것이다.

この場合，見出し語は「温もる（動詞）」であるが，例文においては「ぬくもり（名詞）」が使用されている。これは本書の特徴でもあるが，関連する語を効率的に覚えるための工夫である。日本語の品詞は様々な形に変化するが，日本語の学習において，似た意味のそれらを使い分け，きちんと理解することは非常に重要である。もちろん試験においても，日本語の語彙は様々な形に活用され，変化する。そのため，本書ではそのようなややこしい変化にも，柔軟に対応できるようにするため，見出し語の様々な派生語（別の品詞や複合語等）を例文に多数取り入れている。また，このような工夫は類義語の掲載にも取り入れている。類義語の欄には関連する言葉を効率的に覚えるために，見出し語に関連する言葉のみならず，似た意味を持つ別の品詞をも掲載している。それにより，暗記力と応用力を向上させ，より深く理解することを可能にしている。諸君には，本書をただの辞書として用いるのではなく，参考書として，そして日本語学習における最適なアシスタントとして，積極的に活用することをおすすめしたい。

음성과 테스트 서비스 이용 가이드
音声とTESTサービスご利用ガイド

■ 음성에 대하여　　音声について　■

STEP 1

우선 각 품사의 표지 우측 하단에 음성과 테스트 QR코드가 있으므로 휴대 단말기(스마트폰이나 태블릿)로 읽어 주십시오.

まず各品詞の扉の右下に音声とTESTのQRコードがありますので，お手持ちの端末（スマートフォンやタブレット）で読み取ってください。

STEP 2

QR코드를 읽으면 5~10페이지마다 분류된 음성과 테스트 문제의 항목이 표시됩니다. 거기서 「음성」이라 쓰여 있는 버튼을 클릭해 주십시오.

QRコードを読み取ると，5～10ページごとに分類された音声とTEST問題の項目が表示されます。そこから「音声」と書かれたボタンをクリックしてください。

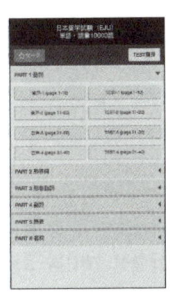

STEP 3

로그인 화면이 나옵니다. 첫회는 등록이 필요합니다. 화면 우측 하단의 「등록」 버튼을 눌러 필요사항을 기입하고 로그인으로 진행해 주십시오.
※메코시코주쿠 학생은 학교 시스템의 아이디와
　패스워드를 사용하여 로그인할 수 있습니다.

ログイン画面が出ます。初回は登録が必要となります。画面右下の「登録」ボタンを押して，必要事項をすべて記入して，ログインへ進んでください。
※名校志向塾の塾生の場合，そのまま学校システ
　ムのIDとPSを用いてログインすることが
　できます。

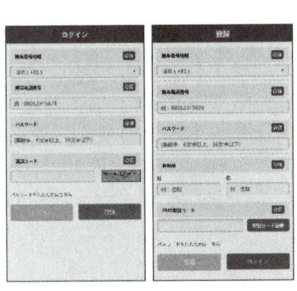

STEP 4

자신이 듣고 싶은 항목의 음성을 선택하면 음성이 재생됩니다.

自分の聞きたい項目の音声を選択すると，音声が再生されます。

■테스트 문제에 대하여　TEST問題について■

STEP 1

우선 각 품사의 표지 우측 하단에 음성과 테스트의 QR코드가 있으므로 휴대 단말기(스마트폰이나 태블릿)로 읽어 주십시오.

まず各品詞の扉の右下に音声とTESTのQRコードがありますので，お手持ちの端末（スマートフォンやタブレット）で読み取ってください。

STEP 2

QR코드를 읽으면 5~10페이지마다 분류된 음성과 테스트 문제의 항목이 표시됩니다. 거기서「테스트」라고 쓰여 있는 버튼을 클릭해 주십시오.

QRコードを読み取ると，5~10ページごとに分類された音声とTEST問題の項目が表示されます。そこから「TEST」と書かれたボタンをクリックしてください。

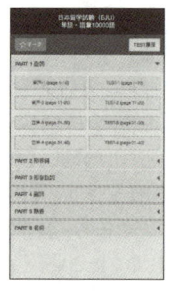

STEP 3

로그인 화면이 나옵니다. 첫회는 등록이 필요합니다. 화면 우측 하단의 「등록」 버튼을 눌러 필요사항을 기입하고 로그인으로 진행해 주십시오.

※메코시코주쿠 학생은 학교 시스템의 아이디와 패스워드를 사용해 로그인할 수 있습니다.

ログイン画面が出ます。初回は登録が必要となります。画面右下の「登録」ボタンを押して，必要事項をすべて記入して，ログインへ進んでください。

※名校志向塾の塾生の場合，そのまま学校システムのIDとPSを用いてログインすることができます。

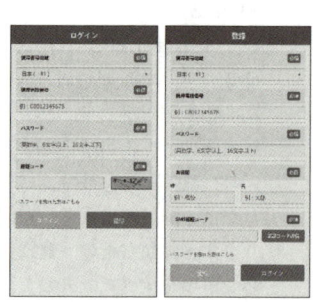

STEP 4

문제와 답의 선택지가 표시됩니다.「다음 문제」를 클릭하면 다음 문제가 표시됩니다. 정답이라고 생각하는 것을 선택하여 끝까지 풀면「제출과 정답표」버튼을 눌러 주십시오.

問題文と回答の選択が表示されます。「次の問題」をクリックすると次の問題が表示されます。正解だと思うものを選択し,最後まで解き終わったら,「提出と正解表」ボタンを押してください。

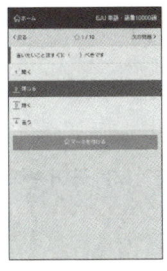

STEP 5

자신의 점수, 각 문제의 정답과 오답이 한 번에 표시됩니다. 틀린 문제 번호를 클릭하면 문제를 다시 풀 수 있습니다.

※시험은 몇 회라도 다시 치를 수 있습니다.
※문제의 추출은 무작위 입니다.

自分の得点,および各問題の正誤が一覧で表示されます。間違えた問題番号をクリックすれば,問題を解きなおすことができます。

※試験は何回でも受けなおすことができます。
※問題の抽出はランダムです。

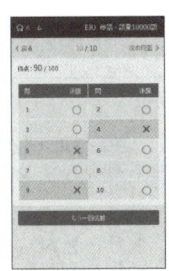

xi

목 차

한국어 번역판을 발행하며 ii

이 책의 특색 iii

이 책의 사용 방법 v

음성과 테스트 서비스 이용 가이드 ix

1. 동사 1

2. 형용사 183

3. 형용동사 211

4. 부사 277

5. 숙어 속담・관용구・사자성어 337

6. 명사 명사・サ행 변격 명사 389

7. 부록1 EJU 문과 키워드 481

   부록2 EJU 이과 키워드 498

1

動詞
동사

음성과 TEST

동사

出来る (できる) — 690
할 수 있다, 가능하다, 생기다
- 類: 能う　叶う　仕上げる　成し遂げる　果たす　達する
- 例: 努力することで最高のレベルに達することができる。
  - 노력함으로써 최고의 레벨에 도달할 수 있다.

考える (かんがえる) — 515
생각하다, 고려하다
- 類: 思う　検討する　熟考する　考慮する　考察する　考案する　見なす
- 例: 我々は科学と技術を混同して考え、「科学技術」という一つの言葉で表現するが、これは注意した方がよい。
  - 우리들은 과학과 기술을 혼동하여 「과학기술」이라는 하나의 단어로 표현하지만 이것은 주의하는 것이 좋다.

付く (つく) — 364
붙다, 수반하다
- 類: 付着する　接着する　張り付く　付き添う　伴う　付随する
- 反: 取れる
- 同: 着く　就く
- 例: 日本語の中に不自然な部分などが目につく。
  - 일본어 중에 부자연스러운 부분 등이 눈에 띈다.

思う (おもう) — 352
생각하다, 느끼다
- 類: 考える　企てる　覚える　感じる　想い起こす　見なす　願う
- 同: 想う　憶う
- 例: これを大いに利用してもらいたいと思う。
  - 이것을 많이 이용해 주었으면 한다.

拠る (よる) — 337
의하다, 의거하다
- 類: 依存する　頼る　根拠とする
- 同: 依る　因る　由る　寄る　縋る
- 例: 法律の定めるところに拠って判断する。
  - 법률이 정하는 바에 의거하여 판단한다.

言う (いう) — 336
말하다
- 類: 話す　語る　述べる　喋る　申し上げる　仰る　言表す
- 反: 黙る　沈黙する　押し黙る　　同: 云う　謂う
- 例: もちろん、ここで言う「逃げる」は、「諦める」という意味ではない。
  - 물론 여기서 말하는 「도망치다」는 「포기하다」라는 의미가 아니다.

読む (よむ) — 325
읽다
- 類: 拝読する　閲覧する　読み取る　受け取る
- 同: 詠む
- 例: 本を読み進めるとき、少しイライラする感覚を覚えることがありませんか。
  - 책을 읽어 나갈 때 약간 짜증나는 느낌이 드는 경우는 없습니까?

	293	보다
見る		類 目にする 読む 確かめる 評する 調べる
		同 観る 視る 看る 診る
		例 人は常に周りから「見られる」ことを意識しなければならない。
		사람은 언제나 주변 사람들이「본다」는 것을 의식해야 한다.

	274	합쳐지다, 만나다, 합류하다
合う		類 集まる 一致する 合致する 適する 当て嵌まる フィットする マッチする
		反 違う 離れる 同 会う 逢う 遭う
		例 次の文章の内容と合っているものはどれですか。
		다음 문장의 내용과 맞는 것은 어느 것입니까?

	231	있다
居る		類 有る 在る 存在する 留まる 泊まる 宿る
		同 要る
		例 彼は家に居る時は大抵、本を読んでいる。
		그는 집에 있을 때는 대개 책을 읽고 있다.

	211	답하다, 대답하다
答える		類 回答する 解答する 応答する 返事する 応じる
		反 問う 尋ねる
		同 堪える 応える
		例 その問題の答えは「ニュートンの法則」だった。
		그 문제의 답은「뉴턴의 법칙」이었다.

	203	쓰다, 사용하다
使う		類 使用する 適用する 運用する 活用する 用いる 費やす
		同 遣う
		例 利用目的に合った使い方をするようにしてください。
		이용 목적에 맞게 사용하도록 해 주십시오.

	193	말하다, 서술하다
述べる		類 言う 語る 喋る 申し上げる 申し出る 言い表す 記述する 説明する
		反 黙る 沈黙する
		例 次の文章は、何について述べていますか。
		다음 문장은 무엇에 대해 서술하고 있습니까?

	191	만들다, 제조하다, 제작하다
作る		類 製作する 製造する 築く 作成する 設立する
		同 造る 創る
		例 もし学生証を紛失した場合は、作り直さなければなりません。
		만약 학생증을 분실한 경우에는 다시 만들어야 합니다.

동사

問う _と — 190
묻다, 질문하다
- 類 聞く 尋ねる 伺う 質問する 質す
- 反 答える
- 同 訪う
- 例 次の文章を読んで後の問いに答えなさい。
  다음 문장을 읽고 뒤의 물음에 답하시오.

取る _と — 188
얻다, 가지다, 취하다
- 類 得る 獲得する 収穫する 集める
- 反 捨てる
- 同 執る 採る 捕る 撮る 摂る
- 例 現代の人々は他人との距離の取り方に悩んでいる。
  현대 사람들은 타인과 거리를 두는 방법을 고민하고 있다.

対する _{たい} — 176
대하다, 상대하다
- 類 向き合う 面する 直面する 比較する 相手する
- 同 帯する 体する
- 例 福祉サービスに対する多様な要望も増加している。
  복지 서비스에 대한 다양한 요망도 증가하고 있다.

持つ _も — 169
갖다, 소유하다, 유지하다
- 類 有する 所有する 備える 抱く 保持する 維持する
- 例 全ての人は完全な合理性を持って行動しているわけではない。
  모든 사람이 완전한 합리성을 갖고 행동하는 것은 아니다.

食べる _た — 156
먹다, 섭취하다
- 類 食う 喰う 食する 召し上がる 摂食する 頂（戴）く 生活する
- 反 絶食する
- 例 食べすぎると胃のむかつきを感じることがあります。
  너무 많이 먹으면 위가 더부룩함을 느끼는 경우가 있습니다.

書く _か — 155
쓰다, 기술하다
- 類 書する 記述する 記す
- 同 描く 欠く 掻く
- 例 すべてをきちんと書きとることは不可能だ。
  모든 것을 정확하게 받아 적는 것은 불가능하다.

入る _{はい} — 154
들어가다, 들어오다
- 類 移動する
- 反 出る
- 例 次の文章の(A)に入るものとして最も適当なものはどれですか。
  다음 문장의 (A)에 들어가는 것으로 가장 적당한 것은 어느 것입니까?

やる	143	하다, 주다 類 行う　する 例 気分転換は、だれでもやっているものだ。 기분전환은 누구나 하고 있는 것이다.
出す	142	내다, 지불하다 類 移す　展示する　発表する　露出させる　支払う 反 入れる　引っ込める　隠す 例 需要はアイデアと生産手段によって作り出すものだ。 수요는 아이디어와 생산수단에 의해 만들어내는 것이다.
分かる	135	이해하다, 알다 類 理解する　了解する　存ずる　納得する　呑み込む 同 解る　判る 例 素人の私には、何が何だか皆目わかりません。 아마추어인 저에게는 무엇이 무엇인지 전혀 알 수 없습니다.
行く・行く	132	가다, ~ 해 나가다 類 移動する　来る　参る 反 戻る 同 往く　逝く 例 試験結果を知るためには、学校へ行かなければいけない。 시험 결과를 알기 위해서는 학교에 가야 한다.
聞く	126	듣다, 묻다 類 傾聴する　尋ねる　問う　伺う 同 聴く　効く 例 相手の話すことをよく聞いてください。 상대가 이야기하는 것을 잘 들어주십시오.
感じる	125	느끼다 類 覚える　抱く　味わう　体験する 例 「空気を読む」とは、場の雰囲気を感じながら人と接することです。 「공기를 읽는다」는 것은 장소의 분위기를 느끼면서 사람을 대하는 것입니다.
違う	123	다르다, 틀리다 類 異なる　相異なる　変わる 反 合う　一致する　合致する 例 確率の推定をしても、正解とは違った結論を出してしまう場合が多く見られる。 확률 추정을 하더라도 정답과는 다른 결론을 내어버리는 경우를 많이 볼 수 있다.

동사

120 出る — 나가다, 떠나다, 나오다
- 類 行く 移動する 現れる 参加する 登場する 反 入る
- 例 海外へ旅に出る面白さは沢山あるに違いない。
  해외로 여행을 떠나는 재미는 많음에 틀림없다.
  同じ化学実験を何度したところで，必ずしも同じ結果が出るとは限りません。
  같은 화학 실험을 여러번 한다고 해서 반드시 같은 결과가 나온다고는 할 수 없습니다.
  私は試合に出たいです。
  저는 시합에 나가고 싶습니다.

119 知る — 알다, 기억하다, 인식하다
- 類 分かる 存じる 認識する 記憶する
- 例 もし君が既にこれをよく知っているのならば，きっと一を聞けばすぐに十を知ることができるでしょう。
  혹시 네가 이미 이것을 잘 알고 있다면 틀림없이 하나를 들으면 바로 열을 알 수 있을 것이다.

111 与える — 끼치다, 주다, 미치다
- 類 渡す 授ける
- 反 奪う
- 例 一般にストレスは，身体に悪影響を与えるだけではない。
  일반적으로 스트레스는 신체에 악영향을 끼치는 것 만은 아니다.

111 込む — 넣다, 포함하다
- 類 中に入れる 集まる
- 同 混む
- 例 高地，高山，高原などのような低酸素環境では，体内に酸素を取り込みにくくなる。
  고지, 고산, 고원 등과 같은 저산소 환경에서는 체내에 산소를 흡수하기 어려워진다.

104 見える — 보이다
- 類 見る 目に入る 目に映る
- 例 「沈黙は金なり」の日本社会では，黙っているほうが，気軽に意見を言うよりも「賢く」見える。
  「침묵은 금이다」라는 일본사회에서는 조용히 있는 편이 가볍게 의견을 말하는 것보다 「현명하게」 보인다.

101 始める — 시작하다, 개시하다
- 類 取り掛かる やり出す 開始する 着手する
- 反 終える
- 例 業績不振により，このメーカーの経営者は改革の案を考え始めた。
  실적 부진으로 인해 이 메이커의 경영자는 개혁안을 생각하기 시작했다.

	99	**행하다, 실시하다**
行う		類 する　やる　営む
おこな		例 販売促進は主にマスメディアを通じて行われる。
		판매 촉진은 주로 매스미디어를 통해 이루어진다.

	89	**이야기하다, 말하다**
話す		類 言う　語る　述べる　喋る　伝える　会話する
はな		反 黙る　沈黙する　　同 離す　放す
		例 インターネット上でやりとりするより、実際に会って話しましょう。
		인터넷 상에서 대화하는 것보다 실제로 만나서 이야기합시다.

	88	**늘어나다, 증가하다**
増える		類 多くなる　増加する　増す
ふ		反 減る
		同 殖える
		例 選択肢が増えると、悩みもそれなりに増える。
		선택지가 늘어나면 고민도 그만큼 늘어난다.

	87	**익히다, 붙이다, 입다**
付ける		類 接合する　付着させる　接着する
つ		同 就ける　漬ける　浸ける
		例 物事を身につける過程を、私たちは「学習」と呼ぶ。
		일을 습득하는 과정을 우리는「학습」이라 부른다.

	84	**일하다, 근무하다**
働く		類 勤める　仕事する　勤務する
はたら		反 遊ぶ　怠ける　休む
		例 彼は医師として働き、病気で苦しむ多くの人々を救った。
		그는 의사로 일하면서 병으로 고통받는 많은 사람들을 구했다.

	82	**살아가다, 생활하다, 생존하다**
生きる		類 生存する　生活する　暮らす
い		反 死ぬ　　同 活きる
		例 生物は他の生物を食べることで生きている。これが「食物連鎖」だ。
		생물은 다른 생물을 먹으면서 살아가고 있다. 이것이「먹이 사슬」이다.

	76	**받다, 얻다**
受ける		類 貰う　得る　頂く　戴く
う		反 与える　授ける
		同 請ける　承ける　享ける
		例 人々は知らず知らずのうちに、科学の恩恵を受けている。
		사람들은 모르는 사이에 과학의 혜택을 받고 있다.

동사

得る (える) — 76
얻다, 받다
- 類 手に入れる　獲得する　受ける　貰う　頂く　戴く
- 反 失う
- 同 獲る
- 例 インターネット上で得た情報を鵜呑みにしてはいけない。
  인터넷 상에서 얻은 정보를 그대로 믿으면 안된다.

置く (おく) — 71
놓다, 두다
- 類 据える　設置する
- 例 本を読むのはいいが，その本をわざわざ本棚などにおく必要はないと思う。
  책을 읽는 것은 좋지만 그 책을 굳이 책꽂이 등에 놓을 필요는 없다고 생각한다.

異なる (ことなる) — 67
다르다, 틀리다
- 類 違う　食い違う　変わる　相違する
- 反 等しい
- 例 何を学びたいか，あるいはどのように学びたいかは個々の人によって異なる。
  무엇을 배우고 싶은지 혹은 어떻게 배우고 싶은지는 개개인에 따라 다르다.

知れる (しれる) — 66
알려지다, 알 수 있다
- 類 知られる　分かる
- 例 彼はこの情報が世間に知れるのを恐れた。
  그는 이 정보가 세상에 알려지는 것을 두려워했다.

調べる (しらべる) — 62
알아보다, 조사하다
- 類 調査する　明らかにする　検査する　検閲する　チェックする　リサーチする
- 例 他人と一緒に調べ，学習をすることで，子どもはチームワークの大切さを理解するだろう。
  다른 사람과 함께 조사하고 학습함으로써 아이들은 팀워크의 중요성을 이해할 것이다.

呼ぶ (よぶ) — 60
부르다, 칭하다, 초래하다
- 類 命名する　名付ける　称える　招く　同 喚ぶ
- 例 味覚を感知する感覚細胞は味蕾細胞と呼ばれている。
  미각을 느끼는 감각 세포는 미뢰세포라고 불리고 있다.
  キューピッドは幸せを呼ぶ天使として知られている。
  큐피트는 행복을 부르는 천사로 알려져 있다.

求める (もとめる) — 60
구하다, 요구하다, 필요로 하다
- 類 望む　欲求する　欲しがる　探す　必要とする
- 例 社会の変化に伴い，求められる人材も変わりつつある。
  사회의 변화에 따라 요구되는 인재도 바뀌고 있다.

	59	**말할 수 있다**
言える い		類 言うことができる　考えられる　思われる 同 癒える 例 しかし一概にそうとも言えないのである。 　　그러나 일률적으로 그렇다고도 할 수 없다.

	59	**움직이다, 행동하다**
動く うご		類 機能する　行動する 反 止まる 例 世の中の何ごとも自然法則に従って動いている。 　　세상의 어떤 일도 자연법칙에 따라 움직이고 있다.

	59	**계속하다, 지속하다**
続ける つづ		類 保つ　保持する　キープする　継続する　維持する 反 止める 例 脳は有機的な組織として、生きている限り，常に学習し続けている。 　　뇌는 유기적인 조직으로 살아있는 한 항상 학습을 계속하고 있다.

	58	**태어나다, 생기다, 탄생하다**
生まれる う		類 誕生する　出生する　作り出される　現れる 例 団塊世代とは1947年から1949年の間に生まれた世代のことを言う。 　　단카이세대란 1947년부터 1949년 사이에 태어난 세대를 말한다. 　　来月になれば，時間に余裕が生まれてゆっくり休めるだろう。 　　다음 달이 되면 시간적 여유가 생겨서 편히 쉴 수 있을 것이다.

	57	**배우다, 공부하다**
学ぶ まな		類 学習する　勉強する　修める　教わる 反 教える 例 日本語を学ぶ多くの外国人にとって，最も難しいのは敬語である。 　　일본어를 배우는 많은 외국인에게 가장 어려운 것은 경어다.

	55	**전하다, 고지하다**
伝える つた		類 知らせる　伝達する　告げる　報ずる 例 どう褒めていいかわからない場合は，率直に感じたことを伝えるのが無難です。 　　어떻게 칭찬해야 좋을지 모를 경우에는 솔직하게 느낀 점을 전하는 것이 무난합니다.

	55	**이어지다, 연결되다**
繋がる つな		類 関わる　関係ある　関連がある 例 常に「なぜ」と思うことが発見に繋がる。 　　항상 「왜」라고 생각하는 것이 발견으로 이어진다.

동사

進む　すすむ　55
나아가다, 진행하다

- 類 前進する　進行する　始める　捗る　　反 退く
- 例 今の機械のほとんどは小型化が進んでいる。
  오늘날 기계의 대부분은 소형화가 진행되고 있다.
  一人で食べるよりも，仲間との会話を楽しみながらの方が食も進む。
  혼자 먹는 것보다도 동료들과 이야기를 즐기면서 먹는 편이 밥도 잘 넘어간다.

示す　しめす　55
가리키다, 나타내다

- 類 見せる　表す　呈する　証明する
- 例 引用であることを示さずに，他者の著作を引用すれば犯罪になります。
  인용이라는 것을 표시하지 않고 다른 사람의 저작을 인용하면 범죄가 됩니다.

変える　かえる　54
바꾸다, 변경하다

- 類 変更する　変化させる　変ずる
- 同 帰る　返る　孵る　代える　替える　換える　買える
- 例 絶滅危惧種とは，人間が環境を変えたことによって，個体群の維持が難しくなった生物のことを指す。
  멸종위기종이란 인간이 환경을 바꿈으로써 개체군의 유지가 어려워진 생물을 가리킨다.

待つ　まつ　54
기다리다, 대기하다

- 類 待機する　期待する
- 例 分からないときは一旦諦めて，新しいやり方を思いつくまで待てば良い。
  모를 때는 일단 그만두고 새로운 방법이 생각날 때까지 기다리면 된다.
  皆様のご参加をお待ちしております。
  여러분의 참가를 기다리고 있습니다.

於ける　おける　52
관련하다, ~에 있어서

- 類 （に）関して　（に）おいての
- 例 ファッションにおける模倣は，創造の源ともいえるでしょう。
  패션에서의 모방은 창조의 원천이라고도 할 수 있을 것이다.

立つ　たつ　51
서다, 일어서다

- 類 起立する
- 反 座る
- 例 その絵がよっぽど気に入ったのか，ずっとその絵の前に立っている人がいる。
  그 그림이 정말 마음에 들었는지 계속 그 그림 앞에 서 있는 사람이 있다.
  人の上に立って命令する従来のタイプのリーダーは，もはや時代遅れになりつつある。
  다른 사람 위에 서서 명령하는 기존 타입의 리더는 바야흐로 시대에 뒤쳐지는 것이다.

変わる
50 — 변하다, 바뀌다
- 類 変化する　移る　経過する
- 同 代わる　換わる　替わる
- 例 社会の変化に伴い、求められるものも変わりつつある。
  사회의 변화에 따라 요구되는 것도 바뀌고 있다.

掛かる
49 — 걸리다, 필요하다, 받다, 가해지다
- 類 要する　費やす　受ける
- 同 懸かる　係る　罹る
- 例 紛失、盗難等の場合は、再発行の手数料が掛かりますので、予めご了承ください。
  분실, 도난 등의 경우에는 재발행 수수료가 드므로 미리 양해 바랍니다.
  自分にかかる圧力がプラスなものか、もしくはマイナスなものかは自分の考え次第だ。
  자신에게 가해지는 압력이 긍정적인 것인지 혹은 부정적인 것인지는 자신의 생각 나름이다.

買う
49 — 사다, 구입하다
- 類 購入する　買収する
- 反 売る　売却する　同 交う　飼う
- 例 もし客が買った商品に満足すれば、またその店で買い物をするでしょう。
  만약 고객이 산 상품에 만족하면 다시 그 가게에서 쇼핑을 할 것이다.

決める
48 — 정하다, 결정하다, 결심하다
- 類 定める　決断する　決定する　決心する
- 反 彷徨う　躊躇う
- 例 成功を得るためには、忍耐力や根性がなければならない、と決めこんでいる。
  성공을 얻기 위해서는 인내력이나 근성이 있어야 한다고 믿고 있다.

教える
47 — 가르치다, 알리다
- 類 指導する　教育する　身につけさせる　告げる　知らせる
- 反 教わる　学ぶ　勉強する　学習する
- 例 親の「教えすぎ」は、子どもが自分でやり遂げる体験を奪いかねない。
  부모의「지나친 가르침」은 아이가 스스로 해내는 체험을 빼앗을 수 있다.

関する
47 — 관련하다, 관계하다
- 類 関係する　関わる　係る
- 同 刊する
- 例 この件に関しましては、当店は責任を負いかねます。
  이 건에 대해서는 저희 가게는 책임을 질 수 없습니다.

동사

入れる　46
넣다, 더하다, 첨가하다

- 類 移す　移動させる　加える
- 反 出す
- 例 貴重品等はコインロッカーに入れてください。
  귀중품 등은 코인락커에 넣어 주십시오.
  先に自分の長所を活かすことを考えるのではなく、自分の短所の克服に力を入れるべきです。
  먼저 자신의 장점을 살리는 것을 생각할 것이 아니라 자신의 단점 극복에 힘을 쏟아야 합니다.

起こる　45
일어나다, 발생하다

- 類 生じる　発生する　同 興る　怒る
- 例 確かにこのまま放置していても、大した問題は起こらないだろうが、疎かにしてはいけない。
  확실히 이대로 방치해 두어도 큰 문제는 일어나지 않겠지만 소홀히 해서는 안된다.

比べる　42
비교하다, 대조하다

- 類 比較する　照らし合わせる　競う　争う　張り合う　同 較べる
- 例 従来の製品と比べて購入費用は高いが、耐久性に優れているから、得と言えるでしょう。
  기존 제품에 비해서 구입비용은 비싸지만 내구성이 뛰어나서 이득이라고 할 수 있습니다.

表す　42
나타내다, 표현하다

- 類 意味する　表現する　示す
- 反 隠す　同 現す　顕す　著す
- 例 これは多くのデータを、インパクトのあるグラフとして正確に表したものである。
  이것은 많은 데이터를 임팩트 있는 그래프로 정확히 나타낸 것이다.

含む　41
포함하다, 함유하다

- 類 持つ　含有する
- 例 日本語の副詞は様々なニュアンスを含んでいるから難しい。
  일본어의 부사는 다양한 뉘앙스를 포함하고 있어서 어렵다.

もたらす　41
가져오다, 초래하다

- 類 生じさせる　引き起こす　誘発する　招く
- 例 消費者に幸せをもたらすことこそ、商売の本質だと考える。
  소비자에게 행복을 가져다주는 것이야 말로 장사의 본질이라고 생각한다.

	41	한정하다, 제한하다
限る かぎ(る)		類 制約する 制限する 限定する 例 しかし，GDPの増加は必ずしも生活水準の向上を示すとは限らない。 그러나 GDP의 증가가 반드시 생활수준의 향상을 나타낸다고는 할 수 없다.

	41	키우다, 양육하다, 기르다
育てる そだ(てる)		類 培う 養う 教える 教育する 例 教育する上では，「教える」ことより，「育てる」ことに力を入れるべきではないだろうか。 교육에 있어서는「가르치는」것보다「기르기」에 힘써야 하는 것은 아닐까？

	41	걸다, 끼치다, 들이다
掛ける か(ける)		類 費やす （声，言葉などを）発する 及ぼす 同 懸ける 欠ける 書ける 賭ける 例 先生は長い時間をかけて，テストの採点をし続けていた。 선생님은 긴 시간을 들여 시험 채점을 계속 하고 있었다. てっきり友人だと思って声をかけたら，見知らぬ人だった。 틀림없이 친구라고 생각해 말을 걸었더니 낯선 사람이었다. 他人に迷惑をかける行為はおやめください。 다른 사람에게 폐를 끼치는 행위는 하지 마십시오.

	40	그리다, 묘사하다
描く・描く か(く)・えが(く)		類 描画する 描写する スケッチする 同 画く 書く 掻く 例 お絵かきの時間に子どもにクレヨンを渡すと，みんな喜んで絵を描きます。 미술 시간에 아이들에게 크레용을 주면 모두 즐겁게 그림을 그립니다.

	40	걷다, 전진하다
歩く ある(く)		類 行く 前進する 進む 歩む 反 止まる 例 実際，イノシシは決まった場所しか歩かないので，そこにだけ罠を仕掛ければ，簡単に捕まえられるのです。 실제로 멧돼지는 정해진 장소만 걷기 때문에 그 곳에만 덫을 놓으면 간단히 잡을 수 있습니다.

	40	없어지다, 떨어지다, 소진되다
無くなる な(くなる)		類 尽きる 消える 消滅する 枯れる 同 亡くなる 例 ぐずぐずしているから，時間が無くなって，仕事が終わらない。 우물쭈물하고 있으니 시간이 없어서 일이 끝나지 않는다.

分かつ (わかつ) — 39

나누다, 구분하다

- 類 分ける　分割する　区分する　分配する　同 別つ
- 例 伝統と非伝統というカテゴリーで両者を分かつのは重大な誤解を招くきらいがある。
  전통과 비전통이라는 카테고리로 둘을 구분하는 것은 중대한 오해를 불러일으킬 수 있다.

減る (へる) — 39

줄다, 감소하다

- 類 減少する　縮む　飢える
- 反 増える
- 例 しかし、ストレスは減るどころか、逆に増えている場合もある。
  그러나 스트레스는 줄기는커녕 반대로 늘어나는 경우도 있다.

眠る (ねむる) — 39

자다, 잠들다

- 類 寝る　休む　まどろむ
- 反 覚める　目覚める　起きる
- 例 眠りにまで気を回す余裕がない。
  잠까지 신경쓸 여유가 없다.

繰り返す (くりかえす) — 39

반복하다, 되풀이하다

- 類 反復する　重複する　リピートする
- 例 単語は何度か暗記を繰り返しているうちに、自ずと覚えられる。
  단어는 여러 번 암기를 반복하다 보면 자연스럽게 외워진다.

守る (まもる) — 38

지키다, 준수하다, 보호하다

- 類 保護する　プロテクトする　防ぐ　遵守する
- 同 護る
- 例 実際、彼らのこれらの行動は、自分たちの縄張りを守ろうとする行為に他ならない。
  실제로 그들의 이러한 행동은 자신들의 세력권을 지키려는 행위에 지나지 않는다.
  決められたルールは、守らなければならない。
  정해진 룰은 지켜야 한다.

終わる (おわる) — 37

끝나다, 완성하다

- 類 終了する　完成する　仕上がる　済む　反 始まる
- 例 イベントが終わって帰ろうとしたとき、ふと見ると、イベントに参加していた人たちは少し寂しそうな表情を浮かべていた。
  이벤트가 끝나고 돌아가려고 할 때 문득 보니 이벤트에 참가했던 사람들이 약간 아쉬운 듯한 표정을 짓고 있었다.

	36	**올리다, 높이다**
上げる		類 高める　増す
あげる		反 下ろす　降ろす
		同 揚げる　挙げる
		例 これらの問題をこのまま放置しておいたのでは，必ず問題として取り上げられてしまうだろう。その前に，対処法等を考え出さなければならない。
		이러한 문제들을 이대로 방치해 두어서는 반드시 문제로 지적될 것이다. 그 전에 대처법 등을 생각해 내야 한다.

	36	**일어나다, 나타나다, 발생하다**
起きる		類 起床する　目覚める　発生する
おきる		反 寝る　眠る
		例 夜，暗くなったら十分に寝て，朝，太陽の光を浴びて起きるのが，規則正しい生活です。
		밤에 어두워지면 충분히 자고, 아침에 햇살을 받으며 일어나는 것이 규칙적인 생활입니다.
		A社の商品は品質不良が起きにくいので，ユーザーから好評を得ている。
		A사의 상품은 품질 불량이 별로 발생하지 않기 때문에 사용자로부터 좋은 평가를 얻고 있다.

	35	**떨어지다, 하락하다**
落ちる		類 下がる　下落する　墜落する　降りる
おちる		反 受かる
		同 堕ちる
		例 翌日になると，それまで落ち込んでいた彼女は笑顔を取り戻していた。
		다음 날이 되자 그때까지 침울해 있던 그녀는 미소를 되찾고 있었다.
		残念ながら，彼は第一志望に落ちた。
		안타깝지만 그는 제1지망에 떨어졌다.

	35	**흐르다, 이동하다**
流れる		類 移動する　流転する
ながれる		反 止まる　留まる　淀む
		例 気流の流れも海流と同じように，決まった方向に向かう。
		기류의 흐름도 해류와 마찬가지로 정해진 방향으로 간다.

	34	**맞붙다, 대처하다, 임하다, 시도하다**
取り組む		類 勝負する　挑戦する　挑む　チャレンジする
とりくむ		例 発展途上国でも少しずつではあるが，同様の取り組みが始まっている。
		개발도상국에서도 조금씩이기는 하지만 동일한 시도가 시작되고 있다.

동사

選ぶ (えらぶ) — 33
고르다, 선택하다, 선발하다, 뽑다
- 類 選択する　選抜する　　同 択ぶ
- 例 勉強の仕方をうまく選べば，第一言語より第二言語のほうがうまくなる可能性がある。
  공부 방법을 잘 선택하면 제1언어보다 제2언어 쪽을 잘 할 가능성이 있다.

遊ぶ (あそぶ) — 33
놀다, 즐기다
- 類 楽しむ　愉しむ　戯れる　プレイする　エンジョイする
- 反 学ぶ
- 例 部屋に閉じこもらせずに，外で遊ばせたほうが子どものためになる。
  방에 가두지 말고 밖에서 놀게 하는 것이 아이를 위한 것이 된다.

見せる (みせる) — 32
보여주다, 제시하다
- 類 示す　表す　公開する　展示する　呈す
- 反 隠す
- 例 人前で自分をどう見せるかについて常に意識すること。
  남들 앞에서 자신을 어떻게 보여줄 지에 대해 항상 의식할 것.

残る (のこる) — 32
남다, 잔류하다
- 類 留まる　余る　存在する　　同 遺る
- 例 忘れないということは、ずっと記憶に残るということです。
  잊지 않는다는 것은 오래도록 기억에 남는다는 것이다.
  この制度は欧米の社会に今も残っている。
  이 제도는 서양 사회에 지금도 남아 있다.

詰まる (つまる) — 32
가득 차다, 막히다
- 類 縮まる　塞がる　一杯になる
- 例 今月はスケジュールが詰まっている。
  이번 달은 스케줄이 가득 차 있다.

見付ける (みつける) — 32
찾다, 찾아내다, 발견하다
- 類 発見する　見いだす
- 反 見失う
- 例 入学前までに，自分の進みたい方向を先に見つけた方が得だ。
  입학 전까지 자신이 나아가고 싶은 방향을 먼저 찾는 것이 이익이다.

決まる (きまる) — 32
결정되다, 정해지다
- 類 定まる　決定する
- 例 それが成功しようと失敗しようと，本人の努力のみで結果が決まるとは限らない。
  그것이 성공하든 실패하든 본인의 노력만으로 결과가 결정된다고는 할 수 없다.

	31	잊다, 잃어버리다
忘れる わす		類 忘却する　忘失する 反 覚える 例 いくら覚えようとしても、忘れるものは忘れる。 　　아무리 외우려고 해도 잊을 것은 잊는다.

	30	깨닫다, 인식하다, 알아차리다
気付く き　づ		類 認識する　　反 見逃す 例 自分を客観的に見るというのは難しいもので、自身の行動や発言の欠点にはなかなか気づかないものである。 　　자신을 객관적으로 본다는 것은 어려운 일로, 자신의 행동이나 발언의 결점은 쉽게 깨닫지 못하는 법이다.

	30	다가가다, 가까워지다, 접근하다
近づく ちか		類 接近する　寄り付く　寄る　迫る　アプローチする　近寄る 反 遠ざかる 例 自分の夢を実現させるには、一つずつ努力をして夢に近づいていかなければならない。 　　자신의 꿈을 실현하기 위해서는 하나씩 노력을 해서 꿈에 다가가야 한다.

	30	이용하다, 사용하다, 쓰다, 채택하다
用いる もち		類 使う　使用する　利用する　取り上げる　採用する 例 この治療法を用いれば、術後の回復も早くなる。 　　이 치료법을 이용하면 수술 후의 회복도 빨라진다.

	30	남기다, 보존하다
残す のこ		類 保存する　残留する 同 遺す 例 温暖化防止のためには、森林を残していくべきだ。 　　온난화 방지를 위해서는 삼림을 남겨 두어야 한다.

	30	만나다, 체험하다
出会う で　あ		類 行き合う　巡り合う　体験する　　反 別れる 例 二人が初めて出会った場所を再び訪れた。 　　두 사람이 처음 만난 장소를 다시 방문했다. 　　「異文化に出会う」ことは、自分の見聞を広める素晴らしいことだ。 　　「다문화를 체험한다」는 것은 자신의 견문을 넓히는 멋진 일이다.

	30	이야기하다
語る かた		類 言う　話す　述べる　喋る 反 黙る　同 騙る 例 親身になって相手の話を聞くからこそ、相手も本音を語ってくれるのです。 　　진심으로 상대의 이야기를 들어주어야만 상대도 속마음을 이야기해주는 것입니다.

동 사

	30	찾다, 탐색하다
探す さが		類 見つける　探索する　探検する　サーチする 同 捜す 例 ハンターは周囲を見渡しながら，獲物を探している。 사냥꾼은 주위를 둘러보면서 사냥감을 찾고 있다.

	30	통하게 하다, 통과시키다
通す とお		反 止める　塞ぐ 同 透す　徹す 例 そのテーマに関する資料は，できるだけ目を通してください。 그 테마에 관련된 자료는 가능한 한 훑어봐 주십시오.

	29	오르다
上がる あ		類 上昇する 反 下がる　降りる 同 挙がる　揚がる 例 引退した先輩に対し，皆は立ち上がって，長い間拍手を送った。 은퇴한 선배에게 모두 일어나서 오랫동안 박수를 보냈다. 出来上がったプリントは，人数分配ってください。 완성된 프린트는 사람 수에 맞게 배부해 주십시오.

	29	움직이다, 이동시키다, 작동시키다
動かす うご		類 移す　移動する　作動させる 反 止める 例 「昔の遊び」は，外で身体を動かす遊びを指すものが多い。 「옛날의 놀이」는 밖에서 몸을 움직이는 놀이를 가리키는 것이 많다.

	29	열다, 개최하다, 개방하다
開く ひら		類 開ける　開放する　開催する 反 閉じる，閉める 同 拓く　啓く 例 かつてこのスポーツセンターは，一般市民にも開かれた場所だった。 과거에 이 스포츠센터는 일반시민에게도 개방된 장소였다. 秋学期の球技大会は体育館で開かれます。 가을 학기의 구기대회는 체육관에서 열립니다.

生む
29 낳다, 탄생시키다, 만들어 내다
- 類 誕生する　出産する　作り出す　クリエイトする
- 反 殺す　抹殺する
- 同 産む
- 例 この種の虫は，葉の上に卵を生み付けるのです。
  이 종류의 곤충은 잎 위에 알을 낳습니다.
  不規則な生活を送ることが，いわゆる「生活習慣病」を生み出している。
  불규칙적인 생활을 하는 것이 이른바 「생활습관병」을 낳고 있다.

暮らす
29 살다, 생활하다
- 類 生活する　住む　営む
- 例 暮らしやすい社会を実現するためには，何をすべきだろうか。
  살기 편한 사회를 실현하기 위해서는 무엇을 해야만 할까？

覚える
28 기억하다, 느끼다
- 類 記憶する　暗記する　感じる
- 反 忘れる
- 同 憶える
- 例 昔起こった大切な出来事は，今でも覚えている。
  옛날에 일어난 중요한 일은 지금도 기억하고 있다.
  その美しい壮大な風景に，畏敬の念さえ覚えた。
  그 아름답고 장대한 풍경에 경외심마저 느꼈다.

高める
28 높이다, 강하게 하다
- 類 高くする　強くする　強める　アップする
- 反 低くする　下げる
- 例 免疫力を高めるためにどうしたらよいのでしょうか。
  면역력을 높이기 위해서는 어떻게 하는 것이 좋을까요？

合わせる
28 맞추다, 혼합하다
- 類 合算する　混合する　ミックスする　一致させる
- 同 併せる　遭わせる　遇わせる　会わせる
- 例 これからの地球環境に，人類はいかに合わせて生きていくかが今後重要になるだろう。
  앞으로의 지구환경에 인류는 어떻게 맞추어 살아갈 것인지가 앞으로 중요해질 것이다.

育つ
28 자라다, 성장하다
- 類 育成する　成長する　生育する
- 例 人の性格は，一人ひとりの経験や育ってきた環境で違う。
  사람의 성격은 개개인의 경험과 자라온 환경에 따라 다르다.

동사

来る (くる) — 27
오다, 방문하다
- 類 到達する　いらっしゃる　訪れる
- 反 行く
- 同 繰る
- 例 店に来るお客の数が多いほど、売り上げに繋がる。
  가게에 오는 손님 수가 많을수록 매출로 이어진다.

失う (うしなう) — 27
잃다, 상실하다
- 類 喪失する　無くす　失する　逃す
- 反 得る　獲得する
- 同 喪う
- 例 非常時には、冷静な判断力を失ってはいけない。
  비상시에는 냉정한 판단력을 잃어서는 안된다.

集める (あつめる) — 27
모으다, 집합시키다, 수집하다
- 類 集合させる　纏める　収集する　ピックアップする
- 反 散らす　配る
- 例 現在の若者はよくSNSを通して、情報を集めている。
  현재의 젊은이들은 자주 SNS를 통해서 정보를 수집하고 있다.

認める (みとめる) — 27
인정하다, 평가하다, 받아들이다
- 類 承認する　判断する　応諾する　評価する　受け入れる
- 反 無視する　蔑む
- 例 出席が足りなければ、たとえ期末試験に合格したとしても単位は認められません。
  출석이 부족하면 비록 기말시험에 합격해도 학점은 인정되지 않습니다.

下さる (くださる) — 26
주시다
- 類 貰う　戴く　頂戴する　賜る
- 例 もし、何かご不明な点等がございましたら、遠慮なくお問い合わせください。
  만약 무언가 궁금한 점 등이 있으시면 사양말고 문의해 주십시오.

従う (したがう) — 26
따르다, 순종하다, 수행하다
- 類 遵守する　順従する　随行する　従事する
- 反 抗う　逆らう　背く　叛く
- 同 随う
- 例 以下に挙げる事例が起こった場合は、このマニュアルに従って行動してください。
  다음에 드는 사례가 일어난 경우에는 이 매뉴얼에 따라 행동해 주십시오.

	26	**飛ぶ / 날다, 비행하다**
と **飛ぶ**		類 飛行する　翔る 反 落ちる　墜ちる 同 跳ぶ 例 既に需要がないと思われていた製品が，再び飛ぶように売れた。 　이미 수요가 없다고 생각되던 제품이 다시 날개 돋인 듯이 팔렸다.
む **向ける**	26	**향하다, 들이대다, 대면하다** 類 振り向ける　対面させる 同 剥ける 例 見ず知らずの人間に，いきなりカメラを向けるのはマナー違反だ。 　모르는 사람들에게 갑자기 카메라를 들이대는 것은 매너 위반이다.
こ **超える**	26	**넘다, 초과하다** 類 超過する　過ぎる　勝る　上回る　オーバーする 同 越える　肥える 例 もし応募者が募集人数を超えた場合は，抽選になります。 　만약 응모자가 모집인원수를 초과했을 경우에는 추첨으로 합니다.
あつか **扱う**	26	**다루다, 사용하다, 취급하다** 類 操る　使用する　取り扱う　処理する　担当する 例 人類は，火を扱うようになったことで，文明を築くことができた。 　인류는 불을 다루게 됨으로써 문명을 세울 수 있었다. 　残念ながら，本講義では，遅刻及び早退二回につき，一回の欠席として扱う。 　유감스럽지만 이 강의에서는 지각 및 조퇴 2회당 결석 1회로 취급한다.
たも **保つ**	25	**유지하다, 계속하다** 類 保持する　維持する　キープする　継続する 例 通常，水は摂氏 0 度より温かく保っていれば，凍らない。 　보통 물은 섭씨 0도보다 따뜻하게 유지하면 얼지 않는다.
む **群れる**	25	**모이다, 모여들다** 類 集まる　駆けつける　集う 反 散る 同 蒸れる 例 ハロウィンになると，渋谷駅前には仮装をした若者が群れはじめ，町全体が大騒ぎになる。 　할로윈이 되면 시부야역 앞에는 분장한 젊은이들이 모여들기 시작하여 거리 전체가 난리가 난다.

동사

間違う (まちがう) — 25
틀리다, 착각하다

- 類 誤る　間違える　しくじる　反 合う
- 例 うっかり間違った駅に降りかけたが，降りる直前に気づいたので，急いで座席に戻った。
  자칫 다른 역에 내릴 뻔했지만 내리기 직전에 알아차리고 서둘러 자리로 돌아왔다.

目指す (めざす) — 25
목표로 하다, 지향하다

- 類 進む　狙う　目掛ける
- 例 資源循環型社会を目指すためには，リサイクルを進めなければならない。
  자원 순환형 사회를 목표로 하기 위해서는 재활용을 추진해야 한다.

避ける (さける) — 24
피하다, 삼가다

- 類 避ける　差し控える
- 反 遭う　遭遇する
- 同 裂ける
- 例 できれば，他人とのトラブルを避けたいです。
  가능하면 다른 사람과의 트러블을 피하고 싶습니다.

貰う (もらう) — 24
받다

- 類 戴く・頂く　頂戴する　受ける　引き受ける
- 反 遣る　与える
- 例 学生たちは難しい課題を貰ったにも関わらず，彼らだけでそれをやり遂げて見せた。
  학생들은 어려운 과제를 받았음에도 불구하고 그들의 힘만으로 그것을 해내 보였다.

優れる (すぐれる) — 24
뛰어나다, 우수하다

- 類 勝る　秀でる
- 反 劣る
- 同 勝れる
- 例 的を絞って深く研究すれば，優れた成果があげられるだろう。
  목표를 좁혀 깊이 연구하면 뛰어난 성과를 얻을 수 있을 것이다.

関わる (かかわる) — 24
관련되다, 관여하다, 관계하다

- 類 関係する
- 同 係わる
- 例 食事は健康に大きく関わっているのである。
  식사는 건강과 크게 관련되어 있는 것이다.

取(と)り入(い)れる　24
도입하다, 받아들이다, 채택하다
- 類 取り込む　受け入れる　採用する　収穫する
- 例 このような住宅の中には，新しい省エネ設備を取り入れているものも多い。
  이러한 주택 중에는 새로운 에너지 절약 설비를 도입한 주택도 많다．

極(きわ)める　24
숙달하다, 경지에 이르다
- 類 上達する　達する　マスターする
- 同 窮める　究める
- 例 いわゆる「匠人」や「職人」と呼ばれる方々は，ある特定の分野における技術を極めた人々のことを指している。
  이른바「명장」이나「장인」이라고 불리는 분들은 어떤 특정 분야에서 기술의 경지에 이른 사람들을 가리킨다．

売(う)る　24
팔다, 판매하다
- 類 販売する　売却する　トレードする
- 反 買う
- 同 得る
- 例 本が売れない時代に，どう本を売るかが問題だ。
  책이 팔리지 않는 시대에 어떻게 책을 팔지가 문제다．

受(う)け入(い)れる　23
받아들이다, 인정하다, 수용하다
- 類 認める　応諾する　受容する　承認する
- 例 自分はなぜそれを受け入れることができないのか。
  자신은 왜 그것을 받아들일 수 없는 걸까？

指(さ)す　23
가리키다, 지명하다
- 類 示す　指し示す　指摘する　指名する　名指しする
- 同 刺す　差す　挿す
- 例 この場合の外来語は，主にラテン語系の外来語を指している。
  이 경우의 외래어는 주로 라틴어계의 외래어를 가리키고 있다．

止(や)める　23
멈추다, 그만두다
- 類 中止する　停止する　終える　ストップする
- 反 続ける
- 同 辞める　病める　已める
- 例 子どもには，「いたずら」は悪いことで，止めなければならないことだと厳しく教え込まなければならない。
  아이들에게는「짓궂은 장난」은 나쁜 일이므로 하지 말아야한다고 엄하게 가르쳐야 한다．

동사

	23	나누다, 분류하다, 구분하다, 분배하다
分ける		類 離す 分割する 分類する 区別する 配る 分配する 同 別ける 例 学習という単語は,「学ぶ」と「習う」に分けることができる。 학습이라는 단어는 「배우다」와 「익히다」로 나눌 수 있다.

	23	일으키다, 발생시키다
起こす		類 立たせる 生じさせる 招く 反 伏す 同 興す 熾す 例 介護ロボットは,人を抱きかかえて起こすことができる。 간호 로봇은 사람을 안아서 일으킬 수 있다. 事故を引き起こした人の責任を追及し,処罰しなければならない。 사고를 일으킨 사람의 책임을 추궁하여 처벌해야 한다.

	23	돌려주다, 반납하다
返す		類 戻す 返却する 反 借りる 同 反す 帰す 還す 孵す 例 鈴木さんに今日中にビデオを返したい。 스즈키씨에게 오늘 중으로 비디오를 돌려주고 싶다.

	22	생각되다, 느끼다
思える		類 感じる 気がする 例 これは一見すると正しく思えますが,本当にそうでしょうか。 이것은 얼핏 보면 옳다고 생각되는데 정말 그럴까요?

	22	감다, 말다
巻く		類 絡み付ける 丸める 取り囲む 同 捲く 撒く 蒔く 播く 例 この「右巻き」「左巻き」という言葉は,実に奥深い。 이 「오른쪽 감기」 「왼쪽 감기」라는 말은 실로 심오하다.

	22	발생하다, 나타나다
生ずる		類 発生する 現れる 生み出す 齎す 反 滅する 同 招ずる 請ずる 例 大事なことは,ストレスが生じたときに,対症療法でごまかすのではなく,根本的な原因を見極めて,適切な処置を行うことである。 중요한 것은 스트레스가 생겼을 때 대증요법으로 얼버무릴 것이 아니라 근본적인 원인을 찾아내어 적절한 처치를 하는 것이다.

	22	진행시키다, 추진하다
進める (すすめる)		類 前進する 進行する 移す
		反 退く
		同 勧める 薦める 奨める
		例 ごみの分別収集をもっと進めて、ごみ処理の軽減化をするべきだ。
		쓰레기 분리수거를 더 추진하여 쓰레기 처리의 경감화를 해야 한다.

	22	즐기다
楽しむ (たのしむ)		類 満足する 興ずる エンジョイする
		反 哀しむ 苦しむ 同 愉しむ
		例 絵本のように楽しみながらゆっくり読む方が、頭に残るわけです。
		그림책처럼 즐기면서 천천히 읽는 것이 머리에 남는 법입니다.

	22	아프다
痛む (いたむ)		類 傷つく 悩む
		同 傷む 悼む
		例 極寒の外に出ると、わずか数秒で頬に耐えられない痛みを感じる。
		극한 때에 바깥에 나가면 불과 몇 초 만에 뺨에 견딜 수 없는 고통을 느낀다.

	22	신청하다
申し込む (もうしこむ)		類 手続きする 申請する 申し入れる 伝える 予約する
		反 受け付ける
		例 一度申し込みが完了してしまうと、キャンセルができませんのでご注意ください。
		일단 신청이 완료되면 취소할 수 없으니 주의해 주십시오.

	21	익숙해지다
慣れる (なれる)		類 習熟する 受け入れる 熟す
		同 馴れる 熟れる
		例 まあ、野生動物が人に慣れるまでに、時間がかかるのはしょうがない。
		뭐, 야생동물이 사람에게 익숙해질 때까지 시간이 걸리는 것은 어쩔 수 없다.

	20	보내다, 지내다
送る (おくる)		類 届ける 派遣する 過ごす
		反 迎える
		同 贈る
		例 もし、資料があまりにも多いときはメールに添付するのではなく、今月末までに直接、研究室に送ってきてください。
		만약 자료가 너무 많을 경우에는 메일에 첨부할 것이 아니라 이달 말까지 직접 연구실로 보내 주십시오.
		皆さんはこれから、楽しい大学生活を送ってください。
		여러분은 이제부터 즐거운 대학생활을 보내 주십시오.

동 사

20 知らせる (しらせる) — 알리다, 통지하다
- 類 通知する　教える　分からせる
- 同 報せる
- 例 CMは、商品を短い間に広く知らせるのに効果的である。
  CM은 상품을 짧은 기간에 널리 알리는데 효과적이다.

20 直す (なおす) — 고치다, 변경하다, 정정하다
- 類 改正する　変更する　正す　訂正する
- 同 治す
- 例 このプロジェクトは考え直す必要がある。
  이 프로젝트는 다시 생각할 필요가 있다.

20 願う (ねがう) — 바라다, 기원하다
- 類 祈る　祈願する　願い出る　欲する　求める
- 例 入場の際は、身分証明書の提示をお願いします。
  입장 시에는 신분증을 제시해 주시기 바랍니다.

20 広げる (ひろげる) — 넓히다, 확대하다, 확장하다
- 類 拡大する　開ける　拡張する
- 反 狭める
- 同 拡げる
- 例 視野を広げることを目的に、海外留学を志す学生は多くいる。
  시야를 넓힐 목적으로 해외유학을 마음먹는 학생이 많다.

20 住む (すむ) — 살다, 거주하다
- 類 生活する　居住する
- 同 済む　澄む　棲む　栖む
- 例 かつて森や草原に住んでいた我々の先祖は、いったいどのような生活をしていたのだろう。
  일찍이 숲이나 초원에 살았던 우리의 선조들은 도대체 어떤 생활을 하고 있었을까?

20 始まる (はじまる) — 시작되다, 개시되다
- 類 開始する　スタートする　生じる
- 反 終わる
- 例 国内でも少しずつではあるが、同様の取り組みが始まっている。
  국내에서도 조금씩이기는 하지만 동일한 시도가 시작되고 있다.

20 応じる (おうじる) — 응하다, 따르다, 부응하다
- 類 対応する　応答する　適合する
- 例 図書館は便利なので、目的に応じてそれをうまく利用するとよい。
  도서관은 편리하기 때문에 목적에 따라 그것을 잘 이용하면 좋다.

	20	**좋아하다, 즐기다**
好む この		類 好く　嗜む　愛おしむ 反 嫌う 例 にんにくは多くの人が嫌うが，稀に好む人もいる。 　　마늘은 많은 사람이 싫어하지만 드물게 좋아하는 사람도 있다.

	20	**받아들이다, 받다, 수신하다**
受け取る う と		類 貰う　頂・戴く　引き受ける　解釈する　掴み取る 反 差し出す　渡す 例 このメールを受け取った人は，明日までに宿題を提出してください。 　　이 메일을 받은 사람은 내일까지 숙제를 제출해 주십시오. 　　同じ物語を読んでも，人によって受け取り方は異なる。 　　같은 이야기를 읽어도 사람에 따라 받아들이는 방식은 다르다

	20	**경영하다, 영위하다**
営む いとな		類 経営する　生活する　準備する　支度する 例 最近では，山村で林業を営む後継者が少なくなっている。 　　최근에는 산촌에서 임업을 영위하는 후계자가 적어지고 있다.

	20	**도움이 되다, 유용하다**
役立つ やく だ		類 役に立つ　使える　有用である 例 どんなに平凡な人間でも，きっと世の中に役立てる機会は訪れる。 　　아무리 평범한 사람이라도 분명 세상에 도움이 될 기회는 찾아온다.

	20	**짜다, 기도하다, 계획하다**
仕組む し く		類 企てる　計画する　図る 例 仕組まれた罠に，まんまと引っかかってしまった。 　　짜여진 함정에 보기 좋게 걸려버렸다.

	19	**떨어지다, 벗어나다, 멀어지다**
離れる はな		類 遠ざかる　隔たる　離別する 反 合う 例 仕事で行き詰まったら，その環境から一時的に離れることが大事です。 　　일에서 벽에 부딪치면 그 환경에서 잠시 벗어나는 것이 중요합니다.

동 사

続く 19
계속하다, 이어지다, 지속하다
- 類 連なる　繋がる　継続する　持続する
- 反 終わる
- 例 夢の続きを見たいと思っても，見ることは大抵不可能だ。
  꿈의 여운을 보고싶다고 생각해도 보는 것은 대체로 불가능하다.

基づく 19
근거하다, 의거하다, 기인하다
- 類 起因する　根拠とする
- 例 ですから，時代の変化の予測に基づいてインフラ整備を行うべきです。
  그러므로 시대 변화의 예측에 의거하여 인프라 정비를 실시해야 합니다.

回る 19
돌다, 회전하다, 순찰하다, 순례하다
- 類 回転する　巡る　迂回する
- 同 廻る　周る
- 例 ひとたび不況になってしまえば，商品もお金も回らなくなり，大量の失業者が発生するだけでなく，餓死者さえ出現する可能性がある。
  한번 불경기가 되어버리면 상품도 돈도 돌지 않게 되고 대량으로 실업자가 발생할 뿐만 아니라 아사자마저 나타날 가능성이 있다.

借りる 18
빌리다
- 類 借用する　拝借する
- 反 貸す　返す
- 例 年末はとても忙しくて，猫の手も借りたいほどでした。
  연말은 매우 바빠서 고양이의 손이라도 빌리고 싶을 정도였습니다.

出来る 18
생기다, 완성하다, 가능하다
- 類 生じる　発生する　起こる　仕上がる　完成する　完了する
- 例 すみません，急に用事ができたのでここで失礼します。
  죄송합니다, 급하게 일이 생겨서 여기서 실례하겠습니다.
  出来上がった資料を人数分コピーして配ってください。
  완성된 자료를 인원수에 맞게 복사하여 배부해 주십시오.

降る 18
내리다, 오다
- 類 落ちる　注ぐ
- 同 振る
- 例 もし，雨が降ったときは今回の運動会を中止する。
  만약 비가 올 경우에는 이번 운동회를 중지한다.

	18	모으다, 정리하다
纏める まとめる		類 集まる 括る 整える 整理する 一致させる 例 良かった要因や効果が上がった理由等を，きちんと整理して纏めることで，次に活かすことができるだろう。 좋았던 요인이나 효과가 있었던 이유 등을 정확히 정리해 둠으로써 다음에 활용할 수 있을 것이다.
	18	모이다, 모여들다
集まる あつまる		類 集う 集合する 纏まる 群れる 反 散る 例 このデータベースに情報が集まりにくいのは，条件の初期設定に不備があるからだ。 이 데이터베이스에 정보가 모이기 어려운 것은 조건의 초기설정에 미비가 있기 때문이다.
	18	통하다, 전해지다
通じる つうじる		類 経由する 届く 繋がる 至る 達する 例 戦争は武器の需要などを通じて，軍需産業に利益を与えている。 전쟁은 무기의 수요 등을 통해 군수산업에 이익을 끼친다. 今回の件におきましては，私の誠意が相手方に通じれば幸いです。 이번 건에 있어서는 저의 성의가 상대방에 통하면 좋겠습니다.
	18	견디다, 참다, 인내하다
耐える たえる		類 辛抱する 堪える 我慢する 同 絶える 堪える 例 今の若者は，昔の若者に比べ，孤独に耐える力を持っていない。 요즘 젊은이들은 옛날 젊은이들에 비해 고독을 견디는 힘을 갖고있지 않다.
	17	마시다, 피우다, 복용하다
飲む のむ		類 啜る 吸う 服用する 圧倒する 同 呑む 例 人間ドックの前日夜9時からは何も飲んだり食べたりしてはいけない。 건강검진 전날 밤 9시부터는 아무것도 마시거나 먹으면 안된다. 情報の荒波に飲み込まれないために，独自の判断力を持つようにしてください。 정보의 거센 파도에 휩쓸리지 않기 위해 독자적인 판단력을 갖도록 해 주십시오.
	17	세우다, 정하다
立てる たてる		類 定める 制定する 同 建てる 例 大学の履修計画は自分でしっかり立て，期限までに提出すること。 대학의 이수계획은 스스로 잘 세워서 기한까지 제출할 것.

동사

加(くわ)える — 17 — 가하다, 참가하다
- 類 足す　増す　増やす　参加させる
- 反 減らす　引く
- 例 管理(かんり)しやすくするために，いろいろな制限(せいげん)を加(くわ)えた方(ほう)がいい。
  관리를 쉽게 하기 위해 여러 제한을 가하는 것이 좋다.

決(けっ)する — 17 — 결정하다
- 類 決める
- 同 結する
- 例 「赤壁(せきへき)の戦(たたか)い」は三国時代(さんごくじだい)の雌雄(しゆう)を決する戦いであった。
  「적벽대전」은 삼국시대의 자웅을 결정하는 싸움이었다.

生(しょう)じる — 17 — 발생하다, 생기다
- 類 発生(はっせい)する　起(お)こる
- 同 招(しょう)じる　請(しょう)じる
- 例 誤解(ごかい)が生じるのは止(や)むを得(え)ないが，できるだけ早く修正(しゅうせい)した方がいい。
  오해가 발생하는 것은 어쩔 수 없지만 가능한 한 빨리 수정하는 것이 좋다.

着(き)る — 17 — 입다, 착용하다
- 類 着用(ちゃくよう)する　羽織(はお)る　纏(まと)う
- 反 脱(ぬ)ぐ
- 同 切る　斬る　伐る
- 例 着物(きもの)は最近では日常的(にちじょうてき)にはあまり着られなくなった。
  기모노는 최근에는 일상적으로는 별로 입지않게 되었다.

並(なら)ぶ — 17 — 줄서다, 나란히 서다
- 類 隣(とな)り合(あ)う　及(およ)ぶ
- 例 これは人がコンベヤーのそばに並んで，それぞれ順番(じゅんばん)に組み立てていく生産方式(せいさんほうしき)である。
  이것은 사람이 컨베이어벨트 옆에 나란히 서서 각각 순서대로 조립해 나가는 생산방식이다.

戻(もど)る — 17 — 돌아가다, 돌아오다
- 類 帰(かえ)る　引(ひ)き返(かえ)す　復旧(ふっきゅう)する　返(かえ)る
- 反 行(い)く
- 例 鮭(さけ)はいったん海に出て，産卵(さんらん)のときにまた生まれた川に戻る。
  연어는 일단 바다로 나갔다가 산란기에 다시 태어난 강으로 돌아온다.

広(ひろ)がる — 17 — 확산되다, 퍼지다
- 類 拡大(かくだい)する　伸(の)びる　展開(てんかい)する　普及(ふきゅう)する
- 反 狭(せば)まる
- 同 拡(ひろ)がる
- 例 老人(ろうじん)ホームでは，子どもとお年寄(としよ)りの交流が広がっている。
  양로원에서는 어린이와 노인의 교류가 늘어나고 있다.

驚く (おどろく) — 놀라다, 감탄하다

- 類: 感嘆する　呆れる　仰天する
- 同: 愕く
- 例: このニュースはほとんどの人に知られており、今更驚く人はいない。
  이 뉴스는 대부분의 사람들에게 알려져 있어 새삼스럽게 놀라는 사람은 없다.

済む (すむ) — 끝내다, 충분하다

- 類: 終わる　終了する　足りる
- 同: 住む　棲む　澄む
- 例: こうすれば、お互いにそれほど傷つけあわないで済む。
  이렇게 하면 서로 그다지 상처주지 않고 끝난다.

悩む (なやむ) — 고민하다, 번뇌하다

- 類: 苦しむ　思い煩う
- 例: 悩み事が増えると、ストレスになる。
  고민이 늘면 스트레스가 된다.

伝わる (つたわる) — 전하다, 전달되다, 전파되다

- 類: 伝達する　伝来する　拡がる　届く
- 例: 本当の気持ちが相手に伝わったときこそ、相手も本音を語ってくれるものです。
  진심이 상대에게 전달되었을 때 비로소 상대도 본심을 이야기해 주는 것입니다.

喜ぶ (よろこぶ) — 기뻐하다, 좋아하다

- 類: 歓喜する　祝福する
- 反: 悲しむ　同: 慶ぶ　悦ぶ
- 例: 貴社におかれましては、ますますご清栄のこととお喜び申し上げます。
  귀사의 날로 번창하심을 경하드립니다.

休む (やすむ) — 쉬다, 자다

- 類: 休憩する　休息する　欠席する　寝る
- 反: 働く　動く
- 例: 過労にならないように、適宜休みを取ってください。
  과로하지 않도록 적당히 휴식을 취해 주십시오.

含める (ふくめる) — 포함하다, 넣다

- 類: 入れる　取り込む
- 例: 申請した日を含めて一週間後に、窓口で受け取ることができます。
  신청한 날을 포함하여 1주일 후에 창구에서 받을 수 있습니다.

동사

乗る (のる) — 16
타다, 응하다
- 類 上がる　応じる
- 反 降りる
- 同 載る
- 例 漂流者は海の上を，海流に乗って流されていく。
  표류자는 바다 위를 해류를 타고 떠내려간다.
  いつでも相談に乗りますから，気軽に声をかけてください。
  언제라도 상담해드릴테니 부담없이 말씀해 주십시오.

増やす (ふやす) — 15
늘리다, 증가시키다
- 類 増す　増加させる　引き上げる　増殖させる　高める
- 反 減らす
- 同 殖やす
- 例 最近では，英語の授業時間を増やすべきだという意見も出されています。
  최근에는 영어 수업 시간을 늘려야 한다는 의견도 나오고 있습니다.

高まる (たかまる) — 15
높아지다, 상승하다
- 類 上がる　上昇する　増加する　増える
- 反 低くなる
- 例 プラスチックごみが自然の中に拡散されることで，環境への負荷が高まってしまう。
  플라스틱 쓰레기가 자연 속으로 확산됨으로써 환경에 대한 부하가 높아진다.

挙げる (あげる) — 15
들다, 제시하다
- 類 示す　呈示する
- 同 揚げる　上げる
- 例 例を挙げながら説明する方がわかりやすい。
  예를 들어가면서 설명하는 것이 알기 쉽다.

返る (かえる) — 15
돌아가다
- 類 戻る
- 同 変える　帰る　換える　買える
- 例 この前友達に貸した本が，今日返ってきた。
  얼마 전에 친구에게 빌려준 책이 오늘 돌아왔다.

経つ (たつ) — 15
지나다, 경과하다
- 類 (時間が) 経過する
- 同 立つ　建つ　絶つ　断つ　発つ
- 例 建物は時間が経つと，破損や磨耗などによって老朽化が進む。
  건물은 시간이 지나면 파손이나 마모 등에 의해 노후화가 진행된다.

支える (ささえる) — 15
지지하다, 뒷받침하다, 유지하다
- 類 支持する　支援する　維持する　サポートする　キープする
- 例 消費者の消費活動の背景には，それを支える生産活動がある。
  소비자의 소비활동 배경에는 그것을 뒷받침하는 생산활동이 있다.

	15	향하다, 적합하다
向く む		類 対する 面する 適する 同 剝く 例 彼女は不気味な音のする方向を向いた。 그녀는 음산한 소리가 나는 방향으로 향했다. 多くのことを考慮した上でも、やはりわが社は少品種多量生産に向いている。 많은 것을 고려하더라도 역시 우리 회사는 소품종 다량생산에 적합하다.
	15	다니다, 통하다
通う かよ		類 行き来する 伝わる 通じる 例 小学生の頃、ピアノ教室によく通っていた。 초등학생 시절 피아노 교실에 자주 다녔다. 心が通い合う友人に巡り合えるのは稀なので、大切に接するべきです。 마음이 통하는 친구를 만나는 일은 드물기 때문에 소중하게 대해야 합니다.
	15	치다, 때리다, 쏘다
打つ う		類 当たる 殴る 射す 叩く 同 撃つ 討つ 例 転んで肩を強く打った。 넘어져 어깨를 세게 부딪쳤다.
	14	잡다, 파악하다
捉える とら		類 捕まえる 握る 掴む 把握する 同 捕える 例 文章の要点を捉えることが大切です。 문장의 요점을 파악하는 것이 중요합니다.
	14	더하다, 증가하다
増す ま		類 増加する 増える 強まる 反 減る 同 益す 例 この薬品を塗ると、素材の強度が増して耐久性が高まる。 이 약품을 바르면 소재의 강도가 더해져 내구성이 높아진다.
	14	비슷하다, 닮다
似る に		類 類する 類似する 同 煮る 例 この二つはよく似ているので、色や模様で判別するのは難しいかもしれません。 이 둘은 아주 비슷해서 색과 모양으로 판별하는 것은 어려울지도 모릅니다.

동 사

	14	運ぶ (はこぶ)
		운반하다, 나르다
	類	移す　輸送する　運搬する　携える
	例	流通とは，物を生産し，それを遠隔の消費地に運ぶことを表します。
		유통이란 물건을 생산하여 그것을 먼 곳의 소비지로 운반하는 것을 말합니다.

	14	取れる (とれる)
		받다, 없어지다, 얻을 수 있다
	類	得られる　与えられる　落ちる　消える
	同	撮れる　採れる　捕れる　摂れる
	例	賞を取れるかどうかには，ほとんど興味がなかった。
		상을 받을 수 있을지 없을지에는 별로 관심이 없었다.
		夕べ早く寝たおかげで，今は疲れも取れて，すっかり元気になった。
		어젯밤 일찍 잔 덕분에 지금은 피로도 풀렸고 완전히 원기를 회복했다.

	14	満たす (みたす)
		만족하다, 충족시키다
	類	湛える　占める　埋める
	同	充たす
	例	科学は人間の知的欲求を満たすものである。
		과학은 인간의 지적욕구를 충족시키는 것이다.

	14	産む (うむ)
		낳다, 탄생하다, 만들어내다
	類	誕生する　出産する　作り出す　創る
	同	生む
	例	アゲハチョウのメスの成虫は，ミカンの葉によく卵を産みます。
		호랑나비 암컷 성충은 귤나무 잎에 흔히 알을 낳습니다.

	14	困る (こまる)
		곤란하다, 어렵다, 난처하다
	類	悩む　参る　困惑する　迷惑する
	例	忘れ物をして困った経験があります。
		물건을 잃어버려 곤란했던 경험이 있습니다.

	14	当たる (あたる)
		맞다, 당첨되다, 해당되다
	類	ぶつかる　的中する　命中する　相当する　該当する
	反	外れる　同 中る
	例	ボールは地面に当たって，跳ね返ってきた。
		공은 지면에 맞고 튀어 돌아왔다.
		宝くじに当たって，10万円もらった。
		복권에 당첨되어 10 만엔을 받았다.
		剽窃やカンニングは，窃盗にあたる行為です。
		표절이나 컨닝은 절도에 해당하는 행위입니다.

探る (さぐる)
14

찾다, 알아보다, 검토하다
- 類 捜す 調査する 調べる 探求する 検討する
- 例 人類は, 宇宙の成り立ちや構造を探り出そうとしています。
  인류는 우주의 성립과 구조를 찾아내려고 하고 있습니다.

渡る (わたる)
14

건너다, 걸치다, 이동하다
- 類 移動する 移る 及ぶ 続く
- 同 渉る
- 例 昆虫が海を渡る手段としては, 主に3つある。
  곤충이 바다를 건너는 수단으로는 주로 3가지가 있다.
  この会議は3回にわたって行う予定です。
  이 회의는 3회에 걸쳐 할 예정입니다.

切れる (きれる)
14

끊어지다, 무너지다, 떨어지다
- 類 尽きる 無くなる 怒る
- 同 伐れる 斬れる
- 例 昔から日本人と魚は, 切っても切れない関係にある。
  옛날부터 일본인과 생선은 뗄래야 뗄 수 없는 관계이다.
  今の人は, 些細な事でもすぐにキレる。
  요즈음 사람들은 사소한 일에도 바로 화를 낸다.

臭う (におう)
13

냄새가 나다
- 類 香る
- 同 匂う
- 例 にんにくたっぷりの料理を作ったせいで, 台所が酷く臭う。
  마늘이 듬뿍 들어간 요리를 만든 탓에 부엌이 심하게 냄새가 난다.

引く (ひく)
13

긋다, 참조하다, 물러나다, 당기다
- 類 引っ張る 参照する 下がる
- 反 押す
- 同 惹く 弾く 曳く 挽く 轢く
- 例 重要な箇所には赤線を引いたり, メモをとったりする。
  중요한 부분에는 빨간 선을 긋거나 메모를 하기도 한다.
  分からなかった単語は, 辞書を引いて調べてください。
  모르는 단어는 사전을 찾아서 조사해 주십시오.
  水が引くと, 地面に水たまりができる。
  물이 빠지면 바닥에 물웅덩이가 생긴다.

동사

連つれる — 13 — 동반하다, 따르다
- 類 従う　伴う　連なる　応じる
- 同 釣れる　吊れる
- 例 世の中の人々の仕事が忙しくなるにつれて、平均読書時間はどんどん短くなっている。
  세상 사람들의 일이 바빠짐에 따라 평균 독서시간이 점점 짧아지고 있다.

防ふせぐ — 13 — 막다, 방지하다
- 類 守る　防御する　止める　防止する　食い止める
- 反 攻める
- 例 害虫の被害を防ぐために、防虫剤を用いる。
  해충 피해를 막기 위해 방충제를 사용한다.

寝ねる — 13 — 자다, 눕다
- 類 眠る　横たわる　伏す　同 練る　煉る
- 例 「寝る子は育つ」という諺があるように、睡眠は子どもの成長に大きな影響を与えるので、極めて大切なことなのです。
  「자는 아이는 자란다」는 속담이 있듯이 수면은 아이들의 성장에 큰 영향을 미치기 때문에 매우 중요한 것입니다.

現あらわれる — 13 — 나타나다, 출현하다
- 類 出現する　出る
- 反 隠れる
- 同 表れる　顕れる
- 例 しばらく休職していた先生が、久々に現れた。
  한동안 휴직했던 선생님이 오랜만에 나타났다.

確たしかめる — 13 — 확인하다
- 類 見る　確認する　見極める　見定める　チェックする
- 例 この結論の合理性を確かめるために、次のような実験を行う。
  이 결론의 합리성을 확인하기 위해 다음과 같은 실험을 한다.

見付みつかる — 13 — 발견되다
- 類 発見される　見出される　探し出される　突き止められる
- 例 少し視点を変えることで、新たなポイントが見つかるかもしれない。
  조금 관점을 바꿈으로써 새로운 포인트가 발견될지도 모른다.

積つむ — 13 — 쌓다, 축적하다, 적재하다
- 類 重ねる　積載する　蓄える　貯める
- 同 摘む　詰む
- 例 何事においても、経験やキャリアを積むことが大事だ。
  어떤 일에 있어서도 경험과 커리어를 쌓는 것이 중요하다.

	13	늦다, 지각하다
遅れる おく		類 遅延する 遅刻する 留まる 反 進む 同 後れる 例 すみません，ちょっと急用があったので，遅れました。 죄송합니다만, 조금 급한 일이 있어서 늦었습니다.
払う はら	13	지불하다, 기울이다, 내다 類 費やす 消費する 例 水道代やガス代などは，期限内に払わなければならない。 수도요금이나 가스요금 등은 기한내에 지불해야 한다. このポイントは見落とされがちなので，試験によく出されます。だから，皆さんはよく注意を払って復習するようにしてください。 이 포인트는 놓치기 쉬워서 시험에 잘 나옵니다. 그러니 여러분은 주의를 기울여 잘 복습하도록 해 주십시오.
誤る あやま	12	실수하다, 잘못하다 類 間違える 失敗する やり損なう 同 謝る 例 従業員が多ければ多いほど，業務上の誤りが出る可能性も高くなる。 종업원이 많으면 많을수록 업무상의 실수가 나올 가능성도 높아진다.
達する たっ	12	도달하다, 이르다 類 到達する 着く 至る 届く 勝ち取る 達成する 例 実際に，ロボットの開発技術は，かなり高い水準にまで達しています。 실제로 로봇 개발기술은 상당히 높은 수준까지 이르렀습니다.
使える つか	12	사용하다, 쓰다 類 役に立つ 同 仕える 支える 例 現代では，ITを業務改革のための道具として使えるようになった。 현대에는 IT를 업무개혁을 위한 도구로 쓸 수 있게 되었다.
経る へ	12	지나다, 경유하다, 경과하다 類 経由する 経過する 経つ 同 減る 例 米作りの技術は，時代を経るごとに次第に向上してきた。 쌀 농사 기술은 시대가 지날 때마다 점차 향상되어 왔다.

동사

帰る (かえる)
12 돌아가다, 돌아오다
- 類 戻る
- 反 行く
- 同 返る　変える　換える
- 例 講演会が終わった途端に，さっさと帰り支度を始める客もいた。
  강연회가 끝나자마자 얼른 돌아갈 준비를 시작하는 손님들도 있었다.

頼る (たよる)
12 의지하다, 의존하다
- 類 信用する　依頼する
- 例 現在，人間は移動手段のほとんどを，車や電車に頼っている。
  현재 인간은 이동수단의 대부분을 자동차나 전철에 의존하고 있다.

売れる (うれる)
12 팔리다, 인기가 많다
- 類 売ることができる　広く知られる　有名になる　人気がある
- 同 熟れる
- 例 実際，ブランド品であれば，品質にかかわらずよく売れるものだ。
  실제로 브랜드 상품이면 품질에 상관없이 잘 팔리고는 한다.
  Aさんは今，一番売れている俳優です。
  A 씨는 지금 제일 잘 나가는 배우입니다.

果す (はたす)
12 완수하다, 이룩하다
- 類 終える　やり遂げる　成し遂げる　実行する
- 例 与えられた任務を果すために，精一杯頑張る。
  주어진 임무를 완수하기 위해 온 힘을 다해 노력한다.

及ぼす (およぼす)
12 미치다, 끼치다
- 類 左右する　関わる　影響する
- 例 タバコは健康に害を及ぼすから，今日から吸わないと決心した。
  담배는 건강에 해를 끼치기 때문에 오늘부터 피우지 않기로 결심했다.

建てる (たてる)
12 세우다, 건축하다
- 類 築く　組み上げる　建設する　建立する
- 同 立てる
- 例 古いマンションを建て替えるには，膨大な費用が必要だ。
  오래된 맨션을 재건축하는 데는 막대한 비용이 필요하다.

	12	바꾸다, 변경하다, 교환하다
換える		類 交換する　変更する　チェンジする
		同 帰る　返る　変える
		例 植物は光合成によって、太陽光をエネルギーに換える。
		식물은 광합성에 의해 태양광을 에너지로 바꾼다.

	12	살다, 서식하다
棲む		類 生息する　生活する
		同 住む　栖む　澄む　済む
		例 水の中に棲む魚は「水」自体を意識していないかもしれない。
		물속에 사는 물고기는「물」자체를 의식하지 않을지도 모른다.

	12	조합하다, 맞추다
組み合わせる		類 繋ぎ合わせる　混ぜる　結び付ける
		例 今日は，どんな洋服を組み合わせようか。
		오늘은 어떤 양복을 맞추어 입을까?

	12	보내다, 지내다
過ごす		類 暮らす　送る
		例 大学での生活を如何に過ごしたかは，将来に大きく影響を与えるでしょう。
		대학에서 생활을 어떻게 보냈는지는 장래에 큰 영향을 미칠 것입니다.

	12	몰아가다, 향하다
向かう		類 向ける　対する　目指す　取り組む
		例 しかし，これらの変化は明らかに政治を悪い方向に向かわせているように思える。
		그러나 이러한 변화는 분명히 정치를 나쁜 방향으로 몰고가는 것처럼 생각된다.
		毎年，新たな目標に向かって努力することが大切です。
		매년 새로운 목표를 향해 노력하는 것이 중요합니다.

	12	죽다, 멸종되다
死ぬ		類 亡くなる　逝く　滅びる
		反 生きる　生まれる
		例 恐竜は恐らく，当時の環境の変化に適応できず死んでしまった。
		공룡은 아마 당시의 환경 변화에 적응하지 못하고 죽어버렸다.

동사

眺める (ながめる) — 11
바라보다, 조망하다

- 類 見る　見詰める　眺望する
- 例 人類は，古代から空を眺めては様々なことを思索してきた。
  인류는 고대로부터 하늘을 바라보며 여러 가지를 사색해왔다.

恐れる (おそれる) — 11
두려워하다, 무서워하다, 걱정하다, 우려하다

- 類 不安がる　心配する　怖がる
- 同 怖れる　畏れる
- 例 失敗を恐れずに，自分を信じて前に進もう。
  실패를 두려워하지 말고 자신을 믿고 앞으로 나아가자.

走る (はしる) — 11
달리다, 뛰다

- 類 進む　駆ける　急ぐ
- 例 ランナーはよく，「今回はこれくらいのタイムで走ろう」と，事前に目標を定めてからレースに臨む。
  마라토너는 흔히 「이번에는 이 정도 타임으로 달려야지」하고 사전에 목표를 정한 후에 레이스에 임한다.

信じる (しんじる) — 11
믿다, 신용하다

- 類 信用する
- 例 神の存在を信じて，毎日祈りを捧げる。
  신의 존재를 믿고 매일 기도를 드린다.

接する (せっする) — 11
접하다, 대하다

- 類 触れる　接触する　タッチする
- 同 摂する
- 例 子どもたちは，遊びながら人との接し方を学んでいる。
  아이들은 놀면서 다른 사람을 대하는 법을 배우고 있다.

逃げる (にげる) — 11
도망치다, 도주하다

- 類 免れる　逃走する　逃亡する
- 反 追う
- 例 仕事などが行き詰ったときに，そこから一時的に「逃げ出す」のも悪くない。
  일 등이 벽에 부딪쳤을 때는 거기에서 잠시 「달아나는」것도 나쁘지 않다.

	11	당첨되다, 맞추다
当てる		類 ぶつける　触れる　命中させる　充当する　対応させる 同 充てる　中てる 例 宝くじを当てる確率は、ほぼゼロに等しいと思ってもいい。 　　복권에 당첨될 확률은 거의 0 에 가깝다고 생각해도 좋다. 　　この作品は、主人公と周囲との友情関係に焦点が当てられている。 　　이 작품은 주인공과 주위와의 우정관계에 초점이 맞춰져 있다.

	11	울리다, 울다
鳴る		類 響く 同 成る　生る　為る 例 友達と話している時に携帯が鳴り、会話を中断した。 　　친구와 이야기하고 있을 때에 휴대전화가 울려 대화를 중단했다.

	11	마주하다, 직면하다
向き合う		類 臨む　相対する　直面する　取り組む　立ち向かう 例 数学とは一概に言えば、数字と向き合う学問です。 　　수학이란 일괄적으로 말하자면 숫자와 마주하는 학문입니다.

	11	자라다, 싹트다
生える		類 芽生える　萌える　同 映える 例 林の中に生える植物は、限られた空間の中に差し込む光に向けて葉を伸ばしています。 　　숲 속에서 자라는 식물은 한정된 공간 속으로 들어오는 빛을 향해 잎을 뻗고 있습니다.

	11	버리다, 방기하다
捨てる		類 放棄する　手離す 反 拾う　取る　同 棄てる 例 現代人は物を簡単に捨てないようにするだけでなく、分別収集にももっと努めるべきです。 　　현대인은 물건을 간단히 버리지 않도록 하는 것 뿐만 아니라 분리수거에도 더욱 노력해야 합니다.

	11	피다, 개화하다
咲く		類 花開く　開花する 反 散る 同 割く　裂く 例 桜の花が 2, 3 輪咲き始めた。 　　벚꽃이 두 세 송이 피기 시작했다.

동 사

	11	성립하다
成り立つ な た		類 成立する 発生する せいりつ はっせい 例 もし，それができなかったら，コミュニケーションが成り立たないのです。 혹시 그것이 안된다면 커뮤니케이션이 성립되지 않습니다.

	11	행해지다, 이루어지다
為される な		類 行われる おこな 例 従来の自動車における騒音は，エンジンが主な原因と見なされていたため，今では，できるだけエンジンの動作音を小さくする低騒音化の取り組みが為されている。 そうおん か てい 기존의 자동차에 있어 소음은 엔진이 주된 원인으로 보였기 때문에 지금은 가능한 한 엔진의 동작음을 작게 하는 저소음화의 대책이 이루어지고 있다.

	11	(냄새를) 맡다
嗅ぐ か		類 臭う にお 例 人は良い香りを嗅ぐとリラックスし，ストレスが解消されるが，嫌な臭いを嗅ぐと，不快感からストレスが増すと信じられている。 사람은 좋은 향기를 맡으면 편안해지고 스트레스가 해소되지만 싫은 냄새를 맡으면 불쾌감으로 스트레스가 늘어난다고 믿어지고 있다.

	11	거듭하다, 쌓다, 반복하다
重ねる かさ		類 繰り返す 積み上げる 反復する く かえ つ あ はんぷく 例 我々は試行錯誤を重ねながらも，ついに成功した。 し こう さく ご 우리는 시행착오를 거듭하면서도 마침내 성공했다.

	11	없어지다, 사라지다, 소멸하다
消える き		類 無くなる 失せる 没する 消滅する な う ぼっ しょうめつ 反 燃える も 例 かつて存在した大帝国は，一夜のうちに消えてしまったという。 과거에 존재했던 대제국은 하룻밤 사이에 사라져버렸다고 한다.

	11	잃어버리다, 잃다
無くす な		類 失う 落とす 紛失する 忘れる うしな お ふんしつ わす 同 亡くす 失くす な な 例 免許証を無くして再交付の申請をする場合は，どうすればいいのか。 めんきょしょう さいこう ふ 면허증을 잃어버려 재교부를 신청하는 경우에는 어떻게 하면 좋을까?

<ruby>頂<rt>いただ</rt></ruby>く	11	**받다, 먹다, 마시다 (겸양어)** 類 取る　貰う　得る　獲得する 同 <ruby>戴<rt>いただ</rt></ruby>く 例 先ずは教授に講演していただき，その後，質疑応答の時間を設けたいと思います。 우선은 교수님께 강연을 듣고 그 후에 질의응답 시간을 갖고자 합니다.
<ruby>足<rt>た</rt></ruby>りる	11	**충분하다** 類 <ruby>行<rt>い</rt></ruby>き<ruby>渡<rt>わた</rt></ruby>る　<ruby>十分<rt>じゅうぶん</rt></ruby>である 例 ブランド<ruby>品<rt>ひん</rt></ruby>を買ったため，今月の生活費が足りなくなった。 명품을 샀기 때문에 이번 달 생활비가 부족하게 되었다.
<ruby>怒<rt>おこ</rt></ruby>る	10	**화를 내다, 분노하다** 類 <ruby>叱<rt>しか</rt></ruby>る　<ruby>憤<rt>いきどお</rt></ruby>る　<ruby>立腹<rt>りっぷく</rt></ruby>する 同 <ruby>起<rt>お</rt></ruby>こる　<ruby>興<rt>おこ</rt></ruby>る　<ruby>熾<rt>おこ</rt></ruby>る 例 かつて，この山では「女性が<ruby>坑内<rt>こうない</rt></ruby>に入ると，山の神が怒る」という<ruby>迷信<rt>めいしん</rt></ruby>があった。 과거 이 산에는 「여성이 갱내에 들어가면 산신이 노한다」는 미신이 있었다.
<ruby>陥<rt>おちい</rt></ruby>る	10	**빠지다, 함몰되다, 함락되다** 類 <ruby>落<rt>お</rt></ruby>ちる　<ruby>引<rt>ひ</rt></ruby>っ<ruby>掛<rt>か</rt></ruby>かる　<ruby>嵌<rt>は</rt></ruby>まり<ruby>込<rt>こ</rt></ruby>む 例 会社が経営危機に陥らないための対処法として、以下のものが考えられる。 회사가 경영위기에 빠지지 않기 위한 대처법으로 다음의 것들을 생각할 수 있다.
<ruby>触<rt>ふ</rt></ruby>れる	10	**접하다, 접촉하다, 체험하다** 類 <ruby>接<rt>せっ</rt></ruby>する　<ruby>接触<rt>せっしょく</rt></ruby>する　<ruby>出<rt>で</rt></ruby><ruby>会<rt>あ</rt></ruby>う　<ruby>体験<rt>たいけん</rt></ruby>する 同 <ruby>振<rt>ふ</rt></ruby>れる 例 海外旅行の面白さは，「生活や文化の違い」に触れることだろう。 해외여행의 재미는 「생활이나 문화의 차이」를 접하는 것이다.
<ruby>望<rt>のぞ</rt></ruby>む	10	**바라다, 희망하다** 類 <ruby>欲<rt>ほ</rt></ruby>しがる　<ruby>求<rt>もと</rt></ruby>める　<ruby>希望<rt>きぼう</rt></ruby>する　<ruby>願<rt>ねが</rt></ruby>う　同 <ruby>臨<rt>のぞ</rt></ruby>む 例 子どもが自ら何かを望む前に親が与えると，子ども自身の何かをやりたいという意欲が育たない。 아이들이 스스로 어떠한 것을 바라기 전에 부모가 주면 아이는 자신이 무언가를 하고 싶다는 의욕이 생기지 않는다.
<ruby>巡<rt>めぐ</rt></ruby>る	10	**돌다, 순회하다, 돌아다니다** 類 <ruby>回<rt>まわ</rt></ruby>る　<ruby>戻<rt>もど</rt></ruby>る　<ruby>囲<rt>かこ</rt></ruby>む　<ruby>関<rt>かん</rt></ruby>する 同 <ruby>廻<rt>めぐ</rt></ruby>る　<ruby>回<rt>めぐ</rt></ruby>る 例 卒業旅行のバスツアーで，観光スポットを巡る。 졸업여행의 버스투어로 관광지를 돌아다닌다.

동 사

減らす
10 줄이다, 절약하다
- 類 引き下げる　削る　節約する
- 反 増やす
- 例 プラスチックごみを減らすために，買い物するときには「マイバッグ」を持参しましょう！
  플라스틱 쓰레기를 줄이기 위해 쇼핑을 할 때에는 「마이 백」을 지참합시다！

引き出す
10 끌어내다, 꺼내다
- 類 取り出す　持ち出す
- 反 引き入れる
- 例 自発的な意欲を引き出すためにも，できるだけ多くのことに興味を持ってほしいのです。
  자발적인 의욕을 끌어내기 위해서도 가능한 한 많은 것에 흥미를 갖길 바랍니다.

導く
10 인도하다, 이끌다
- 類 連れる　率いる　先立つ　主導する　リードする
- 例 数学を勉強する上で大切なのは，証明や公式の導き方を暗記することではなく，むしろ，理解の過程です。
  수학을 공부하는 데에 있어 중요한 것은 증명이나 공식을 유도해내는 방법을 암기하는 것이 아니라 오히려 이해하는 과정입니다.

隠れる
10 숨다
- 類 消える　没する
- 反 現れる
- 例 会いたくない人が来たので，とっさに隠れた。
  만나고 싶지 않은 사람이 왔기 때문에 바로 숨었다.

飼う
10 기르다, 키우다
- 類 養う　育てる　飼育する
- 同 買う
- 例 野生動物を家で飼うことは，原則として法律で禁じられている場合がある。
  야생동물을 집에서 기르는 것은 원칙적으로 법률로 금지되어 있는 경우가 있다.

済む
10 끝나다, 완료하다
- 類 終わる　仕上げる　完成する　成し遂げる
- 同 住む　棲む　澄む
- 例 「マクロ経済学A」を受講したい方は，「ミクロ経済学A」が履修済みであることが前提ですので，注意してください。
  「거시경제학 A」를 수강하고 싶은 분은「미시경제학 A」를 이수한 것이 전제이므로 주의해 주십시오.

	10	제외하다, 제거하다, 빼다
のぞ 除く		類 外す　消す　取り除く　除外する　除去する 反 加える 同 覗く 例 ごく稀なケースを除いて，これは一般的に成立すると言えます。 극히 드문 경우를 제외하고 이것은 일반적으로 성립된다고 말할 수 있습니다.

	10	만들다, 창조하다
つく 創る		類 作り上げる　生み出す　創造する 反 壊す 同 作る　造る 例 人間は様々な進化を遂げ，高度な文化を創り上げてきた。 인간은 다양한 진화를 이룩했고 고도의 문화를 만들어내 왔다.

	10	바꾸다, 교환하다, 교체하다
か 替える		類 取り換える　入れ換える　交わす 同 変える　返る　帰る　換える 例 これは，ばらばらのものを一定の規則に従って並べ替えるクイズです。 이것은 뒤죽박죽인 것을 일정 규칙에 따라 다시 나열하는 퀴즈입니다.

	10	돕다, 구조하다, 거들다
たす 助ける		類 救う　手伝う　救助する　救援する　　反 妨げる　　同 援ける 例 何かに取り組むときに，周りの人の助けを借りることも時には重要だ。 무슨 일인가에 임할 때에 주변 사람의 도움을 받는 것도 때로는 중요하다.

	10	마르다, 시들다
か 枯れる		類 萎む　萎れる 例 落葉樹は秋になると，葉が枯れ落ちます。 낙엽수는 가을이 되면 잎이 말라 떨어집니다.

	10	이르다, 다다르다
いた 至る		類 来る　届く　達する　着く　間に合う 同 到る 例 安全性を高めるためには，事故に至る過程を詳しく分析すれば良い。 안전성을 높이기 위해서는 사고에 이르는 과정을 자세히 분석하면 좋다.

	10	헤엄치다, 수영하다
およ 泳ぐ		類 遊泳する　水泳する 例 エイは広い海を，のびのびと泳いで暮らしている。 가오리는 넓은 바다를 자유롭게 헤엄치며 살고 있다.

動詞

迎える (むかえる) 10
맞이하다, 마중하다
- 類 受け入れる　受け取る
- 例 思春期を迎える少し前から、異性を意識するようになる。
  사춘기를 맞이하기 조금 전부터 이성을 의식하게 된다.

騙す (だます) 10
속이다
- 類 謀る　欺く　ごまかす
- 例 高齢者は「オレオレ詐欺」に騙されないように注意をして下さい。
  고령자는 「보이스피싱」에 속지 않도록 주의해 주십시오.

争う (あらそう) 10
다투다, 싸우다, 겨루다, 논쟁하다
- 類 競う　競争する　戦う　抗議する　論争する
- 例 世界各地では民族同士が争っている。
  세계 각지에서는 민족끼리 싸우고 있다.

座る (すわる) 10
앉다, 착석하다
- 類 腰かける　着席する
- 反 立つ　同 坐る
- 例 日本人は座るときに、畳の上で正座をしたり、あぐらをかいたりします。
  일본인은 앉을 때에 다다미 위에 무릎을 꿇고 앉는 정좌를 하거나 가부좌를 합니다.

継ぐ (つぐ) 10
잇다, 계승하다
- 類 継承する　引き受ける
- 同 接ぐ　告ぐ　次ぐ
- 例 それは、オリンピックの精神を表す言葉として語り継がれている。
  그것은 올림픽 정신을 나타내는 말로 전해져 오고 있다.

切る (きる) 10
끊다, 끄다, 자르다
- 類 絶つ　止める　終わる　休止する　ストップさせる
- 反 繋ぐ
- 同 着る　斬る　伐る
- 例 冷蔵庫の音がうるさくて眠れないので、冷蔵庫の電源を切ったが、今度は外の車の音が気になってしょうがない。
  냉장고 소리가 시끄러워 잠을 잘 수 없어서 냉장고 전원을 껐는데 이번에는 밖의 자동차 소리가 신경쓰여 참을 수 없다.

	10	**結び付く** 결부되다, 이어지다
むす つ 結び付く		類 繋がる 協力する 結束する コネクトする リンクする コラボする
		例 新たに発見された様々な証拠が，犯人逮捕に結びついた。
		새롭게 발견된 여러 가지 증거들이 범인체포로 이어졌다.

	10	**見出す** 찾다, 발견하다
み いだ 見出す		類 見付ける 発見する 気付く 突き止める 解明する
		例 コミュニティの形成は，共同価値を見出す努力をすれば，より推進されるでしょう。
		커뮤니티의 형성은 공동가치를 찾으려는 노력을 한다면 더욱 추진될 것입니다.

	10	**笑う** 웃다, 미소 짓다
わら 笑う		類 微笑む 笑む
		反 泣く
		例 落語は，話を語り，演ずることで観客を笑わせる伝統芸能の一つです。
		만담은 이야기를 하고 연기하는 것으로 관객을 웃게 하는 전통예능의 하나입니다.

	10	**伸びる** 자라다, 성장하다, 발전하다
の 伸びる		類 拡がる 成長する 育つ 栄える 上達する 向上する
		反 縮む
		同 延びる
		例 その人の短所は積極的に指摘してあげてください。もし，彼がそこを自力で克服することができれば，きっと今より伸びるでしょう。
		그 사람의 단점은 적극적으로 지적해 주십시오. 만약 그가 그런 점을 스스로 극복하게 된다면 분명 지금보다 성장할 것입니다.

	10	**味わう** 맛보다, 만끽하다, 체험하다
あじ 味わう		類 満喫する 堪能する 体験する 経験する
		例 「勝つ」という充実感と達成感を味わうためには，人一倍頑張らないといけません。
		「이긴다」라는 충실감과 성취감을 맛보기 위해서는 남들보다 더 열심히 노력해야 합니다.

	10	**備える** 준비하다, 대비하다, 비치하다
そな 備える		類 準備する 用意する 取り付ける 設ける
		同 供える 具える
		例 非常時に備えて，防災グッズを前もって準備しておきましょう。
		비상시에 대비하여 방재물품을 미리 준비해 둡시다.

동사

生かす (10) 살리다, 활용하다
- 類 生きていさせる　発揮させる　活用する
- 反 殺す　同 活かす
- 例 人間は「生かしてもらっている」存在ではない。いつまでたっても受け身のままではいけないから，もっと能動的に物事に取り組んだ方がいい。
  인간은 「쓰임을 받는」 존재가 아니다. 언제까지나 수동적인 채로는 안되기 때문에 더욱 능동적으로 매사에 임하는 것이 좋다.
  今更何を言っても，挽回できないだろうから，この件は教訓として今後生かそう。
  이제와서 어떤 것을 말해도 만회되지 않을테니까 이 일은 앞으로 교훈으로 활용하자.

備わる (10) 갖추다, 소지하다
- 類 持つ　有する　所持する
- 同 具わる
- 例 人間には，もともと周りの環境に適応する能力が備わっている。
  인간에게는 원래 주변 환경에 적응하는 능력이 갖추어져 있다.

掴む (10) 파악하다, 잡다, 쥐다
- 類 持つ　握る　得る　捕える　引き付ける
- 反 離す
- 同 攫む
- 例 時代の流れを大局的に掴むことができる眼を養う。
  시대의 흐름을 대국적으로 파악할 수 있는 안목을 기른다.

止める (10) 멈추다, 억지하다
- 類 抑止する　残す　止める
- 反 移す　同 留める　停める
- 例 壁画の劣化をとどめる手立てはなく，必要に応じて修繕をしています。
  벽화의 열화를 막을 방법은 없어 필요에 따라 수리를 하고 있습니다.

傾ける (9) 기울이다
- 類 傾く　傾斜する　向ける
- 例 政府は，民衆の声に耳を傾けることが大切です。
  정부는 민중의 목소리에 귀를 기울이는 것이 중요합니다.

支払う (9) 지불하다, 결제하다
- 類 払う　精算する
- 例 申し訳御座いません。当店ではクレジット支払いは承っておりませんので，現金でお支払いください。
  죄송합니다. 저희 가게에서는 신용카드 결제는 받지 않기 때문에 현금으로 지불해 주십시오.

	9	이기다, 승리하다
勝つ		類 勝ち取る 勝利する 負かす 反 負ける 敗れる 同 且つ 例 動物社会では強い方が生存競争に勝つ。 동물사회에서는 강한 쪽이 생존경쟁에서 이긴다.
	9	억누르다, 억제하다, 막다
抑える		類 控える 抑止する 食い止める 制限する 限定する コントロールする 同 押える 例 人間関係を円滑に保つためには気持ちを抑えて，穏やかに対処するのが良いとされる。 인간관계를 원활하게 유지하기 위해서는 기분을 억제하고 온화하게 대처하는 것이 좋다고 여겨진다.
	9	지나다, 통과하다, 넘다
過ぎる		類 通過する 経過する 例 これからは人口が減り過ぎないようにすることが一番の課題です。 이제부터는 인구가 너무 줄지 않도록 하는 것이 우선 과제입니다.
	9	(사진을) 찍다, 촬영하다
撮る		類 写す 撮影する 同 取る 採る 捕る 摂る 盗る 例 シャッターチャンスは一瞬のものですから，その瞬間を撮り損ねないように。 셔터찬스는 한 순간의 것이기 때문에 그 순간을 놓치지 않도록.
	9	데리고 가다
連れる		類 係わる 関する 伴う 従える 同 釣れる 吊れる 例 夏になると，多くの人が熱中症で救急車に病院へ連れていかれるシーンを，誰もがテレビで見たことがあるでしょう。 여름이 되면 많은 사람이 열사병으로 구급차로 병원에 실려가는 장면을 누구나 TV에서 본 적이 있을 겁니다.
	9	제거하다, 없애다, 삭제하다
消す		類 無くす 取り除く 削除する 除去する 反 付ける 例 しかし，雑音を完全に消すことは，ほぼ不可能です。 그러나 잡음을 완전히 없애는 것은 거의 불가능합니다.

	9	**허용하다, 허락하다, 인정하다**
許す ゆる		類 認める 許可する 免ずる 反 禁ずる 罰する 同 赦す 例 著作者以外による作品の利用は、原則として許されない。 저작자 이외에 의한 작품 이용은 원칙적으로 허용되지 않는다.
	9	**겨누다, 노리다**
狙う ねら		類 企てる 企む 謀る 目指す 例 動きが俊敏である動物は、天敵に狙われにくい。 움직임이 민첩한 동물은 천적이 잘 노리지 못한다.
	9	**좇다, 뒤따르다, 추적하다**
追う お		類 追跡する 求める 反 逃げる 同 負う 例 しかし、あまりに時間に追われすぎても、ストレスによって病に侵される可能性がある。 그러나 너무 시간에 쫓기게 되면 스트레스에 의해 병에 걸릴 가능성이 있다.
	9	**나가다, 외출하다**
出掛ける で か		類 出歩く 外出する 例 卒業論文研究のために、調査に出かける。 졸업논문 연구를 위해 조사를 나간다.
	9	**열다, 벌리다**
開ける あ		類 開く 反 閉める 締める 閉じる 同 明ける 空ける 例 教室の窓を開けて、空気の入れ替えをする。 교실 창문을 열어서 환기를 한다.
	9	**지다, 패배하다**
負ける ま		類 敗れる 敗北する 反 勝つ 同 巻ける 例 決勝トーナメントになると、「負けたくない」といった意識が強く働きます。 결승 토너먼트가 되면 「지고 싶지 않다」는 등의 의식이 강하게 작용합니다.
	9	**조합하다, 조립하다**
組み合わす く あ		類 組み合わせる 組み立てる 例 下記から、最も適当な組み合わせを選びなさい。 아래에서 가장 적당한 조합을 고르십시오.

	9	작용하다, 움직이다
はたら か 働き掛ける		類 押し付ける　仕掛ける　左右する　動かす 例 子どもの、大人に対する働きかけを無視するのは、あまり好ましくない。 　　아이들의 어른에 대한 주장을 무시하는 것은 그다지 바람직하지 않다.

	9	멈추다, 중단하다
と 止まる		類 停止する　中断する　ストップする 反 続く　継続する 同 留まる　泊まる　停まる 例 鳥が木の枝に止まって寝ていても、落ちないのは何故でしょう。 　　새가 나뭇가지에 앉아 자고 있어도 떨어지지 않는 것은 왜 일까요?

	9	방문하다, 오다, 가다
おとず 訪れる		類 来る　参る　訪う　訪問する　見舞う 例 日本を訪れる旅行客は今年で3000万人を超える見込みです。 　　일본을 방문하는 여행객은 올해로 3000만명을 넘길 전망입니다.

	9	떨구다, 잃다
お 落とす		類 下げる　失くす 反 拾う 例 一生懸命頑張ったのに褒めてくれなかったので、彼はがっくりと肩を落とした。 　　온 힘을 다해 노력했는데도 칭찬해주지 않아서 그는 어깨를 푹 떨구었다. 　　昨日落とした財布が、いまだに見当たらない。 　　어제 잃어버린 지갑이 아직도 보이지 않는다.

	9	옮기다, 이동하다
うつ 移す		類 入れ換える　移動する 反 留める　同 映す　写す 例 緊急の場面では、適切な対処法を考えた上で、すぐに実行に移しなさい。 　　긴급의 경우에는 적절한 대처법을 생각하여 바로 실행에 옮겨 주십시오.

	9	오르다, 올라가다
のぼ 登る		類 上がる　昇る 反 下る　降る　落ちる　同 昇る　上る 例 彼はかつて誰も登ったことがない、未踏峰の山にチャレンジすることにした。 　　그는 일찍이 누구도 오른 적 없는 미등정의 산에 도전하기로 했다.

동사

落ち着く (お・つ) — 9
진정하다, 안정되다, 차분해지다
- 類 定着する　沈静する　和む
- 反 慌てる
- 例 他人があまりにも自分の近くにいると，なんとなく落ち着かない気分に陥る。
  다른 사람이 너무 자신의 가까이에 있으면 왠지 차분해지지 않는 기분에 빠진다.

頑張る (がん・ば) — 9
노력하다, 버티다, 극복하다
- 類 努力する　取り組む　堪える　我慢する　乗り越える
- 例 今振り返ると，昔の自分はよく頑張っていた。
  지금 뒤돌아보면 옛날의 자신은 잘 노력하고 있었다

心掛ける (こころ が・か) — 8
신경쓰다, 유의하다, 유념하다
- 類 注意する　留意する　努める　励む　努力する
- 例 健康にはバランスのよい食事を心がけることが大事だ。
  건강에는 균형잡힌 식사를 신경쓰는 것이 중요하다

下がる (さ) — 8
떨어지다, 물러나다, 후퇴하다
- 類 落ちる　退く　減る　後退する　落ち込む
- 反 上がる
- 例 アルバイトに専念しすぎると，学校の成績が下がりかねない。
  아르바이트에 너무 전념하면 학교 성적이 떨어질 수 있다.

抱く (いだ) — 8
품다, 갖다, 포옹하다
- 類 感じる　覚える　抱える　抱擁する
- 例 人々は互いに自分たちの考えを共有しあったことで，連帯感を抱いた。
  사람들은 서로 자신들의 생각을 공유함으로써 유대감을 가졌다.

並べる (なら) — 8
늘어놓다, 나란히 세우다
- 類 整列する　列挙する
- 例 スーパーでは季節に関係なく，あらゆる食材が棚に並べられています。
  슈퍼마켓에는 계절에 관계없이 모든 식자재가 선반에 진열되어 있습니다.

致す (いた) — 8
노력하다, 하다 (겸양어)
- 類 至らせる　届かせる　する
- 例 皆さんは今日から健康に心を致して励んでください。
  여러분은 오늘부터 건강에 대해 마음 다하여 힘써주시기 바랍니다.
  お忙しいところ恐縮ですが，どうぞよろしくお願いいたします。
  바쁜 중에 죄송합니다만, 부디 잘 부탁드립니다.

	8	생각해 내다, 떠올리다, 회상하다
思い出す		類 思い付く　思い浮かべる　振り返る　回想する 反 忘れる 例 次に，子どもたちには，見せられた図形を思い出して描くように指示した。 다음으로, 아이들에게는 보여준 도형을 기억하여 그리도록 지시했다.

	8	빼앗다, 박탈하다, 몰수하다
奪う		類 取り上げる　没収する　失わせる　略奪する 反 与える 例 覚せい剤は人の命を奪う恐ろしいものだ。 각성제는 사람의 목숨을 앗아가는 무서운 것이다.

	8	살아남다, 견디다, 극복하다
生き残る		類 生き抜く　耐える　辛抱する　凌ぐ　乗り越える 例 炭鉱で落盤事故が発生して，数時間がたちましたが，生き残っている人がいるかどうかは未だ不明です。 탄광에서 낙반사고가 발생한지 몇 시간이 지났습니다만 살아남은 사람이 있는지는 아직 불분명합니다.

	8	누르다, 밀다
押す		類 (力を) 加える　圧する 反 引く 同 推す 例 魚の舌はただ，餌を喉の奥に押し込むための道具に過ぎない。 물고기의 혀는 그저 먹이를 목의 뒤로 밀어넣기 위한 도구에 지나지 않는다.

	8	살아오다, 살아남다
生き延びる		類 生き抜く　耐える　辛抱する　凌ぐ　乗り越える　頑張る 例 人類は行き詰まっても，知恵を絞って問題解決に努めたことで，今まで生き延びてきた。 인류는 어려움에 가로막혀도 지혜를 짜서 문제해결에 노력함으로써 지금까지 살아남았다.

	8	눈에 띄다, 현저하다
目立つ		類 際立つ　著しい　顕著 例 雨の日は，歩行者があまり目立たないので，運転をする際には注意しましょう。 비가 오는 날은 보행자가 잘 눈에 띄지 않으므로 운전을 할 때에는 주의합시다.

동사

聞こえる 8
들리다
- 類 聞き取れる　聞ける
- 例 これは一見，医学的な意味がありそうに聞こえるが，必ずしもそうでない。
  - 이것은 언뜻 의학적인 의미가 있는 것 처럼 들리지만 반드시 그렇지 않다.

聴く 8
듣다, 경청하다
- 類 耳に入れる　傾聴する
- 同 聞く　訊く　利く　効く
- 例 電車の中で音漏れするほどの音量で，音楽を聴いている人は本当に迷惑です。
  - 전차 안에서 소리가 샐 정도의 음량으로 음악을 듣는 사람은 정말로 민폐입니다.

貸す 8
빌려주다, 대출하다, 대여하다
- 類 貸し出す　貸与する　用立てる
- 反 借りる　同 化す　課す
- 例 もし，筆記用具を忘れた方は，無料で貸し出していますので遠慮なくおっしゃってください。
  - 혹시 필기도구를 잊으신 분은 무료로 빌려드리고 있으니 부담 갖지 마시고 말씀해 주십시오.

壊れる 8
무너지다, 붕괴되다, 고장나다
- 類 崩れる　崩壊する　故障する
- 同 毀れる
- 例 地震で構造が壊れないように，補強工事を行っている。
  - 지진으로 구조가 무너지지 않도록 보강공사를 하고 있다.

映す 8
비치다, 나타내다
- 類 投影する　映し出す　表す　反映する
- 同 移す　写す
- 例 湖に映された富士山の美しさに感動した。
  - 호수에 비친 후지산의 아름다움에 감동했다.

遂げる 8
이루다, 완성하다
- 類 果たす　終える　完成する　遂行する
- 例 国民は多くの災害に遭遇したが，その都度復興を成し遂げてきた。
  - 국민은 많은 재해를 만났지만 그때마다 부흥을 이루어내 왔다.

疲れる 8
피곤하다, 지치다
- 類 萎える　草臥れる
- 例 人が疲れを感じる仕組みは残念ながら，まだ十分解明されていない。
  - 사람이 피로감을 느끼는 기전은 안타깝지만 아직 충분히 규명되지 않았다.

	8	풀다, 해제하다
解<ruby>と</ruby>く		類 答える 明かす 解答する 緩める 解す 解除する 反 結ぶ 縛る 同 溶く 説く 例 宇宙の謎を解くために、日々新しい技術の開発に従事している。 우주의 수수께끼를 풀기 위해 매일 새로운 기술 개발에 종사하고 있다. 只今、禁止令が解かれた。 방금 금지령이 풀렸다.

	8	안다, 포옹하다, 갖다
抱<ruby>かか</ruby>える		類 持つ 抱く 抱擁する 例 重い荷物を両手で抱える。 무거운 짐을 두 손으로 껴안다. 悩みを自分一人で抱えていないで、友達と一緒に解決しよう。 고민을 자기 혼자 안고 있지 말고 친구와 함께 해결하자.

	8	깊게 하다, 증진하다, 강화하다
深<ruby>ふか</ruby>める		類 強める 高める 強化する 掘り下げる 例 政府は積極的に市民と向き合い、対話を通して理解を深めることが大切だ。 정부는 적극적으로 시민과 마주하여 대화를 통해 이해를 증진하는 것이 중요하다.

	8	심다, 식재하다
植<ruby>う</ruby>える		類 植栽する 植え込む 植え付ける 同 飢える 餓える 例 どうして、人々が砂漠に草や木を植えないのか、ということを考えたことはありますか？ 어째서 사람들은 사막에 풀이나 나무를 심지 않을까 라는 것을 생각해 본적이 있습니까？

	8	더하다, 가하다, 추가하다, 참가하다
加<ruby>くわ</ruby>わる		類 多くなる 追加される 付け足す 参加する 例 外力とは、いわば外から加わる力のことです。 외력이란 말하자면 외부로부터 가해지는 힘입니다.

	8	제사지내다, 모시다
祭<ruby>まつ</ruby>る		類 祈願する 同 祀る 奉る 纏る 例 祭りとは、感謝と祈りを込めて神仏や祖先をまつることである。 축제란 감사와 기도를 담아 신불이나 조상을 모시는 것이다.

동사

親しむ (した) — 8
친숙하다, 익숙하다
- 類 馴染む　打ち解ける
- 例 今回の展覧会を見て，現代アートに親しみ始めた。
  이번 전시회를 보고 현대예술에 친숙해지기 시작했다.

定める (さだ) — 8
정하다, 제정하다
- 類 設定する　制定する　決める　作る
- 例 法律は，その国の国民の権利や義務，社会のルールなどを定めるものである。
  법률은 그 나라 국민의 권리와 의무, 사회의 룰 등을 정하는 것이다.

適す (てき) — 8
적합하다, 어울리다
- 類 適する　適う　適合する　合う　見合う
- 例 ベルトコンベア方式は，同じ製品を繰り返し製造するのに適している。
  컨베이어벨트 방식은 같은 제품을 반복해서 제조하는데 적합하다.

疑う (うたが) — 8
의심하다, 의문시하다
- 類 怪しむ　問い正す　疑問視する
- 反 信じる
- 例 UFOは存在自体が疑われている。
  UFO는 존재 자체가 의심받고 있다.

空く (あ) — 8
비다
- 類 空になる
- 反 満たす　同 飽く　開く　明く
- 例 空き時間を有効活用できるかどうかで，学生の学習能力を判断する。
  빈 시간을 유효하게 활용할 수 있는지에 따라 학생의 학습능력을 판단한다.

沿う (そ) — 8
따르다
- 類 付き従う
- 同 添う
- 例 予め用意しておいた質問項目に沿ってアンケート調査をする。
  미리 준비해 놓은 질문항목에 따라 앙케이트 조사를 한다.

占める (し) — 8
차지하다, 점유하다
- 類 満たす　有する　占有する　保有する
- 同 閉める　締める　絞める　湿る
- 例 家計費全体に占める食費の比率を「エンゲル係数」といいます。
  생활비 전체에서 차지하는 식비의 비율을 「엥겔계수」라고 합니다.

	8	숨기다, 덮다, 은폐하다
隠す		類 秘める　覆う　隠蔽する 反 現わす 同 画す 例 何事も最後まで隠し通すことは不可能だ。 무슨 일이든 끝까지 숨기는 것은 불가능하다.
伸ばす	8	늘리다, 연장하다, 늦추다 類 遅らせる　延期する　拡大する　成長する 反 縮める 同 延ばす 例 ビザの発給要件が緩和され、訪日客の年間総数が伸びている。 비자 발급 요건이 완화되어 방일객의 연간 총수가 늘어나고 있다.
促す	8	촉진하다, 재촉하다 類 早める　急き立てる　催促する　促進する 例 この展示会は輸出拡大を促すことを目的とするものであった。 이 전시회는 수출 확대를 촉진하는 것을 목적으로 하는 것이었다.
覗く	8	들여다보다, 엿보다 類 垣間見る　盗み見る 同 除く 例 工事現場のフェンスに窓があると、ついつい覗き込んでしまう。 공사현장의 펜스에 창문이 있으면 무의식 중에 들여다보고 만다.
居る	8	있다 (겸양어) 同 折る 例 またお会いするのを楽しみにしております。 다시 만나기를 기대하고 있겠습니다.
辿る	8	더듬다, 찾아가다, 거치다, 가다 類 行く　進む 例 目的地は同じでも、そこに至るまでに辿るルートは様々です。 목적지는 같아도 거기에 이르기까지 거치는 루트는 다양합니다.
くれる	8	주다, 해주다 類 与える　差し上げる　下さる　授ける 同 暮れる 例 どの電気店でも、不要となったボタン電池を回収してくれる。 어느 전자제품 가게에서도 불필요해진 단추형 건전지를 회수해 준다.

동사

割れる 8
가르다, 밑돌다, 깨다
- 類 砕ける　壊れる　破れる　下回る
- 例 この時間帯のワイドショーの視聴率は8％を割っている。
  이 시간대의 와이드쇼 시청률은 8％를 밑돌고 있다.

演じる 8
연기하다, 맡다
- 類 演技する　努める　果たす
- 例 長年舞台で演じてきた女優が，今年を最後に引退する。
  오랫동안 무대에서 연기해 온 여배우가 올해를 마지막으로 은퇴한다.
  彼は交渉の場で肝心な役割を演じていた。
  그는 교섭현장에서 중요한 역할을 맡았었다.

閃く 7
번쩍이다, 떠오르다
- 類 光る　輝く　煌めく
- 例 静かな森の中を散策していたときに突然，アイデイアがひらめいた。
  조용한 숲 속을 산책하고 있을 때에 갑자기 아이디어가 떠올랐다.

ごまかす 7
얼버무리다, 숨기다, 가장하다
- 類 謀る　捻じ曲げる　偽る　装う
- 例 体に現れた症状は適当にごまかすのではなく，早めに病院に行って診察を受けた方がいい。
  몸에 나타난 증상은 적당히 넘길 것이 아니라 빨리 병원에 가서 진찰을 받는 것이 좋다.

終える 7
마치다, 끝내다, 종료하다
- 類 終わらす　済ませる　仕上げる　終了する
- 反 始める
- 例 高校生は義務教育を終えると，大学進学するか就職するかを決めなければならない。
  고등학생은 의무교육을 마치면 대학진학을 할지 취업을 할지를 정해야 한다.

殺す 7
죽이다, 살해하다
- 類 死なせる　消す　葬る
- 反 活かす　生かす
- 例 親の教え過ぎは子どもの成長を妨げ，ときには才能を殺してしまうこともある。
  부모의 과잉 교육은 아이들의 성장을 가로막고 때로는 재능을 죽여 버리는 경우도 있다.

伴う 7
따르다, 수반하다, 동행하다
- 類 含む　従う　付き添う　同行する
- 例 社会の変化に伴い，求められる学生の資質も変わりつつある。
  사회의 변화에 따라 요구되는 학생의 자질도 변하고 있다.

	7	부탁하다, 의뢰하다, 주문하다
頼む (たの)		類 乞う 願う リクエストする 求める 注文する オーダーする 例 母に頼まれた買い物をしに行く。 엄마에게 부탁받은 쇼핑을 하러 간다.

	7	맺다, 묶다, 체결하다
結ぶ (むす)		類 縛る 繋ぐ 合わせる 括る 反 解く 例 対人関係を円滑に結ぶコツは，人と接しながら学ぶしかない。 대인관계를 원활하게 맺는 요령은 사람과 접해가면서 배우는 수 밖에 없다.

	7	어울리다, 조화하다
似合う (に あ)		類 調和する 相応する 適する 合致する マッチする 例 服売り場の店員は売上げに目を向けているので，「お似合いですね」などの言葉を真に受けてはいけない。 옷 매장 점원은 매상에 관심이 있으므로 「잘 어울리네요」 같은 말을 진심으로 받아들이면 안된다.

	7	추천하다, 권유하다
勧める (すす)		類 導く 促す 助言する アドバイスする 同 奨める 薦める 進める 例 若者は自分の夢に向かって，チャレンジすることをお勧めします。 젊은 사람은 자신의 꿈을 향해 도전할 것을 권장합니다.

	7	강요하다, 압박하다
迫る・逼る (せま)(せま)		類 近寄る 詰め寄る 接近する 催促する 要求する 例 地球温暖化対策により，人々は生活習慣を変えるよう迫られている。 지구 온난화 대책에 따라 사람들은 생활습관을 바꾸도록 압박당하고 있다.

	7	막다, 중지하다, 정지하다, 끝내다
止める (と)		類 終わらす 中止する 停止する 打ち切る 反 続ける 同 留める 泊める 停める 例 熱帯雨林の破壊を止めることで，地球温暖化の防止に繋がるとも言われている。 열대우림의 파괴를 막으므로써 지구 온난화의 방지로 이어진다고도 한다.

	7	보완하다, 보충하다
補う (おぎな)		類 埋め合わせる 償う 弁償する 補助する 補填する 例 人工知能は人間の能力を補うばかりか，超えてしまう可能性も十分ある。 인공지능은 인간의 능력을 보완할 뿐만 아니라 초월해 버릴 가능성도 충분히 있다.

동사

食う 7
먹다, 살아가다

- 類 食べる　召し上がる　生きる　生存する　同 喰う
- 例 かえるが蛇に食われることは珍しくない。
  개구리가 뱀에게 잡아 먹히는 일은 드물지 않다.
  富裕層の子息は働かなくとも、親の資産だけで十分食っていける。
  부유층 자제들은 일하지 않아도 부모의 자산만으로 충분히 먹고 살 수 있다.

流す 7
흘려보내다, 흘리다

- 類 注ぐ　移動させる
- 例 現在、ネット上には悪質なデマや虚偽の情報がたくさん流れている。
  현재 인터넷 상에는 악질 루머나 허위정보가 많이 떠돌고 있다.

応える 7
부응하다, 응답하다, 보답하다

- 類 報いる　応答する　応じる
- 同 応える　答える　堪える
- 例 政治家は国民の声に誠実に耳を傾け、それに応えるべく努力していくべきである。
  정치가는 국민의 목소리에 성실히 귀를 기울이고 거기에 부응하도록 노력해 나가야 한다.

救う 7
구하다, 구조하다, 구제하다

- 類 助ける　救助する　救済する
- 例 大切な命を救うために是非、献血にご協力お願い致します。
  소중한 목숨을 구하기 위해 꼭 헌혈에 협조해 주십시오.

見分ける 7
구별하다, 식별하다

- 類 区別する　識別する　鑑別する
- 例 非常によく似たものを見分けるには、かなりの労力を費やす。
  아주 비슷하게 닮은 것들을 구별하는데는 많은 노력이 든다.

ぶつかる 7
부딪히다, 겹치다, 충돌하다

- 類 衝突する　突き当たる　立ち向かう　取り組む　重なる
- 例 実際、隕石が地球にぶつかる確率は、一兆分の一以下だ。
  실제로 운석이 지구에 부딪칠 확률은 일조분의 일 이하다.
  困難や不運などは避けようとしても避けられないものだから、むしろ逃げないで真正面からぶつかっていこう。
  어려움이나 불운 등은 피하려 해도 피할 수 없는 것이기 때문에 오히려 피하지 않고 정면으로 부딪쳐 나가자.
  このままだと、二つのミーティングがぶつかるので、もう一度時間を調整してくれ。
  이대로라면 두개의 미팅이 겹치니까 다시 한번 시간을 조정해줘.

	7	넘다, 초과하다
越える		類 通り過ぎる　超過する 同 超える 例 新しいプロジェクトに備えるため，分野の壁を越えて人材を集める。 새로운 프로젝트에 대비하기 위해 분야의 벽을 넘어 인재를 모은다.
	7	(향기가) 나다, (향기를) 내다
香る		類 (いい匂いが) する　(香気を) 放つ 同 薫る 例 このワインはとても甘く，ほのかな香りがする。 이 와인은 아주 달고 은은한 향기가 난다.
	7	헤매다, 방황하다, 망설이다, 주저하다
迷う		類 彷徨う　躊躇う　惑う 反 悟る 例 カーナビのおかげで，今は道に迷っても心配がない。 내비게이션 덕분에 지금은 길을 헤매도 걱정이 없다.
	7	칭찬하다
褒める・ 誉める		類 称賛する　称える　崇める 反 謗る　貶す 例 相手を褒めることはその人の成長を促す効果がある。 상대를 칭찬하는 것은 그 사람의 성장을 촉진하는 효과가 있다.
	7	뒤집다, 번복하다
覆す		類 ひっくり返す　反転する 例 それまでの捜査を覆す新しい証拠が出てきた。 그때까지의 수사를 뒤집는 새로운 증거가 나왔다.
	7	간주하다, 추측하다
見做す		類 考える　思う　決め込む　推し測る 同 看做す 例 返事がない場合は、欠席だと見なします。 대답이 없는 경우에는 결석으로 간주합니다.
	7	헌신하다, 노력하다, 진력하다
尽くす		類 仕える　捧げる　努める　使い切る 例 公務員は「公」のために尽くすことが仕事です。 공무원은「공공」을 위해 헌신하는 것이 일입니다.

동사

	7	눈 뜨다, 잠깨다
目覚める めざ		類 起きる 覚醒する 気付く 反 眠る 例 早朝に鶏の声を聞いて、はっと目覚めた。 이른 아침에 닭 울음소리를 듣고 벌떡 잠이 깼다.

	7	사귀다, 교제하다
付き合う つ あ		類 交際する 例 たくさんの人と付き合うことで多くの学びを得られる。 많은 사람과 사귐으로써 많은 배움을 얻을 수 있다.

	7	때리다, 두드리다
叩く たた		類 打つ 殴る 襲う 同 敲く 例 おもちゃをとられたからといって、兄を叩くのはやめなさい。 장난감을 빼앗겼다고 해서 형을 때리지는 마세요.

	6	담당하다, 부담하다, 짊어지다
担う にな		類 受け持つ 担当する 負担する 背負う 同 荷う 例 私は家族全員の期待を担っているので、大学受験は絶対に一発合格してみせる。 나는 가족 모두의 기대를 짊어지고 있으니까 대입시험은 꼭 한 번에 합격해 보이겠다.

	6	상처를 입다, 부상하다, 다치다
傷付く きず つ		類 怪我する 負傷する 痛める 例 人生はある意味、心が傷つくことの連続なのだから、「打たれ強い」心を身につけたい。 인생은 어떤 의미에서 마음에 상처를 입는 일의 연속이므로 「맞아도 강해지는」 마음을 체득하고 싶다.

	6	겹겹이 쌓이다, 경험하다
積み重ねる つ かさ		類 集める 蓄える 収集する 山積みする 例 今までの苦労の積み重ねが、老人の顔から読み取れる。 지금까지의 고생의 누적이 노인의 얼굴에서 읽혀진다.

	6	닿다, 전하다, 도달하다, 통하다
届く とど		類 及ぶ 至る 達する 通じる 例 従来のランプだと、水深100メートルには光が届かなかった。 기존의 램프는 수심 100 미터에는 빛이 닿지 않았다.

	6	**뽑다, 빼내다, 생략하다, 추월하다**
ぬ **抜く**		類 取り出す　引っ張る　省く　追い越す 反 嵌める　刺す 同 貫く 例 現代社会を生き抜くには，ハングリー精神が重要だ。 　현대사회를 살아가는데는 헝그리 정신이 중요하다.

	6	**연연하다, 집착하다**
こだわ **拘る**		類 執着する　囚われる　拘泥する 例 ひとつの考えだけにこだわらないで，もっと柔軟性を持ってほしい。 　한가지 생각에만 연연하지 말고 좀 더 유연성을 가져주었으면 한다.

	6	**나누어주다, 배부하다, 배포하다**
くば **配る**		類 配する　分配する　配布する　送り届ける　分け与える 反 集める 例 行列に並んだ多くの人には予約券が配られた。 　길게 줄을 선 많은 사람들에게는 예약권이 배부되었다.

	6	**섭취하다, 거둬들이다**
と **摂る**		類 取り入れる　摂取する 同 取る　採る　撮る 例 炭水化物，タンパク質，脂肪の三大栄養素を我々は食べ物から摂っている。 　탄수화물, 단백질, 지방의 3대 영양소를 우리는 음식에서 섭취하고 있다.

	6	**떨어지다, 열등하다**
おと **劣る**		類 負ける　及ばない　下回る 反 優る　勝る　優れる　勝れる 例 機能が劣る製品でも，問題なく使用できる場合がある。 　기능이 떨어지는 제품이라도 문제없이 사용할 수 있는 경우가 있다.

	6	**받을 수 있다, 받아들일 수 있다**
いただ **戴ける・** いただ **頂ける**		類 貰える　受け取れる 例 今回の説明で十分にお分かり頂けたのではないでしょうか。 　이번 설명으로 충분히 알 수 있지 않았을까요?

동사

割(わ)る — 깨다, 섞다, 희석하다 (6)

- 類 切る　分ける　分割する　薄める　希釈する
- 例 賢いカラスは高いところから木の実を落とし，割って食べている。
  영리한 까마귀는 높은 곳에서 나무 열매를 떨어뜨려 깨서 먹고 있다.
  アルコールに弱い方は，焼酎を水などで割って飲むのをおすすめします。
  알콜에 약하신 분은 소주를 물 등으로 희석하여 마실 것을 추천드립니다.

出(だ)せる — 낼 수 있다 (6)

- 類 出すことが出来る
- 例 車はアクセルを踏めばスピードが出せてしまうので，安全な運転が大切です。
  자동차는 액셀을 밟으면 속도가 나기 때문에 안전한 운전이 중요합니다.

貼(は)る — 붙이다, 접착하다 (6)

- 類 くっ付ける　ペーストする
- 反 剥がす
- 同 張る
- 例 選挙が告示され，掲示板には各候補のポスターが貼られていた。
  선거가 고시되어 게시판에는 각 후보의 포스터가 붙어 있었다.

受(う)け止(と)める — 받아들이다, 이해하다 (6)

- 類 理解する　容認する　受け入れる　食い止める　防ぐ
- 例 子どもに，あまりにも残酷すぎる現実をそのまま受け止めさせるのはあまりよろしくない。
  어린이에게 너무 잔혹한 현실을 그대로 받아들이게 하는 것은 별로 좋지 않다.
  何が何でも敵の猛攻を受け止める。
  무슨 일이 있어도 적의 맹공을 받아 낸다.

閉(と)じる — 닫다, 폐쇄하다, 봉쇄하다 (6)

- 類 閉める　終える　封じる　塞がる
- 反 開く
- 同 綴じる
- 例 目を閉じて，遠くの除夜の鐘を聴いている。
  눈을 감고 저 멀리 제야의 종소리를 듣고 있다.

成(な)す — 이루어지다, 이룩하다 (6)

- 類 行う　作る　やり遂げる　作り出す
- 同 為す　生す
- 例 教養の根幹と成すのは単なる知識やスキルではない。
  교양의 근간이 되는 것은 단순히 지식이나 스킬이 아니다.

荒らす
6 — 망치다, 휩쓸다
- 類 破壊する 侵し乱す 奪い取る
- 例 この季節になると、イノシシが人里に降りてきて、畑の農作物を荒らし回る。
  이 계절이 되면 멧돼지가 마을로 내려와서 밭의 농작물을 휩쓸고 다닌다.

組み立てる
6 — 조립하다, 조합하다, 완성하다
- 類 仕上げる 作り出す 創作する 組み合わせる
- 例 幼い頃は、プラモデルの組み立てに夢中になっていました。
  어린 시절에는 프라모델 조립에 열중했었습니다.

記す
6 — 적다, 기재하다, 표기하다
- 類 書き付ける 表記する 記憶する
- 同 誌す
- 例 もし、他人の論文を引用するならば、必ず最後に出典を記さなければならない。
  혹시 남의 논문을 인용한다면 반드시 마지막에 출처를 기재해야 한다.
  大学受験に合格した時の感動は、今でも心に記されている。
  대학입시에 합격했을 때의 감동은 지금도 가슴 속에 남아 있다.

練る
6 — 짜다, 생각하다, 연마하다
- 類 考える 熟考する 練磨する 捏ね上げる
- 同 寝る 煉る
- 例 小論文を書くときは、いきなり書き出すのではなく、まず構想をよく練ることから始めるべきである。
  소논문을 쓸 때는 갑자기 쓰기 시작할 것이 아니라 우선 구상을 잘 짜는 것부터 시작해야 한다.

浸す
6 — 담그다, 적시다
- 類 濡らす 沈める
- 同 漬す
- 例 そばを約1分間茹でた後、氷水に浸して締めてから美味しくいただく。
  메밀국수를 약 1분간 삶은 후 얼음물에 담궈 쫄깃하게 해서 맛있게 먹는다.

励ます
6 — 격려하다, 응원하다
- 類 勇気づける 元気づける 応援する 後押しする
- 例 惜しくも試合に敗れてしまった少年を励ました。
  아깝게도 시합에 져버린 소년을 격려했습니다.

동사

改める (あらためる) — 6
다시 하다, 변경하다, 개정하다
- 類 変える　変更する　改正する　改善する
- 例 授業で、「生とは何か」と改めて問われると考え込んでしまう。
  수업에서 「삶이란 무엇인가?」에 대해 다시 질문을 받으면 생각에 잠기게 된다.

見掛ける (みかける) — 6
보다, 목격하다
- 類 見受ける　目撃する
- 例 年末になると募金箱を持って、寄付を呼び掛ける人を見かけたりする。
  연말이 되면 모금함을 들고 기부를 호소하는 사람이 눈에 띄곤 한다.

止む (やむ) — 6
그치다, 멈추다, 끝나다
- 類 終わる　済む　止まる　ストップする
- 同 已む　病む
- 例 やむを得ない理由により、オリエンテーションに来られない場合は、後で必ずその資料を受け取るようにしてください。
  부득이한 이유로 오리엔테이션에 오지 못하는 경우에는 나중에 반드시 그 자료를 받도록 해주십시오.

湧く (わく) — 6
솟다, 생기다
- 類 生ずる　発生する　同 涌く　沸く
- 例 今までテレビ番組にはあまり関心がなかったが、改めて見てみると、案外面白いかもしれないと、少し興味が湧いてきた。
  지금까지 TV 프로그램에는 그다지 관심이 없었지만 다시 보니 생각보다 재미있을지도 몰라서 조금 흥미가 생겨났다.

吸う (すう) — 6
피다, 마시다, 흡입하다
- 類 啜る　(体内に)引き入れる
- 反 吐く
- 例 最近では、街中でたばこを吸える場所はほとんどない。
  요즘에는 거리에서 담배를 피울 수 있는 곳이 거의 없다.

覆う (おおう) — 6
덮다
- 類 被せる　包む
- 同 被う　蔽う
- 例 ネズミが砂に覆われた地表や、トンネルの中を這い回る。
  쥐가 모래에 덮힌 땅 위나 터널 속을 기어다닌다.

溶ける (とける) — 6
녹다, 해동하다
- 類 溶融する　解凍する
- 同 解ける
- 例 ご覧の通り、酸素はあまり水に溶けないので、気泡が生じたわけです。
  보신바와 같이 산소는 물에 잘 녹지 않기 때문에 기포가 생긴 것입니다.

	6	갈라지다, 다르다
分かれる		類 分岐する　食い違う
		同 別れる
		例 子どもたちは数人ずつのグループに分かれてディベートを行った。
		아이들은 몇 명 씩 그룹으로 나뉘어 토론을 했다.

	6	숙련되다, 처리하다
熟す		類 扱う　やり遂げる　捌く
		例 ご年配の方々は、なかなか最新の電子機器を使いこなせない。
		어르신들은 좀처럼 최신 전자기기를 잘 사용하지 못한다.

	6	묶다, 결박하다, 속박하다
縛る		類 結ぶ　束ねる　括る　束縛する
		反 解く
		例 伝統に縛られない現代アートの良さを理解するには、時間がかかる。
		전통에 얽매이지 않는 현대 예술의 좋은 점을 이해하는데는 시간이 걸린다.

	6	둘러보다, 조망하다
見渡す		類 眺める　見晴らす　見通す　遠望する
		例 飛行機の中でふと周りを見渡すと、大抵の人はぐっすり寝ていた。
		비행기 안에서 문득 주변을 둘러보니 대부분의 사람들은 푹 자고 있었다.

	6	바로잡다, 시정하다, 개선하다
正す		類 改める　是正する　修正する　整える　改善する
		反 間違える　歪める　誤る　乱す
		同 質す　糺す　糾す　　混 但し
		例 誤りを正すことは、時には困難な場合がある。
		잘못을 바로잡는 것은 때로는 어려운 경우가 있다.

	6	되돌리다, 회복하다
戻す		類 返す　直す　回復する
		例 傷ついたフクロウを治療した後に、森に戻した。
		상처입은 올빼미를 치료한 후에 숲으로 되돌려보냈다.

	6	채우다, 좁히다, 넣다, 담다
詰める		類 入れる　満たす　縮める
		反 空く
		例 スーツケースいっぱいにお土産を詰め込んで、帰国する。
		여행 가방 가득 선물을 채워서 귀국한다.

동사

逸(そ)らす 6
딴 곳으로 돌리다, 젖히다
- 類 逸れる 逃す 背ける
- 反 引く 当てる 向ける
- 例 話を長引かせて、彼の意識を逸らす。
  이야기를 오래 끌게 해서 그의 의식을 딴 곳으로 돌린다.

込(こ)める 6
담다
- 類 詰める 注ぎ込む
- 例 この作品には作者からのあるメッセージがこめられている。
  이 작품에는 작가로부터의 어떤 메시지가 담겨져 있다.

渡(わた)す 5
전하다, 건네주다, 양보하다
- 類 運ぶ 与える 差し出す 譲る 贈る
- 例 クリーニングの引取りには、受付の際にお渡しした引換券が必要です。
  세탁물 인수에는 접수 시에 드린 교환권이 필요합니다.

代(か)わる 5
대신하다, 대체하다
- 類 置き換わる 代理する 同 変わる 替わる 換わる
- 例 「コンベア生産」に代わって台頭したのは少人数、もしくはたった一人で全工程をこなす「セル生産」である。
  「컨베이어 생산」을 대신해 탄생한 것은 소인원 또는 단 1명이 전체 공정을 수행해내는 「셀 생산」이다.

浮(う)かぶ 5
뜨다, 떠오르다
- 類 湧く 浮上する 反 沈む
- 例 公園の芝生に寝転んで、雲が浮かんでいる空を見上げていると、面白い雲が流れてきた。
  공원의 잔디밭에 뒹굴며 구름이 떠 있는 하늘을 쳐다보고 있는데 재미있는 구름이 흘러왔다.

重(かさ)なる 5
겹치다, 중복되다
- 類 被る 積もる 加わる
- 例 東京湾は、多くの船の航路が重なり合っており、とても危険です。
  도쿄만은 많은 배의 항로가 서로 겹치고 있어 매우 위험합니다.

作(つく)れる 5
만들 수 있다
- 類 作ることが出来る
- 同 創れる 造れる
- 例 ケーキやコース料理を一人で作れるなど、彼は素晴らしい料理の腕前を持っている。
  케익이나 코스요리를 혼자서 만들 수 있는 등 그는 대단한 요리 실력을 갖고 있다.

苦(くる)しむ
5 | 괴로워하다, 고뇌하다
- 類 苦悩(くのう)する　痛(いた)める　疼(うず)く
- 反 楽(たの)しむ
- 例 風雪(ふうせつ)に晒(さら)され，飢餓(きが)に苦しんだが，何とか生き延びてきた。
  눈바람을 맞고 기아로 고생했지만 그럭저럭 살아 남았다.

信(しん)ずる
5 | 믿다, 신용하다, 신뢰하다
- 類 思(おも)う　思(おも)い込(こ)む　信用(しんよう)する　頼(たよ)る
- 例 裁判(さいばん)で陪審員(ばいしんいん)に信じてもらえるように，必死の努力をする。
  재판에서 배심원이 믿을 수 있도록 필사적인 노력을 한다.

書(か)ける
5 | 쓸 수 있다
- 類 書(か)くことが出来(でき)る
- 同 駆(か)ける　賭(か)ける　描(か)ける　欠(か)ける　掛(か)ける
- 例 現地(げんち)を実際に旅行してみないと，この感想文(かんそうぶん)は到底(とうてい)書けない。
  현지를 실제로 여행해보지 않으면 이 감상문은 도저히 쓸 수 없다.

拾(ひろ)う
5 | 줍다, 모으다
- 類 取(と)る　集(あつ)める　摘(つ)む　ピックアップする
- 反 捨(す)てる　棄(す)てる
- 例 美化(びか)運動の一環(いっかん)として，会社周辺の公園や道路のゴミ拾いをする。
  미화운동의 일환으로 회사 주변의 공원이나 도로의 쓰레기 줍기를 한다.

育(はぐく)む
5 | 키우다, 기르다, 육성하다
- 類 育(そだ)てる　養(やしな)う　育成(いくせい)する
- 例 寺と神社は，地域の豊(ゆた)かな文化を育んできた。
  절과 신사는 지역의 풍부한 문화를 키워왔다.

発(はっ)する
5 | 발언하다, 발하다
- 類 語(かた)る　言(い)う　放(はな)つ
- 例 ミーティングの時，部長(ぶちょう)は一言(ひとこと)も発しなかった。
  회의 때 부장님은 한 마디도 하지 않았다.

任(まか)せる
5 | 맡기다, 위임하다
- 類 託(たく)す　委(ゆだ)ねる　頼(たの)む　信用(しんよう)する
- 例 何でも人任(ひとまか)せにしていたのでは，自分のためになりません。
  무엇이든지 남에게 맡겨 놓아서는 자신에게 도움이 되지 않습니다.

동사

癒す (いやす) [5]
치유하다, 고치다
- 類 直す　治す
- 例 実際，ペットを飼うことで，人の心は癒せるのだ。
  실제로 애완동물을 키움으로써 사람의 마음은 치유될 수 있다.

鳴く (なく) [5]
울다, 짖다
- 類 啼く　吠える　吼える
- 同 泣く　無く　亡く
- 例 朝一番ににわとりが鳴くと，門が開かれる。
  아침에 첫 닭이 울면 문이 열린다

反する (はんする) [5]
반하다, 거스르다
- 類 矛盾する　逆らう　手向かう　反抗する　叛く
- 例 最終結果は，選挙前の予想に反するものでした。
  최종결과는 선거 전의 예상에 반하는 것이었습니다.

引き起こす (ひきおこす) [5]
야기하다, 일으키다, 초래하다
- 類 誘発する　生ずる　もたらす
- 例 地震よりも，地震によって引き起こされた津波による死者の方が多かった。
  지진보다도 지진으로 인해 일어난 쓰나미에 의한 사망자가 더 많았다.

住める (すめる) [5]
살 수 있다
- 類 住むことが出来る
- 例 但し，注意して頂きたいのは，この寮は入寮してから3年目までしか住めない点です。
  다만, 주의해주었으면 하는 것은 이 기숙사는 입주한 후 3년까지밖에 살 수 없다는 점 입니다.

満ちる (みちる) [5]
차다, 충만하다
- 類 充たす　広まる　溢れる　行き渡る
- 同 充ちる
- 例 潮が満ちてきたので，やっと船が出せる。
  밀물이 들어와서 겨우 배가 나갈 수 있다.

	5	설치하다, 마련하다, 갖추다
設ける もう		類 定める 創設する 備える 設置する 反 廃する 同 儲ける 例 現在，子どもにいち早くプログラミングに触れさせようと，多くの小学校では，「プログラミングでゲームを作ろう」などと謳った体験授業が設けられている。 현재 아이들이 일찍 프로그래밍을 접하도록 많은 초등학교에서는「프로그래밍으로 게임을 만들자」등과 같은 슬로건의 체험수업이 마련되어 있다.

	5	쳐다보다, 응시하다, 주시하다
見詰める みつ		類 見入る 凝視する 注視する 例 長い間他人に見つめられると，恥ずかしくなります。 오랫동안 다른 사람이 쳐다보면 부끄러워집니다.

	5	부딪치다, 충돌하다
ぶつける		類 当てる 衝突させる 追突させる 例 ラッコは実に賢い動物で，彼らは腹の上に石を乗せ，その石にウニの硬い殻をぶつけて，割って食べる。 해달은 참 영리한 동물로 그들은 배 위에 돌을 올려놓고 그 돌에 성게의 딱딱한 껍데기를 부딪쳐서 깨서 먹는다.

	5	정리하다, 정비하다, 갖추다
整える ととの		類 整理する 準備する 整備する 片付ける 揃える 同 調える 例 久しぶりに床屋さんで髪を整えてもらっている。 오랜만에 이발소에서 머리를 다듬었다.

	5	사냥하다
狩る か		類 猟する 同 刈る 借る 枯る 例 チーターはまず，獲物との距離を見計らってから狩りをする。 치타는 우선 사냥감과의 거리를 가늠한 후에 사냥을 한다.

	5	만지다, 접촉하다
触る さわ		類 接する 触れる 当てる 接触する タッチする 同 障る 例 展示している品物には，絶対に触らないで下さい。 전시하고 있는 물품은 절대로 만지지 말아 주십시오.

동사

築く (きず-く) — 5
쌓다, 구축하다
- 類 建てる　組み立てる　構築する
- 例 一度でも友人を裏切る，もしくは裏切られてしまうと，その後に再び信頼関係を築くことは難しいだろう。
  한번이라도 친구를 배신하거나 배신당해버리면 그 후에 다시 신뢰 관계를 쌓는 것은 어려울 것이다.

申し出る (もう-し で-る) — 5
신청하다, 말하다
- 類 言う　述べる
- 例 学習室を利用したい方は，事前に申し出る必要があります。
  학습실을 이용하고자 하는 분은 사전에 신청할 필요가 있습니다.

浴びる (あ-びる) — 5
뒤집어쓰다, 쐬다, 쬐다
- 類 受ける　晒される
- 例 北欧では限られた太陽の光を浴びるために，多くの人が日光浴をする。
  북유럽에서는 한정된 햇볕을 쬐기 위해 많은 사람들이 일광욕을 한다.

習う (なら-う) — 5
배우다, 익히다
- 類 学ぶ　学習する　教わる　修める
- 反 教える
- 同 倣う
- 例 最近では，子どもに水泳を習わせる家庭も多くなっている。
  최근에는 아이들에게 수영을 배우게 하는 가정도 많아지고 있다.

組む (く-む) — 5
짜다, 만들다
- 類 交わす　合わせる　設ける　築く　作り上げる
- 同 汲む　酌む
- 例 弱点を克服するために，特定の練習プログラムを組む。
  약점을 극복하기 위해 특정한 연습 프로그램을 짠다.

深まる (ふか-まる) — 5
깊어지다, 심화하다
- 類 強まる　高じる　深化する
- 例 今回の事件は，謎が深まるばかりだ。
  이번 사건은 수수께끼가 깊어질 뿐이다.

乗り越える (の-り こ-える) — 5
뛰어넘다, 극복하다
- 類 克服する　耐え忍ぶ　打ち勝つ
- 例 今回，名誉ある賞を受賞できたことで，ようやく師匠を乗り越えることができた。
  이번에 명예로운 상을 수상함으로써 이제야 스승을 뛰어넘을 수 있게 되었다.

	5	**어긋나다, 일탈하다, 벗어나다**
ずれる		類 逸れる　逸脱する
		例 地震のせいで、家具の位置が少しずれている。
		지진 때문에 가구의 위치가 조금 어긋났다.

	5	**비슷하게 하다, 흉내내다**
似せる		類 真似る　模写する　コピーする
		例 海賊版のブランドバッグは、本物に似せて作られている。
		가짜 명품 가방은 진짜와 비슷하게 만들어져 있다.

	5	**흉내내다, 모방하다**
真似る		類 似せる　模倣する　コピーする
		例 テレビを見ながら、登場人物の言動をまねるのが、外国語攻略の一番の近道だ。
		TV를 보면서 등장인물의 말투를 흉내내는 것이 외국어 공략의 최고 지름길이다.

	5	**오다, 찾아오다**
やって来る		類 来る　近づく　訪れる
		例 長年付き合いのある友人が、遠路はるばるやってきた。
		오랜 교분이 있는 친구가 먼 길을 마다않고 찾아왔다.

	5	**말씀하시다 (존경어)**
仰る		類 話す　言う　発言する
		例 ご質問のある方は、遠慮なくおっしゃってください。
		질문 있으신 분은 주저하지 마시고 말씀해 주십시오.

	5	**망치다, 부수다, 파괴하다**
壊す		類 破る　潰す　破壊する
		反 創る
		同 毀す
		例 この楽しい雰囲気を壊さないために、気を使う。
		이 즐거운 분위기를 망치지 않으려고 신경쓴다.

	5	**찌르다**
刺す		類 突き入れる　突き抜く
		同 射す　指す　挿す　差す
		例 この一撃で、とどめを刺してやる。
		이 일격으로 숨통을 끊어 주겠다.

동사

	5	틀리다, 잘못하다, 오해하다
間違える まちが		類 誤る　やり損なう　しくじる　誤解する 例 いつも行っていることなのに，うっかり間違えることもあります。 항상 하는 것인데 깜빡 틀리는 경우도 있습니다.

	5	고를 수 있다
選べる えら		類 選ぶことが出来る 例 バイキングの場合，好きな料理を自分で自由に選べる。 뷔페의 경우 좋아하는 음식을 자기가 자유롭게 고를 수 있다.

	5	해당되다, 맞다
当て嵌まる あ　は		類 合う　適合する　一致する　フィットする 例 以下のうちから一つだけ当てはまるものを選びなさい。 아래에서 하나만 해당되는 것을 골라주세요.

	5	흘러나가다, 유출되다
流れ出る なが　で		類 溢れ出る　流れ出す　流出する 例 都市化が進んだことで，地表に降り注いだ雨は，すぐに流れ出し，河川が洪水を起こす危険性が増している。 도시화가 진행됨으로써 지면에 내린 빗물은 바로 흘러나가 하천이 홍수를 일으킬 위험성이 늘어났다.

	5	비치다, 반영되다
映る うつ		類 映じる 同 移る　写る 例 鏡に映った自分の姿を眺めて，つくづく加齢を感じた。 거울에 비친 자신의 모습을 바라보며 절실히 나이가 든 것을 느꼈다.

	5	만나다, 경험하다, 체험하다
出会う で あ		類 巡り合う 同 出逢う 例 出会いと挨拶の関係に目を向けましょう。人が出会うことで挨拶をすると思い込んでいる方が多いのですが，実は，先に挨拶をするからこそ，出会いは生まれるのです。 만남과 인사의 관계를 살펴봅시다. 사람이 만남으로써 인사를 한다고 생각하는 분이 많습니다만 실은 먼저 인사를 하기 때문에 비로소 만남이 시작되는 것입니다.

	5	내리다, 사퇴하다
お**降りる**		類 退く 辞める 反 登る 上る 上がる 乗る 同 下りる 例 トンネルを抜けた先の駅に降り立ってみると，そこには真っ白な雪景色が広がっていた。 터널을 빠져나간 역에 내려서 보니 거기에는 새하얀 설경이 펼쳐져 있었다.
きた**鍛える**	5	단련하다, 연마하다 類 鍛錬する 磨く トレーニングする 例 体をしっかり鍛えていると，冬に風邪を引きにくくなる。 몸을 제대로 단련하고 있으면 겨울에 쉽게 감기에 걸리지 않게 된다.
きそ**競う**	5	경쟁하다, 다투다 類 競争する 対抗する 張り合う 争う 例 他のチームと競い合い，お互いに高め合っていった結果の優勝でした。 다른 팀과 경쟁하며 서로 높여간 결과로써의 우승이었습니다.
たず**尋ねる**	5	묻다, 찾다, 여쭙다 類 伺う 問う 質問する 探す 反 答える 同 訪ねる 例 尋ねた質問の回答が曖昧だった場合は，もう一度同じ質問をしてみましょう。 물어본 질문의 답이 애매한 경우에는 다시 한번 같은 질문을 해봅시다. 彼は真実を尋ねるために，旅に出た。 그는 진실을 찾기 위해 여행을 떠났다.
いば**威張る**	5	으스대다, 위세 떨다 類 意気がる（偉そうに）振る舞う 例 やたらと周りに威張り散らす人は，大抵自分に自信がない。 마구 주위에 으스대는 사람은 대체로 자신에게 자신이 없다.
つつ**包む**	5	감싸다, 둘러싸다 類 囲む 取り巻く 蔽う 例 渋谷の街は流行の衣服に身を包んだ若い男女が行き交っている。 시부야 거리에는 유행하는 옷으로 몸을 감싼 젊은 남녀가 오가고 있다.

동 사

籠る (こもる) — 5
틀어박히다, 담기다, 숨다
- 類 隠れる　満ちる　一杯になる
- 例 子どもが閉じ籠りがちにならないように，積極的に外で遊ばせるべきです。
  아이들이 자주 틀어박히지 않도록 적극적으로 밖에서 놀게 해야 합니다.
  実際，電話よりも手紙の方がもっと心がこもっている感じがするので良い。
  실제로 전화보다도 편지가 더욱 마음이 담겨 있는 느낌이 들어서 좋다.

齧る (かじる) — 5
베어먹다, 갉다
- 類 食べる　（歯で）削り取る
- 例 フランスパンなどの固いパンは齧って食べるか，あるいはスープにつけて食べることをオススメする。
  프랑스 빵 같은 딱딱한 빵은 베어 먹거나 스프에 찍어 먹을 것을 추천한다.

叱る (しかる) — 5
혼내다, 야단치다, 질책하다
- 類 責める　怒る　叱責する
- 例 親に期待されているからこそ，叱られるのです。だからあまりにもこれをネガティブに捉えすぎないでください。
  부모에게 기대받고 있기 때문에 혼나는 것입니다. 그러므로 이것을 너무 부정적으로만 받아들이지 마십시오.

表れる (あらわれる) — 5
나타나다, 표현하다
- 類 出す　出現する
- 同 現れる　顕れる
- 例 数字として表れる視聴率に，番組製作者は一喜一憂している。
  숫자로 나타나는 시청률에 프로그램 제작자는 일희일비하고 있다.

逃れる (のがれる) — 5
피하다, 면하다, 회피하다
- 類 逃げる　免れる　回避する
- 同 遁れる
- 例 うまく状況をごまかして，責任から逃れることができた。
  상황을 잘 얼버무려서 책임을 피할 수 있었다.

這う (はう) — 5
기어가다, 포복하다
- 類 匍匐する
- 例 狭い小道を小さな虫がうねうねと這って行った。
  좁은 오솔길을 작은 벌레가 왔다갔다 하며 기어갔다.

引っ張る(ひっぱる)	5	**잡아당기다, 이끌다, 인솔하다** 類 引く 統率する 率いる 例 炭素繊維は引っ張っても簡単には切れず，非常に強いのが特徴です。 탄소섬유는 잡아당겨도 쉽게 끊어지지 않고 매우 강한 것이 특징입니다. キャプテンにはチームを引っ張る役目がある。 주장에게는 팀을 이끄는 역할이 있다.
焦る(あせる)	5	**초조하다, 짜증내다** 類 焦燥する 落ち着かない イライラする 同 褪せる 例 期末テストが迫ってきたのに，復習が追い付かず焦っている。 기말시험이 가까워졌는데 복습이 따라가지 못해 초조해 하고 있다.
襲う(おそう)	5	**공격하다, 습격하다, 덮치다** 類 攻撃する 攻め掛かる 乱暴する 例 この動物はいわゆる「保護色」を使い，自分を目立たなくすることで，天敵に襲われにくくなる。 이 동물은 이른바 「보호색」을 사용하여 자신을 눈에 띄지 않게 함으로써 천적에게 잘 공격받지 않게 된다.
捕る(とる)	5	**잡다, 사냥하다, 포획하다** 類 捕まえる 捕獲する 同 取る 採る 摂る 撮る 例 昔，鳥や昆虫を捕るのに「とりもち」がよく使われていた。 옛날에 새나 곤충을 잡는 데에 「끈끈이」가 많이 사용되었다.
差し伸べる(さしのべる)	5	**내밀다, 돕다** 類 延ばす 助ける 援助する ヘルプする 例 両手に重い荷物を持っているおばさんに，私は「手伝いましょうか」と手を差し伸べた。 양 손에 무거운 짐을 들고 있는 아주머니에게 나는 「도와드릴까요?」하고 손을 내밀었다.
下す(くだす)	5	**내리다, 과하다, 타도하다** 類 打ち倒す 降ろす（下ろす） 課す 混 下げる 例 人間は場合によって，様々な判断を下している。 인간은 상황에 따라서 다양한 판단을 내리고 있다.
痛める(いためる)	5	**다치다, 부상당하다, 고민하다** 類 傷つける 悩ます 害する 損なう 同 炒める 傷める 例 エースだった彼が，サッカーの練習をしすぎて左足を痛めた。 에이스였던 그가 축구 연습을 너무 해서 왼쪽 다리를 다쳤다.

동 사

産み付ける
5 낳다, 산란하다
- 類 生む　産む
- 同 生み付ける
- 例 ウミガメが砂浜に掘った穴に，卵を産みつけている。
  바닷거북이 모래사장에 판 구멍에 알을 낳고 있다.

薄れる
4 희미해지다, 약해지다
- 類 褪せる　弱まる
- 例 これはもう随分と昔のことなので，記憶がだいぶ薄れてしまっています。
  이것은 벌써 상당히 오래전 일이므로 기억이 많이 희미해져 버렸습니다.

受け付ける
4 받다, 접수하다
- 類 引き受ける　受理する　頼まれる
- 反 申し込む
- 例 東京オリンピックは，ボランティアの応募を受け付けている。
  도쿄올림픽은 자원봉사자 응모를 받고 있다.

済ませる
4 마치다, 해결하다
- 類 片付ける　解決させる　終わらせる
- 例 前日は夜9時までに必ず食事を済ませて，その後は何も食べずに来院してください。
  전날은 밤 9시까지 반드시 식사를 마치고 그 후에는 아무 것도 먹지말고 병원에 와 주십시오.

抜ける
4 빠지다, 탈락하다
- 類 取れる　脱落する　消える
- 例 深呼吸をしたことで，肩の力が抜け，落ち着いて試合に臨むことができた。
  심호흡을 함으로써 어깨의 힘이 빠져 차분하게 시합에 임할 수 있었다.

絞る
4 좁히다, 착취하다
- 類 取り立てる　搾取する　限定する
- 同 搾る
- 例 範囲を絞って犯人を捜索しよう。
  범위를 좁혀 범인을 수색하자.

取り出す
4 뽑다, 꺼내다, 선출하다
- 類 持ち出す　引き出す　選び出す
- 例 多くの応募の中から，優秀な作品のみを取り出して，二次選考を行い，その中でも特に優れた作品を一等賞とする。
  많은 응모작 가운데 우수한 작품만을 뽑아 2차 전형을 실시하고 그 중에서도 특별히 뛰어난 작품을 1등상으로 한다.

	4	구부러지다, 기울어지다
曲がる		類 ずれる　傾く　カーブする
ま		例 人は目をつぶって歩くと，進行方向が必ず曲がってしまう。
		사람은 눈을 감고 걸으면 진행 방향이 반드시 빗나가버린다.

	4	떠올리다, 연상하다, 회상하다
思い浮かべる		類 思い起こす　思い出す　連想する　回想する
おも う		例 「中国文化」という言葉から，皆さんは何を思い浮かべますか？
		「중국문화」라는 단어에서 여러분은 무엇을 떠올리십니까?

	4	채우다, 넣다, 보충하다
埋める		類 満たす　占める　詰める　補う
う		例 この小さなチップの中には，多くのエンジニアの傑作が埋め込まれている。
		이 작은 칩 속에는 많은 엔지니어의 걸작이 들어가 있다.

	4	베끼다, (사진을) 찍다
写す		類 真似る　模写する　撮影する　同 映す　移す
うつ		例 先週の授業を休んだので，友達のノートを借りてその内容を写した。
		지난 주 수업을 빠져서 친구의 노트를 빌려 그 내용을 베꼈다.
		インスタ映えを意識しながら，カメラで綺麗な風景を写す。
		인스타그램 피드를 의식하면서 카메라로 아름다운 풍경을 담았다.

	4	말을 꺼내다
切り出す		類 言う
き だ		例 時間がないので，要点のみを切り出して会議を進めよう。
		시간이 없으므로 요점만 꺼내서 회의를 진행하자.

	4	흔들다, 휘두르다
振る		類 動かす　揺らぐ　同 降る
ふ		例 懇親会で知り合いを見かけたので，彼に手を振ったが，気付かなかったのか彼に無視されてしまった。
		친목회에서 아는 사람을 보았기에 그에게 손을 흔들었지만 알아채지 못했는지 그에게 무시당해 버렸다.

	4	(시간/비용을) 쓰다, 낭비하다
費やす		類 使う　消費する　浪費する
つい		反 蓄える　貯える
		例 つまらないことに貴重な時間を費やしてしまった。
		하찮은 것에 귀중한 시간을 써버렸다.

見直す (みなおす) — 4
재검토하다, 재조사하다
- 類 調べ直す　再検討する　再点検する
- 例 今までの不規則な生活を，しっかり見直してください。
  지금까지의 불규칙한 생활을 확실히 재검토 해주십시오.

引き取る (ひきとる) — 4
인수하다, 대신 부담하다
- 類 受け入れる　肩代わりする
- 例 車の買い替えのため，それまで使っていた車を業者に良い値で引き取ってもらった。
  자동차를 바꾸기 위해 지금까지 사용하던 차를 업자가 좋은 가격에 인수해 갔다.

諦める (あきらめる) — 4
포기하다, 체념하다, 단념하다
- 類 断念する　思い切る　降参する　ギブアップする
- 例 絶対に諦めない限り，必ず勝利の女神が微笑む。
  절대로 포기하지 않는 한 반드시 승리의 여신이 미소 짓는다.

漬ける (つける) — 4
담그다, 절이다
- 類 浸す
- 同 付ける　浸ける
- 例 日本語学校に在籍していた最初の一年間は，勉強漬けの日々だった。
  일본어학교에 재학하고 있던 첫 1년간은 공부에 몰두하는 나날이었다.

崩す (くずす) — 4
무너뜨리다, 나빠지다
- 類 壊す　乱す　損なう
- 例 本番では体調を崩してしまい，本来の実力を発揮できなかった。
  실전에서는 몸 상태가 나빠져 제 실력을 발휘하지 못했다.

添える (そえる) — 4
붙이다, 더하다
- 類 従う　沿う
- 同 副える
- 例 内緒話をするときは，口に手を添えて小さな声で話した方がよい。
  비밀이야기를 할 때는 입에 손을 대고 작은 목소리로 이야기하는 것이 좋다.

名付ける (なづける) — 4
명명하다, 부르다, 작명하다
- 類 呼ぶ　命名する　銘打つ
- 例 混乱しないためにも，これを仮説Aと名付けよう。
  헷갈리지 않기 위해서라도 이것을 가설 A 라고 명명하자.

	4	찾아내다, 이해하다, 억제하다, 저지하다
お 押さえる		類 食い止める　我慢する　抑制する　阻止する　理解する　認識する 同 抑える 例 出所を押さえて対策を講じないと、被害は広まるばかりです。 　출처를 찾아내어 대책을 세우지 않으면 피해가 늘어나기만 합니다. 　この章にまつわる知識は本当によく試験に出るので、せめてここだけは押さえておきましょう。 　이 장에 관련된 지식은 정말 자주 시험에 나오니 적어도 이 부분만큼은 이해해 둡시다.

	4	그릴 수 있다.
えが 描ける		類 描くことができる 同 画ける 例 記憶が定かでないので、どうしても顔が思い描けない。 　기억이 확실치 않아서 아무래도 얼굴을 떠올릴 수가 없다.

	4	붙이다, 밀착시키다, 점착하다
くっつける		類 付け加える　付着させる　粘着させる　密着させる 例 割れてしまった花瓶を接着剤でくっつけて修復した。 　깨져버린 꽃병을 접착제로 붙여서 수리했다.

	4	드러내다, 폭로하다
さら 曝す		類 曝露する　暴く　曝け出す 同 晒す 例 自分の秘密を人前に曝してしまうというのは物凄く恥ずかしい。 　자신의 비밀을 다른 사람 앞에서 드러내는 것은 굉장히 부끄럽다.

	4	떠나다, 사라지다
さ 去る		類 離れる　過ぎる　消える 例 人類は環境保護を意識しないと、やがて滅び去ることになってしまう。 　인류는 환경보호를 의식하지 않으면 머지않아 멸망하게 된다.

	4	내디디다, 시작하다
ふ　だ 踏み出す		類 取り掛かる　開始する　始める 例 社会人として、第一歩を踏み出した。 　사회인으로서 첫 발을 내디뎠다.

동사

足^たす [4] 더하다, 보태다
- 類 加^{くわ}える 併^{あわ}せる 与^{あた}える プラスする
- 反 引^ひく
- 例 彼は小学生の頃^{ころ}, 毎朝新聞配達^{まいあさしんぶんはいたつ}をして家計^{かけい}の足しにしていた。
  그는 초등학생 시절 매일 아침 신문배달을 해서 가계에 보탬이 되게 했다.

交^かわす [4] 나누다, 교환하다
- 類 やり取^とりする 交換^{こうかん}する 交^{まじ}える
- 同 躱^{かわ}す
- 例 学会^{がっかい}では多くの研究者と意見を交わすことができた。
  학회에서는 많은 연구자들과 의견을 나눌 수 있었다.

締^しめ切^きる [4] 마감하다
- 類 閉^しめる 終^おえる 閉^とじる
- 例 募集人員^{ぼしゅうじんいん}は定員^{ていいん}に達^{たっ}し次第^{しだい}, 締め切ります。
  모집인원은 정원이 차는대로 마감됩니다.

戸惑^{とまど}う [4] 당황하다, 황망하다, 주저하다
- 類 迷^{まよ}う 躊躇^{ためら}う 彷徨^{さまよ}う 混乱^{こんらん}する
- 例 初めての一人旅^{ひとりたび}だったので, 少し戸惑った。
  처음으로 혼자만의 여행이어서 조금 당황스러웠다.

乱^{みだ}れる [4] 어지러워지다, 어긋나다, 혼란하다
- 類 混乱^{こんらん}する 狂^{くる}う
- 例 積乱雲^{せきらんうん}の周囲は, 空気の流れに乱れがある可能性があるので, 注意してください。
  적란운 주위는 공기의 흐름에 변화가 있을 가능성이 있으므로 주의해 주십시오.

惹^ひく [4] 이끌리다, 매료하다
- 類 引^ひき付^つける 魅了^{みりょう}する
- 同 引^ひく 弾^ひく 曳^ひく 挽^ひく
- 例 旅行誌^{りょこうし}の情報に惹きつけられて, 多くの観光客^{かんこうきゃく}が押し寄せている。
  여행잡지 정보에 이끌려 많은 관광객이 몰리고 있다.

楽^{たの}しめる [4] 즐길 수 있다, 맛볼 수 있다
- 類 味^{あじ}わえる 堪能^{たんのう}できる
- 例 競技^{きょうぎ}というのは, 勝敗^{しょうはい}よりもその試合を楽しむことが大事だ。
  경기라는 것은 승패보다도 그 시합을 즐기는 것이 중요하다.

	4	공격하다
せ 攻める		類 攻撃する 襲う 撃つ 反 守る 護る 同 責める 例 相手がいつ攻めてくるのかが分からないので，油断できません。 상대가 언제 공격해 올지 몰라서 방심할 수 없습니다.

	4	울리다, 울리게 하다
な 鳴らす		類 発音させる 音を出させる 同 慣らす 馴らす 均す 成らす 例 政府はインフルエンザの流行に警鐘を鳴らしている。 정부는 인플루엔자 유행에 경종을 울리고 있다.

	4	싫어하다, 혐오하다
きら 嫌う		類 嫌がる 嫌悪する 憎む 反 好む 例 渋滞を嫌って，高速を降りたものの，一般道路も同じような状況であった。 정체가 싫어서 고속도로를 빠져나왔지만 일반 도로도 비슷한 상황이었다.

	4	재다, 측정하다, 계측하다
はか 測る		類 計測する 査定する 同 図る 謀る 計る 量る 例 ピラミッドの高さをどのようにして測っていたのでしょうか。 피라미드의 높이를 어떻게 측정하였을까요?

	4	파다, 채굴하다
ほ 掘る		類 採掘する 取り出す　反 埋める　同 彫る 例 新たな事業に乗り出すためにも，業務内容を改革し，社員の仕事を効率化することで，新たな顧客を掘り起こすきっかけにしよう。 새로운 사업에 진출하기 위해서라도 업무내용을 개혁하고 사원의 업무를 효율화함으로써 새로운 고객을 발굴해 내는 계기로 삼자.

	4	지킬 수 있다
まも 守れる		類 守ることができる 同 護れる 例 交通ルールを守れないと，事故を引き起こしやすくなる。 교통법규를 지키지 못하면 사고를 일으키기 쉬워진다.

	4	대조하다, 비교하다
て　あ 照らし合わせる		類 見比べる 照合する 比較する 例 これらを照らし合わせてみれば，一目瞭然です。 이것들을 대조해 보면 일목요연합니다.

동 사

騒ぐ (さわぐ) — 4
떠들다, 뛰어 돌아다니다
- 類 駆け回る　叫ぶ
- 反 鎮まる　静まる
- 例 夜中の公園で、若者が酒を飲みながら騒いでいる。
  밤중에 공원에서 젊은 사람이 술을 마시면서 떠들고 있다.

叫ぶ (さけぶ) — 4
소리지르다, 외치다, 호통치다
- 類 怒鳴る　騒ぐ
- 例 選挙カーの上から、声高に叫ぶだけでは、票の獲得には繋がらない。
  선거차량 위에서 목청껏 외치는 것 만으로는 득표로 이어지지 않는다.

偏る (かたよる) — 4
편향되다, 기울다, 편중되다
- 類 傾く
- 同 片寄る
- 例 偏った食生活を送っている人は、病気になりやすい。
  편중된 식생활을 하는 사람은 병에 걸리기 쉽다.

如く (しく) — 4
미치다, 필적하다
- 類 及ぶ　匹敵する　追い付く
- 例 正に「百聞は一見に如かず」と言うように、何事も自分の目で確かめることが一番です。
  그야말로 「백문이 불여일견」이라고 하듯이 어떠한 일도 자신의 눈으로 확인하는 것이 최고입니다.

責める (せめる) — 4.
책망하다, 비난하다
- 類 非難する　咎める　追い詰める　苦しめる
- 同 攻める
- 例 今大会での敗戦においては、選手よりも監督が責められるべきです。
  이번 대회의 패전에 대해서는 선수보다 감독이 비난을 받아야 합니다.

例える (たとえる) — 4
예를 들다, 비유하다
- 類 置き換える
- 同 喩える
- 例 この果物の味は、他の果物の味に例えられないね。
  이 과일의 맛은 다른 과일의 맛에 비할 수 없다.

磨く (みがく) — 4
닦다, 연마하다, 단련하다
- 類 研磨する　鍛える　励む
- 同 研く
- 例 自分を磨くためにも、海外留学することを決意しました。
  자신을 연마하기 위해서도 해외유학하기로 결심했습니다.

	4	벗어나다, 빗나가다
はず **外れる**		類 離れる　逸れる　遠ざかる 反 当たる　嵌る 例 ミサイルの着弾点は，本来の目標から外れている。 　　미사일의 탄착점은 원래 목표에서 벗어났다.

	4	설치하다, 놓다, 고정시키다
す **据える**		類 固定する　置く　設置する　備える 例 自由と規律を中心テーマに据えた教育方針です。 　　자유와 규율을 중심 테마로 삼은 교육방침입니다.

	4	태우다, 소각하다
も **燃やす**		類 焼く　焼却する 例 有酸素運動をする前に無酸素運動を少し加えると，より効果的に脂肪を燃やせる。 　　유산소 운동을 하기 전에 무산소 운동을 조금 가미하면 더욱 효과적으로 지방을 태울 수 있다.

	4	가르치다, 지도하다, 타이르다
しつ **躾ける**		類 指導する　教育する　言い聞かせる 同 仕付ける 例 「嘘をつくことは悪いことである」と親に厳しくしつけられた。 　　「거짓말 하는 것은 나쁜 일이다」라고 부모에게 엄하게 교육을 받았다.

	4	다루다, 취급하다, 처리하다
と　あつか **取り扱う**		類 使う　操る　処理する　扱う 例 傷つけないように，注意深く取り扱っています。 　　상처나지 않도록 주의깊게 다루고 있습니다.

	4	떨어지다, 흩어지다
ち **散る**		類 落ちる　散らばる　消える 反 咲く　集まる 例 桜が散るシーンはとても美しい。 　　벚꽃이 떨어지는 장면은 매우 아름답다.

	4	통하다, 통용되다
つう **通じる**		類 通用する　導く　伝わる 反 窮する 例 私の話は彼に通じなかった。 　　나의 이야기는 그에게 통하지 않았다.

동 사

論ずる (ろんずる) — 4
논하다, 설명하다
- 類 話し合う　説明する　議論する
- 例 テレビでは朝までこの問題を論じていた。
  TV에서는 아침까지 이 문제를 논하고 있었다.

拵える (こしらえる) — 4
만들다, 준비하다
- 類 準備する　作る　支度する　用意する　調達する
- 例 母は，朝早くから運動会のお弁当をこしらえた。
  엄마는 아침 일찍부터 운동회 도시락을 만들었다.

枯らす (からす) — 4
시들게 하다
- 類 枯れさせる
- 同 涸らす
- 例 松くい虫はすっかり松林を枯らしてしまった。
  송충이는 완전히 솔밭을 시들게 했다.

溜める (ためる) — 4
모으다, 저축하다
- 類 集める　蓄える　積み重ねる　ストックする
- 同 貯める　矯める
- 例 島では水道がないため，雨水をためておいて生活用水として使う。
  섬에서는 수도가 없어서 빗물을 모아두었다가 생활용수로 사용한다.

学べる (まなべる) — 4
배울 수 있다
- 類 学習できる　勉強になる
- 例 今では，わざわざ大学に通わずに自宅で学べる，いわゆる「通信制大学」がある。
  지금은 일부러 대학에 다니지 않고 집에서 배울 수 있는 이른바「통신제 대학」이 있다.

誇る (ほこる) — 4
자랑하다, 긍지를 갖다
- 類 自慢する
- 反 恥じる
- 例 故郷の町に誇りと愛着を持って暮らしたい。
  고향 마을에 긍지와 애착을 갖고 살고 싶다.

下げる (さげる) — 4
낮추다, 떨구다
- 類 落とす　降ろす
- 反 上げる　同 提げる
- 例 生産効率を下げないようにする為には，コンベヤーシステムを用いれば良い。
  생산효율을 낮추지 않도록 하기 위해서는 컨베이어 시스템을 이용하면 된다.

とりかかる 取り掛かる	4	**착수하다, 시작하다** 類 始める 着手する 立ち向かう 乗り出す スタートする 例 取りかかる優先順位を決めることが重要です。 착수할 우선순위를 정하는 것이 중요합니다.
そめる 染める	4	**염색하다, 물들이다** 類 色付ける 染色する 着色する 同 初める 例 染料とは、ものを染めるための色素のことである。 염료란 물건을 염색하기 위한 색소를 말한다.
まびく 間引く	4	**솎아 내다, 생략하다** 類 省く 略す 省略する 例 あまりにも枝が密集しているので間引きをする必要がある。 너무 가지가 밀집되어 있어서 솎아낼 필요가 있다.
はる 張る	4	**펴다, 긴장하다** 類 広がる 引き伸ばす 緊張する 集中する 同 貼る 腫る 例 夏祭りの屋台のテントが張られていた。 여름 축제의 포장마차 텐트가 쳐져 있었다. テストの時に、気を張りすぎて、疲れた。 시험 볼 때 신경을 너무 써서 피곤하다.
はかる 図る	4	**기획하다, 도모하다, 꾀하다** 類 考える 企てる 企む 同 測る 量る 謀る 計る 例 地域の文化センターでは、異文化との交流を図っている。 지역 문화센터에서는 다문화와의 교류를 꾀하고 있다.
かこむ 囲む	4	**둘러싸다, 포위하다** 類 取り巻く 包む 包囲する 例 日本は四方を海に囲まれているため、水産業が発達している。 일본은 사방이 바다로 둘러싸여 있어 수산업이 발달했다.
あわてる 慌てる	4	**당황하다, 서두르다** 類 (冷静さを) 失う 狼狽える 例 二国間の交流はあわてず、じっくり取り組むべきだ。 양국간의 교류는 서두르지 말고 차분히 대응해야 한다.

동사

収める (おさめる) — 4
수습하다, 거두다, 획득하다
- 類 落ち着ける　獲得する　取る　同 納める　修める　治める
- 例 彼の怒りを収めるためにも，今は話しかけないでおきましょう。
  그의 화를 진정시키기 위해서라도 지금은 말을 걸지 맙시다.
  新しい監督は今シーズン好成績を収めた。
  새 감독은 올 시즌 좋은 성적을 거뒀다.

顧みる (かえりみる) — 4
돌이켜보다, 회고하다, 뒤돌아보다
- 類 振り返る　振り向く　思い返す　見返す　回顧する　同 省みる
- 例 今顧みると，私は病気に罹っていなければ，傲慢な男であり続けていたかもしれない。
  지금 돌이켜보면 나는 병에 걸리지 않았더라면 오만한 남자로 남아 있었을지도 모른다.

訪ねる (たずねる) — 4
방문하다, 찾다, 묻다
- 類 見舞う　訪う　訪れる　訪問する
- 同 尋ねる　訊ねる
- 混 携わる
- 例 祖父の生まれ育った土地を訪ねる。
  할아버지가 태어나고 자란 고장을 방문한다.

伺う (うかがう) — 4
여쭈다, 묻다
- 類 仰ぐ　問いかける　問う　尋ねる　聞く
- 同 窺う　覗う
- 例 この質問は教授に伺ったほうがいいのではないでしょうか。
  이 질문은 교수님께 여쭤보는 것이 좋지 않을까요?

介す (かいす) — 4
통하다, 매개하다, 중개하다
- 類 気にかける　仲介する　媒介する
- 例 このゲームを介して，親子関係が少しずつ改善しつつある。
  이 게임을 통해 부모자식 관계가 조금씩 개선되고 있다.

挑む (いどむ) — 4
도전하다, 임하다
- 類 挑戦する　チャレンジする　張り合う　臨む
- 混 厭う
- 例 彼は世界記録に挑んだ。
  그는 세계기록에 도전했다.

載せる (のせる) — 4
올리다, 게재하다, 기록하다
- 類 記録する　載る
- 混 乗せる
- 例 本やインターネット上に，他人の写真を勝手に載せてはいけない。
  책이나 인터넷 상에 남의 사진을 마음대로 올려서는 안된다.

	4	태우다, 싣다, 속이다
乗せる		類 積む 欺く 騙す
の		同 載せる 伸せる
		例 このバスは20人ぐらいの客を乗せることができる。
		이 버스는 20명 정도의 승객을 태울 수 있다.

	4	넘치다, 넘쳐흐르다
溢れる		類 零れる 満ちる 漏れる 流れ出る
あふ		反 涸れる 干上がる
		混 ありふれる
		例 ずさんな管理により、容器から大量の水が溢れてしまった。
		허술한 관리로 인해 용기에서 대량의 물이 넘쳐버렸다.

	4	해하다, 훼손하다
害する		類 損なう 傷つける 損じる
がい		反 利する 益する
		同 概する
		例 たばこは健康を害するだけでなく、周りにも迷惑だ。
		담배는 건강을 해할 뿐만 아니라 주변에도 민폐다.

	4	낚다, 유혹해내다
釣る		類 ひっかける 誘い出す
つ		同 吊る
		例 子どもの頃は、よく浅瀬で小さな魚を釣ったものだ。
		어린 시절에는 자주 개울에서 작은 물고기를 낚곤 했다.

	4	끝내다, 마치다
済ます		類 済ませる 遂げる 終える 終わる 済む
す		同 澄ます 住ます 清ます
		例 生活を充実したものにしようとするなら、こうした努力なしに済ますことはできない。
		생활을 충실하게 하려 한다면 이러한 노력없이 이룰 수는 없다.

	4	거슬러 올라가다
遡る		類 逆上る
さかのぼ		例 歴史を遡ると同じような例がいくつも見つかる。
		역사를 거슬러 올라가면 비슷한 예가 얼마든지 발견된다.

	4	떠맡기다, 강제하다
押し付ける		類 強制する 押す
お つ		反 引ったくる 引き受ける
		例 部下に無理な仕事を押し付ける。
		부하에게 무리한 일을 떠맡긴다.

동 사

	4	갖고 있다, 소유하다
有_{ゆう}する		類 持つ 備える 所有する 例 薬は効能もあるが，何らかの有害性も有している。 약은 효능도 있지만 어느정도 유해성도 가지고 있다.

	4	붙잡히다, 체포되다, 구속되다
捕_{つか}まる		類 捕らえられる 拘束される 囚われる 同 捉まる 例 犯人は路地で警察に取り押さえられ，事件から10分後に捕まった。 범인은 골목에서 경찰에게 붙잡혀 사건으로부터 10분 후에 체포되었다.

	3	상처입히다, 공격하다
傷付_{きずつ}ける		類 虐める 苦しめる 攻撃する 怪我をさせる 同 疵付ける 例 相手を傷つけないように，自分の言動に対して，十分な注意を払う。 상대를 상처입히지 않도록 자신의 언동에 대해 충분한 주의를 기울인다.

	3	권유하다, 유혹하다
誘_{さそ}う		類 誘惑する 唆す 導く 例 仕事帰りに，部長に「一杯飲みましょう」と誘われた。 퇴근 길에 부장님이「한잔 합시다」라고 제안했다.

	3	피하다, 삼가다, 제한하다
控_{ひか}える		類 避ける 抑制する 制限する コントロールする 例 血液検査の結果が思わしくないので，もう過度な飲酒を控えるべきです。 혈액검사 결과가 좋지 않으므로 이제 과도한 음주를 피해야 합니다.

	3	방향을 잡아주다
方向付_{ほうこうづ}ける		類 決める 定める 例 子どもはまだ分別がつかないので，親がしっかりと方向づけてやるべきだ。 아이들은 아직 철이 없어서 부모가 제대로 방향을 잡아줘야 한다.

	3	키우다, 기르다, 부양하다, 양육하다
養_{やしな}う		類 養育する 扶養する 培う 育てる 例 若いうちに多くのことを経験して，対応力を養うことは大切だ。 젊을 때에 많은 것을 경험하여 대응력을 기르는 것이 중요하다.

ふみ い **踏み入れる**	3	들여놓다, 들어가다 類 入る 押し入る 例 探検隊はいよいよ、未知の場所に足を踏み入れる。 탐사대는 드디어 미지의 장소에 발을 들여놓는다.
しず **沈む**	3	가라앉다, 침하하다, 침몰하다 類 没する 沈下する 沈没する 陥る 反 浮く 浮かぶ 登る 同 鎮む 例 太平洋プレートは日本列島の下にゆっくりと沈んでいく。 태평양 판은 일본열도 밑으로 서서히 가라앉아 가고 있다.
うわまわ **上回る**	3	웃돌다, 능가하다 類 優る 凌ぐ 超える 勝る 反 下回る 例 今年の合格者数は当初の予想を大幅に上回った。 올해의 합격자 수는 당초 예상을 크게 웃돌았다.
めぐ **恵む**	3	베풀다, 하사하다 類 供与する 施す 授ける 賜わる 同 芽ぐむ 例 日本列島は四方を海に囲まれ、豊かな漁場に恵まれている。 일본 열도는 사방이 바다로 둘러싸여 풍부한 어장으로 혜택받고 있다.
つと **務める**	3	임무를 맡다, 마음에 새기다 類 心掛ける 演じる 同 努める 勤める 例 雰囲気作りをするのがリーダーの務めだと私は考えます。 분위기 메이킹을 하는 것이 리더의 임무라고 저는 생각합니다.
ま **曲げる**	3	굽히다, 바꾸다 類 反らす 変える ごまかす 捻じる 例 彼は意見を曲げない性格だから、話し合っても無駄だよ。 그는 의견을 굽히지 않는 성격이므로 대화해도 소용없어.
も **揉める**	3	다투다, 옥신각신하다 類 喧嘩になる トラブルになる ごたつく 例 ごみの分別に関して、大家さんと揉めたらしく、彼は不機嫌そうな表情を浮かべている。 쓰레기 분리수거와 관련해 집주인과 다툰 듯 그는 기분 나쁜 표정을 하고 있다.

동 사

	3	말씀드리다 (겸양어)
申し上げる もう あ		類 言う 語る 述べる 例 大変申し上げにくいのですが，イベントは中止になりました。 대단히 말씀드리기 송구하지만 행사는 중지되었습니다.

	3	입금하다, 이체하다
振り込む ふ こ		類 (金を) 払い込む 反 引き下とす 例 特に，ご年配の方は「振り込め詐欺」に注意しましょう。 특히 어르신 분들은 「피싱 사기」에 주의합시다.

	3	머물다, 멈추다
留まる とど		類 残る 止まる 同 止まる 例 ハチドリ等が空中の一点で留まるようにして飛ぶことをホバリングという。 벌새 등이 공중 한 곳에 머무는 것처럼 나는 것을 호버링이라고 한다.

	3	상관하다, 마음을 쓰다
構う かま		類 関心する 気に掛ける 相手する 世話する 例 どうせこれはもう使い物にならないから，気に入ったなら，自由に持ち帰ってかまわないよ。 어차피 이것은 이미 쓸모 없으니까 마음에 들면 자유롭게 가지고 가도 괜찮아. 今，とても忙しいので，余計なことに構っている暇はない。 지금 매우 바쁘기 때문에 쓸데없는 것에 신경쓸 여유가 없다.

	3	교체하다, 교환하다
取り替える と か		類 交換する 引き換える 切り替える 入れ換える 例 データ改ざん問題の影響で，建物内部の免震ダンパーが取り替えられる予定だ。 데이터 조작 문제의 영향으로 건물 내부의 면진 댐퍼가 교체될 예정이다.

	3	베다, 벌채하다
伐る き		類 切る 伐採する カットする 同 着る 斬る 切る 例 適切に木を伐らないと，森林は荒廃していく。 적절하게 나무를 베지 않으면 삼림은 황폐해져 간다.

	3	호소하다, 촉구하다
呼び掛ける		類 呼ぶ　促す
よ　　か		例 戦争反対の呼びかけに多くの人が集まる。
		전쟁반대 호소에 많은 사람이 모인다.

	3	임하다, 맞서다, 참석하다
臨む		類 向き合う　立ち向かう　出席する　参加する
のぞ		同 望む
		例 期限がある場合は，少数精鋭で臨んだほうが，研究が速やかに進展する。
		기한이 있는 경우에는 소수정예로 임하는 것이 연구가 빠르게 진전된다.
		たくさん練習を積み重ねてきたから，今，本番試合に臨んでも大丈夫でしょう。
		많은 연습을 거듭해 왔으니까 지금 실전 시합에 임해도 괜찮을 겁니다.

	3	맞서다, 대항하다, 저항하다
立ち向かう		類 対抗する　抵抗する　取り組む　臨む
た　む		例 失敗を恐れず本気で立ち向かえば，前途は開かれるでしょう。
		실패를 두려워하지 말고 진심으로 맞서면 앞길은 열릴 겁니다.

	3	가까이하다, 접근하다
近付ける		類 近くする　寄せる
ちか づ		反 遠ざける
		例 母親が顔をそばに近づけると，乳児は自然とそちらに顔を向ける。
		엄마가 얼굴을 가까이 하자 아기는 자연히 그 쪽으로 얼굴을 돌렸다.

	3	시간에 맞추다, 충분하다
間に合う		類 行き届く　足りる
ま　あ		例 終電に乗り遅れそうなところを，ひたすら走って，やっとのことで間に合った。
		막차를 놓칠 뻔했는데 열심히 뛰어서 겨우 시간에 맞추었다.

	3	메슥거리다, 짜증나다, 화나다
むかつく		類 (吐き気が)する　腹立つ　イライラする
		例 あまりにも刺激的な物を食べると，胃にむかつきを覚えます。
		너무 자극적인 것을 먹으면 위에 거북감을 느낍니다.
		こちらの話も聞かずに一方的にまくし立てるのでむかついた。
		이쪽 이야기도 듣지 않고 일방적으로 떠들어대니 짜증났다.

93

동 사

	3	돌리다, 회전시키다
<ruby>回<rt>まわ</rt></ruby>す		類 回転させる 同 廻す 例 昔，子どもは正月に，こま回しなどをして遊んでいた。 　옛날에 아이들은 설날에 팽이치기 등을 하면서 놀았다.

	3	상반되다, 모순되다
<ruby>相反<rt>あいはん</rt></ruby>する		類 矛盾する　対立する　一致する 例 二つの相反する意見が出され，議論が紛糾している。 　두 개의 상반된 의견이 나와 논의가 분규되고 있다.

	3	맡기다, 위탁하다
<ruby>預<rt>あず</rt></ruby>ける		類 任せる　託す 例 貴重品等は受付に預けて下さい。 　귀중품 등은 접수처에 맡겨 주십시오.

	3	이르다, 미치다, 퍼지다, 도달하다
<ruby>及<rt>およ</rt></ruby>ぶ		類 拡がる　分布する　達する　匹敵する 例 一人当たりの診察時間は平均4，5分だが，場合によっては2時間にも及ぶ。 　한 명당 진찰시간은 평균 4, 5분이지만 경우에 따라서는 2시간에 이른다. 　私のクラスでは，数学に関して，彼女に及ぶ人は誰一人としていない。 　우리 반에서는 수학에 대해 그녀에게 필적할 사람은 아무도 없다.

	3	말 할 수 있다
<ruby>話<rt>はな</rt></ruby>せる		類 話すことが出来る 例 大丈夫です。このイベントは英語が話せなくても応募することができますよ。 　괜찮습니다. 이 행사는 영어를 하지 못해도 응모할 수 있어요.

	3	내다보다, 예상하다, 간파하다
<ruby>見通<rt>みとお</rt></ruby>す		類 予想する　見抜く　見破る　見開く 例 投資家には将来を見通す力が必要である。 　투자가에게는 미래를 내다보는 능력이 필요하다.

	3	떠나다, 물러나다
立ち去る た　さ		類 離れる　退く 例 このオリエンテーションは面白くないので，できるだけ早くこの場から立ち去りたい。 이 오리엔테이션은 재미없어서 될 수 있으면 빨리 이 자리를 뜨고 싶다.

	3	문의하다, 조회하다
問い合わせる と　あ		類 聞き合わせる　尋ね合わせる　照合する 例 不明な点があれば窓口に問い合わせてください。 불명확한 점이 있으면 창구에 문의해 주십시오.

	3	물다
咥える くわ		類 （口に）詰め込む 同 加える 例 遅刻しそうだったので，口にパンをくわえたまま，走って登校した。 지각할 것 같아서 입에 빵을 문 채로 뛰어서 등교했다.

	3	깎다, 절삭하다
剃る そ		類 削る　切る 同 反る 例 冬山から下山して，久しぶりに髭を剃った。 겨울 산에서 내려와 오랜만에 수염을 깎았다.

	3	멸망하다, 파멸하다, 쓰러지다
滅ぶ ほろ		類 破滅する　滅亡する　倒れる　絶える 同 亡ぶ 例 このまま核兵器開発のスピードを競っていたら，人類はやがて滅ぶことになる。 이대로 핵무기 개발 속도를 다투고 있다가는 인류는 머지않아 멸망하게 된다.

	3	겁이 나다, 두려워하다
怖れる おそ		類 怖がる　心配する　同 恐れる　畏れる　懼れる 例 ガンは確かに怖れられる病気ですが，諦めるのではなく，積極的に治療に専念すれば治らないものでもないのです。 암은 확실히 두려워할 만한 병이지만 포기하지 않고 적극적으로 치료에 전념한다면 낫지 않는 것도 아닙니다.

동사

越す 3
초과하다, 넘다, 웃돌다
- 類 通る 過ぎる 上回る 越える
- 同 超す 溢す 濾す
- 例 熊はエサが少なくなると，秋後半から冬を越すまで冬眠する。
  곰은 먹이가 적어지면 가을 후반부터 겨울을 넘길 때까지 겨울잠을 잔다.
  競合他社に先を越されたことに社長がショックを受けていた。
  라이벌 회사에 선두를 넘겨준 것에 사장님이 쇼크를 받았다.

惑う 3
휩쓸리다, 헤매다, 망설이다
- 類 迷う 躊躇う 彷徨う 途方に暮れる
- 例 日々流されてくる情報に惑うことなく，自分で大局をつかむことが重要です。
  날마다 흘러오는 정보에 휩쓸리지 않고 스스로 큰 국면을 파악하는 것이 중요합니다.

観る 3
보다, 감상하다
- 類 観賞する 同 見る 診る 視る 看る
- 例 一日何時間テレビを観ているのか計算してみれば，一年間でどれほど時間を無駄にしているかが分かるでしょう。
  하루 몇시간 TV를 보고 있는지 계산을 해보면 1년간에 어느 정도 시간을 쓸데없이 보내고 있는지를 알 수 있을 겁니다.

盛り込む 3
담다, 도입하다
- 類 取り入れる 組み入れる
- 例 今回のフェスティバルには，観客を飽きさせないように，多彩なイベントが盛り込まれていた。
  이번 페스티벌에서는 관객이 싫증나지 않도록 다채로운 이벤트가 담겨 있었다.

休める 3
쉴 수 있다, 쉬다, 한 숨 돌리다
- 類 停止させる 息抜きする 休憩する
- 例 厳しい上司に，手を休めないで働けと叱られた。
  엄한 상사에게 손 쉴 틈 없이 일하라고 혼났다.

繋ぐ 3
잇다, 연결하다
- 類 結び付ける
- 例 点と点とを地道に繋ぎ，試行錯誤を繰り返して事件の調査を進める。
  점과 점을 꾸준히 연결하고 시행착오를 반복하며 사건 조사를 진행한다.

な投げる	3	던지다, 버리다 類 放る 捨てる 例 やりかけの仕事を途中で投げるようなことはしないでくれ。 하던 일을 도중에 내던지는 짓은 하지 말아줘
し あ知り合う	3	알다, 서로 알다 類 相知る 例 インターネットで知り合った相手には、注意すべきだ。 인터넷에서 알게 된 상대에게는 주의해야 한다.
の延ばす	3	연장하다, 미루다, 연기하다 類 広げる 長くする 延期する 同 伸ばす 展ばす 例 皆さんには、課題にじっくり取り組んでもらいたいので、提出の締め切りを一週間延ばします。 여러분이 과제에 차분히 임해 주었으면 해서 제출 기한을 1주일 연장합니다.
と のぞ取り除く	3	제거하다, 없애다 類 外す 除く 取り去る 消去する 退ける 例 問題が発生した根本原因を取り除かないと、いつか再発してしまう。 문제가 발생한 근본적인 원인을 제거하지 않으면 언젠가 재발해버린다.
く ぎ区切る	3	나누다, 분할하다 類 分ける 分割する 例 本講義では、春、秋学期に区切って、この本を読む。 이 강의에서는 봄, 가을 학기로 나눠서 이 책을 읽는다.
み きわ見極める	3	확인하다, 살펴보다 類 見定める 見据える 確認する 調べる 例 家電製品を購入する場合は、価格ばかりではなく品質も見極めたい。 가전제품을 구입할 경우에는 가격뿐만 아니라 품질도 확인하고 싶다.
つ告げる	3	알리다, 고하다, 고지하다 類 伝える 知らせる 例 受賞した喜びを、いち早く母親に告げるために電話したら、「あっそう、おめでとう」と冷たく返された。 수상한 기쁨을 빨리 엄마에게 알리기 위해 전화했더니 「아 그러니, 축하한다」라고 차갑게 답이 돌아왔다.

動詞

試みる (こころみる) 3
시도하다, 시험하다, 도전하다
- 類 試す　取り掛かる　臨む　挑む　チャレンジする
- 例 地球深部探査船「ちきゅう」は，世界で初めて，マントルへの掘削を試みた探査船である。
  지구 심부 탐사선 「지구」는 세계 최초로 맨틀에 굴삭을 시도한 탐사선이다.

焼く (やく) 3
태우다, 굽다
- 類 燃やす　燃焼する　炙る
- 例 この子は先生方に世話を焼かせてばかりで，申し訳ありません。
  이 아이는 선생님들께 말썽만 피워서 드릴 말씀이 없습니다.

強める (つよめる) 3
강화하다, 높이다
- 類 高める　強化する　反 弱める
- 例 このままでは世界経済が縮小しかねないと，諸国は危機感を強めています。
  이대로는 세계경제가 축소될 수 있다고 각국은 위기감을 높여가고 있습니다.

培う (つちかう) 3
키우다, 배양하다, 재배하다
- 類 育てる　養う　栽培する
- 例 今まで培って来た知識や経験を生かして，問題解決に取り組む。
  지금까지 쌓아온 지식과 경험을 살려서 문제해결에 임한다.

属する (ぞくする) 3
속하다, 귀속하다
- 類 所属する　帰属する
- 例 深刻なのは，2007年以降，団塊世代に属する労働者が一斉に定年退職を迎えることである。
  심각한 것은 2007년 이후 단카이 세대에 속하는 노동자가 일제히 정년퇴직을 맞이하는 것이다.

閉じ籠もる (とじこもる) 3
틀어박히다, 숨다
- 類 隠れる　引き籠もる
- 例 子どもたちが自分の世界に閉じこもりがちにならないように，あえて子ども部屋は作らなくて良い。
  어린이들이 자신의 세계에 쉽게 빠지지 않도록 굳이 아이들 방을 만들지 않아도 좋다.

利く (きく) 3
통할 수 있다, 기능하다, 작용하다
- 類 機能する　作用する　働く
- 同 聞く　聴く　効く　訊く
- 例 融通が利かない人は出世できない。
  융통성 없는 사람은 출세할 수 없다.

切り離す (きりはなす) 3

떼어내다, 분리하다

類 分離する　切り落とす
例 発射されたロケットは，第一段ロケットを切り離し，さらに上昇を続けていった。
발사된 로켓은 제1단 로켓을 분리하고 더 상승을 이어나갔다.

仕掛ける (しかける) 3

설치하다

類 取り付ける　セットする
例 いのししが農作物に被害を及ぼしているので，罠を仕掛けて捕まえてやる。
멧돼지가 농작물에 피해를 끼치고 있어서 덫을 놓아 잡겠다.

見抜く (みぬく) 3

알아차리다, 간파하다

類 見分ける　見通す　見破る　察知する
例 観衆はマジックの仕掛けをすぐに見抜いた。
관중은 마술의 장치를 금방 알아차렸다.

崩れる (くずれる) 3

무너지다, 붕괴되다

類 崩落する　壊れる　乱れる
反 固まる
例 このまま夜型の生活を続けたら，必ず体調が崩れるときがくる。
이대로 야행성 생활을 계속하면 반드시 몸 상태가 나빠질 때가 온다.

転がる (ころがる) 3

구르다

類 転げる　置かれている
例 チャンスというものは，身のまわりにたくさん転がっているが，それに気付けるかどうかが問題なのだ。
기회라는 것은 우리 주변에 많이 굴러다니고 있지만 그것을 알아챌 수 있는지가 문제다.

吊るす (つるす) 3

달다, 매달다

類 吊り下げる　ぶら下げる
例 昔の人は，天気が晴れてほしい気持ちを込めて，よく屋根に「てるてる坊主」を吊るしていた。
옛날 사람들은 날씨가 맑길 바라는 마음을 담아 흔히 처마에 「스님 머리모양 인형」을 달아놓았다.

割り振る (わりふる) 3

할당하다

類 割り当てる
例 学園祭の出店では各々に役割が割り振られた。
학교 축제의 노점에서는 각자에게 역할이 할당되었다.

동사

虐める (いじめる) — 3
괴롭히다, 학대하다
- 類 苦しめる　責める　苛む
- 同 苛める
- 例 たった一人を大勢で虐めるなんて、卑怯な奴らだ。
  단 한 사람을 여러 명이 괴롭히다니 비겁한 놈들이다.

欠ける (かける) — 3
부족하다, 결여되다
- 類 不足する　欠乏する　欠如する
- 反 満ちる
- 同 掛ける　駆ける　書ける　描ける　掻ける　賭ける
- 例 自分に何が欠けているのか、考えてみることが大切だ。
  자신에게 무엇이 부족한지 생각해 보는 것이 중요하다.

吹く (ふく) — 3
불다
- 類 風立つ
- 同 拭く　噴く　老く
- 例 風力発電では海上や山の上で、強い吹き風を利用して発電する。
  풍력발전은 해상이나 산 위에서 강하게 부는 바람을 이용하여 발전한다.

左右する (さゆうする) — 3
좌우하다, 영향을 미치다
- 類 及ぼす　影響する　決める
- 例 今回の会談は今後の世界情勢を左右するものです。
  이번 회담은 앞으로의 세계 정세를 좌우하는 것입니다.

拡がる (ひろがる) — 3
퍼지다, 확대되다
- 類 拡大する　行き渡る
- 同 広がる
- 例 地方で発生した蝗害は次第に全国に拡がっていった。
  지방에서 발생한 메뚜기 피해는 점차 전국으로 퍼져나갔다.

繋げる (つなげる) — 3
연결할 수 있다, 연결짓다
- 類 結び合せる　結び付ける　絡む　繋ぐ
- 例 問診では、医者が患者との会話から様々な情報を引き出し、それを治療につなげていくことが求められる。
  문진에서는 의사가 환자와의 대화에서 여러가지 정보를 얻어내어 그것을 치료에 연결해 나아가는 것이 요구된다.

切り替える (きりかえる) — 3
바꾸다, 변경하다, 갱신하다
- 類 変更する　更新する　チェンジする　同 切り換える
- 例 時代の変化や消費者のニーズに応じて、素早く商品を切り替える必要がある。
  시대의 변화와 소비자의 요구에 부응하여 재빠르게 상품을 바꿀 필요가 있다.

	3	정리하다, 정비하다
まとまる 纏まる		類 整う　整備する　取り揃える 例 考えがまとまらなくても，まず思いつくことをノートに書いてみるのはどうでしょう。 생각이 정리되지 않아도 우선 생각난 것을 노트에 적어보는 것은 어떨까요?

	3	가지런히 하다, 갖추다
そろえる 揃える		類 整える　一致させる 例 イチゴの出荷は大きさをそろえて行います。 딸기의 출하는 크기를 맞춰서 합니다.

	3	쓰러지다, 넘어지다, 도산하다
たおれる 倒れる		類 転ぶ　沈む　滅びる　倒産する 例 マラソンランナーはゴールした後に倒れ込んでしまった。 마라톤 선수는 결승선을 통과한 후에 쓰러지고 말았다. 景気不振の荒波に飲み込まれるかのように，多くの会社が倒れていった。 경기부진의 격랑에 휩쓸린 듯 많은 회사가 쓰러져 갔다.

	3	넘기다
めくる 捲る		例 それでは授業を始めます。10ページ目をめくってください。 그럼 수업을 시작하겠습니다. 10페이지를 펼쳐주십시오.

	3	생각해낼 수 있다, 떠올릴 수 있다
おもいだせる 思い出せる		類 思い出すことが出来る 例 街で会った知り合いの名前がどうしても思い出せない。 길에서 만난 지인의 이름이 아무래도 기억나지 않는다.

	3	챙기다, 간수하다, 종료하다, 정리하다
しまう		類 終える　済ませる　片付ける 例 財布をきちんとしまわないと，盗まれる可能性がある。 지갑을 제대로 챙기지 않으면 도둑맞을 가능성이 있다.

동사

凍る (こおる) — 3
얼다, 동결되다, 결빙되다
- 類 凍結する　同 氷る
- 例 凍って結晶になった空気中の水蒸気は，日光に反射してキラキラ輝く様子から「ダイヤモンドダスト」と呼ばれています。
  얼어서 결정이 된 공기중의 수증기는 햇빛에 반사되어 반짝반짝 빛나는 모습에서「다이아몬드 더스트」라고 불리고 있습니다.

眠れる (ねむれる) — 3
자다, 잠들다
- 類 眠っている
- 例 「眠れる森の美女」とは，ヨーロッパの古い童話である。
  「잠자는 숲 속의 공주」는 유럽의 오래된 동화다.

持てる (もてる) — 3
갖고 있다, 인기 있다
- 類 持っている　人気がある
- 例 優勝できたのは，持てる力を100パーセント出し切れたからだ。
  우승할 수 있었던 것은 가진 힘을 100 퍼센트 전부 발휘했기 때문이다.
  「モテたいなら，まずダイエットしろ」と彼が言っていた。
  「인기를 얻고 싶으면 우선 다이어트해」라고 그가 말했었다.

暴れる (あばれる) — 3
날뛰다
- 類 荒れ狂う
- 例 巻き網漁で獲れたカツオは，魚が暴れて傷ついている場合が多いため，一本釣りと比べて市場価格が安い。
  선망으로 잡힌 가다랑어는 고기가 날뛰어 상처가 나는 경우가 많아 외줄낚시에 비해 시장가격이 낮다.

放す (はなす) — 3
놓아주다, 풀어주다
- 類 逃がす　解放する　投げ捨てる
- 同 話す　離す
- 例 人工飼育したトキを自然に放す。
  인공사육한 따오기를 자연에 풀어준다.

実る (みのる) — 3
익다, 성장하다
- 類 熟する　成長する
- 同 稔る
- 例 害虫に荒らされなければ，果物は収穫期に必ず実ります。
  해충에 피해를 입지 않으면 과일은 수확기에 반드시 익습니다.

辞める (やめる) — 3
그만두다, 사직하다
- 類 退く　辞職する　離れる
- 同 止める　病める　已める
- 例 最近の新入社員の中には，辞めていく人がたくさんいます。
  요즘 신입사원 중에는 그만두는 사람이 많습니다.

	3	뽑다, 채집하다, 채용하다
採る		類 採用する　集める　収穫する
と		同 取る　盗る　摂る　撮る　捕る
		例 真珠とは貝から採れる宝石の一種です。
		진주는 조개에서 채취할 수 있는 보석의 일종입니다.

	3	달릴 수 있다
走れる		類 走ることが出来る
はし		例 サイクリングロードは自転車が快適に走れるように作った道です。
		사이클 로드는 자전거가 쾌적하게 달릴수 있도록 만든 길입니다.

	3	찡그리다, 싫어하다
顰める		類 （不快感を）示す　嫌がる
しか		例 初めて梅干しを口にした外国人の多くは，顔をしかめます。
		처음으로 매실 장아찌를 먹어본 외국인의 대부분은 얼굴을 찡그립니다.

	3	부러지다, 고생하다
折れる		類 曲がる　壊れる　苦労する　（手間が）掛かる
お		例 台風の強風で街路樹の枝が折れてしまった。
		태풍의 강한 바람으로 가로수 가지가 부러져버렸다.
		子どもを世話するのに，骨が折れたわ。
		아이를 돌보느라 고생했다.

	3	처하다
瀕する		類 差し迫る
ひん		同 貧する　品する
		例 絶滅の危機に瀕している生物種を保護する取り組みが始まっています。
		멸종 위기에 처한 생물종을 보호하는 시도가 시작되고 있습니다.

	3	밝아지다, 날이 새다 (밝다)
明ける		類 始める
あ		反 暮れる
		同 開ける　空ける
		混 上げる　挙げる
		例 こうもりは夜が明ける頃合いになると，活動量が一気に増える。
		박쥐는 아침이 밝아올 무렵이 되면 활동량이 갑자기 늘어난다.
		夜が明ける前に，家を出発した。
		날이 밝기 전에 집을 나섰다.

思い切る	3	결심하다, 큰 마음 먹다, 각오하다
	類	断念する　覚悟する　決心する
	反	躊躇う　思い残す
	例	私は思い切って彼女に告白した。
		나는 작심하고 그녀에게 고백했다.

妨げる	3	방해하다, 저해하다, 금지하다
	類	阻害する　差し支える　禁止する　立ち塞がる　止める
	反	助ける　促す　進める
	混	訪れる
	例	新しい農業技術は害虫の生殖行動を妨げることができる。
		새로운 농업기술은 해충의 생식행동을 방해할 수 있다.

漏れる	3	유출되다, 누설되다, 새다
	類	にじみ出る　漏出する　零れる　漏洩する
	同	洩れる	混	燃える
	例	電子決済に対して，多くの人が個人情報が漏れることを心配している。
		전자결제에 대해 많은 사람들이 개인정보가 유출될 것을 걱정하고 있다.

裏付ける	3	뒷받침하다, 증명하다, 입증하다
	類	示す　証明する
	例	彼の理論を裏付ける科学的な根拠がない。
		그의 이론을 뒷받침할 과학적인 근거가 없다.

突き止める	3	밝혀내다, 찾아내다
	類	突き詰める　探し出す　見つける　判明する
	例	事故の原因が，手抜き工事であることを突き止めた。
		사고의 원인이 부실공사라는 것을 밝혀냈다.

先立つ	3	앞서다, 선행하다
	類	率いる　先んじる　先行する
	反	遅れる
	例	私は友達に先立って出発した。
		나는 친구보다 앞서 출발했다.

突き刺す	3	꿰다, 찌르다
	類	さし立てる　刺す　刺し通す
	例	みたらし団子を串に突き刺す。
		미타라시 당고를 꼬치에 꿰다.
		犯人はナイフで次々と人を突き刺し，そのまま逃亡した。
		범인은 칼로 차례차례 사람을 찌르고 그대로 도망쳤다.

移る うつる	3	**옮기다, 바뀌다, 이전하다** 類 移す　変わる　移転する　転ずる　移ろう 反 戻る　留まる 同 映る　写る　遷る 例 窓際は日がまぶしかったので，反対側の席に移った。 창가쪽은 해가 눈부셨기 때문에 반대쪽 자리로 옮겼다.
指差す ゆびさす	3	**가리키다** 類 指す 例 赤ちゃんは笑いながら，テレビの中のキャラクターを指さした。 아기는 웃으면서 TV 속 캐릭터를 가리켰다.
見合う みあう	3	**걸맞다, 적합하다** 類 適合する　合う　適する　対応する　釣り合う 混 見舞う 例 大規模生産をするためには，それに見合った品種を育てる必要がある。 대규모 생산을 하기 위해서는 그에 걸맞는 품종을 육성할 필요가 있다.
食い違う くいちがう	3	**엇갈리다, 다르다, 틀리다** 類 異なる　相違する　分かれる　違う 例 二人の間で意見が食い違う。 둘 사이에 의견이 엇갈린다.
流行る はやる	3	**유행하다, 번영하다** 類 盛る　繁栄する　栄える 反 廃れる 混 早い（速い） 例 今年はオーバーサイズの服が流行っています。 올해는 헐렁한 옷이 유행하고 있습니다.
見舞う みまう	3	**방문하다, 닥쳐 오다, 덮치다** 類 訪ねる　訪れる　（天災などが）襲う 混 目眩　振舞い　見守る 例 この町は去年，記録的な豪雨に見舞われた。 이 마을은 작년에 기록적인 호우가 덮쳤다.
縮まる ちぢまる	3	**좁혀지다, 줄다** 類 縮める　凝縮　収縮　反 伸ばす　延ばす 例 医療従事者と患者の間の「情報の非対称性」は，従来に比べれば両者の格差は縮まっているといえるのではないでしょうか。 의료 종사자와 환자 사이의 「정보의 비대칭성」은 이전에 비하면 양 쪽의 격차는 좁혀지고 있다고 할 수 있지 않을까요?

동 사

見込む [みこむ] — 3
기대하다, 예정하다, 예상하다
- 類 待ち望む　予定する　予想する　推定する　予測する
- 反 見離す（見放す）　見捨てる　見限る
- 例 利益が見込まれる事業に投資する。
  이익이 예상되는 사업에 투자한다.

形作る [かたちづくる] — 3
형성하다, 구성하다
- 類 形成する　構成する　造り上げる
- 例 グルタミン酸は体内に取り入れられると，体内で様々な物質に変換されて，脳や体を形作る。
  글루타민산은 체내에 흡수되면 체내에서 여러 가지 물질로 변환되어 뇌와 몸을 만든다.

見落す [みおとす] — 2
간과하다, 놓치다
- 類 見逃す　見失う　見過ごす　見損なう　見損じる
- 例 ひき逃げ事件があった現場では，小さな遺留物も見落してはならない。
  뺑소니 사건이 있었던 현장에서는 작은 유류물도 놓쳐서는 안된다.

寄せる [よせる] — 2
밀려오다, 모으다
- 類 近付ける　集める
- 例 東京オリンピックに関心を寄せる人が増えてきた。
  도쿄올림픽에 관심을 갖는 사람이 늘어났다.

暖める [あたためる] — 2
따뜻하게 하다, 데우다
- 類 熱する　反 冷ます　同 温める
- 例 冬になると，部屋を暖めるために空調をよく使うので，普段より電気代がかかるかもしれません。
  겨울이 되면 방을 따뜻하게 하기 위해 공기조절기를 자주 사용하기 때문에 평소보다 전기요금이 더 들지도 모릅니다.

破る [やぶる] — 2
어기다, 깨다, 찢다
- 類 壊す　崩す　反する　背く
- 同 敗る
- 例 友達との会話に夢中になって，門限を破ってしまった。
  친구와의 대화에 정신이 팔려 통금시간을 어겨버렸다.

張り巡らす [はりめぐらす] — 2
둘러치다
- 類 取り囲む
- 例 東京駅から大手町周辺は地下通路が網目状に張りめぐらされている。
  도쿄역에서부터 오테마치 주변은 지하통로가 그물망처럼 뻗어 있다.

	2	오가다
行き交う (ゆきかう)		類 行き来する 例 この道路は車両が激しく行き交います。 이 도로는 차량이 많이 오갑니다.

	2	베풀다, 기부하다
施す (ほどこす)		類 寄付する 差し上げる 与える 例 ホームレスには、お金の援助を施すよりも、仕事を与えて、社会復帰をサポートする方がもっと効果的です。 노숙자들에게는 돈으로 원조를 베푸는 것보다도 일자리를 주어 사회복귀를 지원하는 것이 더욱 효과적입니다.

	2	길들이다, 순응시키다
慣らす (ならす)		類 慣れさせる 順応させる 同 均す 馴らす 鳴らす 例 体を冷たい水に慣らすために、プールに入る前にしっかりウォーミングアップする。 몸을 찬물에 적응하게 하기 위해 수영장에 들어가기 전에 단단히 워밍업한다.

	2	정해지다, 확립되다
定まる (さだまる)		類 決まる 確定する 確立する 例 定まった目標に向かって努力すれば良い。 정해진 목표를 향해 노력하면 된다.

	2	큰소리 치다, 호통치다, 외치다
怒鳴る (どなる)		類 怒る 腹立つ 叫ぶ 例 いたずらをしていた子どもは両親に怒鳴られた。 장난치고 있던 아이는 부모에게 호통을 들었다.

	2	투철하다, 관철하다
徹する (てっする)		類 押し通す 貫く 同 撤する 例 私はいかなる場合でも、最後まで自分の主張に徹します。 나는 어떠한 경우에도 끝까지 내 주장을 관철합니다.

	2	구분해 사용하다
使い分ける (つかいわける)		類 使い熟す 例 雪国ではタイヤを夏用と冬用とで使い分けている。 눈이 많은 고장에서는 타이어를 여름용과 겨울용으로 구분하여 사용한다.

동 사

閉まる(し) 2
닫히다, 폐쇄되다
- 類 閉じる　塞がる　閉鎖する　クローズする
- 反 開く
- 例 ホテルのドアは自動的に閉まるようになっている。
  호텔 문은 자동으로 닫히도록 되어있다.

握る(にぎ) 2
잡다, 쥐다
- 類 掴む　把持する　(手に)収める
- 例 電車が揺れることがありますので、しっかりつり革を握ってください。
  전차가 흔들리는 경우가 있으므로 단단히 손잡이를 잡아주십시오.

余る(あま) 2
남다, 초과하다
- 類 残る　超える　剰余する　超過する
- 同 剰る
- 例 都市部の保育園は不足気味である一方で、地方ではそれが余っている。
  도시지역의 보육원은 부족한 경향이 있는 반면에 지방에서는 남아 돌고 있다.

断る(ことわ) 2
거절하다, 거부하다
- 類 拒む　拒否する　拒絶する
- 反 引き受ける
- 例 犬と一緒の来店を断るレストランは多い。
  개와 함께 가게에 오는 것을 거절하는 식당이 많다.

打ち解ける(う と) 2
친해지다, 사이 좋아지다
- 類 親しくなる　仲良くなる
- 例 ユーモラスな人は初対面の人ともすぐに打ち解ける。
  유머러스한 사람은 처음 만나는 사람과도 금방 친해진다.

逃す(のが) 2
놓치다, 잃다
- 類 逃がす　失う　捉え損なう
- 例 流星群は注意していないと見逃してしまう。
  유성군은 주의하고 있지 않으면 놓치고 만다.

役立てる(やく だ) 2
도움이 되게 하다
- 類 使える　働かせる　役立つ
- 例 営業の仕事で培ったコミュニケーション能力が、新しい職場でも役立てられた。
  영업 업무로 기른 커뮤니케이션 능력이 새로운 직장에서도 도움이 되었다.

温_{ぬく}もる	2	**따뜻해지다** 類 温める（暖める）　温まる（暖まる）　温む　ポカポカする 例 人の手のぬくもりは，心の癒しとなるだろう。 　사람 손의 온기는 마음의 위안이 될 것이다.
禁_{きん}ずる	2	**금지하다, 막다, 방지하다** 類 禁じる　禁止する　防ぐ　差止める 反 許す　許可する 例 女性の就業を一律に禁ずるこの法律は世間の批判を受けた。 　여성의 취업을 일률적으로 금지하는 이 법률은 세간의 비판을 받았다.
真似_{ま ね}る	2	**따라하다, 흉내내다** 類 倣う　見習う　似せる　手本とする　模倣する 例 彼の文体はとても難しいので，私は真似ることができない。 　그의 문체는 매우 어려워서 나는 흉내낼 수 없다.
馳_はせる	2	**생각하다, 달리다** 類 駆ける　行き渡る 例 このような話を聞くと，自然の奥深さに思いを馳せずにはいられない。 　이러한 이야기를 들으면 자연의 심오함에 상상의 나래를 펴지 않을 수 없다.
洗_{あら}い出_だす	2	**밝혀내다, 알아내다** 類 探り出す　浮き上がらす　調査する　浮き彫りにする　露わにする 例 私はその方言が，消滅の危機に瀕するに至った原因を洗い出したい。 　나는 그 사투리가 소멸 위기에 처하게 된 원인을 밝혀내고 싶다.
治_{なお}る	2	**낫다, 회복하다, 치유되다** 類 回復する　治癒する　癒える　治す　良くなる 反 病む　同 直る　混 直す 例 この病気は一度治っても再発する可能性があるので，気を付けてください。 　이 병은 한번 낫더라도 재발할 가능성이 있으므로 조심해 주십시오.
惜_おしむ	2	**아끼다, 한탄하다, 유감스럽게 생각하다** 類 嘆く　残念に思う　悔やむ 例 彼は寸暇を惜しんで，一生懸命勉強している。 　그는 짧은 시간을 아껴서 열심히 공부하고 있다.

동 사

思い悩む 2
고민하다, 번뇌하다
- 類 取詰める　考え苦しむ　思い煩う　悩む　考え込む
- 反 楽しむ
- 例 みんながお酒を飲んでいるのは，仕事について思い悩んでいるからである。
  모두가 술을 마시고 있는 것은 일에 대해 고민하고 있기 때문이다.

唱える 2
외치다, 주장하다
- 類 唱する（称する）　主張する　叫ぶ
- 混 捉える　備える　訴える
- 例 都市化の発展に伴い，環境保護を唱える人々が増えてきている。
  도시화의 발전에 따라 환경보호를 외치는 사람들이 늘고 있다.

輝く 2
빛나다, 반짝이다
- 類 閃く　光る　煌めく
- 反 くすむ
- 同 耀く
- 例 集魚灯が遠くから白く輝いている。
  집어등이 멀리서 하얗게 빛나고 있다.

抱き抱える 2
껴안다, 안다
- 類 抱く　抱える　抱っこする　抱上げる
- 混 抱き締める
- 例 新しく開発されたロボットは，病気に罹った人を抱き抱えて起こすことができる。
  새로 개발된 로봇은 병에 걸린 사람을 안아 일으켜 세울 수 있다.

手伝う 2
돕다, 거들다
- 類 助ける　助力する　補助する　アシストする　手助けする
- 反 妨げる
- 例 人工知能は人間の作業を手伝うことができるようになり，今後の発展が大きく注目されている。
  인공지능은 인간의 작업을 도울 수 있게 되어 앞으로의 발전이 크게 주목받고 있다.

隣り合う 2
이웃하다, 인접하다
- 類 接する　隣接する　　混 怒鳴り
- 例 電車に乗っていた時，たまたま隣り合わせた女性が座席でメイクを始めたので，その非常識さにイライラした。
  전철을 탔을 때 마침 옆에 앉은 여성이 좌석에서 화장을 시작해서 그 몰상식함에 짜증이 났다.

引き渡す 2
인계하다, 건네주다
- 類 受け渡す　手渡す　与える　明け渡す
- 反 預かる
- 例 詐欺事件で国際手配されていた犯人の身柄をA国に引き渡した。
  사기사건으로 국제수배된 범인의 신병을 A국에 인도했다.

負う お	2	지다, 짊어지다 類 背負う 被る 担う 受ける 同 追う 混 覆う 例 担任の先生は重い責任を負っている。 담임 선생님은 무거운 책임을 지고 있다.
絶える た	2	끊기다, 멎다, 끊어지다 類 途切れる 尽きる 死ぬ 絶つ(断つ) 反 繋がる 続く 同 耐える 堪える 混 鍛える 例 夜になると、この通りは人通りが絶える。 밤이 되면 이 거리는 사람의 왕래가 끊긴다.
勝る まさ	2	뛰어나다, 능가하다 類 優れる ずば抜ける 勝つ 越える 凌駕する 反 劣る 同 優る 増さる 混 混ざる 例 親友に疎外されることは、私にとって死にも勝るような体験である。 친구에게 소외되는 것은 나에게는 죽음보다 더한 체험이다.
活かす い	2	살리다, 활용하다 類 活用する 復活させる 同 生かす 例 科学者はこの素材の特性を活かして新しい細胞を作った。 과학자는 이 소재의 특성을 살려 새로운 세포를 만들었다.
注ぐ そそ	2	쏟다, 주입하다, 부어넣다 類 流れ込む そそぎ入れる 注入する 例 これからは、人材育成に力を注ぐ必要があります。 이제부터는 인재육성에 힘을 쏟을 필요가 있습니다.
振る舞う ふ ま	2	행동하다, 대접하다 類 行う もてなす 行動する 混 見舞う 例 彼はまさに、このことを知っているかのように振る舞っている。 그는 정말로 이런 일을 아는 것처럼 행동하고 있다.
塗る ぬ	2	칠하다, 도장하다, 도포하다 類 色付ける 施す つける 塗装する 塗布する 例 壁の壊れている部分だけを塗りなおす。 벽의 부서진 부분만 다시 칠한다.

동 사

投じる [とうじる] — 2
던지다
- 類 投げる　投ずる
- 例 彼は筆を投じて小説を書くことをやめた。
  그는 펜을 던지고 소설 쓰는 것을 그만두었다.

舐める [なめる] — 2
핥다, 맛보다
- 類 味わう
- 同 嘗める
- 例 猫が自分の体を舐めている。
  고양이가 자기 몸을 핥고 있다.

炊く [たく] — 2
(밥을) 짓다
- 類 煮る　作る
- 同 焚く
- 例 お母さんが炊いてくれるご飯は美味しい。
  엄마가 지어 주는 밥은 맛있다.

譲る [ゆずる] — 2
양보하다, 인도하다
- 類 引き渡す　譲歩する　与える
- 例 お年寄りに席を譲るのは常識である。
  노인에게 자리를 양보하는 것은 상식이다.

わきまえる — 2
구분하다, 분별하다
- 類 区別する　見分ける　心得る
- 同 弁える　辨える
- 例 この社会の構成員として，我々は権利と義務をわきまえなければいけません。
  이 사회의 구성원으로서 우리는 권리와 의무를 분별해야 합니다.

思いやる [おもいやる] — 2
배려하다, 동정하다, 걱정하다
- 類 同情する　案じる　心配する　気遣う　思慮する
- 混 思い切る
- 例 忙しい時は，ほかの人を思いやる余裕がなくなる。
  바쁠 때는 다른 사람을 배려할 여유가 없어진다.

持ち出す [もちだす] — 2
갖고 나가다, 반출하다
- 類 取り出す
- 反 戻す　持ち込む
- 例 図書館外の持ち出しは禁止となります。
  도서관 밖으로 반출은 금지되어 있습니다.

引き付ける 2
끌어당기다, 유혹하다
- 類 引き寄せる　誘う　誘惑する　引く　寄せる
- 反 突き放す　跳ね返す
- 例 この商品のデザインには，人を引き付ける魅力がある。
  이 상품의 디자인에는 사람을 끄는 매력이 있다.

探し当てる 2
찾아내다, 발견하다
- 類 見つけ出す　見出す　見つける
- 例 これを表現する適切な言葉を，なかなか探し当てられない。
  이것을 표현하는 적당한 말을 좀처럼 찾을 수 없다.

適う 2
들어맞다, 적합하다
- 類 合う　適する　適合する
- 同 敵う　叶う
- 例 彼は理屈に適わない話ばかりしている。
  그는 이치에 맞지 않는 이야기만 하고 있다.

叶う 2
희망대로 되다, 이루어지다
- 類 実現する
- 同 敵う　適う
- 例 彼は自分自身の努力によってやっと夢を叶えた。
  그는 자기 자신의 노력에 의해 겨우 꿈을 이루었다.

障る 2
방해가 되다, 지장이 있다
- 類 妨げる　妨害する　害する
- 同 触る
- 混 触れる
- 例 この機械の出す音は，とても気に障る。
  이 기계가 내는 소리는 매우 거슬린다.

嵌まる 2
빠지다, 속다
- 類 一致する　入る　はめる
- 同 填まる
- 例 ちゃんと注意しないと，罠に嵌まる可能性がある。
  제대로 조심하지 않으면 함정에 빠질 가능성이 있다.

鈍る 2
둔해지다, 무뎌지다
- 類 衰える
- 反 冴える
- 例 メディアは私たちの判断力を鈍らせてしまう。
  미디어는 우리의 판단력을 둔해지게 해 버린다.

동사

訴える 2
호소하다, 고하다
- 類 申し立てる　起訴する　働きかける　提訴する
- 混 歌う
- 例 被害を訴えた女性の証言の信ぴょう性に疑問がある。
  피해를 호소한 여성의 증언의 신빙성에 의문이 든다.

裏切る 2
배신하다, 버티다
- 類 寝返る　背く　見捨てる
- 例 成績の結果が出て、私の期待は大きく裏切られた。
  성적 결과가 나왔고 나의 기대는 크게 배신당했다.

着替える 2
갈아입다
- 例 私は洋服を着替えて会社に出かけた。
  나는 양복을 갈아입고 회사에 나갔다.

称する 2
칭하다, 말하다
- 類 名乗る　ほめる　称える　呼ぶ
- 反 批判する
- 同 証する
- 例 日本では、働いていない人のことを「ニート」と称します。
  일본에서는 일하지 않는 사람을 「니트족」이라고 합니다.

響く 2
울려 퍼지다, 울리다
- 類 鳴る　響めく　反響する
- 混 ひび割れ
- 例 彼が励ましてくれた言葉が私の胸に響いている。
  그가 격려해 준 말들이 내 가슴을 울리고 있다.

潜む 2
숨어 있다, 잠복하다
- 類 隠れる　潜る　忍ぶ
- 反 現れる（表れる）
- 例 海底には、危険な生物が潜んでいる。
  해저에는 위험한 생물이 도사리고 있다.

凝る 2
뭉치다, 결리다, 집착하다, 경직되다
- 類 固まる　打ち込む　硬直する　こだわる　熱中する
- 反 飽きる
- 混 凍る
- 例 肩が凝るときに、ちゃんと揉めば痛みを解消できる。
  어깨가 뭉쳤을 때 잘 주무르면 통증을 해소할 수 있다.

<ruby>見返<rt>みかえ</rt></ruby>す	2	되돌아보다, 재검토하다 類 <ruby>見直<rt>みなお</rt></ruby>す <ruby>振<rt>ふ</rt></ruby>り<ruby>返<rt>かえ</rt></ruby>る <ruby>顧<rt>かえり</rt></ruby>みる <ruby>振<rt>ふ</rt></ruby>り<ruby>向<rt>む</rt></ruby>く <ruby>目<rt>め</rt></ruby>にものを<ruby>見<rt>み</rt></ruby>せる <ruby>鼻<rt>はな</rt></ruby>を<ruby>明<rt>あ</rt></ruby>かす 例 <ruby>彼<rt>かれ</rt></ruby>は<ruby>済<rt>す</rt></ruby>んだことを<ruby>見返<rt>みかえ</rt></ruby>すことなく，<ruby>前<rt>まえ</rt></ruby>に<ruby>進<rt>すす</rt></ruby>んだ。 그는 지나간 일을 되돌아보지 않고 앞으로 나아갔다.
<ruby>摘<rt>つ</rt></ruby>み<ruby>取<rt>と</rt></ruby>る	2	따다, 뜯다 類 <ruby>摘<rt>つ</rt></ruby>まむ 例 <ruby>茶葉<rt>ちゃば</rt></ruby>を<ruby>摘<rt>つ</rt></ruby>み<ruby>取<rt>と</rt></ruby>って，<ruby>籠<rt>かご</rt></ruby>に<ruby>入<rt>い</rt></ruby>れる。 찻잎을 따서 바구니에 담는다.
<ruby>囚<rt>とら</rt></ruby>われる	2	사로잡히다, 구속되다, 집착하다 類 <ruby>捕<rt>つか</rt></ruby>まる <ruby>拘束<rt>こうそく</rt></ruby>される <ruby>拿捕<rt>だほ</rt></ruby>される <ruby>固執<rt>こしつ</rt></ruby>する <ruby>執着<rt>しゅうちゃく</rt></ruby>する 同 <ruby>捕<rt>とら</rt></ruby>われる <ruby>捉<rt>とら</rt></ruby>われる 混 <ruby>捉<rt>とら</rt></ruby>える 例 <ruby>人<rt>ひと</rt></ruby>は<ruby>常<rt>つね</rt></ruby>に<ruby>先入観<rt>せんにゅうかん</rt></ruby>に<ruby>囚<rt>とら</rt></ruby>われている。 사람은 항상 선입견에 사로잡혀 있다.
<ruby>瞑<rt>つぶ</rt></ruby>る	2	(눈을) 감다 類 つむる 反 <ruby>開<rt>あ</rt></ruby>ける <ruby>開<rt>ひら</rt></ruby>く 混 <ruby>呟<rt>つぶや</rt></ruby>く 例 よく<ruby>電車<rt>でんしゃ</rt></ruby>で<ruby>目<rt>め</rt></ruby>をつぶって<ruby>寝<rt>ね</rt></ruby>ている<ruby>人<rt>ひと</rt></ruby>を<ruby>見<rt>み</rt></ruby>かける。 자주 전철에서 눈을 감고 자고 있는 사람을 본다.
<ruby>黙<rt>だま</rt></ruby>る	2	입을 다물다, 말이 없다 類 <ruby>口<rt>くち</rt></ruby>をつぐむ <ruby>黙<rt>だま</rt></ruby>りこくる <ruby>無言<rt>むごん</rt></ruby>になる <ruby>沈黙<rt>ちんもく</rt></ruby>する <ruby>黙秘<rt>もくひ</rt></ruby>する 反 <ruby>話<rt>はな</rt></ruby>す <ruby>語<rt>かた</rt></ruby>る <ruby>喋<rt>しゃべ</rt></ruby>る <ruby>騒<rt>さわ</rt></ruby>ぐ 混 <ruby>溜<rt>た</rt></ruby>まる <ruby>貯<rt>た</rt></ruby>まる 例 <ruby>彼女<rt>かのじょ</rt></ruby>はずっと<ruby>黙<rt>だま</rt></ruby>って，<ruby>私<rt>わたし</rt></ruby>の<ruby>話<rt>はなし</rt></ruby>を<ruby>聞<rt>き</rt></ruby>いている。 그녀는 계속 말 없이 나의 이야기를 듣고 있다.
<ruby>値<rt>あたい</rt></ruby>する	2	가치가 있다, 상당하다 類 <ruby>相当<rt>そうとう</rt></ruby>する <ruby>価値<rt>かち</rt></ruby>がある 同 <ruby>価<rt>あたい</rt></ruby>する 例 さっきの<ruby>質問<rt>しつもん</rt></ruby>は<ruby>検討<rt>けんとう</rt></ruby>に<ruby>値<rt>あたい</rt></ruby>する。 좀 전의 질문은 검토할 가치가 있다.
<ruby>揺<rt>ゆ</rt></ruby>るがす	2	(뒤) 흔들다 類 <ruby>揺<rt>ゆ</rt></ruby>るぐ <ruby>揺<rt>ゆ</rt></ruby>る かき<ruby>乱<rt>みだ</rt></ruby>す <ruby>揺<rt>ゆ</rt></ruby>さぶる 反 <ruby>定<rt>さだ</rt></ruby>める <ruby>固<rt>かた</rt></ruby>める 例 A<ruby>社<rt>しゃ</rt></ruby>の<ruby>労働力不足問題<rt>ろうどうりょくぶそくもんだい</rt></ruby>が，<ruby>経営<rt>けいえい</rt></ruby>の<ruby>基盤<rt>きばん</rt></ruby>をひどく<ruby>揺<rt>ゆ</rt></ruby>るがしている。 A사의 노동력 부족 문제가 경영 기반을 심하게 뒤흔들고 있다.

동 사

見張る (みはる) — 2
감시하다, 지켜보다, 경계하다
- 類 監視する　見守る　警戒する　注視する
- 例 虎は巣穴の外で見張りに立っている。
  호랑이는 동굴 밖에서 감시를 서고 있다.

欲する (ほっする) — 2
원하다, 욕심내다
- 類 願う　求める　望む　希求する
- 混 保する　補する
- 例 社交的な人も，時には一人の時間を欲するものだ。
  사교적인 사람도 때로는 혼자만의 시간을 원하기 마련이다.

染み込む (しみこむ) — 2
스며들다, 배다
- 類 滲みでる　染みる　透る
- 反 湧き出る　染み出る
- 同 浸み込む　沁み込む　滲み込む
- 例 舗装されていない地面に，雨が染み込んでぬかるんでいる。
  비포장된 지면에 비가 스며들어 질퍽거린다.

引き離す (ひきはなす) — 2
떼어 놓다
- 類 離す　仕切る　分ける　割く　切り離す
- 反 関連付ける
- 例 どんな困難があろうと，二人を引き離すことはできない。
  어떠한 어려움이 있어도 두 사람을 떼어놓을 수 없다.

絡む (からむ) — 2
휘감기다, 얽히다
- 類 まといつく　結びつく　巻きつける　絡める
- 例 細く長い蔦が，古い柵に絡む。
  가늘고 긴 담쟁이 넝쿨이 낡은 울타리를 휘감는다.

乾く (かわく) — 2
마르다, 건조되다
- 類 乾かす　乾燥する
- 反 湿る　潤う　濡れる
- 同 渇く
- 例 髪の毛が長いので，完全に乾くまで時間がかかる。
  머리가 길어서 완전히 마를 때까지 시간이 걸린다.

向かい合う (むかいあう) — 2
마주보다, 마주하다
- 類 向く　向き合う
- 例 私たちはお互いに向かい合って座った。
  우리는 서로를 마주보고 앉았다.

	2	잇따르다
相次ぐ あいつ		類 受け継ぐ 引き続く 例 事件の後、ストーカーに関する相談が相次いだ。 사건 후에 스토커에 대한 상담이 잇따랐다.

	2	약해지다, 쇠퇴하다
弱まる よわ		類 弱める 衰える 和らぐ 反 募る 強まる 例 午後になり、強かった雨がだんだん弱まってきた。 오후가 되자 거셌던 비가 점점 약해졌다.

	2	강해지다, 더하다
強まる つよ		類 増す 嵩じる 反 薄らぐ 弱まる 和らぐ 例 昼には太陽の光が強まるので、日焼け止めが必須だ。 낮에는 햇빛이 강해지므로 썬크림이 필수다.

	2	(바람이) 지나가다
吹き抜ける ふ ぬ		類 通り過ぎる 例 渡り廊下を、冷たい風が吹き抜けていった。 연결 복도를 찬 바람이 스치고 지나갔다.

	2	편안해지다, 안정되다
安らぐ やす		類 落ち着く 安心する 安定する 例 あなたといると気持ちが安らぎます。 당신과 있으면 기분이 편안해집니다.

	2	근무하다, 일하다
勤める つと		類 働く 勤務する 仕える 労働する 反 休む 辞める 遊ぶ 同 努める 務める 勉める 例 彼は大学卒業後、一流企業に勤める。 그는 대학 졸업 후에 일류기업에 근무한다.

	2	잠입하다, 잠수하다, 숨다
潜る もぐ		類 入り込む 潜伏する 潜む 隠れる 反 浮かぶ 現れる 例 科学者達が深い海に潜り、研究のために深海生物を採取する。 과학자들이 깊은 바다에 잠수하여 연구를 위해 심해생물을 채취한다.

동사

そそる 2
돋우다, 자극하다, 일으키다
- 類 起こす　誘う　かき立てる　惹く
- 混 注ぐ
- 例 ラーメンのいい香りが食欲をそそる。
  라멘의 맛있는 냄새가 식욕을 돋운다.

捕(とら)える 2
잡다, 포획하다, 파악하다
- 類 捕獲する　掴む　把握する　取り押さえる
- 同 捉える
- 例 トラは繁みから飛び出し、獲物を素早く捕らえた。
  호랑이는 수풀에서 뛰어 나와 사냥감을 재빠르게 잡았다.

唸(うな)る 2
신음하다, 짖다
- 類 呻く　吠える　鳴る
- 同 呻る
- 例 病院で手術後、あまりの痛さにうんうん唸る。
  병원에서 수술 후에 엄청난 통증에 끙끙 신음을 한다.

招(まね)く 2
초래하다, 불러일으키다
- 類 引き起こす　生じる　招待する　呼び寄せる　もたらす
- 混 真似する
- 例 彼の注意不足が事故を招いた。
  그의 주의부족이 사고를 초래했다.

立(た)ち上(あ)げる 2
세우다, 설립하다
- 類 設立する　発足する　起こす　開始する　立てる
- 例 少人数で、ベンチャー企業を立ち上げる。
  적은 인원으로 벤처기업을 세운다.

衰(おとろ)える 2
약해지다, 쇠퇴하다
- 類 弱まる　緩む　萎える　減る　衰退する
- 反 高まる（昂る）　盛り上がる　興る　栄える　盛る
- 例 あの歌手は年々パフォーマンスが衰えている。
  저 가수는 매년 퍼포먼스가 떨어지고 있다.

燃(も)える 2
타다, 연소하다
- 類 燃焼する
- 反 消える
- 混 萌える
- 例 暗闇で薪がぱちぱち燃える。
  어둠 속에서 장작이 활활 탄다.

	2	교대하다
入れ替わる		類 交代する　取ってかわる
		同 入れ代わる
		例 コンビニのレジを担当していた店員が入れ替わる。
		편의점 계산대를 담당하고 있던 점원이 교대한다.

	2	싸우다, 대항하다, 겨루다
戦う		類 戦争する　争う　歯向かう　対抗する　競う
		混 戦　敲く（叩く）
		例 勇者は剣を持って敵と戦った。
		용사는 검을 들고 적과 싸웠다.

	2	벗어나다, 일탈하다
逸れる		類 ずれる　離れる　逸らす　逸脱する
		反 当たる
		例 無駄話に夢中になりすぎて、話題が逸れてしまった。
		쓸데 없는 이야기에 열중한 나머지 화제를 벗어나버렸다.

	2	떠맡다, 이어받다
引き受ける		類 保証する　受け継ぐ
		反 頼み込む　断る　拒む
		例 難しい仕事だったがキャリアアップのため、引き受けることにした。
		어려운 일이었지만 경력을 쌓기 위해 맡기로 했다.

	2	저축하다, 모으다
蓄える		類 蓄積する　溜める　集める
		同 貯える
		混 企てる
		例 老後に備えてお金を蓄える。
		노후에 대비하여 돈을 저축한다.

	2	맞히다
射る		類 撃ち当てる　当てる
		同 要る　居る　鋳る　炒る
		例 20メートル先から的を射る。
		20 미터 앞에서 과녁을 맞힌다.

	2	빠지다, 젖다, 잠기다
浸る		類 浸す　浸みる　濡れる　浸かる
		例 バスに乗りながら郷愁に浸る。
		버스를 타면서 향수에 젖는다.

동사

濁る (にごる) — 2
탁해지다, 얼버무리다
- 類 汚れる
- 反 澄む　冴える
- 例 汚染により水が濁ってしまった。
  오염으로 인해 물이 탁해져 버렸다.

いらっしゃる — 2
오시다, 가시다, 계시다
- 類 居る　来る　ある
- 混 おっしゃる
- 例 社長がいらっしゃるまでにオフィスを掃除しておきましょう。
  사장님이 오실 때까지 사무실을 청소해 놓읍시다.

突き返す (つきかえす) — 2
퇴짜놓다
- 類 突き戻す
- 例 上司は無茶だといって，要求はあえなく突き返された。
  상사는 말도 안된다고 하며 요구를 허망하게 퇴짜놓았다.

かぶれる — 2
망가지다, 염증이 생기다
- 類 ただれる
- 混 被る
- 例 安い化粧品で肌がかぶれた。
  싼 화장품으로 피부가 망가졌다.

腐る (くさる) — 2
상하다, 썩다, 부패하다
- 類 朽ちる　腐敗する　堕落する　傷む
- 混 鎖　臭い
- 例 箱に入れておいたみかんがすっかり腐ってしまった。
  상자에 넣어둔 귤이 다 상해 버렸다.

打ち上げる (うちあげる) — 2
쏘아 올리다, 발사하다, 완료하다, 종료하다
- 類 発射する　上げる　仕上げる
- 例 夏には風物詩である花火を打ち上げる。
  여름에는 풍물시인 폭죽을 쏘아 올린다.

混む (こむ) — 2
붐비다, 혼잡하다
- 類 満ちる　混雑する
- 反 空く　同 込む
- 混 ゴム
- 例 朝の電車はサラリーマンで混んでいる。
  아침 전철은 직장인들로 붐비고 있다.

携わる (たずさわる) 2
종사하다, 참여하다, 관여하다
- 類 従事する　参加する　干与する　関係する　携える
- 混 訪ねる（尋ねる・訊ねる）
- 例 これで彼が主催するプロジェクトに携わるのは3回目だ。
  이것으로 그가 주최하는 프로젝트에 참여하는 것은 세 번째다.

飛び出る (とびでる) 2
튀어나오다, 돌출하다
- 類 突き出る
- 例 テーブルから釘が飛び出ていて危ない。
  테이블에서 못이 튀어나와 있어 위험하다.

延びる (のびる) 2
늘어나다, 연기되다
- 類 延期する
- 同 伸びる
- 例 応募者不足により，コンテストの応募期間が延びた。
  응모자 부족으로 인해 콘테스트의 응모 기간이 연장되었다.

書き写す (かきうつす) 2
베껴 쓰다
- 類 模写する　写し取る
- 例 試験勉強のために，教科書をこつこつと書き写す。
  시험공부를 위해 교과서를 착실하게 베껴 쓴다.

刻む (きざむ) 2
다지다, 새기다, 조각하다
- 類 彫る　削る　彫刻する
- 例 私はチョコレートを刻んで生地に混ぜる。
  나는 초콜렛을 다져서 반죽에 섞는다.

汚れる (よごれる) 2
더러워지다
- 類 汚す
- 反 きれいにする
- 例 転んだせいでズボンが泥で汚れた。
  넘어진 탓에 바지가 진흙으로 더러워졌다.

飾る (かざる) 2
걸다, 장식하다
- 類 作り立てる　装飾する　飾りつける
- 例 まっさらな壁に，娘がはじめて描いた絵を飾る。
  깨끗한 벽에 딸이 처음으로 그린 그림을 건다.

동 사

	2	차려입다
着飾る き かざ		類 盛装する 例 私はゴージャスなドレスで着飾って，パーティーに出席した。 　　나는 화려한 드레스를 차려입고 파티에 출석했다.

	2	접촉하다, 접하다
触れ合う ふ あ		類 接触する　触れる 例 子どもたちが動物と触れ合っている。 　　아이들이 동물과 어울리고 있다.

	2	내리 불다
吹き下ろす ふ お		類 吹く 例 冷たい山風が人里に向かって吹き下ろす。 　　차가운 산바람이 마을을 향해 불어 내린다.

	2	퍼 올리다
汲む く		類 注ぎ込む　汲み上げる 同 組む　酌む 例 朝早くから，冷たい井戸の水を汲む。 　　아침 일찍부터 차가운 우물물을 길어낸다.

	2	입수하다, 입하하다
仕入れる し い		類 仕込む　手に入れる 反 卸す 例 その情報をどこから仕入れたのかが，どうしても思い出せない。 　　그 정보를 어디에서 입수했는지가 도무지 생각나지 않는다.

	2	시험하다
試す ため		類 試みる　試行錯誤を重ねる 例 問題の解決のためにあらゆる方法やアプローチ方法を試す。 　　문제 해결을 위해 모든 방법과 접근 방법을 시험한다.

	2	거품이 일다
泡立つ あわ だ		類 発泡する 混 慌ただしい 例 冬の日本海では波が白く泡立つことがある。 　　겨울의 동해에서는 파도가 하얗게 거품을 일으키는 경우가 있다.

	2	걸리다, 신경쓰이다
引っ掛かる		類 気になる　違和感を覚える 例 彼の答弁にはどこか引っ掛かるところがある。 그의 답변에는 어딘가 걸리는 부분이 있다.

	2	내뿜다
吹き掛ける		類 ふっかける　ふんだくる　押し付ける 反 吸い込む 例 ろうそくに息を吹き掛けて消す。 양초에 입김을 불어 끈다.

	2	파헤치다, 개간하다, 찾아내다
掘り起こす		類 開墾する　見つけ出す 例 過去のデータを掘り起こす必要がある。 과거의 데이터를 찾아낼 필요가 있다.

	2	덧쓰다
なぞる		類 透写する 混 謎 例 お手本を鉛筆でなぞって漢字を覚える。 예시를 연필로 덧써서 한자를 외운다.

	2	닦다, 문지르다
拭く		類 こする　取り去る 同 吹く　噴く 例 次のお客様のためにテーブルを拭いてください。 다음 손님을 위해 테이블을 닦아 주십시오.

	2	기도하다, 바라다, 희망하다
祈る		類 願う　希望する　望む 反 呪う 同 祷る 例 学問の神様が祀られている神社で大学合格を祈る。 학문의 신이 모셔져 있는 신사에서 대학 합격을 기도한다.

	2	휴식을 취하다, 쉬다
くつろぐ		類 休憩する　緩む　休める 例 休日はいつもソファでくつろぎ，おやつを食べる。 휴일에는 언제나 소파에서 휴식을 취하며 간식을 먹는다.

동 사

持ち帰る (もちかえる) [2]
가지고 돌아가다
- 類 テイクアウトする
- 例 イベントでもらった沢山のチラシを持ち帰る。
  이벤트에서 받은 많은 홍보물을 가져간다.

垂らす (たらす) [2]
흘리다, 늘어뜨리다, 매달다
- 類 ぶらさげる したたらす 吊す 吊る
- 例 ちびっこが遊びに夢中になってよだれを垂らしているよ。
  꼬마 아이가 놀이에 빠져 침을 흘리고 있어요.

引ける (ひける) [2]
끝나다, 마감하다
- 類 閉じる 締め切る 閉める
- 例 会社が引けてから皆さんに会いに行きますね。
  회사가 끝나고 난 후에 여러분들을 만나러 갈게요.

踊る (おどる) [2]
춤추다
- 類 ダンスをする
- 同 躍る
- 混 劣る 驚く
- 例 流行りの音楽に合わせて, 楽しく踊る。
  유행하는 음악에 맞춰 신나게 춤춘다.

説く (とく) [2]
설명하다, 깨닫게 하다
- 類 述べる 説明する 諭す
- 同 解く 溶く 梳く
- 混 退く
- 例 お父さんが浪費癖のある息子に倹約の必要性を説く。
  아버지가 낭비벽이 있는 아들에게 절약의 필요성을 설명한다.

適する (てきする) [2]
적합하다, 맞다
- 類 適う 嵌まる 適合する 合う
- 例 彼女は間違いなく教師に適した人物です。
  그녀는 틀림없이 교사로 적합한 인물입니다.

替わる (かわる) [2]
바뀌다, 교체하다, 대리하다
- 類 入れかわる 交替する 代理する
- 同 代わる 変わる 換わる
- 例 年度が替わったので, 書類を提出してください。
  연도가 바뀌었으니 서류를 제출해 주십시오.

稼ぐ（かせぐ）	2	벌다 類 儲ける 例 お金を稼ぐのは楽ではありません。 돈을 버는 것은 쉽지 않습니다.
立ち寄る（たちよる）	2	들르다, 방문하다 類 訪れる　寄せる　近づく　寄る 例 仕事帰りに飲み屋に立ち寄る。 퇴근길에 술집에 들르다.
通じ合う（つうじあう）	2	서로 통하다 類 伝わる 例 彼女とは言葉を使わなくても、心が通じ合う仲である。 그녀와는 말을 하지 않아도 마음이 통하는 사이다.
サボる	2	빠지다, 태만하다 類 怠ける　怠る 反 頑張る　勤しむ 例 午後の授業をサボってカラオケに行く。 오후 수업을 빠지고 노래방에 간다.
要する（ようする）	2	필요로 하다, 요구하다 類 求める　要求する 例 この仕事は難しいので、大量の人員を要する。 이 일은 어렵기 때문에 대량의 인원을 필요로 한다.
早まる（はやまる）	2	빨라지다, 앞당겨지다 類 先になる 同 速まる 例 イベントの開催が一週間早まった。 이벤트 개최가 일주일 앞당겨졌다.
巻き付く（まきつく）	2	감기다, 얽히다 類 絡む 例 毒蛇が細い木に巻きついている。 독사가 가느다란 나무를 휘감고 있다.

동사

心掛ける (こころがける) — 2
주의하다

- 類 気をつける　注意する
- 例 忘れ物をしないように心掛けなさい。
  물건을 잃어버리지 않도록 주의하세요.

降り積もる (ふりつもる) — 2
내려 쌓이다

- 例 しんしんと降り積もる雪に風情を感じる。
  소복소복 내려 쌓이는 눈에 운치를 느낀다.

移ろう (うつろう) — 2
변하다, 색이 바래다

- 類 移動する　移り変わる　色褪せる　移る
- 例 人の心は季節のように移ろいやすいものだ。
  사람의 마음은 계절처럼 변하기 쉽다.

取り巻く (とりまく) — 2
둘러싸다, 에워싸다

- 類 取り囲む　囲む
- 例 彼らはあっという間に大勢の敵に取り巻かれた。
  그들은 순식간에 수많은 적에게 둘러싸였다.

損ねる (そこねる) — 2
놓치다, 상처 입히다

- 類 傷つける　傷(痛)める　害する　損なう
- 反 直(治)す
- 混 底
- 例 ライオンでも、しばしば獲物を取り損ねることがある。
  사자도 종종 사냥감을 놓칠 때가 있다.

途切れる (とぎれる) — 2
끊기다, 중단하다, 정지하다

- 類 中断する　絶える　停止する　尽きる
- 例 携帯の通信が途切れてしまい、しばらくインターネットが使えなくなった。
  휴대폰 통신이 두절되어서 당분간 인터넷을 사용할 수 없게 되었다.

混ぜる (まぜる) — 2
섞는다, 혼합하다

- 類 交える　混じる　交じる　混ざる　かき混ぜる
- 反 選り分ける
- 同 交ぜる　雑ぜる
- 例 野菜を漬ける際には、胡椒や醤油などの調味料も混ぜ合わせる。
  야채를 절일 때에는 후추나 간장 등 조미료도 함께 섞는다.

	2	눈을 깜빡이다
またた 瞬く		類 一瞬のうちに　すぐに　瞬時に 混 滴る 例 彼は瞬く間にデザートを平らげてしまった。 그는 순식간에 디저트를 먹어치웠다.

	2	반하다, 사랑에 빠지다
ほ 惚れる		類 慕う　恋する　恋に落ちる　一目惚れする 混 惚気る 例 彼は彼女の可愛さに惚れた。 그는 그녀의 귀여움에 반했다.

	2	잇다, 계속하다
つ 次ぐ		類 続く 同 継ぐ　告ぐ　接ぐ 例 中国はアメリカに次いで，世界第2位の経済大国となった。 중국은 미국 다음으로 세계 제2위 경제대국이 되었다.

	2	질리다, 지치다
あ 飽きる		類 うんざりする　見限る 反 飢える　欲しがる 同 厭きる 混 空く　開く 例 この水族館は季節ごとのイベントが豊富であり，客を飽きさせない工夫を常に心がけている。 이 수족관은 계절별로 이벤트가 풍부하며 손님들이 싫증나지 않도록 항상 신경쓰고 있다.

	2	잡다, 포획하다
つか 捕まえる		類 掴む　捕る　捕まる　捕える　捕獲する 例 猫がネズミを捕まえるのは，狩猟本能があるからだ。 고양이가 쥐를 잡는 것은 사냥본능이 있기 때문이다.

	2	흩어지다
ち 散らばる		類 散乱する　散らかす 反 片付く　群がる　集まる 例 散らばった書類は，きちんと整理するべきだ。 흩어진 서류는 잘 정리해야 한다.

동사

片付ける (かたづける) 2
정리하다, 해결하다
- 類 整頓する 整える 処理する 解決する 整理する
- 反 散らかす
- 例 散らかしたら、片付けるのは当たり前だ。
  어지럽혔으면 정리하는 것은 당연하다

抗う (あらがう) 2
반항하다, 거스르다
- 類 争う 逆らう 反抗する 歯向かう
- 例 あの子は、親の抑圧に抗おうとしている。
  저 아이는 부모의 억압에 반항하려고 한다.

当て嵌める (あてはめる) 2
적용시키다
- 類 適用する 当てはまる
- 例 会社のルールに当て嵌めて彼を処分する。
  회사의 규칙을 적용해서 그를 처분한다.

馴染む (なじむ) 2
친숙해지다, 익숙해지다
- 類 慣れる (馴れる) 親しむ 混 滲む
- 例 日本に来た留学生にとっては、「年功序列」という言葉はもはや耳に馴染んでいる。
  일본에 온 유학생에게는 「연공서열」이라는 말은 이제는 귀에 익었다.

富む (とむ) 2
풍부하다
- 類 栄える 豊かである
- 反 欠ける
- 混 飛ぶ
- 例 彼は、知識が豊富なだけでなく、機知にも富む。
  그는 지식이 풍부할 뿐만 아니라 재치도 풍부하다.

裂く (さく) 2
가르다, 찢다
- 類 破る 裂ける 離す 分ける
- 反 結ぶ 繋ぐ
- 同 割く 咲く
- 例 この割れ目を裂くと、中から種が出てくる。
  이 틈을 가르면 안에서 씨가 나온다.

委ねる (ゆだねる) 2
맡기다, 위임하다
- 類 任せる 委任する 依頼する 託す
- 例 彼は私に全権を委ねた。
  그는 나에게 전권을 맡겼다.

	2	미소짓다, 웃다
微笑む(ほほえむ)		類 笑う 微笑を浮かべる 綻ぶ 例 赤ちゃんの寝顔を眺めながら，お母さんは優しく微笑んだ。 아기의 자는 얼굴을 바라보며 엄마는 다정하게 미소를 지었다.

	2	살다, 거주하다
住まう(すまう)		類 住む 混 済ます 澄ます しまう 例 研究者の話によると，菌を体に住まわせた方が人間の体に良いという。 연구자의 이야기에 따르면 균을 몸에 살게 하는 것이 인간의 몸에 좋다고 한다.

	2	막다, 차단하다
遮る(さえぎる)		類 妨げる 塞ぐ 断つ 反 通す 混 冴える 例 この植物は，太陽の光を遮られない明るい場所であれば，健やかに成長することが出来る。 이 식물은 햇빛을 막지 않은 밝은 곳이라면 건강하게 자랄 수 있다.

	2	뿌리다, 퍼뜨리다
撒く(まく)		類 ばらまく 行き渡る 広める 同 巻く 蒔く 例 柿の種を撒いて育てる。 감씨를 뿌려서 기른다.

	2	쇠퇴하다
寂れる(さびれる)		類 衰える 反 賑わう 同 錆びれる 例 新しいショッピングセンターができて，町の中心の商店街が寂れてしまった。 새로운 쇼핑센터가 생겨서 마을 중심의 상점가가 쇠퇴해버렸다.

	2	문지르다, 비비다, 쓰다듬다
擦る(する)		類 摩擦する 揉む 撫でる 例 少女はかじかむ手でマッチを擦った。 소녀는 얼어붙은 손으로 성냥을 켰다.

	2	동원하다, 강구하다
講ずる(こうずる)		類 演説する 考える 例 あらゆる手段を講じて，問題を解決する。 모든 수단을 동원해서 문제를 해결한다.

동 사

長ける 2 能하다
- 類 優れる　長じる　勝る　生まれ育つ
- 反 劣る　混 竹　丈
- 例 カメレオンはその体色を自在に変化させることができるので、カモフラージュに長けていると言える。
  카멜레온은 그 몸 색깔을 자유자재로 변화를 시킬 수 있어 변장에 능하다고 할 수 있다.

泊まる 1 묵다, 머무르다
- 類 宿る　宿する　宿泊する　泊める
- 同 止まる
- 混 留まる　留める
- 例 友達を三人連れて、安宿に泊まった。
  친구 셋을 데리고 싸구려 숙소에 묵었다.

付け入る 1 틈타다, 이용하다
- 類 つけこむ
- 例 人の弱みに付け入ってお金儲けをする。
  사람의 약점을 파고들어 돈벌이를 한다.

煮やす 1 끓게 하다, 졸이다
- 類 煮る　沸かす　激しくする
- 例 いつまでたっても煮え切らない態度に、業を煮やす。
  언제까지고 미적지근한 태도에 속이 끓는다.

凍える 1 얼다
- 類 冷え切る
- 混 滞る　心得る
- 例 彼は一人、ベンチで凍えていた。
  그는 혼자서 벤치에서 떨고 있었다.

遠ざかる 1 멀어지다
- 類 離れる　遠のく
- 反 向かう　近付く　近寄る
- 例 遠ざかる故郷に思いを馳せる。
  멀어져가는 고향을 생각한다.

差し支える 1 지장이 있다
- 類 妨げる　差し障る　阻む
- 例 差し支えなければサインをお願いします。
  괜찮으시다면 사인을 부탁드립니다.

縫^ぬう	1	**꿰매다** 類 つづる 反 解^のく 例 破^{やぶ}れた布^{ぬの}を縫^ぬって直^{なお}した。 　찢어진 천을 꿰매서 고쳤다.
通^{とお}る	1	**지나다, 통과하다** 類 過^すぎる　経^へる　通^{とお}り抜^ぬける　通^{つう}じる 反 詰^つまる 同 透^{とお}る　徹^{とお}る 例 狭^{せま}い路地^{ろじ}を通ると、噴水広場^{ふんすいひろば}にでた。 　좁은 골목을 지나자 분수 광장이 나왔다.
裂^さける	1	**찢어지다** 類 裂^さく　破^{やぶ}る 同 避^さける　割^さける 混 叫^{さけ}ぶ 例 人前^{ひとまえ}でズボンが裂けるとは思わなかった。 　사람들 앞에서 바지가 찢어질 줄은 생각치 못했다.
突^つき刺^ささる	1	**꽂히다** 類 突^つき立^たつ　突刺^{つきさ}す 例 辛^{しん}らつな言葉^{ことば}が胸^{むね}に突き刺さる。 　신랄한 말이 가슴에 꽂힌다.
なさる	1	**하시다 (존경어)** 類 する　なす 例 ご注文^{ちゅうもん}は何^{なに}になさいますか？ 　주문은 무엇으로 하시겠습니까?
移^{うつ}り変^かわる	1	**변하다, 바뀌다** 類 移^{うつ}る　変^かわる 例 季節^{きせつ}が移り変わると、風景^{ふうけい}も移り変わる。 　계절이 변하면 풍경도 변한다.
駆^かり立^たてる	1	**이끌다, 끌어내다** 類 追^おい立^たてる　駆^かけ抜^ぬける 例 私は好奇心^{こうきしん}に駆り立てられ、旅^{たび}に出た。 　나는 호기심에 이끌려 여행을 떠났다.

동 사

奏でる _{かな} — 1. 연주하다
- 類 演奏する　弾く　奏する
- 混 叶える
- 例 熟練の演奏家がピアノを奏でる。
  숙련된 연주가가 피아노를 연주한다.

装う _{よそお} — 1. 가장하다
- 類 偽る　整える　飾る　見せかける
- 例 詐欺師は親切を装って彼らに近づいた。
  사기꾼은 친절을 가장하여 그들에게 다가갔다.

躊躇う _{ためら} — 1. 주저하다, 망설이다
- 類 躊躇する　迷う　惑う　うろつく
- 反 思い切る
- 例 彼女は返事に躊躇い、目をしばたかせた。
  그녀는 대답을 주저하며 눈을 깜빡였다.

のっける — 1. 얹다
- 類 のせる
- 例 できたてのハンバーグに目玉焼きをのっける。
  갓 만든 함박스테이크에 계란 후라이를 얹는다.

察する _{さっ} — 1. 보다, 미루어 보다
- 類 推察する　思いやる　勘付く　感じ取る　気づく
- 例 表情から察するに、彼は嘘をついている。
  표정으로 짐작컨대 그는 거짓말을 하고 있다.

喋る _{しゃべ} — 1. 말하다, 재잘거리다
- 類 話す　言う
- 反 黙る
- 混 しゃがむ
- 例 彼女は日本語をペラペラ喋れてすごい。
  그녀는 일본어를 유창하게 말할 수 있어 대단하다

透く _す — 1. 들여다보다, 투과하다
- 類 通り抜ける　透ける
- 同 空く
- 例 日の光が木の葉を透いて照らす。
  햇빛이 나뭇잎을 투과하여 비춘다.

	1	금하다, 저지하다
禁じる きん		類 妨げる 阻止する 禁止する 押し留める さし止める 反 許す 例 危険なので，夜中の外出を禁じる。 위험하므로 밤중의 외출을 금한다.

	1	끌어당기다, 빨아들이다
おびき寄せる よ		類 引き寄せる そそる 吸いつける 惹く 例 この植物は良い香りで獲物をおびき寄せる。 이 식물은 좋은 냄새로 사냥감을 유인한다.

	1	달라붙다
まつわりつく		類 まとわりつく 取り巻く 例 あの子はいつもお兄ちゃんにまつわりついているね。 저 아이는 늘 오빠에게 달라붙어 있군.

	1	논하다, 이야기하다
論じる ろん		類 話す 議論する 例 大学の教室で学生が文学を論じる。 대학 교실에서 학생들이 문학를 논한다.

	1	스치다, 떠오르다
過る よぎ		類 脳裏を掠める 思い浮かべる 想起される 意識にのぼる 混 謝る 誤る 例 一瞬カンニングしてしまおうかという悪い考えが頭をよぎった。 순간 컨닝을 해버릴까 하는 나쁜 생각이 머리를 스쳤다.

	1	질리다, 놀라다
呆れる あき		類 呆気にとられる 呆然とする 同 飽きれる 厭きれる 混 呆気ない 飽きる 例 彼女は呆れるほどの数のスカートを次々と試着している。 그녀는 놀랄 만큼 많은 치마를 잇달아 입어보고 있다.

	1	넘어뜨리다, 타도하다
倒す たお		類 覆す 勝つ 負かす 倒れる 打ち倒す 反 起こす 例 ボーリングでピンを全て倒した。 볼링에서 핀을 전부 넘어뜨렸다.

동 사

冴える ₁
맑아지다, 청아하다
- 類 鋭敏　澄み切る　冷える　清まる　覚(醒)める
- 反 鈍る　濁る
- 混 遮る
- 例 古箏は古くなればなるほど，音が冴えると言われている。
  아쟁은 오래되면 될수록 소리가 맑아진다고 한다.

引きずる ₁
질질 끌다, 영향이 남다
- 類 長びかせる　引っ張る　尾を引く
- 例 彼は過去の失敗を未だに引きずっている。
  그는 과거의 실패를 아직까지 질질 끌고 있다.

行き詰まる ₁
막히다, 멈추다
- 類 滞る　術がなくなる　立ち往生する　止まる
- 反 捗る　進む　進める　混 煮詰まる
- 例 もし数学の難問を解く際に，行き詰まってしまったのならば，しばらく放っておいた方がいい。
  만약 수학의 어려운 문제를 풀 때 막혀버린다면 잠시 미뤄두는 것이 좋다.

吐く ₁
내뿜다, 토하다
- 類 吐き出す　吐き気がする　吐き気を催す
- 反 飲む　同 履く　掃く　穿く
- 例 彼はたばこの煙を吐き出しながら，「別れよう」と私に告げました。
  그는 담배연기를 내뿜으면서 「헤어지자」라고 나에게 말했습니다.

伏せる ₁
(눈을) 내리깔다, 엎드리다
- 類 隠す　俯ける　うつ伏せる
- 反 仰ぐ　起きる
- 混 防ぐ　塞ぐ
- 例 彼は恥ずかしそうに目を伏せた。
  그는 부끄러운 듯이 시선을 떨구었다.

下りる ₁
내려가다, 침하하다, 사퇴하다
- 類 沈下する　辞する　下す
- 反 上がる　上る　登る　昇る
- 同 降りる　混 織る　折る
- 例 階段はゆっくり下りてください。
  계단은 천천히 내려가 주십시오.

宿る ₁
깃들다, 묵다, 숙박하다
- 類 泊まる　泊める　宿泊する　滞在する　留まる
- 混 雇う
- 例 よく「心は脳に宿っている」と言われている。
  흔히 「마음은 머리에 깃들어 있다」고 한다.

広まる

1 퍼지다, 확산되다

- 類 広める　広がる　行き渡る　拡散する
- 反 狭まる
- 例 電子決済は便利だという認識が国民の間に広まった。
  전자결제는 편리하다는 인식이 국민들 사이에 퍼졌다.

切り落とす

1 잘라내다, 자르다

- 類 切る　切り下げる
- 反 繋ぎ止める　繋ぎ合わせる
- 同 斬りおとす　切落す
- 例 彼は木の枝をハサミで切り落とした。
  그는 나뭇가지를 가위로 잘라냈다.

潤う

1 윤택해지다, 정감있다

- 類 濡れる　潤す　潤む　湿る
- 反 乾く　乾かす
- 例 もちろん勉強は重要ですが、人生には趣味や家族などといった潤いも必要です。
  물론 공부는 중요합니다만 인생에서 취미나 가족 등과 같은 정감도 필요합니다.

揃う

1 모이다, 갖추다

- 類 集まる　集める
- 反 欠ける　欠かす
- 同 疎漏　粗漏
- 例 人数がそろったようね、ならばさっそく始めましょうか。
  인원이 다 모인것 같네요, 그럼 바로 시작할까요?

潜る

1 잠수하다, 숨다, 잠행하다

- 類 隠れる　隠す　潜行する　潜む　潜める
- 反 浮かぶ　現れる　表れる
- 例 海底に潜っていく魚の気持ちになって、考えてみましょう。
  해저로 잠수해 가는 물고기의 기분이 되어 생각해 봅시다.

強いる

1 강요하다, 밀어부치다

- 類 押し付ける　無理強いする
- 混 仕入れる
- 例 強いて言うならば、そっちの方がいい。
  굳이 말하자면 그 쪽이 좋다.

追いつく

1 따라잡다

- 類 間に合う
- 反 逃げ延びる　逃げ切る
- 混 追い抜く　追いかける　追い払う
- 例 彼は走るのが速すぎて、私ではとても追いつけない。
  그는 달리기가 너무 빨라 나로서는 도저히 따라잡을 수 없다.

동사

悟る (さとる)

1 깨닫다, 이해하다, 간파하다

- 類 理解する　見抜く　感づく（勘付く）　分かる
- 反 迷う　同 覚る　混 諭す
- 例 彼はこの事件の重大性を悟った。
  그는 이 사건의 중대성을 깨달았다.

寄越す (よこす)

1 보내오다, 건네주다

- 類 渡す　送る　混 汚す
- 例 友達が「お願い」と書いた紙を投げて寄越してきたが，その意図がさっぱりわからなかった。
  친구가 「부탁해」라고 적힌 종이를 던져서 보내왔는데 그 의도를 도무지 알 수 없었다.

出迎える (でむかえる)

1 마중하다, 맞이하다

- 類 迎える
- 反 見送る
- 例 出口を出ると，お母さんが出迎えてくれた。
  출구를 나오자 엄마가 마중해 주었다.

甘える (あまえる)

1 어리광을 부리다, 조르다

- 類 ねだる　かわいがる　甘えん坊になる
- 反 甘やかす
- 例 そのような判断までこちらにさせるというのはあまりにも甘えすぎである。
  그러한 판단까지 이쪽에 시킨다는 것은 너무 응석을 부리는 것이다.

銘打つ (めいうつ)

1 밝히다, 이름을 달다

- 類 題する　掲げる
- 例 赤ちゃんにも使えると銘打った商品が，このドラッグストアでは販売されている。
  아기에게도 사용할 수 있다고 이름을 단 상품들이 이 드러그 스토어에서는 판매되고 있다.

教わる (おそわる)

1 배우다, 익히다

- 類 習う　学ぶ
- 反 教える　混 襲う　恐れる　怖れる
- 例 どんな本を読むべきかということは，他人から教わることではない。
  어떤 책을 읽을 것인가하는 것은 다른 사람에게 배우는 것이 아니다.

生き長らえる・生き存える (いきながらえる)

1 살아남다, 영생하다

- 類 永らえる　長らえる　存える　永生する　生き延びる　生き残る
- 反 死に絶える
- 例 その古代の遺物は，人々から大事にされ続けてきたおかげで，現在まで生き長らえている。
  그 고대 유물은 사람들에게 소중하게 여겨져 온 덕분에 현재까지 살아남아 있다.

慈しむ (いつくしむ) 1

아끼다, 귀여워하다

- 類 重宝する　愛おしむ　大切にする　かわいがる　重んじる
- 反 苛める　虐げる　憎む
- 例 おばあちゃんは、彼を我が子のように慈しんでいる。
  할머니는 그를 친자식처럼 아낀다.

比す (ひす) 1

비교하다

- 類 比べる　比較する　比する　比える
- 同 秘す
- 混 必須
- 例 例年に比して、今年は米の収穫量が多い。
  작년에 비해 올해는 쌀 수확량이 많다.

意味付ける (いみづける) 1

의미를 두다

- 例 私は彼との思い出をこの指輪に意味づけている。
  나는 그와의 추억을 이 반지에 의미를 두고 있다.

突く (つく) 1

밀다, 찌르다, 쑤시다

- 類 刺す　打つ　押す　貫く　突っつく
- 同 付く　就く　着く
- 混 次ぐ　継ぐ
- 例 彼は突然、私の背中を突いてきた。
  그는 갑자기 나의 등을 밀어왔다.

成る (なる) 1

만들어지다, 이루다, 완성되다

- 類 出来上がる　仕上がる　組み立てる　変わる　生まれ育つ
- 同 鳴る
- 例 この布は蜘蛛の糸のように細い繊維から成っている。
  이 천은 거미줄처럼 가는 섬유로 만들어졌다.

罰す (ばっす) 1

처벌하다, 응징하다

- 類 罰する　仕置きする　懲らしめる　処罰する
- 反 免じる　賞する　許す
- 例 この事件の真犯人が、やっと法律によって罰せられた。
  이 사건의 진범이 이제야 법에 의해 처벌 받았다.

乗り出す (のりだす) 1

나서다, 시작하다

- 類 取り掛かる　踏み出す
- 混 乗り切る　乗り掛かる
- 例 多くの人がその事業に乗り出したせいで、瞬く間に供給量が需要量を越えてしまった。
  많은 사람들이 그 사업에 나선 탓에 순식간에 공급량이 수요량을 초과해버렸다.

동 사

折り畳む (おりたたむ) 1
접다
- 類 畳む
- 例 それがきっかけで、ジョンは折り畳み式の傘を発明した。
  그것이 계기가 되어 존은 접는 우산을 발명했다.

皮肉る (ひにくる) 1
야유하다, 풍자하다
- 類 アイロニー ナ　風刺する　辛辣 ナ
- 例 地震学は、後追い科学だと皮肉られることもある。
  지진학은 뒷북 과학이라고 비아냥을 듣기도 한다.

見入る (みいる) 1
들여다보다, 응시하다, 노려보다
- 類 凝視する　睨む　見つめる
- 混 見込む
- 例 歩きながらスマホの画面に見入ってしまうと、転倒の危険性が高まる。
  걸으면서 스마트폰 화면을 들여다보면 넘어질 위험성이 높아진다.

持ち歩く (もちあるく) 1
들고 다니다, 휴대하다
- 類 持ち合わせる　携帯する
- 例 昔は電話もパソコンも、どちらも持ち歩くものではなかった。
  옛날에는 전화도 컴퓨터도 모두 들고 다니는 것은 아니었다.

苦しめる (くるしめる) 1
괴롭히다, 못살게 굴다
- 類 嫌がらせをする　悩ます　煩わす　傷つける　いじめる
- 反 慰める　楽しませる
- 例 大気汚染は人々を苦しめている。
  대기오염은 사람들을 괴롭히고 있다.

やっつける 1
물리치다, 퇴치하다
- 類 うち倒す
- 反 庇う
- 例 アニメの世界では、正義は必ず悪をやっつける。
  애니메이션 세계에서는 정의는 반드시 악을 물리친다.

厭う (いとう) 1
마다하다, 싫어하다
- 類 厭がる（嫌がる）　忌む　嫌う　憎む
- 反 好む　慕う
- 混 挑む
- 例 お母さんは我が子のためならば、どんな苦労でも厭わない。
  엄마는 자식을 위해서라면 어떤 고생도 마다하지 않는다.

	1	**깎아내리다, 비방하다**
けな **貶す**		類 中傷 誹謗 非難する 反 誉(褒)める 称える 煽てる 例 彼の言葉は，私の作品を貶しているようにも聞こえる。 그의 말은 나의 작품을 깎아내리는 것처럼도 들린다.

	1	**벗겨지다**
は **剥げる**		類 褪せる 抜け落ちる 脱げる 落ちる 同 禿げる 混 履ける 例 家の壁の剥げた部分をペンキで塗りなおす。 집 벽의 벗겨진 부분을 페인트로 다시 칠한다.

	1	**피하다, 기피하다**
よ **避ける**		類 忌避する 免れる 逃れる 退ける 阻む 反 突き当たる 同 除ける 混 寄る 寄せる 例 この道は狭くて，車を避けることが難しい。 이 길은 좁아서 차를 피하기가 어렵다.

	1	**내포하다**
はら **孕む**		類 妊娠する 宿す 混 育む 生む 産む 恨む 例 この考えは，一種の危険性を孕んでいる。 이 생각은 일종의 위험성을 내포하고 있다.

	1	**보내주다, 배달하다**
届ける		類 送る 配る 配達する デリバリーする 例 ネットで新聞を注文すれば，直接家庭や仕事場に届けられます。 인터넷으로 신문을 주문하면 직접 가정이나 직장으로 배달됩니다.

	1	**노쇠하다, 늙다**
お **老いる**		類 老ける 年取る 年寄りになる 反 若返る 同 オイル 例 老いた草食動物は，他の肉食動物から狙われやすい。 노쇠한 초식동물은 다른 육식동물에게 표적이 되기 쉽다.

	1	**앞지르다, 앞서다**
だ ぬ **出し抜く**		類 抜け駆け 先制する 先んじる 先んずる 例 兄は躊躇なく弟を出し抜き，大金を手に入れた。 형은 주저없이 동생을 제치고 큰 돈을 챙겼다.

동 사

	1	간과하다, 못보다
見逃す みのが		類 見落とす　見過ごす 反 見咎める 例 小さなミスでも見逃してしまうと，それが大きな間違いの要因になりうる。 　　작은 실수라도 간과해버리면 그것이 큰 실수의 요인이 된다.

	1	모으다, 저축하다
貯める た		類 貯金する　蓄える　蓄積する　貯まる 同 溜める 混 ため息 例 この電車は，乗るたびにポイントが貯まる仕組みになっている。 　　이 전철은 탈 때마다 포인트가 쌓이는 시스템으로 되어 있다.

	1	기다리다
待ち構える ま かま		類 待つ 混 心構え 例 このテキストの最終ページには，最難関問題が待ち構えている。 　　이 교과서의 마지막 페이지에는 제일 어려운 문제가 기다리고 있다.

	1	경고하다, 깨닫게 하다
戒める いまし		類 諫める　忠告　言い聞かせる　諭す 混 占める　締める 例 この部屋には決して入ってはならないと，きつく戒められた。 　　이 방에는 결코 들어가서는 안된다고 엄하게 훈계를 들었다.

	1	한탄하다
嘆く なげ		類 息づく　哀しむ　嘆じる　吐息 反 喜ぶ 混 投げる 例 その店主は，不景気で物が売れないと嘆いている。 　　그 점주는 불경기로 물건이 팔리지 않는다고 한탄하고 있다.

	1	부추기다, 선동하다
煽る あお		類 煽ぐ　かき立てる　唆す　煽てる 反 静（鎮）める 混 仰ぐ 例 客の物欲を効果的に煽るためには，見た目は重要なポイントだ。 　　손님의 물욕을 효과적으로 부추기기 위해서는 외양이 중요한 포인트다.

	1	화려하다, 아름답게 되다
華やぐ はな		類 栄える　華やかにする 反 廃れる　寂れる 例 私にとって，20代の頃は，最も人生が華やいだ時代だった。 　　나에게 있어 20대 때는 가장 인생이 화려했던 시절이었다.

	1	흔들다
揺さぶる		類 揺らぐ 揺らす 揺る 揺れる
		例 そのエピソードは，多くの人の心を揺さぶった。
		그 에피소드는 많은 사람의 마음을 흔들었다.

	1	중얼거리다
呟く		類 囁く ぼやく
		反 喚く 叫ぶ 怒鳴る
		例 彼女は日ごろから，独り言を呟く癖がある。
		그녀는 평소 혼잣말을 중얼거리는 버릇이 있다.

	1	도움이 되다, 돕다
資する		類 救助する 助ける 手伝う 補助する
		同 視する
		混 失する
		例 ホームドアの設置は，転落防止と遅延対策に資する。
		홈도어의 설치는 추락방지와 지연대책에 도움이 된다.

	1	살아남다, 극복하다
生き延びる		類 生き残る 生抜く 乗越える 堪える
		反 死ぬ 死滅する
		例 この虫はどのような環境下でも，柔軟に適応し生き延びることができる。
		이 벌레는 어떤 환경 속에서도 유연하게 적응해 살아남을 수 있다.

	1	더럽히다, 오염시키다
汚す		類 汚れる 汚染させる
		反 洗う 清める 浄化する
		混 よこす
		例 道がぬかるんでいて，うっかりズボンの裾を汚してしまった。
		길이 질퍽거려서 깜빡 바지 자락을 더럽히고 말았다.

	1	초조해하다, 안절부절하다
苛立つ		類 苛々する 焦れる じりじりする
		反 落ち着く 和む
		例 彼は自分の思いを上手く言葉にできず，苛立ちを募らせている。
		그는 자신의 생각을 말로 잘 표현하지 못해 초조해 하고 있다.

	1	놀다, 장난하다
戯れる		類 遊ぶ
		反 真面目腐る
		例 彼女はずっと飼い犬と戯れている。
		그녀는 계속 애완견과 놀고 있다.

동 사

制する _{せい}
1 제압하다, 지배하다
- 類 禁ずる　支配する　司る　コントロールする　抑える　取り締まる
- 反 勧（奨）める
- 同 征する　製する
- 例 実力のある選手が試合を制するのは当然のことだ。
  실력있는 선수가 시합을 제패하는 것은 당연한 것이다.

魅せる _み
1 매료하다
- 類 魅了する
- 同 見せる　診せる
- 例 外国生まれの彼らは、「生け花」や「茶道」に特に魅せられた。
  외국에서 태어난 그들은 「꽃꽂이」와 「다도」에 특히 매료되었다.

掻き立てる _{か た}
1 불러일으키다, 부추기다
- 類 煽ぎ立てる　煽てる　かき混ぜる
- 例 外国人にとって、日本の「茶の湯」は好奇心を掻き立てられるものらしい。
  외국인에게 일본의 「다도」는 호기심을 불러일으킬 수 있는 것인 것 같다.

気遣う _{き づか}
1 신경쓰다, 걱정하다
- 類 気にかける　案ずる　心配する
- 混 気をつける
- 例 彼女はけがを負った猫の容態を気遣っている。
  그녀는 다친 고양이의 상태에 신경쓰고 있다.

湿る _{しめ}
1 젖다, 축축해지다
- 類 潤う
- 反 渇（乾）く
- 同 占める　締める　絞める　閉める　染める
- 例 夏になると、雨で湿った草原からはたくさんの花が咲きます。
  여름이 되면 비에 젖은 초원에 많은 꽃이 핍니다.

萎む _{しぼ}
1 오므라들다
- 類 萎える　萎びる　縮む
- 反 膨らむ（脹らむ）　咲く
- 同 凋む　混 絞る　搾る
- 例 この風船には穴が開いていたらしく、すぐにしぼんでしまった。
  이 풍선에는 구멍이 나 있었는지 금방 오므라들었다.

恥じる _は
1 부끄러워하다
- 類 遠慮する　憚る　悔やむ
- 反 誇る
- 同 羞じる
- 例 彼は彼女に諭されたことで、日頃の自分の行いを恥じた。
  그는 그녀에게 타이름을 듣고 평소 자신의 행동을 부끄러워했다.

단어		의미 및 용례
もつれる	1	**얽히다, 잘못되다** 類 こじれる　絡み合う 反 解ける　解れる 混 もたれる 例 人間関係のもつれや仕事の疲れは、ストレスの要因となる。 　인간관계의 트러블이나 일의 피로는 스트레스의 요인이 된다.
起き上がる	1	**일어나다, 일어서다** 類 立ち上がる　起きる 反 ひっくり返る　寝転ぶ　倒れ込む　横たわる 例 彼女はゆっくり起き上がると、顔を洗いに洗面台へ向かった。 　그녀는 천천히 일어나서 얼굴을 씻으러 세면대로 향했다.
洗う	1	**씻다** 類 取り去る　浄める　清める 反 汚す 例 食べ終わった後のお皿は、しっかり洗わなければならない。 　다 먹은 후에 접시는 잘 씻어야 한다.
狂う	1	**미치다, 상궤를 벗어나다** 類 取り乱す　錯乱する　発狂する　常軌を逸する 反 冷静　沈着 例 彼女は度重なるストレスから、ついに気が狂ってしまった。 　그녀는 계속되는 스트레스에 결국 미쳐버렸다.
振り返る	1	**되돌아보다, 회고하다** 類 顧みる　振り向く　回顧する　見返す 例 過去の自分を振り返ってみると、本当に苦労ばかりだった。 　과거의 자신을 되돌아보면 정말 고생 뿐이었다.
忍び寄る	1	**살며시 다가오다, 접근하다** 類 近づく　近寄る 例 背後に忍び寄ってきた小さな影の正体は、猫だった。 　등 뒤로 살며시 다가온 작은 그림자의 정체는 고양이였다.
膨らむ	1	**부풀리다, 팽창하다** 類 膨張する　広げる　膨れる 反 縮まる 同 脹らむ 例 小さなことから、イメージを膨らませる。 　작은 것으로 이미지를 부풀린다.

동사

	1	입히다
着_きせる		類 つける　被_{かぶ}せる　負_おわせる 反 剥_むぐ　脱_ぬがせる 混 着_きる　着_きく 例 神社へお参_{まい}りに行くために，子どもに着物_{きもの}を着せた。 　신사에 참배하러가기 위해 아이에게 기모노를 입혔다.

	1	반항하다, 거스르다
逆_{さか}らう		類 反抗_{はんこう}する　抗_{あらが}う　背_{そむ}く 反 従_{したが}う　隷属_{れいぞく}する 混 遡_{さかのぼ}る 例 私には，親_{おや}に逆らう勇気_{ゆうき}はない。 　나에게는 부모에게 반항할 용기는 없다.

	1	구불구불하다
曲_まがりくねる		類 曲がる 例 この道_{みち}は，とても曲がりくねっている。 　이 길은 매우 구불구불하다.

	1	띄우다, 떠올리다
浮_うかべる		類 思_{おも}いつく　浮_{うか}べる　思_{おも}い起_おこす 反 沈_{しず}める 例 息子は受験_{じゅけん}の結果_{けっか}が気になるのか，不安_{ふあん}げな表情_{ひょうじょう}を浮かべている。 　아들은 입학시험 결과가 신경이 쓰이는지 불안한 표정을 짓고 있다.

	1	드러내다, 표면화하다
表_{おもて}立_だつ		類 現_{あらわ}れる　出現_{しゅつげん}する　表面_{ひょうめん}化する　明_{あか}るみに出_でる　露呈_{ろてい}する 例 母は表立って，反対_{はんたい}はしなかった。 　엄마는 겉으로 반대는 하지 않았다.

	1	시키다, 지시하다, 고자질하다
言_いいつける		類 命_{めい}じる　指示_{しじ}する　告_つげ口_{ぐち}する　命令_{めいれい}する 例 出かけようとしたとき，母から買_かい物_{もの}を言いつけられた。 　외출하려고 할 때 엄마가 쇼핑을 시켰다.

	1	명령하다, 지시하다
命_{めい}じる		類 指示_{しじ}する　命令_{めいれい}する　任_{にん}ずる　言_いいつける 例 上司_{じょうし}から，この書類_{しょるい}をコピーするように命じられた。 　상사에게 이 서류를 복사하라는 명령을 받았다.

<ruby>心<rt>こころ</rt></ruby>する	1	**각오하다, 주의하다, 조심하다**
		類 注意する　用心する
		例 あの先生は厳しいらしいから，心して授業を受けた方がいいよ。
		그 선생님은 무서운 것 같으니 각오하고 수업을 듣는 게 좋아요.

<ruby>直<rt>なお</rt></ruby>る	1	**고쳐지다, 회복하다, 낫다**
		類 回復する　直す
		同 治る
		例 彼の機嫌が直るまで，そっとしておこう。
		그의 기분이 좋아질 때까지 가만히 내버려두자.

<ruby>取<rt>と</rt></ruby>り<ruby>付<rt>つ</rt></ruby>ける	1	**설치하다, 장치하다**
		類 獲得する　仕掛ける　備える
		反 取り外す
		例 猛暑に備えて，ついにエアコンを取り付けた。
		무더위에 대비하여 결국 에어컨을 설치했다.

<ruby>掻<rt>か</rt></ruby>き<ruby>乱<rt>みだ</rt></ruby>す	1	**어지럽히다, 소란피우다**
		類 乱す　混乱する　騒がす　揺るがす
		例 彼は，集団の結束力をかき乱す厄介者だ。
		그는 집단의 결속력을 어지럽히는 골칫거리이다.

<ruby>剥<rt>は</rt></ruby>ぐ	1	**벗기다**
		類 取る　剥がす
		反 覆う　着せる
		混 禿げる　吐く
		例 古い建物なので，壁紙が剥がれ落ち始めた。
		낡은 건물이어서 벽지가 벗겨지기 시작했다.

<ruby>判<rt>わか</rt></ruby>る	1	**알다, 판단하다, 이해하다**
		類 判断する　思い知る　理解する　同 分かる
		例 あの人は感情が顔に出やすいタイプなので，考えていることが判りやすい。
		저 사람은 감정이 얼굴에 나오기 쉬운 타입이어서 생각하고 있는 것을 알기 쉽다.

<ruby>仕<rt>し</rt></ruby><ruby>上<rt>あ</rt></ruby>がる	1	**마무리하다, 완성되다**
		類 完成する　できる　出来上がる　終わる
		混 仕入れる
		例 この店のクリーニングは，仕上がりが素晴らしい。
		이 가게의 세탁은 마무리가 훌륭하다.

동사

食い止める (くいとめる) 1
막다, 저지하다
- 類 阻む 止める 防ぐ 押える
- 例 錆の浸食を食い止めるためには，定期的なメンテナンスが必要だ。
  녹의 침식을 막기 위해서는 정기적인 유지보수가 필요하다.

申す (もうす) 1
말하다 (겸양어)
- 類 言う 話す 喋る
- 例 単刀直入に申し上げますと，このプロジェクトには，いくつかの問題点があります。
  단도직입적으로 말씀드리자면 이 프로젝트에는 몇 가지 문제점이 있습니다.

決めつける (きめつける) 1
단정하다, 확신하다
- 類 断定する 思い込む 確信する
- 例 ネット上の不確かな情報だけで，真偽を決めつけるのは危険だ。
  인터넷 상의 불확실한 정보만으로 진위를 단정하는 것은 위험하다.

咎める (とがめる) 1
책망하다, 비난하다
- 類 非難する 痛める 責める 苛む
- 混 尖る
- 例 先生から成績について，咎められた。
  선생님에게 성적에 대해 책망을 들었다.

手慣れる (てなれる) 1
익숙하다, 숙련되다
- 類 熟練する 慣れる 馴染む
- 例 手慣れた手つきで，繊細な作業を行う。
  익숙한 솜씨로 섬세한 작업을 한다.

見過ごす (みすごす) 1
간과하다, 못보다
- 類 見逃す 見落とす
- 反 見咎める
- 例 どんなに些細な問題であろうと，見過ごしてはならない。
  아무리 사소한 문제라도 간과해서는 안된다.

切り開く (きりひらく) 1
개척하다, 진출하다
- 類 開く 開拓する 進出する
- 同 切り拓く
- 例 運命は自分で切り開いていくものだ。
  운명은 스스로 개척해 나가는 것이다.

単語		意味・例文
掻き集める かき あつめる	1	쓸어모으다, 끌어모으다, 수집하다 類 集める 拾う 収集する 反 散蒔く（散播く） 撒き散らす 例 次の会議に備えて，資料をかき集めなければならない。 다음 회의에 대비해서 자료를 끌어모아야 한다.
見とれる み	1	넋을 잃고 보다 類 見詰める 見入る 見惚れる 例 彼は職人の神業に，すっかり見とれてしまっている。 그는 장인의 귀신같은 솜씨에 완전히 넋을 잃었다.
離す はな	1	떼다, 멀리하다 類 離れる 遠ざける 除く 仕切る 取り外す 反 合わせる 同 話す 放す　混 放つ 例 子どもを無理やり親から引き離すのは，かわいそうだ。 아이를 억지로 부모한테서 떼어놓는 것은 불쌍하다.
静まる しず	1	안정되다, 조용해지다 類 静める 和らぐ 同 鎮まる 混 沈める 例 突然先生が教室に入ってきたことで，教室全体が静まり返った。 갑자기 선생님이 교실에 들어왔기 때문에 교실 전체가 조용해졌다.
推し測る お はか	1	추측하다, 상정하다 類 推測する 思い当てる 推量する 想定する 同 推し量る 例 これらのデータから，当時の状況について，おおよそ推し測ることができる。 이 데이터로 당시 상황에 대해 대략 추측할 수 있다.
くすぐる	1	간지럽히다 類 刺激する 例 赤ちゃんはお母さんにくすぐられて，笑い声をあげた。 아기는 엄마가 간지럼을 태워서 웃음소리를 냈다.
伝う つた	1	흘러내리다, 흐르다 類 沿う 伝える 例 映画に感極まってしまったのか，彼の頬に涙が伝っていた。 영화에 감동해버렸는지 그의 뺨에 눈물이 흘러내리고 있었다.

동 사

	1	넘기다, 극복하다
乗り切る （の き）		類 切り抜ける 乗り越える 堪える 生き抜く 例 この試験さえ乗り切れば，春休みがやってくる。 이 시험만 넘기면 봄방학이 온다.

	1	머리를 숙이다
俯く （うつむ）		類 うつ伏せる 反 仰ぐ 仰向け 混 傾く 例 初めての受験で緊張しているのか，彼女はずっとうつむいている。 첫 입시에 긴장하고 있는지 그녀는 계속 머리를 숙이고 있다.

	1	깎아내다
切り崩す （き くず）		類 壊す 弱める 例 山を切り崩す際には，土砂崩れに配慮しなければならない。 산을 깎아낼 때는 산사태를 고려해야 한다.

	1	목을 베다
斬る （き）		類 切る 同 切る 着る 例 この場所は，江戸時代の頃，人斬りが出るという噂があった。 이곳은 에도시대 무렵 살인자가 나온다는 소문이 있었다.

	1	내리다, 끌어내다
下ろす （お）		類 取り外す 下げる 落とす 引き出す 同 降ろす 卸す 混 下す 例 閉店した店の看板を下ろす。 폐점한 가게의 간판을 내리다.

	1	내리다
降ろす （お）		同 下ろす 例 飛行機の積み荷を降ろす作業は，機械が行っている。 비행기 짐을 내리는 작업은 기계가 하고 있다.

	1	해대다, 걷어올리다
まくる		例 ご当地デザートを，片っ端から食べまくる。 현지 디저트를 닥치는 대로 먹어치우다.

동사	의미 / 예문
閉ざす (とざす) 1	**닫다, 막다** 類 閉める 塞ぐ 封じる 閉じる 反 開く 明ける（開ける） 同 鎖す 例 彼女は会社を辞めてから，すっかり心を閉ざしてしまった。 그녀는 회사를 그만둔 후 완전히 마음을 닫아버리고 말았다.
取って代わる (とってかわる) 1	**대체하다, 교대하다** 類 入れ代わる 交代する 例 いつかロボットが，人間に取って代わる日が来るだろう。 언젠가 로봇이 인간을 대체할 날이 올 것이다.
果てる (はてる) 1	**끝나다, 소진하다** 類 尽きる 終わる 死ぬ 例 今なお人類は，宇宙の果てには何があるのか，という問いの答えを探し続けている。 아직도 인류는 우주의 끝에는 무엇이 있을까라는 질문에 대한 답을 찾고 있다.
積もる (つもる) 1	**쌓이다, 추정하다** 類 推し測る 見積る 収集する 積む たまる 反 消える 例 生物の死骸などが，海底などに長年積もり続けることで，石油が形成される。 생물의 사체 등이 해저 등에 오랜 세월 쌓여감으로써 석유가 형성된다.
温める (あたためる) 1	**따뜻하게 하다, 데우다** 類 温まる（暖まる） 加熱する 反 冷やす 同 暖める 例 かつての親友に同窓会で再び出会い，旧交を温めた。 옛 친구와 동창회에서 다시 만나 옛 정을 나누었다.
仕立てる (したてる) 1	**만들다, 준비하다, 마련하다** 類 縫い上げる 仕込む 作り上げる 用意する 例 警察は無実の人を，犯人に仕立て上げる。 경찰은 무고한 사람을 범인으로 만들어냈다.
貼りつける (はりつける) 1	**붙이다** 類 くっつける 塗装する 反 剥がす 同 張りつける 例 この電信柱には，様々なチラシが貼り付けられている。 이 전신주에는 여러 전단지가 붙어 있다.

동 사

賑わう ¹ 활기차다, 붐비다, 번성하다
- 類 繁盛する　栄える　興る
- 反 寂れる
- 例 店長が店に新しい工夫を施したことで，店は賑わい始めた。
  점장이 가게에 새로운 아이디어를 적용함으로써 가게는 붐비기 시작했다.

属す ¹ 속하다, 종속되다
- 類 所属する　含む　含める　従属する
- 例 都市に住む人々には，家庭の中のホームライフと，仕事上のビジネスライフがあるが，この二つに属さないパーソナルライフを楽しむことも大切ではないだろうか。
  도시에 사는 사람들에게는 가정 안의 홈 라이프와 업무상의 비지니스 라이프가 있는데 이 두가지에 속하지 않는 퍼스널 라이프를 즐기는 것도 중요하지 않을까?

聞き流す ¹ 흘려듣다, 무시하다, 내버려두다
- 類 聞き過ごす　聞き捨てる　無視する　放っておく
- 反 聞き留める　聞き咎める
- 例 彼は授業を聞くこともなく，先生の話をただ聞き流している。
  그는 수업을 듣지도 않고 선생님 이야기를 그저 흘려듣고 있다.

笑い転げる ¹ 웃고 떠들다
- 類 笑いこける
- 例 あの看護師さんは，いつも子どもと笑い転げながら，一緒に遊んでいた。
  저 간호사는 언제나 아이들과 웃고 떠들며 함께 놀고 있었다.

憧れる ¹ 동경하다, 숭모하다
- 類 慕う　仰ぐ　崇める　敬う
- 同 憬れる
- 例 私がずっと憧れてきた先輩が卒業し，すっかり悲しい気分になってしまった。
  내가 계속 동경하던 선배가 졸업해서 완전히 슬픈 기분이 되어버렸다.

行き詰まる ¹ 난관에 부딪히다
- 類 滞る
- 反 はかどる
- 混 切羽詰まる
- 例 人のやり方を模倣するだけでは，やがて行き詰まりを感じます。
  남의 방식을 모방하는 것만으로는 머지않아 난관에 부딪히는 것을 느낍니다.

	1	모으다, 축적하다, 저축하다
貯える		類 貯める　蓄積する　貯蓄する
たくわ		同 蓄える
		混 企てる
		例 母親は娘の学費を貯えるために, 一生懸命働いている。
		어머니는 딸의 학비를 모으기 위해 열심히 일하고 있다.

	1	굶주리다
飢える		類 腹が減る　空腹する
う		反 飽きる
		同 植える　餓える
		例 死亡の要因は天敵の他にも, 病気や飢えなどが考えられます。
		사망 요인은 천적 외에도 질병이나 굶주림 등을 생각할 수 있습니다.

	1	활기차다, 긴장하다
張り切る		類 意気込む　苦労する　足掻く
は き		反 だらける
		例 子どもたちは三人ずつのグループに分かれて, それぞれ張りきってロボットを組み立てました。
		어린이들은 세명씩 그룹으로 나뉘어 각각 의욕적으로 로봇을 조립했습니다.

	1	놓치다
逃がす		類 逃す　逃げる　逃れる
に		反 捕まえる（掴まえる）　捕らえる
		例 狩りをするにあたって, 個々が勝手に行動してしまっては捕まるものも逃がしてしまう。
		사냥을 함에 있어서 개개인이 마음대로 행동해서는 잡을 것도 놓쳐버린다.

	1	짖다
吠える		類 鳴く　喚く
ほ		同 咆える
		混 微笑む　生える　映える　終える
		例 うちの犬は, 散歩のときに吠えて食べ物を要求する。
		우리집 강아지는 산책할 때에 짖으면서 먹을 것을 요구한다.

	1	흔들어 뽑다, 흔들기 시작하다, 발행하다
振り出す		類 出す
ふ だ		例 先生の話によると, 科学は時としてそれまでの通説が, それ自体を否定する証拠の発見によって振り出しに戻ることがあるという。
		선생님의 이야기에 따르면 과학은 때로는 그 때까지의 통설이 그 자체를 부정하는 증거의 발견에 의해 원점으로 돌아가는 경우가 있다고 한다.

동 사

噛み締める (かみしめる) 1
곱씹다, 되짚다
- 類 食いつく　味わう　感じ取る　噛む
- 例 この本を理解するためには、一人で内容をじっくりと噛みしめる時間が必要だ。
  이 책을 이해하기 위해서는 혼자서 내용을 꼼꼼히 되짚는 시간이 필요하다.

彷徨う (さまよう) 1
방황하다, 헤매다
- 類 迷う　うろつく　戸惑う
- 例 このキャンパスは複雑な構造をしているので、初めて訪れた人はうっかり彷徨いかねない。
  이 캠퍼스는 복잡한 구조를 하고 있어서 처음 방문한 사람은 깜빡 헤맬 수도 있다.

整う (ととのう) 1
갖추어지다, 정리되다
- 類 そろう　整える　整理する
- 反 崩れる　乱れる
- 混 滞る
- 例 インフラが整ってきた今、生活はとても便利である。
  인프라가 갖추어진 지금 생활은 매우 편리하다.

付き纏う (つきまとう) 1
따라다니다, 맴돌다
- 反 離れる
- 例 見知らぬ土地を歩く際には、孤独や不安、心配が付き纏う。
  낯선 고장을 걸을 때에는 고독이나 불안, 걱정이 따른다.

突き付ける (つきつける) 1
들이대다, 내밀다
- 類 差し出す　差し示す
- 混 当てつける
- 例 警察から新たな証拠を突き付けられ、その容疑者はうろたえた。
  경찰에게 새로운 증거를 제시 당해 그 용의자는 당황했다.

称える (たたえる) 1
칭찬하다, 찬양하다
- 類 ほめる　崇める　賞賛する　反 貶す
- 同 湛える　讃える　混 叩く　戦う
- 例 教授は、古い時代の建物のバランスの良さと、その完成度を褒め称えている。
  교수는 구시대 건물의 균형이 좋은 점과 그 완성도를 칭찬하고 있다.

盗む (ぬすむ) 1
훔치다
- 類 パクる　横取りする
- 反 戻す　返す
- 例 彼は他人の論文を盗んだことで、大学を退学させられた。
  그는 남의 논문을 베낀 것 때문에 대학을 퇴학 당했다.

	1	저술하다, 집필하다
著(あらわ)す		類 執筆(しっぴつ)する 書(か)く 同 表(あらわ)す 現(あらわ)す 顕(あらわ)す 混 現(あらわ)れる（顕(あらわ)れる） 例 彼は誰にとっても，わかりやすい小説を著すことができる。 그는 누구에게나 알기 쉬운 소설을 쓸 수 있다.

	1	떨다, 흔들다
震(ふる)わす		類 震(ふる)う 震(ふる)える 揺(ゆ)らぐ 揺(ゆ)るがす 混 振(ふる)わす 奮(ふる)わす 例 危険が近づくと，その犬は耳や尻尾(しっぽ)を激(はげ)しく震わせる。 위험이 다가오면 그 개는 귀와 꼬리를 심하게 흔든다.

	1	서로 비슷하다, 유사하다
似通(にかよ)う		類 似(に)る 類似(るいじ)する 例 あのグループの人々が，必ずしも我々と似通った価値観(かちかん)を持っているとは限らない。 저 그룹 사람들이 꼭 우리와 비슷한 가치관을 갖고 있을 것이라고는 할 수 없다.

	1	익다, 성숙하다
熟(う)れる		類 成熟(せいじゅく)する 熟(む)む 熟(じゅく)する 同 売れる 混 群(む)れる 例 柿(かき)は熟れてくると，真ん中から割れてくる。 감은 익으면 한가운데부터 갈라진다.

	1	뱉어내다, 토해내다
吐(は)き出(だ)す		類 出(だ)す 吐露(とろ)する 反 吸(す)い込(こ)む 飲(の)み込(こ)む 例 この果物の種には毒(どく)があるので，食(た)べる際(さい)にはそれを吐き出さなければならない。 이 과일 씨에는 독이 있으므로 먹을 때에는 그것을 뱉어내야 한다.

	1	싹트다
兆(きざ)す		類 芽生(めば)える 吹(ふ)き出(だ)す 吹(ふ)く 生(は)える 同 萌(きざ)す 例 夏の強い日差(ひざ)しが和(やわ)らいで，秋の兆しが見られる。 여름의 강한 햇살이 누그러지고 가을의 낌새가 보인다.

	1	양보하다, 접근하다, 타협하다
歩(あゆ)み寄(よ)る		類 折(お)り合(あ)う 近寄(ちかよ)る 妥協(だきょう)する 譲歩(じょうほ)する 例 先に述べた三つのキーワードを上手く調和(ちょうわ)することが出来れば，両者(りょうしゃ)が歩み寄れる道を開けるだろう。 앞서 말한 세 가지 키워드를 잘 조화할 수 있다면 두 사람이 서로 타협할 수 있는 길을 열 수 있을 것이다.

동 사

取り入れる (とりいれる) [1]
받아들이다, 채택하다
- 類 採用する　取り込む　含む　受け入れる
- 例 新技術を取り入れたことで、生産の能率が上がった。
  신기술을 도입함으로써 생산 능률이 올라갔다.

損なう (そこなう) [1]
해치다, 훼손하다
- 類 傷つける　弱める　損ずる　害す　損ねる
- 混 底
- 例 他人の話を無視したりしてしまうと、人間関係を損なってしまう可能性があります。
  남의 이야기를 무시하거나 하면 인간관계를 해칠 가능성이 있습니다.

散らす (ちらす) [1]
흩뜨리다, 뿌리다
- 類 散らばる　撒く
- 反 集める　寄せる
- 例 仕上げに白ごまを散らして完成です。
  마무리로 흰깨를 뿌려서 완성입니다.

広める (ひろめる) [1]
퍼뜨리다, 보급하다
- 類 普及する　広げる　広がる　拡大する
- 反 狭める
- 例 美術作品を社会に広めようとする美術館が、いまだんだん廃れ始めている。
  미술작품을 사회에 널리 보급하려는 미술관이 지금 점점 쇠퇴하기 시작했다.

思い起こす (おもいおこす) [1]
떠올리다, 상기하다
- 類 思い出す　想起する　思いつく　浮かべる
- 反 忘れ去る
- 例 このアルバムを見ながら、学生時代を思い起こした。
  이 앨범을 보면서 학생시절을 떠올렸다.

芽吹く (めぶく) [1]
싹트다
- 類 兆す　吹き出す　芽生える
- 例 あとはユーモアのセンスさえ磨けば、彼女の才能はいずれ芽吹くに違いない。
  다음은 유머 센스만 연습하면 그녀의 재능은 언젠가 싹틀 것이 분명하다.

司る (つかさどる) [1]
관장하다, 지배하다
- 類 支配する　統べる　君臨する
- 例 住民自治を司る議会は、住民にとってかけがえのない存在だ。
  주민자치를 관장하는 의회는 주민에게 둘도 없는 존재이다.

	1	엎지르다, 흘리다
こぼ 零す		類 漏らす 漏れる 溢れる 混 拳 例 私は水をこぼしてしまい，上司に叱られた。 나는 물을 엎질러서 상사에게 야단맞았다.

	1	타고 가다, 도착하다
の つ 乗り付ける		類 乗りなれる 到着する 着く 例 車で乗り付け，買い物を済ますだけの機能的なショッピングセンターには，無駄な空間がない。 차를 타고 가서 쇼핑을 마칠만큼 기능적인 쇼핑센터에는 쓸모없는 공간이 없다.

	1	결여하다
か 欠く		類 欠ける 欠かす 反 備える 同 書く 描く 掻く 例 この地域の道路は安定性を欠いている。 이 지역의 도로는 안정성이 결여되어 있다.

	1	섞다, 더하다
まじ 交える		類 組み合わせる 加える 交ぜる 混ぜる 交わす 例 来週の講座は，カフリー教授も交えて行おうと思います。 다음주 강좌는 카프리 교수와 함께 진행하려 합니다..

	1	자리잡고 살다
い つ 居着く		類 居すわる 住みつく 例 お母さんがその猫に餌を与えているうちに，すっかり家に居着いてしまった。 엄마가 그 고양이에게 먹이를 주다보니 완전히 집에 살게 되어버렸다.

	1	입밖에 내다, 폭로하다
も 漏らす		類 漏れる 暴く 零す 同 洩らす 例 先生はお酒を飲み過ぎたせいで，うっかり本音を漏らしてしまった。 선생님은 술을 너무 마신 탓으로 깜빡 속마음을 털어놓아 버렸다.

	1	따뜻해지다
あたた 温まる		同 暖まる 例 太陽の光が強すぎると，植物の葉は温まり過ぎてしまい，正常な新陳代謝を行うことが出来なくなる。 햇빛이 너무 강하면 식물의 잎은 너무 따뜻해져서 정상적인 신진대사를 할 수 없게 된다.

동 사

畳(たた)む 1
개다, 접다
- 類 折る　積み重ねる　閉める
- 混 叩(たた)く　佇(たたず)む
- 例 お母さんが布団(ふとん)を畳んで，部屋を掃除(そうじ)し始めた。
  엄마가 이불을 개고 방을 청소하기 시작했다.

見落(みお)とす 1
간과하다, 못보다
- 類 見(み)もらす　見過(みす)ごす　見損(みそこ)なう　見逃(みのが)す
- 反 見付(みつ)け出(だ)す　見(み)つける
- 例 先生は私たちに，問題の本質を見落としてはいけないと注意を促(うなが)した。
  선생님은 우리에게 문제의 본질을 간과해서는 안된다고 주의를 촉구했다.

構(かま)う 1
상관하다
- 類 気遣(きづか)う
- 混 叶(かな)う　適(かな)う　構(かま)える
- 例 私に構わないで，先に行っていいよ。
  나를 신경쓰지 말고 먼저 가도 괜찮아.

睨(にら)み合(あ)う 1
서로 노려보다
- 類 向(む)かい合(あ)う　睨(にら)む
- 混 韮(にら)
- 例 あの二人は睨みあいながら，今まさに戦いを始めようとしていた。
  저 두사람은 서로 노려보면서 바로 싸움을 시작하려 하고 있었다.

しがみつく 1
매달리다, 달라붙다
- 類 取(と)りつく　抱(だ)きつく
- 混 しゃがむ
- 例 子どもが泣きながら母親にしがみついている。
  아이가 울면서 엄마에게 매달리고 있다.

引(ひ)き下(さ)がる 1
물러나다, 사퇴하다
- 類 退(しりぞ)く　辞(じ)する
- 例 彼は戦争(せんそう)で負けたことで，歴史の表舞台(おもてぶたい)から引き下がった。
  그는 전쟁에서 패함으로써 역사의 전면에서 물러났다.

固(かた)まる 1
굳다, 응고하다
- 類 固(かた)める　凝固(ぎょうこ)する　定(さだ)まる　寄(よ)り合(あ)う
- 反 溶(と)ける（融(と)ける）　緩(ゆる)む（弛(ゆる)む）
- 混 塊(かたまり)
- 例 私は傷を負ったが，血はすでに固まり，瘡蓋(かさぶた)となっている。
  나는 상처를 입었지만 피는 이미 굳어서 딱지가 되었다.

	1	참고 견디어 내다, 극복하다
凌ぐ しの		類 辛抱する 乗り越える 忍ぶ 堪える 例 貧困層の人々は、毎日の飢えをどうにか凌いでいた。 빈곤층 사람들은 매일의 배고픔을 겨우 견뎌내고 있다.

	1	고치다, 수리하다, 복원하다
取り繕う と つくろ		類 修復する 修理する 例 この状況は、誰であっても取り繕うことはできないだろう。 이 상황은 누구라도 복원할 수는 없을 것이다.

	1	정체하다, 막히다
滞る とどこお		類 停滞する ためらう 行き詰まる 留める 留まる 反 捗る 進む 流れる 混 氷 凍る 凍える 例 余計なことを考えると、肝心な仕事を滞らせてしまう。 쓸데없는 것을 생각하면 중요한 일을 지체시켜 버린다.

	1	흔들리다, 동요하다
揺らぐ ゆ		類 揺れる 揺る 揺らす 震える 反 定まる 例 今回の事件によって、首相の地位は揺らぎ始めている。 이번 사건으로 인해 총리의 지위는 흔들리기 시작했다.

	1	애먹다, 주체못하다, 고전하다
てこずる		類 手間を取らせる 手数をかける 労力がかかる 苦戦する 例 その文章は、複雑な構文に加え、難解な言葉だらけなので、読むのに多少てこずる。 그 문장은 복잡한 구문에 더해 난해한 단어 투성이어서 읽는데에 다소 애를 먹는다.

	1	남아돌다
ありあまる		類 余る 混 ありふれる 例 材料は有り余るほど用意したので、恐らくこれで人数分は事足りるはずです。 재료는 남아돌 정도로 준비했으니까 아마 이것으로 인원수 만큼은 충분할 것입니다.

	1	분발하다
気負う き お		類 勇み立つ 張り切る 身構える 例 彼はいつも親に自分のいい成績を見せようと気負っている。 그는 언제나 부모에게 자신의 좋은 성적을 보여주려고 분발하고 있다.

동 사

見詰める (みつめる) 1
응시하다
- 類 凝視する　睨む
- 例 孫は私の目をじっと見詰めている。
  손자는 내 눈을 뚫어지게 바라보고 있다.

聞き入れる (ききいれる) 1
들어주다, 동의하다, 찬성하다
- 類 承知する　同意する　受け入れる　賛成する
- 同 聞き容れる
- 混 聞き取れる
- 例 母親とその子どもとの感情的な交流が十分に実現できてさえいれば、お互いに共感しあうことが可能になり、子どもは親の言うことを聞き入れやすくなります。
  엄마와 그 아이의 감정적인 교류가 충분히 실현될 수만 있다면 서로 공감하는 것이 가능해지고 아이는 부모가 말하는 것을 받아들이기 쉬워집니다.

喰らう (くらう) 1
받다, 당하다
- 類 食う（喰う）　食べる
- 同 食らう　　混 狂う
- 例 私はその言葉を聞いて、少し不意打ちを喰らった気分になりましたが、すぐにその話に納得しました。
  저는 그 말을 듣고 조금 뒷통수를 맞은 기분이 들었지만 금방 그 이야기에 납득했습니다.

関わり合う (かかわりあう) 1
관계를 맺다
- 類 関わる
- 例 この地域の動物と植物の間には、生態系における相互の関わり合いが確認されている。
  이 지역의 동물과 식물 사이에는 생태계의 상호 관계가 확인되고 있다.

かき消す (かきけす) 1
완전히 지우다
- 類 消す
- 例 彼女の声は小さすぎて、周りの雑音に今にもかき消されてしまいそうだ。
  그녀의 목소리는 너무 작아서 주위 잡음에 금방이라도 완전히 묻혀 버릴 것 같다.

しくじる 1
실수하다, 잘못하다, 실패하다
- 類 失敗する　損ねる　躓く　間違える
- 例 彼は小さい頃から、様々なしくじりを繰り返してきた。
  그는 어린 시절부터 여러가지 실수를 거듭해 왔다.

込み上げる (こみあげる) 1
치밀어 오르다, 우러나다
- 類 吐く　湧き上がる（沸き上がる）
- 例 先生の話によると,「内的インセンティブ」とは, 自分の内側から込み上げてくる欲求のことである。
  선생님의 이야기에 의하면「내적 인센티브」란 자신의 내면에서 우러나는 욕구를 말한다.

心得る (こころえる) 1
알다, 이해하다
- 類 分かる　理解する　承知する
- 例 彼は社会のルールを, きちんと心得ている。
  그는 사회의 규칙을 잘 알고 있다.

叶える (かなえる) 1
이루어지다, 실현하다
- 類 満たす　実現する
- 同 適える
- 例 読者が納得してくれるなら, それはそれで作者の念願がある程度叶えられたと言えるのではないか。
  독자가 납득해 준다면 그것은 그것대로 작자의 염원이 어느 정도 이루어졌다고 할 수 있지 않을까?

読み通す (よみとおす) 1
(끝까지) 다 읽다, 통독하다
- 類 読破する　通読する
- 例 こういう分厚い本を, 最初から最後まで読み通した時には, 大きな達成感を感じられる。
  이런 두꺼운 책을 처음부터 끝까지 다 읽었을 때에는 큰 성취감을 느낀다.

茂る (しげる) 1
(초목이) 무성하다, 유행하다
- 類 生える　生い茂る　はびこる
- 同 繁る
- 混 禿げる
- 例 春から夏にかけて, この林には, 多様な植物が茂る。
  봄부터 여름에 걸쳐 이 숲에는 다양한 식물이 우거진다.

肥える (こえる) 1
비옥해지다
- 類 肥やす　増やす　太る　反 痩せる
- 同 超える　越える　混 凍える　乞う
- 例 土地の肥えている林は, 動植物にとって栄養分が豊富な土地である。
  땅이 비옥한 숲은 동식물에게 있어 영양분이 풍부한 땅이다.

痩せる (やせる) 1
야위다
- 反 肥える　太る
- 例 痩せた土地では, 植物が育ちにくい。
  메마른 땅에서는 식물이 자라기 어렵다.

동사

仕込（しこ）む 1
가르치다, 준비하다, 훈련하다
- 類 仕入れる　訓練（くんれん）する　しつける　収（おさ）める　準備（じゅんび）する　組（く）み込む
- 例 お母さんが子どもに礼儀作法を仕込む。
  엄마가 아이에게 예의범절을 가르친다.

芽生（めば）える 1
싹트다
- 類 兆（きざ）す　吹（ふ）き出す　芽吹（めぶ）く
- 反 枯（か）れる
- 例 ある詩人（しじん）が，新たに葉が芽生えた柳（やなぎ）を題材（だいざい）に，詩を詠（よ）み始めた。
  한 시인이 새로 잎이 돋은 버드나무를 소재로 시를 짓기 시작했다.

持（も）ち掛（か）ける 1
말을 걸다
- 類 切り出す　働（はたら）きかける
- 例 そのプロデューサーは番組（ばんぐみ）の関係者（かんけいしゃ）から，時折相談（ときおりそうだん）を持ち掛けられる。
  그 프로듀서는 프로그램 관계자로부터 가끔 상담을 요청받는다.

重（おも）んじる 1
중요시하다, 존중하다
- 類 尊（とうと）ぶ　尊重（そんちょう）する　重視（じゅうし）する
- 反 軽（かろ）んじる
- 例 今の学校は，昔よりも若者（わかもの）の自発性（じはつせい）や主体性（しゅたいせい）を，ずっと重んじるようになっている。
  오늘날의 학교는 옛날보다도 젊은 사람들의 자발성이나 주체성을 훨씬 중요시하게 되었다.

ちらつかせる 1
넌지시 말하다
- 類 ほのめかす
- 例 大人（おとな）は常（つね）に，子どもに物事（ものごと）の正解（せいかい）をちらつかせている。
  어른들은 항상 아이들에게 사안의 정답을 넌지시 내비치고 있다.

並外（なみはず）れる 1
남다르다, 뛰어나다
- 類 ずば抜（ぬ）ける　優（すぐ）れる　凌（しの）ぐ　勝（まさ）る　かけ離（はな）れる
- 例 このカメラは，並外れた性能（せいのう）を持っている。
  이 카메라는 뛰어난 성능을 갖고 있다.

凹（へこ）む 1
움푹 패다
- 類 落（お）ち込む　窪（くぼ）む　へこたれる
- 反 張（は）り出す　膨（ふく）らむ（脹（ふく）らむ）　盛（も）り上（あ）がる
- 例 鴨（かも）の目の網膜（もうまく）には，凹んでいる細胞（さいぼう）があります。
  오리 눈의 망막에는 움푹 패인 세포가 있습니다.

と こ **飛び越える**	1	**뛰어넘다, 비약하다** 類 飛躍する　飛び越す 例 渡り鳥たちは、海を飛び越えて餌を探しに来た。 　철새들은 바다를 건너 먹이를 찾으러 왔다.
ひ し **引き締める**	1	**다잡다, 긴장시키다** 類 締める　張り詰める 反 緩める（弛める） 例 写真を撮る時には誰でも、ポーズをとったり、表情を引き締めたりする。 　사진을 찍을 때에는 누구든지 포즈를 취하거나 표정을 다잡곤 합니다.
さ だ **差し出す**	1	**내놓다, 제공하다, 제출하다** 類 出す　提供する　提出する　派遣する 反 受け取る 例 子どものためならば、親は何でも差し出せるだろう。 　아이를 위해서라면 부모는 무엇이든 내놓을 수 있을 것이다.
やわ **和らげる**	1	**완화시키다, 경감시키다** 類 和らぐ　鎮める　緩和させる　軽減させる 反 強張らす　荒げる　荒らげる 混 柔らかい 例 ストレスを和らげるには自然を見ることが一番です。 　스트레스를 완화시키는데는 자연을 보는 것이 최고입니다.
ひ よ **引き寄せる**	1	**끌어당기다** 類 寄せる　引き付ける　近づける　そそる 反 追い払う　突き放す 例 このアイテムは、幸運を引き寄せると言われている。 　이 아이템은 행운을 불러온다고 한다.
ふ つ **吹き付ける**	1	**세차게 불다** 類 吹き当たる　たきつける　吹き寄せる 例 熱風が吹き付ける砂漠で、彼は一週間生き延びた。 　뜨거운 바람이 몰아치는 사막에서 그는 일주일동안 살아남았다.
た **溜める**	1	**모으다, 저장하다** 類 集める　蓄える 同 貯める 混 留める 例 私は花に水を撒くために、雨水を溜めている。 　나는 꽃에 물을 주기 위해 빗물을 모으고 있다.

동사

振り切る
1 뿌리치다, 떨쳐내다
- 類 振り離す　引き離す
- 反 縋る
- 例 私にとって，長年溜め込んでいた本を思い切って振り切るのは，かなり心が痛んだ。
  나에게 있어 오랜 기간 쌓아둔 책들을 과감히 뿌리치는 것은 상당히 마음이 아팠다.

訊ねる
1 묻다, 여쭙다
- 類 聞く　伺う　問う
- 同 尋ねる　訪ねる
- 例 彼は様々な場所に行って，現地の人に受け入れてもらえるかどうか訊ねた。
  그는 여러 장소에 가서 현지 사람들에게 받아들여줄 수 있는지 물었다.

見失う
1 잃다
- 類 失う　無くす　落とす
- 反 見付ける　見出す
- 例 あまりにも考えすぎると，価値観や感性を見失いがちになってしまう。
  너무 생각을 많이 하면 가치관이나 감성을 잃어버리기 쉽게 된다.

溜まる
1 쌓이다
- 類 貯める　蓄える　積もる　留まる
- 同 貯まる
- 例 家のゴミが溜まったから，お母さんが捨てに行った。
  집에 쓰레기가 쌓여서 엄마가 버리러 갔다.

振り分ける
1 나누다, 배분하다, 분담하다
- 類 両分する　配分する　分ける　割り当てる　分担する
- 混 割り振る
- 例 もし市民がアンケートで「どちらかと言えば支持する」と答えた場合,「支持する」に振り分けられる。
  만약 시민이 앙케이트에서 「어느 쪽인가 하면 지지한다」고 답한 경우, 「지지한다」로 분류된다.

連ねる
1 늘어서다
- 類 並べる　続ける
- 混 貫く
- 例 この街には，有名店が軒を連ねている。
  이 거리에는 유명한 가게가 즐비하게 늘어서 있다.

炒<ruby>いた</ruby>める	1	볶다 同 痛める 傷める 悼む 例 お肉は炒めたほうがおいしいと，私はお母さんから教わった。 고기는 볶는 게 맛있다고 나는 엄마에게 배웠다.
取り囲む	1	둘러싸다, 에워싸다 類 囲む 取り巻く 包む 例 狼は敵に取り囲まれた気配を察知したのか，暴れ始めた。 늑대는 적에게 둘러싸인 낌새를 알아차렸는지 날뛰기 시작했다.
塞ぐ	1	막다, 차단하다 類 覆う 阻む 遮る 塞げる 閉じる 反 空ける 通す　混 防ぐ ふざける 例 入り口が鉄板で塞がれたことで，そこからの出入りが不可能になった。 입구가 철판으로 막혀서 그곳으로 출입이 불가능해졌다.
遭う	1	당하다, 겪다 類 遭遇する 同 逢う 合う 会う 遇う 例 先生に質問をしただけなのに，彼は酷い目に遭った。 선생님께 질문을 한 것 뿐인데 그는 혼났다.
宛てる	1	(편지・메일 등을) 앞으로 보내다 類 向ける 同 当てる 充てる 例 事務室宛てに，メールを送信した。 사무실 앞으로 메일을 보냈다.
要る	1	필요하다 類 かかる 同 居る 射る 鋳る 例 ロボットの普及により，人が要らなくなったため，生産コストが大きく下がった。 로봇의 보급으로 사람이 필요하지 않게 되어 생산비용이 크게 내려갔다.
操る	1	조종하다, 조작하다 類 操作する 動かす 使いこなす 混 誤る 謝る 例 人を利用し，操るような人間は，決して許してはいけない。 남을 이용하고 조종하려는 사람은 결코 용서해선 안된다.

동사

突き放す (つきはなす) 1
내쫓다, 내치다
- 類 捨てる つっぱなす 引き離す
- 例 家族から突き放された私は，友達に助けを求めた。
  가족에게 버림받은 나는 친구에게 도움을 청했다.

引き出す (ひきだす) 1
이끌어내다
- 類 出す 反 預ける 押し込む 突っ込む 引き入れる
- 例 「ゲーム理論」から「私たち人間がどう生きるべきか」という教訓を引き出すのは，難しいだろう。
  「게임이론」에서 「우리 인간이 어떻게 살아가야하는가」라는 교훈을 이끌어내는 것은 어려울 것이다.

労る (いたわる) 1
돌보다, 위로하다
- 類 慰労する 宥める 苦労する 苦心する 慰める
- 混 痛める 労う
- 例 彼は病み上がりの体を労って，仕事を休んだ。
  그는 병석에서 일어난 몸을 추스르며 일을 쉬었다.

亡びる (ほろびる) 1
망하다, 쇠망하다
- 類 滅亡する 衰亡する 破滅する 同 滅びる 混 綻ぶ
- 例 このような社会は，この経済原則に従うと亡びるようにも思われるが，歴史的に見るとそうではないことがわかる。
  이러한 사회는 이 경제원칙을 따르면 망할 것처럼 보이지만 역사적으로 보면 그렇지 않다는 것을 알 수 있다.

努める (つとめる) 1
힘쓰다, 노력하다
- 類 努力する
- 反 休む 怠る 怠ける
- 同 務める 勤める 勉める
- 例 従業員たちは，毎日お客さんのためのサービスに努めている。
  종업원들은 매일 고객을 위한 서비스에 힘쓰고 있다.

受け流す (うけながす) 1
받아넘기다
- 類 はぐらかす
- 例 いくら悪い言葉を投げかけられようと，なるべく受け流すようにしている。
  아무리 나쁜 말을 듣더라도 되도록이면 받아넘기려고 하고 있다.

照りつける (てりつける) 1
내리쬐다
- 類 照る 照らす
- 例 太陽が照りつける西海岸でサーフィン文化が発達した。
  태양이 내리쬐는 서해안에서 서핑문화가 발달했다.

	1	무성하다, 번성하다
生い茂る (お しげる)		類 繁る 茂る 繁茂する 例 この土地は、しばらく手入れをされていないらしく、草木が生い茂っている。 이 땅은 한동안 손질을 하지 않은 듯 초목이 무성하다.

	1	되찾다, 회복하다
取り戻す (と もどす)		類 取り返す 回復する 例 荒廃した大地に緑を取り戻すためには、どうしても人手が必要である。 황폐한 대지에 녹음을 되찾도록 하기 위해서는 아무래도 사람의 손이 필요하다.

	1	새기다, 조각하다
彫る (ほる)		類 刻む 同 掘る 混 葬る 例 この石に彫られている文様は、歴史的な意味を持つ。 이 돌에 새겨진 문양은 역사적인 의미를 갖는다.

	1	엷게 하다, 묽게 하다
薄める (うすめる)		類 割る 和らげる 弱める 例 淡い印象を与えるために、あえて絵の具を水で薄めて使用する。 엷은 인상을 주기 위해 일부러 물감을 물로 묽게 하여 사용한다.

	1	소화되다, 숙련되다, 익숙하다
こなれる		類 消化する 熟練する 慣れる 混 粉 例 少し散歩をしたことで、お腹の具合もこなれてきた。 조금 산책을 한 것으로 속도 편해졌다.

	1	섞이다
混ざる (まざる)		類 混じる 交える 混ぜる 同 交ざる 雑ざる 例 肥料を土に混ぜることで、良質の作物が育つ。 비료를 흙에 섞어줌으로써 양질의 작물이 자란다.

	1	진찰하다, 진단하다
診る (みる)		類 診断する 同 見る 観る 看る 視る 例 夜中でも、診てもらえる病院はあらかじめ調べておくべきだ。 밤중에도 진료받을 수 있는 병원은 미리 알아두어야 한다.

동사

照る
1 비치다, 빛나다, 맑다, 개다
- 類 輝く　晴れる　映える　照らす　光る
- 反 降る　曇る　陰る
- 混 テロ　照れる
- 例 写真撮影のため，両側から強いライトを照らしている。
  사진촬영을 위해 양쪽에서 강한 라이트를 비추고 있다.

早める
1 앞당기다, 재촉하다
- 類 進める　急がせる　促す
- 反 遅れる
- 同 速める
- 例 電車の遅延に備えて，出発の時間を一時間早める。
  전철 지연에 대비해 출발 시간을 한시간 앞당긴다.

儲ける
1 벌다, 얻다
- 類 稼ぐ　儲かる　得る
- 反 損する
- 同 設ける
- 例 お金を儲けることだけが人生の目的ではない。
  돈을 버는 것만이 인생의 목적이 아니다.

付き添う
1 곁에서 수발들다
- 類 付く　従う
- 例 私は母の付き添いで，病院へ行く。
  나는 엄마의 보호자로 병원에 간다.

孵る
1 부화하다
- 類 孵化する
- 同 変える　帰る　返る　替える　換える
- 混 カエル
- 例 セキセイインコの卵から，雛が孵った。
  세키세이 잉꼬의 알에서 새끼가 부화했다.

謝る
1 사과하다, 사죄하다
- 類 詫びる　謝罪する
- 同 誤る
- 混 過ち
- 例 自分に非があることは，素直に謝るべきだ。
  자신에게 잘못이 있는 것은 솔직하게 사과해야 한다.

合わさる
1 합쳐지다
- 類 合わせる
- 例 複数の文化が合わさったことで，この祭りが生まれた。
  여러 문화가 합쳐져서 이 축제가 탄생했다.

	1	뜨다, 떠다니다
浮く		類 浮ぶ　漂う 反 沈む 例 空に浮く雲が白くて私のこころを癒した。 　하늘에 뜬 구름이 하얘서 나의 마음이 치유되었다.

	1	날아다니다
飛び回る		類 跳ね回る　奔走する　飛ぶ 同 跳び回る 例 ハチがあちこちに飛び回っている。 　벌이 여기저기로 날아다니고 있다.

	1	비추다, 참조하다
照らす		類 光る　輝かす　参照する　照る 例 新しく買った照明が家全体を照らした。 　새로 산 조명이 집 전체를 비추었다.

	1	거느리다, 인솔하다, 통솔하다
率いる		類 統率する　先立つ　先導する　リードする 混 引く 例 チームを率いて勝利に導く。 　팀을 통솔하여 승리로 이끈다.

	1	머리를 땋다, 묶다
結う		類 結ぶ　繋ぐ　編む 混 言う 例 母が日本髪に結ってくれた。 　엄마가 일본식 머리 모양으로 묶어 주었다.

	1	줄이다, 생략하다
省く		類 とり捨てる　除く　外す　省略する 反 加える 混 省みる 例 会社にとって, 無駄を省くことは非常に大事な課題である。 　회사로서 낭비를 줄이는 것은 매우 중요한 과제이다.

	1	들쑤시어 먹다
食い荒らす		類 喰い切る　食べ尽くす　食う　食べる 例 農作物がネズミに食い荒らされた。 　농작물을 쥐가 마구 먹어치웠다.

동사

	1	의논하다, 상의하다
打ち合わせる		類 相談する 混 待ち合わせる 例 大事なことを電話で打ち合わせる。 중요한 일을 전화로 의논한다.

	1	뒤지다
漁る		類 探す 例 野良犬がごみ箱を漁っている。 떠돌이 개가 쓰레기통을 뒤지고 있다.

	1	늦추다, 미루다
ずらす		類 移す　ずれる 例 節電の一環として、必要な電力を時間をずらして使用することが考えられる。 절전의 일환으로 필요한 전력을 시간을 변경해서 사용하는 것을 생각할 수 있다.

	1	축하하다
祝う		類 祈る　喜ぶ（歓ぶ・悦ぶ） 反 呪う 例 友人が私の誕生日を祝ってくれた。 친구가 내 생일을 축하해 주었다.

	1	넘어뜨리다, 굴리다
転がす		類 転がる　転ぶ　回転する 混 動かす 例 私はうっかり花瓶を転がした。 나는 부주의로 꽃병을 넘어뜨렸다.

	1	섞이다
混じる		類 混ぜる　交える　混ざる 同 交じる 例 動物のフンには木の実の種が混じっている。 동물의 똥에는 나무 열매의 씨가 섞여 있다.

	1	뿌리다
ばら撒く		類 散らかす　配る 同 ばら蒔く 例 タンポポの種が広い範囲にばら撒かれた。 민들레 씨앗이 넓은 범위에 뿌려졌다.

	1	**쏟아붓다, 낭비하다**
注ぎ込む		類 注ぐ 費やす
		例 この企業は大量の人件費を注ぎ込んで，新しい顧客を獲得した。
		이 기업은 대량의 인건비를 쏟아부어 새로운 고객을 획득했다.

	1	**가져오게 하다, 입하하다**
取り寄せる		類 引き寄せる
		例 この本は他の図書館から取り寄せることができる。
		이 책은 다른 도서관에서 가져올 수 있다.

	1	**관리하다, 도맡아 하다**
仕切る		類 分ける 割く 隔てる 取り仕切る
		混 仕入れる
		例 部長が定年後も命令口調で仕切りたがっている。
		부장님이 정년 후에도 명령조로 지시하고 싶어 한다.

	1	**번성하다, 번창하다**
栄える		類 繁栄する 賑わう
		反 衰える 廃れる 滅びる（亡びる） 混 生える 映える
		例 日本の沿岸で栄えた都市で，新しい技術が発明された。
		일본의 연안에서 번성한 도시에서 새로운 기술이 발명되었다.

	1	**출입하다, 간섭하다**
立ち入る		類 入り込む 干渉する 侵入する
		例 ここは一般の人を立ち入らせないほど重要なところである。
		여기는 일반인을 출입시키지 않을 정도로 중요한 곳이다.

	1	**얽히다, 관련되다**
纏わる		類 纏う からみつく 付随する つきまとう
		例 彼はターゲットにまつわる情報を収集する。
		그는 타겟에 관련된 정보를 수집한다.

	1	**기세가 오르다, 신바람이 나다**
弾む		類 跳ね上がる 跳ね返る
		反 沈む 静まる（鎮まる）
		混 外す
		例 気兼ねしすぎると会話が弾みません。
		너무 어려워하면 대화가 진전되지 않습니다.

潰す 〔つぶす〕 1
찌그러뜨리다, 파괴하다
- 類 崩す 壊す 潰れる
- 反 立てる 築く 直す
- 混 つぶる つむる
- 例 彼は怒って空き缶を潰した。
  그는 화가 나서 빈 캔을 찌그러뜨렸다.

不貞腐れる 〔ふてくされる〕 1
부루퉁하다, 삐지다
- 類 反抗する
- 混 腐る
- 例 その子どもはふてくされて返事もしなかった。
  그 아이는 삐져서 대답도 하지 않았다.

申し立てる 〔もうしたてる〕 1
제기하다, 주장하다, 신고하다
- 類 申し上げる 主張する 述べる 申告する
- 例 弁護士が手を挙げて, 異議を申し立てる。
  변호사가 손을 들고 이의를 제기한다.

打ち破る 〔うちやぶる〕 1
무찌르다
- 類 破る 倒す
- 例 敵を打ち破って勝利に導く。
  적을 무찌르고 승리로 이끈다.

息づく 〔いきづく〕 1
숨쉬다
- 類 嘆く
- 例 民衆の生活の中には、その土地ごとの伝統が息づいている。
  민중의 생활 속에는 그 지역별로 전통이 숨쉬고 있다.

語らう 〔かたらう〕 1
이야기를 나누다
- 類 話し合う しゃべる 語る
- 例 友人と語らって仲良くなる。
  친구와 이야기를 나누며 사이가 좋아진다.

差し掛かる 〔さしかかる〕 1
접어들다, 도착하다
- 類 着く 至る
- 例 彼は重要な話に差し掛かった時にいきなり倒れた。
  그는 중요한 이야기에 접어들었을 때 갑자기 쓰러졌다.

くっつく ₁

들러붙다, 매달리다

- 類 こびつく 吸いつく 貼りつく 伴う
- 反 放れる（離れる）
- 例 あの二人は無理矢理くっついて夫婦になった。
  저 둘은 억지로 들러붙어 부부가 되었다.

仕上げる ₁

완성하다, 끝내다

- 類 完成する 終える 成し遂げる
- 反 投げ出す 仕掛ける
- 混 仕切る 仕入れる
- 例 彼女は表紙のデザインを早く仕上げた。
  그녀는 표지 디자인을 빨리 완성했다.

蹴る ₁

차다, 거절하다

- 類 拒む けりつける 断る 飛ばす
- 例 彼はボールを蹴って走り出す。
  그는 공을 차고 달려 나간다.

たしなめる ₁

나무라다, 타이르다

- 類 戒める
- 混 試す
- 例 子どもはみんな親に好き嫌いをたしなめられた経験を持っている。
  아이들은 모두 부모에게 호불호에 대해 타이름받은 경험을 갖고 있다.

数える ₁

세다, 계산하다, 열거하다

- 類 計算する 列挙する
- 例 監督は会場に来た人数を数えている。
  감독은 회장에 온 인원수를 세고 있다.

抜け出る ₁

빠져나가다, 탈출하다, 도망치다

- 類 ずば抜ける 脱け出す 逃げる
- 反 落ち込む
- 例 困難な状況から抜け出る為に数年間の準備作業が必要だ。
  어려운 상황에서 빠져나오기 위해 수년간의 준비작업이 필요하다.

選り分ける ₁

가려내다, 골라내다

- 類 選別する 選ぶ
- 反 混ぜる 同 選り分ける
- 例 子どもは自分の記憶の確かな部分とそうでない部分を選り分けることができる。
  아이들은 자신의 기억이 확실한 부분과 그렇지 않은 부분을 가려낼 수 있다.

동 사

1 의심하다

疑る (うたぐる)

- 類 疑う　勘ぐる　おしはかる　怪しむ
- 反 信じる
- 例 彼は過去を語ることによって疑り深い相手の信頼を得る。
  그는 과거를 말함으로써 의심 많은 상대의 신뢰를 얻는다.

1 깎아내다, 삭감하다

削ぐ (そぐ)

- 類 削る　弱める　削減する
- 混 沿う　剃る　反る
- 例 この薬はメダカの繁殖力を削いでいる。
  이 약은 송사리의 번식력을 떨어뜨리고 있다.

1 지켜보다, 응시하다

見守る (みまもる)

- 類 守る　心を配る　凝視する
- 反 見離す（見放す）
- 例 子どもの成長を見守ることは親の責任である。
  아이의 성장을 지켜보는 것은 부모의 책임이다.

1 갈아 넣다, 바꿔 넣다

入れ替える (いれかえる)

- 類 変える（替える・換える）入れ替わる
- 同 入れ換える
- 例 古いお茶を，新しいものと入れ替える。
  오래된 차를 새로운 것으로 갈아넣는다.

1 날아들다

舞い込む (まいこむ)

- 類 入り込む
- 例 タンポポが窓から舞い込んできた。
  민들레가 창문으로 날아들어왔다.

1 바탕으로 하다

踏まえる (ふまえる)

- 類 基づく
- 例 彼は中国人の伝統的な生活を踏まえて椅子を作る。
  그는 중국인의 전통적인 생활을 고려하여 의자를 만든다.

1 도출하다, 산출하다

割り出す (わりだす)

- 類 算出する　推しはかる
- 例 万有引力理論はニュートンの経験から割り出した結論だ。
  만유인력의 법칙은 뉴턴의 경험에서 도출해낸 결론이다.

とど で **届け出る**	1	신청하다 類 届ける 例 パソコンを利用する際には、事務室の窓口に届け出てください。 컴퓨터를 이용할 때에는 사무실 창구에 신청해 주십시오.
わか **別れる**	1	헤어지다 類 離れる　分かる　分かつ 同 分かれる 例 彼と喧嘩で別れた。 그와 다툼으로 헤어졌다.
あ **空ける**	1	비우다 類 空く 同 明ける　開ける 例 文章に不必要にスペースを空けることを慎まねばならない。 문장에 불필요하게 공간을 비우는 것을 삼가해야 한다.
つつし **慎む**	1	삼가하다, 조심하다 類 控える 同 謹む 混 慈しむ 例 ここは正式な場所なので行動を慎んでください。 이 곳은 정식적인 장소이므로 행동을 조심해 주십시오.
とが **尖る**	1	뾰족하다, 날카롭다 類 鋭くなる 例 日本人は先のとがった箸が好みである。 일본인은 끝이 뾰족한 젓가락을 좋아한다.
つ　　つま **摘む・摘む**	1	뜯다, 따다 類 取上げる 混 掴む 例 骨の間の肉を摘んで食べる。 뼈 사이의 고기를 뜯어 먹는다.
と　の **取り除ける**	1	제거하다, 없애다 類 取り除く　取り出す 例 障害物を取り除けてから道路を改装する。 장애물을 제거하고 도로를 새로 단장한다.

동사

引っ掛ける (ひっかける) 1
걸다, 낚다
- 類 ぶら下げる つける 吊る 引っかかる
- 例 私はコートを椅子に引っ掛ける。
  - 나는 코트를 의자에 걸어 놓는다.

赴く (おもむく) 1
향하다, 부임하다
- 類 行く 参る 向かう
- 同 趣く (おもむく)
- 混 趣 (おもむき)
- 例 科学者たちは現地に赴いて調査を行う。
  - 과학자들은 현지에 나가서 조사를 실시한다.

遠のく (とおのく) 1
멀어지다
- 類 遠ざかる 遠ざける
- 反 近づく 近づける
- 混 退く (のく)
- 例 三月も後半になり、寒さが遠のいてきた。
  - 3월도 후반이 되어 추위가 멀어져 갔다.

慕う (したう) 1
존경하다, 연모하다
- 類 憧れる 敬う 仰ぐ 恋う
- 反 疎む 厭う 嫌う
- 例 私は彼を兄のように慕っている。
  - 나는 그를 형처럼 존경하고 있다.

きたす 1
초래하다, 야기하다
- 類 ひき起す 招く 生じる
- 例 無理な生活を続けていると、体に支障をきたします。
  - 무리한 생활을 계속하면 몸에 지장을 초래합니다.

引っ越す (ひっこす) 1
이사하다, 이전하다
- 類 転居する 移転する
- 例 彼は隣のおばあさんと喧嘩して引っ越した。
  - 그는 옆집 할머니와 다투고 이사했다.

滲みる (しみる) 1
스며들다
- 類 滲む 透る
- 同 染みる 沁みる 浸みる
- 例 家の壁に雨が滲みている。
  - 집 벽에 빗물이 스며들었다.

うるお 潤す	1	**적시다 , 윤택하게 하다** 類 濡らす　湿らす　潤う 反 渇かす（乾かす） 例 彼は私にとって心を潤す存在だ。 그는 나에게 있어 마음을 풍요롭게 하는 존재다.
と 飛ばす	1	**날리다** 類 放つ　飛ぶ　散らす 例 風向を読む方法の一つは，風船を飛ばして観察することである。 풍향을 읽는 방법 중 하나는 풍선을 날려서 관찰하는 것이다.
ゆ 揺れる	1	**흔들리다, 동요하다** 類 揺すぶる　振るう 混 寄る 例 太古の人々は，大地がぐらぐらと揺れることを神の怒りの発現だと考えた。 태고의 사람들은 땅이 흔들흔들 흔들리는 것을 신의 분노의 발현이라고 생각했다.
お つぶ 押し潰す	1	**눌러 찌부러뜨리다, 뭉개버리다** 類 崩す　潰す 例 私は仕事の重さに押しつぶされて，うつ病にかかってしまいました。 나는 일의 무게에 짓눌려서 우울증에 걸리고 말았습니다.
うずくまる	1	**웅크리다, 웅크려 앉다** 類 しゃがみ込む　反 寝転ぶ　立ち上がる 混 うつ伏せる　俯く 例 小鳥はこの声を聞くと，巣の中でうずくまったり草むらに隠れたりする。 작은 새는 이 소리를 들으면 둥지 안에 웅크리거나 풀숲에 숨는다.
つかえる	1	**막히다** 類 ひっかかる 同 仕える 例 たとえ演奏が途中でつかえても最後まで演奏をしなければならない。 혹시 연주가 도중에 막히더라도 끝까지 연주를 해야 한다.
み やぶ 見破る	1	**간파하다** 類 汲み取る　見極める　見透かす　見抜ける 例 カメレオンの色は探知機にかかるとすぐ見破られてしまう。 카멜레온의 색은 탐지기에 걸리면 바로 간파되고 만다.

	1	지르다, 외치다
張り上げる		類 叫ぶ 喚く 申し立てる 例 お母さんがいきなり大声を張り上げてわたしを叱った。 엄마가 갑자기 고성을 지르며 나를 혼냈다.

	1	다가가다, 접근하다
寄り付く		類 寄る 寄りかかる 寄せる 近づく 反 遠ざかる 例 狼は唐辛子の辛味を恐れて寄り付かなかった。 늑대는 고추의 매운 맛이 두려워서 다가가지 못했다.

	1	쪼아 먹다
啄む		類 食う 例 唐辛子の種は小さく, 小鳥でもついばむことはできない。 고추씨는 작아서 작은 새라도 쪼아 먹을 수 없다.

	1	위협하다, 협박하다
脅かす		類 脅す 怖がらせる 脅迫する 脅嚇する 混 怯える 例 生徒たちは担任の先生に試験が難しいと脅かされた。 담임선생님은 학생들에게 시험이 어렵다고 겁을 주었다.

	1	발을 들여놓다
踏み込む		類 入り込む 押し入る 例 今まで人間があまり踏み込まなかった南極で, 新しい生物が発見された。 지금까지 인간이 그다지 발을 들여놓지 않았던 남극에서 새로운 생물이 발견되었다.

	1	따돌리다, 튕겨내다
弾き出す		類 追い出す 例 彼は過ちを犯してしまいグループから弾き出された。 그는 잘못을 저질러서 그룹에서 따돌림을 당했다.

	1	기어오르다
攀じ登る		類 登る(上る) 反 滑り落ちる 滑り下りる ずり落ちる 例 彼は枝につかまって岩山を攀じ登る。 그는 가지를 붙잡고 바위산을 기어 오른다.

被る かぶ	1	**쓰다, 뒤집어쓰다, 겹치다** 類 重なり合う　覆う　受ける 混 重なる 例 私は頭から布団を被って寝た。 　나는 머리부터 이불을 뒤집어쓰고 잤다.
写る うつ	1	**찍히다** 類 写す 同 映る　移る　遷る 例 この写真はうまく写っている。 　이 사진은 잘 찍었다.
囲う かこ	1	**둘러싸다, 숨기다** 類 取り巻く　囲む　匿う 同 加工 例 重要な情報は、赤枠で囲ってあります。 　중요한 정보는 빨간 테두리를 쳐놓았습니다.
際立つ きわ だ	1	**두드러지다** 類 目立つ 例 頬に出来たニキビがとても際立って見える。 　볼에 난 여드름이 아주 두드러져 보인다.
纏う まと	1	**걸치다, 입다** 類 巻きつく　絡まる　つける 反 脱ぐ 混 厭う 例 彼女はドレスを身に纏ってパーティーに向かう。 　그녀는 드레스를 몸에 걸치고 파티에 간다.
古びる ふる	1	**낡다, 헐다** 類 老いる　老ける　年取る 例 古びた洋服は捨てたほうがいい。 　낡은 양복은 버리는 것이 좋다.
手渡す て わた	1	**직접 건네다** 類 渡す　捧げる　授ける 反 受け取る　取り上げる 例 私はクリスマスプレゼントを一人一人に手渡す。 　나는 크리스마스 선물을 한 사람 한사람에게 준다.

동사

利する
1. **이롭다, 이득을 보다**
   - 例 この事業は利するところが大きいですよ。
     이 사업은 이로운 점이 큽니다.

頷く
1. **(고개를) 끄덕이다**
   - 類 首を縦に振る
   - 反 頭を振る
   - 混 俯く
   - 例 相手が話している時に頷いたり相槌を打ったりするのは礼儀である。
     상대가 이야기하고 있을 때에 고개를 끄덕이거나 맞장구를 치는 것은 예의다.

居眠る
1. **앉아서 졸다**
   - 類 仮眠 うたた寝する
   - 例 教室の後ろで、椅子の背にもたれて居眠る。
     교실 뒤에서 의자 등받이에 기대 앉아서 졸다.

太る
1. **살이 찌다**
   - 反 細る 痩せる
   - 同 肥る
   - 例 食べ過ぎると太っちゃうから気を付けたほうがいいよ。
     너무 많이 먹으면 살이 찌니까 조심하는게 좋아.

取り消す
1. **취소하다**
   - 類 打ち消す 撤回する キャンセルする
   - 例 彼は間違った注文を取り消す。
     그는 잘못된 주문을 취소한다.

晴れる
1. **개다**
   - 反 曇る 降る
   - 同 腫れる
   - 例 雨が強まってきたので、晴れるまで喫茶店で雨宿りしましょう。
     비가 강해졌으니 갤 때까지 카페에서 비를 피합시다.

熟す
1. **익다, 성숙하다, 성장하다**
   - 類 熟れる 成熟する 成長する
   - 例 実が熟して地面に落ちた。
     열매가 익어서 땅에 떨어졌다.

し む **仕向ける**	1	유도하다, 시키다, 발송하다 類 働きかける　待遇する　発送する 混 仕掛ける 例 先生は学生が自ら実験するように仕向ける。 　　선생님은 학생이 스스로 실험하도록 유도한다.
ほ **干す**	1	말리다, 건조시키다 類 乾かす　尽くす 同 乾す 例 お母さんが干した洗濯物を，僕が部屋に取り込んだ。 　　엄마가 널어놓은 세탁물을 내가 방에 걷어들였다.
こじ **拗れる**	1	뒤틀리다, 꼬이다 類 もつれる　長引く 反 解れる 例 彼は取引先の顧客と喧嘩して，交渉が拗れた。 　　그는 거래처 고객과 다투어서 교섭이 꼬였다.
そく **則する**	1	따르다, 의거하다 類 従う　乗っ取る 同 即する 例 法に則して行動することは市民の義務である。 　　법에 따라 행동하는 것은 시민의 의무다.
こ **肥やす**	1	채우다, 살찌우다 類 太らせる　豊かにする　肥える 反 痩せる 混 増やす 例 彼は莫大な金を貯めこみ，私腹を肥やした。 　　그는 막대한 돈을 모아 사복을 채웠다.
で **出くわす**	1	(우연히) 만나다 類 出会う　会う 例 いきなり十年ぶりの友人に出くわして，びっくりした。 　　갑자기 10년만에 친구를 만나서 깜짝 놀랐다.
ま のぞ **待ち望む**	1	바라다, 희망하다 類 待つ　待ちかねる　期待する 例 母は私が大学に合格するという朗報を待ち望んでいる。 　　엄마는 내가 대학에 합격한다는 희소식을 바라고 있다.

동사

	1	꼬이다, 뒤틀리다
ねじれる		類 ねじる　ひねくれる　曲がる 同 捻じれる　捩じれる 例 ネクタイがねじれているから、ちゃんと整えてください。 　넥타이가 꼬여있으니 잘 바로잡아 주십시오.

	1	감기다, 얽히다, 엉기다
絡みつく		類 巻きつく　絡む 例 バラの茎が木に絡みついている。 　장미 줄기가 나무에 엉겨있다.

	1	욕하다, 매도하다
罵る		類 罵倒する　叱る 反 誉める（褒める） 例 先生は大声で生徒を罵った。 　선생님은 큰 소리로 학생을 모욕했다.

	1	비웃다, 야유하다
嘲る		類 あざ笑う　からかう　揶揄する 混 欺く 例 人の失敗を嘲る行為を許してはいけない。 　남의 실패를 비웃는 행위를 용서해선 안된다.

	1	틀리다
違える		類 誤る　違う　外す　間違える 例 小学生のころは、よく字を読み違えて恥をかいたものだ。 　초등학생 때는 자주 글자를 잘못 읽어 창피를 당하곤 했다.

	1	멀리 떨어지다
かけ離れる		類 隔たる　遠ざかる 反 近づく 例 親と喧嘩し、今住んでいるところからかけ離れた場所に移住した。 　부모와 다투어 지금 살고 있는 곳에서 멀리 떨어진 곳으로 이사했다.

	1	튕기다
弾く		類 はね飛ばす　打つ　奏でる 混 弾む 例 この傘は水を弾きます。 　이 우산은 물을 튕겨냅니다.

	1	**떠돌다**
<ruby>漂<rt>ただよ</rt></ruby>う		類 浮く
		例 ジャスミンの香りが空気に漂っている。
		쟈스민 향기가 공기 중에 풍기고 있다.

	1	**덧붙이다, 추가하다, 보충하다**
<ruby>付<rt>つ</rt></ruby>け<ruby>加<rt>くわ</rt></ruby>える		類 付け足す　加える　加わる　補足する
		反 削る　省く
		例 手紙に最後の一言を付け加える。
		편지에 마지막 한 마디를 덧붙인다.

	1	**끼우다**
<ruby>挟<rt>はさ</rt></ruby>む		類 差し入れる
		混 嵩む　ハサミ
		例 彼女は本を開いて、しおりを挟んだ。
		그녀는 책을 펼쳐 책갈피를 끼웠다.

	1	**갈라지다**
<ruby>割<rt>さ</rt></ruby>ける		同 避ける　裂ける
		混 咲く
		例 地震で地面が割けた。
		지진으로 땅이 갈라졌다.

	1	**쪼개다, 나누다**
<ruby>割<rt>さ</rt></ruby>く		類 破る　割れる　離す
		同 咲く　裂く
		例 既存の空間を割いて専用の空間をつくる。
		기존의 공간을 쪼개서 전용 공간을 만든다.

	1	**녹다**
<ruby>融<rt>と</rt></ruby>ける		類 溶解
		同 溶ける　解ける　説ける
		混 退く
		例 一度融けたやわらかな新雪は、再び凍結すると固い氷になる。
		한번 녹은 부드러운 새 눈은 다시 얼면 딱딱한 얼음이 된다.

	1	**당황하다, 우왕좌왕하다**
<ruby>狼狽<rt>うろた</rt></ruby>える		類 うろつく　まごつく　取り乱す
		反 落ち着く　混 躊躇う
		例 緊急事態に、どう対応してよいかわからず狼狽えた。
		긴급사태에 어떻게 대응해야 좋을지 몰라 우왕좌왕했다.

동 사

紛(まぎ)れる 1
헷갈리다, 혼란하다
- 類 忘(わす)れる　混乱(こんらん)する　紛(まぎ)らわす
- 例 これは素晴(すば)らしい作品だが、色遣(いろづか)いが壁(かべ)の色と紛れて台無(だいな)しだ。
  이것은 훌륭한 작품이지만 색채가 벽 색깔과 헷갈려서 가치가 바랬다.

立(た)ち戻(もど)る 1
되돌아가다
- 類 戻(もど)る　ひき返(かえ)す　立(た)ち返(かえ)る
- 例 さんざん迷った挙句(あげく)、本来(ほんらい)の自分に立ち戻ることにした。
  한참 방황한 끝에 본래의 자신으로 되돌아가기로 했다.

躓(つまず)く 1
좌절하다, 실패하다
- 類 失敗(しっぱい)する　くじける　転(ころ)ぶ
- 例 大学の入試でつまずいて号泣(ごうきゅう)した。
  대학 입시에 좌절하여 오열했다.

設(しつら)える 1
설치하다, 비치하다
- 類 備(そな)えつける　飾(かざ)りつける
- 混 拵(こしら)える
- 例 舞台(ぶたい)にはプールが設えられて、観客(かんきゃく)の注目を集めている。
  무대에는 수영장이 설치되어 관객의 주목을 끌고 있다.

慰(なぐさ)める 1
위로하다
- 類 労(いたわ)る　宥(なだ)める　反 悩(なや)ませる　苦(くる)しめる　混 殴(なぐ)る
- 例 彼女の書く物語の多くは、子どもに分かりやすいだけでなく、大人の心を慰めてくれる。
  그녀가 쓰는 이야기의 대부분은 아이들이 알기 쉬울 뿐만 아니라 어른들의 마음을 위로해 준다.

2

形容詞
형용사

음성과 TEST

형용사

良い・好い (よい・こい) — 366

좋다, 바람직하다

- 類 いい　よろしい　望(のぞ)ましい　好(この)ましい
- 反 悪(わる)い
- 例 バランスの良い食生活を送ることが肝心だ。

  균형있는 식생활을 하는 것이 중요하다.

多い (おおい) — 212

(수량) 많다

- 類 数多(かずおお)い　夥(おびただ)しい
- 反 少(すく)ない　僅(わず)か ㋔　希少(きしょう) ㋔
- 例 世(よ)の中(なか)には，自分が知らないことのほうが圧倒的(あっとうてき)に多い。

  세상에는 자신이 모르는 것이 압도적으로 많다.

高い (たかい) — 109

높다, 비싸다

- 類 高等(こうとう) ㋔　高額(こうがく) ㋔　高価(こうか) ㋔　反 低(ひく)い　安(やす)い
- 例 貧困家庭(ひんこんかてい)で育(そだ)った子(こ)どもはそうでない子どもに比(くら)べて，大人(おとな)になってからの貧困(ひんこん)のリスクが高い。

  빈곤가정에서 자란 아이는 그렇지 않은 아이에 비해 성인이 된 후의 빈곤 리스크가 높다.

新しい (あたらしい) — 101

새롭다

- 類 目新(めあたら)しい　新(あらた) ㋔　斬新(ざんしん) ㋔　新鮮(しんせん) ㋔
- 反 古(ふる)い
- 例 今(いま)の時代(じだい)に必要(ひつよう)なのは，常(つね)に新しい可能性(かのうせい)を育(はぐく)むことができる人材(じんざい)だ。

  요즘 시대에 필요한 것은 항상 새로운 가능성을 키울 수 있는 인재다.

大きい (おおきい) — 92

크다 (범위, 크기, 정도 등)

- 類 広(ひろ)い　巨大(きょだい) ㋔　膨大(ぼうだい) ㋔　莫大(ばくだい) ㋔
- 反 小(ちい)さい　狭(せま)い
- 例 実際(じっさい)に見聞(みき)きしたことは，あらかじめ知(し)り得(え)た情報(じょうほう)を大きく逸脱(いつだつ)する場合(ばあい)もある。

  실제로 보고 들은 것이 미리 알고 있던 정보를 크게 벗어나는 경우도 있다.

少ない (すくない) — 72

(수량) 적다

- 類 僅(わず)か ㋔　希少(きしょう) ㋔　微小(びしょう) ㋔
- 反 多(おお)い　数多(かずおお)い　夥(おびただ)しい
- 例 成功例(せいこうれい)が少ないからといって諦(あきら)めず挑戦(ちょうせん)することが大切だ。

  성공 사례가 적다고 해서 포기하지 말고 도전하는 것이 중요하다.

強い
つよい — 69 — 강하다, 세다
- 類 力強い　強力(ナ)　有力(ナ)
- 反 弱い　脆弱(ナ)
- 例 最近の若者は我々時代の若者と違って自己主張の意識が非常に強い。
  요즘 젊은이들은 우리 시대의 젊은이와 달리 자기주장 의식이 매우 강하다.

長い・永い
ながい — 69 — 길다, 오래다
- 類 長期的(ナ)
- 反 短い
- 例 長い歴史の中で、社会制度が何度か変わってきた。
  오랜 역사 속에서 사회제도가 여러 번 변해왔다.

難しい
むずかしい — 69 — 어렵다, 번거롭다
- 類 小難しい　きつい　煩わしい　困難(ナ)　大変(ナ)　面倒(ナ)　ハード(ナ)
- 反 易しい　簡単(ナ)　シンプル(ナ)
- 例 子どもにとって難しい概念を、分かりやすく説明するのが先生の仕事だ。
  아이들에게 어려운 개념을 알기 쉽게 설명하는 것이 선생님의 일이다.

悪い
わるい — 60 — 나쁘다
- 類 まずい　劣悪(ナ)
- 反 良い
- 例 テレビ番組の暴力シーンは、子どもの成長に悪い影響を与える可能性が高い。
  TV 프로그램의 폭력 장면은 아이들의 성장에 나쁜 영향을 끼칠 가능성이 높다.

旨い
うまい — 58 — 맛있다
- 類 美味しい
- 反 不味い
- 同 上手い
- 例 この店のラーメンは、本当に旨いので、是非食べてください。
  이 가게의 라멘은 정말로 맛있으니까 꼭 먹어보십시오.

上手い
うまい — 56 — 잘하다, 훌륭하다, 능숙하다
- 類 上手(ナ)　堪能(ナ)　立派(ナ)　順調(ナ)　円滑(ナ)
- 反 下手(ナ)
- 同 美味い　旨い
- 例 自分の思いを上手く相手に伝えなければ、誤解が生じるかもしれない。
  자신의 생각을 상대에게 잘 전달하지 않으면 오해가 생길지도 모른다.

형용사

	46	올바르다
ただ 正しい		類 的確ナ 適正ナ 適切ナ 混 正確ナ 例 お互いに批判し，議論していく過程で正しい結論を得ることが多い。 서로 비판하고 토론해 가는 과정에서 올바른 결론을 얻는 경우가 많다.
ふか 深い	36	깊다 類 奥深い 濃い 反 浅い 混 深刻ナ 同 不快ナ 例 スピーチを行う場合，いかに相手に深い印象を与えられるかが重要である。 스피치를 할 경우 어떻게 상대방에게 깊은 인상을 줄 수 있을 지가 중요하다.
はや 早い	35	(시간, 기간 등) 이르다, 빠르다 反 遅い 同 速い 例 朝早く起きてジョギングをしてから大学に行く。 아침 일찍 일어나 조깅을 하고나서 대학에 간다.
おもしろ 面白い	35	재미있다, 흥미롭다 類 興味深い 反 つまらない 例 常識に縛られていては，面白い結果が出てこない。 상식에 얽매어 있어서는 재미있는 결과가 나오지 않는다.
ちい 小さい	34	(크기, 연령 등) 작다 類 幼い ちっぽけナ 微小ナ 些細ナ 反 大きい 巨大ナ 例 あまりにも小さなサンプルを一般化してしまうのは不適切である。 너무 작은 샘플을 일반화해 버리는 것은 부적절하다.
ひろ 広い	33	넓다 類 大きい 幅広い 広範ナ 大まかナ 反 狭い 例 敵から自分の身を守るために，動物は視野を広く拡張していく必要がある。 적으로부터 자신의 몸을 지키기 위해 동물은 시야를 넓게 확장해 나갈 필요가 있다.
たの 楽しい	31	즐겁다, 재미있다 類 面白い 快適ナ 反 つまらない 苦しい 混 嬉しい 例 楽しいイベントを作り出すためには，やはりみんなの気持ちに配慮しなければならない。 즐거운 이벤트를 만들어내기 위해서는 역시 모두의 기분을 배려해야 한다.

	28	**어둡다**
暗い くら		類 薄暗い　鬱陶しい　重苦しい 反 明るい 例 暗くて狭い場所に，二人肩を寄せ合っているのは妙な気分だ。 어둡고 좁은 장소에서 둘이 어깨를 맞대고 있는 것은 묘한 기분이다.
	27	**밝다, 명랑하다**
明るい あか		類 朗らか ㋺　元気 ㋺　率直 ㋺ 反 暗い　混 明らか ㋺ 例 暖色を部屋の設計に取り入れることによって，人に明るい気持ちを持たせることができる。 따뜻한 색을 방의 설계에 도입함으로써 사람에게 밝은 기분을 들게 할 수 있다.
	25	**(높이, 정도, 기분 등) 낮다**
低い ひく		類 小さい 反 高い 例 インターネット上には，信頼性の低い情報が溢れている。 인터넷 상에서는 신뢰성 낮은 정보가 넘쳐나고 있다.
	25	**(길이, 시간 등) 짧다**
短い みじか		類 短小 ㋺　簡潔 ㋺ 反 長い 例 お店で顧客の満足度を高めるには，レジでの待ち時間を短くすることが有効だ。 가게에서 고객의 만족도를 높이는데는 계산대에서 기다리는 시간을 짧게 하는 것이 효과적이다.
	25	**맛있다**
美味しい お　い		類 旨い 反 不味い 例 食べ物の美味しさを追求することは，多くの場合，栄養を確保することと矛盾している。 음식의 맛을 추구하는 것은 대부분의 경우에 영양을 확보하는 것과 모순된다.
	24	**오래되다, 낡다**
古い・旧い ふる　　ふる		類 古臭い　時代遅れ ㋺ 反 新しい　新た ㋺ 例 古くなった建築物を建て替えることによって，町全体のイメージが変わる。 낡은 건축물을 재건축하는 것으로 마을 전체의 이미지가 변한다.

형용사

近い ₂₁ (거리, 시간 등) 가깝다
- 類: 親しい　親密 ㊟　身近 ㊟　間近 ㊟
- 反: 遠い
- 例: 人と人の距離が近いほど, 互いに傷つけることも多くなる。
  사람과 사람의 거리가 가까울수록 서로 상처주는 일도 많아진다.

白い ₁₉ 하얗다
- 類: 明るい　真っ白 ㊟
- 反: 黒い
- 例: 白さの程度が異なる紙はそれぞれ種類が違い, また, 用途に合わせて使われている。
  하얀 정도가 서로 다른 종이는 각각 종류가 다르고 또한 용도에 맞춰 사용되고 있다.

美しい ₁₉ 아름답다
- 類: 格好いい　きれい ㊟　素敵 ㊟　美麗 ㊟
- 反: 醜い　汚い
- 例: いくら都市の景観が整っていても, そこの人々が幸せに過ごせなければ, 美しい景色とは言えない。
  아무리 도시 경관이 정비되어 있어도 그곳 사람들이 행복하게 지낼 수 없다면 아름다운 경치라고 할 수 없다.

素晴らしい ₁₉ 훌륭하다, 멋있다
- 類: 美しい　目覚ましい　凄い　見事 ㊟　綺麗 ㊟　素敵 ㊟　立派 ㊟　優秀 ㊟
- 反: みすぼらしい
- 例: 素晴らしいアイディアは, ぼーっとしている時に頭に浮かぶことがある。
  훌륭한 아이디어는 멍때리고 있을 때에 머리에 떠오르는 경우가 있다.

厳しい ₁₈ 엄하다
- 類: 厳格 ㊟　ハード ㊟　シビア ㊟　タフ ㊟
- 反: 優しい　易しい　緩い　寛容 ㊟　簡単 ㊟
- 例: 野外で生息する動物たちは, 常に厳しい自然環境に耐えなければならない。
  야외에 서식하는 동물들은 늘 거친 자연환경에 견뎌야 한다.

重い ₁₇ 무겁다
- 類: 重苦しい　重たい　重大 ㊟　深刻 ㊟
- 反: 軽い
- 例: 人生の重さは, その人間がどれだけ力を注いで生きたかによって決まる。
  인생의 무게는 그 사람이 얼마나 힘을 쏟고 살았는지에 따라 정해진다.

	17	**좁다**
せま **狭い**		類 狭苦しい 小さい 窮屈ナ　反 広い 例 一つの領域の学問を極めるには，研究のテーマを狭い範囲に限定する必要がある。 한 영역의 학문을 심화하기 위해서는 연구 주제를 좁은 범위로 한정할 필요가 있다.
	17	**젊다, 어리다**
わか **若い**		類 若々しい 幼い 未熟ナ 反 老いる動 例 将来やりたいことは，若い時には明確に定まらないことが多い。 장래에 하고 싶은 것은 젊을 때는 명확하게 정해지지 않는 경우가 많다.
	15	**자세하다**
くわ **詳しい**		類 細かい 細やか 緻密ナ 詳細ナ 反 疎い 例 その本は古代の生活様式を細部まで詳しく記録している。 그 책은 고대의 생활양식을 세세한 부분까지 자세하게 기록하고 있다.
	15	**약하다**
よわ **弱い**		類 心が弱い 力が弱い 意気地がない 脆い 脆弱ナ 虚弱ナ 反 強い 力強い 強力ナ 例 ストレスに弱い人は，普段から心の健康に注意すべきだ。 스트레스에 약한 사람은 평소 마음의 건강에 주의해야 한다.
	13	**격렬하다**
はげ **激しい**		類 強い 荒い 猛烈ナ 過激ナ 激烈ナ 強烈ナ 反 穏やかナ 例 新しい市長による行政案は，住民による激しい反対を招いた。 새 시장에 의한 행정안은 주민들의 격렬한 반대를 초래했다.
	11	**드물다, 희귀하다**
めずら **珍しい**		類 稀ナ 希少ナ 並外れナ 反 ありきたりナ 平凡ナ ありふれた動 例 人々は在り来りなことよりも，むしろ珍しいニュースに注目する傾向がある。 사람들은 흔한 일보다 오히려 희귀한 뉴스에 주목하는 경향이 있다.

형용사

| 10 | 기쁘다 |

嬉(うれ)しい

- 類 喜(よろこ)ばしい　心地(ここち)よい　愉快(ゆかい) 〒
- 反 悲(かな)しい
- 混 楽(たの)しい
- 例 同(おな)じ趣味(しゅみ)を持(も)つ人(ひと)と, 思(おも)いを共有(きょうゆう)するのは嬉(うれ)しいことだ。

  같은 취미를 가진 사람과 생각을 공유하는 것은 기쁜 일이다.

| 10 | 느리다, 늦다 |

遅(おそ)い

- 類 鈍(にぶ)い　鈍重(どんじゅう) 〒
- 反 早(はや)い　速(はや)い　素早(すばや)い
- 例 夜遅(よるおそ)くまでテレビを見(み)る小学生(しょうがくせい)は, 年々(ねんねん)増(ふ)えている。

  밤 늦게까지 TV를 보는 초등학생은 해마다 늘어나고 있다.

| 10 | 딱딱하다, 단단하다 |

硬(かた)い・堅(かた)い・固(かた)い

- 類 強(つよ)い　頑丈(がんじょう)　丈夫(じょうぶ) 〒　ハード 〒　タフ 〒
- 反 柔(やわ)らかい　柔軟(じゅうなん) 〒　緩(ゆる)い　脆(もろ)い
- 例 カニの硬(かた)い甲羅(こうら)に包(つつ)まれているのは, 大事(だいじ)な内臓組織(ないぞうそしき)である。

  게의 딱딱한 등딱지에 싸여 있는 것은 소중한 내장조직이다.

| 9 | 이상하다 |

おかしい

- 類 おもしろい　変(へん)　異様(いよう)　滑稽(こっけい) 〒　ひょうきん 〒
- 反 正常(せいじょう) 〒
- 例 自分(じぶん)の想像(そうぞう)とは違(ちが)った現実(げんじつ)を見(み)ている人間(にんげん)は, 現実(げんじつ)のほうがおかしいと思(おも)い込(こ)んでしまうことがある。

  자신의 상상과는 다른 현실을 보고 있는 사람은 현실이 이상하다고 믿어버리는 경우가 있다.

| 9 | (상황, 기술 등) 서투르다, 좋지않다 |

まずい

- 類 拙(つたな)い　ぎこちない　下手(へた) 〒
- 反 上手(じょうず) 〒　順調(じゅんちょう) 〒
- 同 不味(まず)い
- 例 教室(きょうしつ)の雰囲気(ふんいき)を察知(さっち)し, 今発言(いまはつげん)するのはまずいと判断(はんだん)した子どもは黙(だま)ることが多(おお)い。

  교실의 분위기를 알아차리고 지금 발언하는 것은 좋지 않다고 판단한 아이는 입을 다무는 경우가 많다.

| 9 | 바람직하다 |

望(のぞ)ましい

- 類 好(よ)い　好(この)ましい　理想的(りそうてき) 〒
- 例 誤(あやま)った言葉(ことば)の使用(しよう)は, 当事者(とうじしゃ)にとって望(のぞ)ましくない結果(けっか)をもたらすことがある。

  잘못된 말의 사용은 당사자에게 바람직하지 않은 결과를 초래하는 경우가 있다.

| 8 | (수량) 많다 |

数多(かずおお)い

- 類 多(おお)い　おびただしい　膨大(ぼうだい) 〒
- 反 数少(かずすく)ない　少(すく)ない
- 例 数多(かずおお)くの候補者(こうほしゃ)の中(なか)から, 市長(しちょう)を選(えら)ぶのはなかなか難(むずか)しい。

  수많은 후보자 중에서 시장을 뽑는 것은 상당히 어렵다.

	8	어울리다, 적절하다
ふさわ **相応しい**		類 適切 ㊁ 相応 ㊁ 妥当 ㊁ 反 不釣り合い 不相応 ㊁ 例 今の時代に相応しい人材は、常に変革を起こせるような人間である。 요즘 시대에 어울리는 인재는 항상 변혁을 일으킬 수 있는 사람이다.

	8	빨갛다
あか **赤い**		例 より目立つ視覚効果を求めるなら、赤いマークを使ったほうがよい。 더욱 눈에 띄는 시각효과를 원한다면 빨간 마크를 사용하는 것이 좋다.

	8	간단하다, 저렴하다
やす **安い**		類 安価 ㊁ 容易 ㊁ 反 高価 ㊁ 高い 例 交通機関として、地下鉄の建設費は決して安くない。 교통기관으로서 지하철 건설비는 결코 싸지 않다.

	8	탐나다, 갖고 싶다
ほ **欲しい**		類 希望する ㊢ 例 お客にとって欲しいと思えるような商品を作ることは、すべての職人の目標だろう。 고객이 갖고 싶다고 생각할 수 있는 상품을 만드는 것은 모든 장인의 목표일 것이다.

	8	얇다, 엷다
うす **薄い**		類 淡い 薄っぺらい 味気ない 希薄 ㊁ 反 厚い 濃い 濃厚 ㊁ 例 これからの社会は、人間同士の感情の交流がさらに薄くなると予想される。 앞으로의 사회는 사람끼리의 감정교류가 더 옅어질거라 예상된다.

	8	달다
あま **甘い**		類 甘ったるい 甘美 ㊁ 反 苦い 例 甘いものを食べることで、ストレスの軽減を図ろうとする人が多い。 단 것을 먹음으로써 스트레스의 경감을 꾀하려는 사람이 많다.

	7	무르다, 시시하다, 안이하다
あま **甘い**		類 緩い 生ぬるい 寛容 ㊁ 寛大 ㊁ 反 厳しい 例 評価の甘い上司の下では、部下は成長することが難しい。 평가가 느슨한 상사 밑에서는 부하가 성장하기 어렵다.

형용사

	7	어리다
幼い おさな		類 小さい　未熟 ㋙ 反 大きい 例 子どもが幼い間は，本を読んでくれる大人の存在がとても大事である。 아이가 어릴 때는 책을 읽어주는 어른의 존재가 매우 중요하다.

	7	(속도 등) 빠르다
速い はや		類 素早い　手っ取り早い　速やか ㋙　迅速 ㋙ 反 遅い　鈍い 同 早い 例 読書の速度が速ければ速いほど良い，というわけではない。 독서의 속도가 빠르면 빠를 수록 좋다고만 할 수 없다.

	7	재빠르다
素早い すばや		類 速い　手っ取り早い　速やか ㋙　迅速 ㋙ 反 遅い　鈍い 例 その種類の鳥は，素早く動く動物の行動を正確に把握することができる。 그 종류의 새는 재빠르게 움직이는 동물의 행동을 정확하게 파악할 수 있다.

	7	따뜻하다
暖かい・ あたた 温かい あたた		類 温い　暖か ㋙　反 寒い　冷たい 例 介護という仕事はロボットよりも，やはり人間の温かい心によって行われるべきだ。 간병이라는 일은 로봇보다도 역시 사람의 따뜻한 마음으로 이루어져야 한다.

	6	(거리) 멀다
遠い とお		類 程遠い　遥か ㋙　離れた ㋍ 反 近い 例 インターネットは，自分と遠く離れた人間の生活を知るきっかけを与えている。 인터넷은 자신과 멀리 떨어진 사람의 생활을 아는 계기를 부여하고 있다.

	6	춥다
寒い さむ		反 暑い 混 冷たい 例 冬の寒さは，多くの動物にとって耐えがたいものである。 겨울의 추위는 많은 동물에게 견디기 힘든 것이다.

	6	마음에 들다, 바람직하다
好ましい この		類 好い　望ましい　理想的 ㋙　良好 ㋙ 反 不都合 ㋙ 例 物価の上昇が好ましくないと感じることは，極めて自然なことだ。 물가 상승이 바람직하지 않다고 느끼는 것은 극히 자연스러운 것이다.

ほそ **細い**	6	**얇다, 가늘다** 類 細長い 細かい 微細 ㊛ 華奢 ㊛ 反 太い 例 箸の先端が細くなっているのは，食べ物を取りやすくするためである。 젓가락 끝이 가는 것은 음식을 집기 쉽게 하기 위함이다.
はばひろ **幅広い**	6	**(범위 등) 폭넓다** 類 広い 手広い 広範 ㊛ 反 狭い 例 大学に入ったばかりの時期は，幅広い領域の知識を習得する必要がある。 대학에 갓 들어간 시기에는 폭 넓은 영역의 지식을 습득할 필요가 있다.
あさ **浅い**	6	**(깊이, 안색 등) 얕다, 덜하다** 類 薄っぺらい 浅薄 ㊛ 反 深い 例 知識や経験が浅くても，やる気があれば採用される。 지식이나 경험이 부족해도 의욕이 있으면 채용된다.
くろ **黒い**	6	**검다** 例 暗い場所で絵を鑑賞すると，ほとんどの濃い色が黒くしか見えない。 어두운 장소에서 그림을 감상하면 대부분의 짙은 색이 검게만 보인다.
やさ **優しい**	6	**상냥하다, 다정하다, 친절하다, 자상하다** 類 暖かい 親切 ㊛ 物腰柔らか ㊛ 反 冷たい 厳しい 同 易しい 例 近年，太陽エネルギーを利用した住宅設計が環境に優しいという点で注目されている。 최근 태양에너지를 이용한 주택설계가 환경 친화적이라는 점에서 주목받고 있다.
きょうみぶか **興味深い**	5	**매우 흥미롭다** 類 面白い 刺激的 ㊛ 反 つまらない 無関心 ㊛ 例 偶然手に入れた実験データから，興味深い解析結果が出ている。 우연히 입수한 실험 데이터에서 매우 흥미로운 해석결과가 나왔다.
よろしい	5	**괜찮다, 바람직하다** 類 いい 好い 望ましい 好ましい 反 悪い 例 今後とも，ぜひよろしくお願いいたします。 앞으로도 부디 잘 부탁드립니다.

형용사

軽い (かるい) — 5 가볍다
- 類 軽やか ㊑ 手軽 ㊑ 軽快 ㊑ 軽度 ㊑ 安直 ㊑
- 反 重い
- 例 軽く結論を出すのではなく、やはり慎重な検証が必要になってくる。
  가볍게 결론을 내는 것이 아니라 역시 신중한 검증이 필요하게 된다.

古めかしい (ふるめかしい) — 5 예스럽다, 촌스럽다, 진부하다
- 類 古い 古臭い 時代遅れ ㊑
- 反 新しい
- 例 古文の内容を古めかしく感じる学生たちは、しばしばその勉強に抵抗感を持つ。
  고문의 내용을 진부하게 느끼는 학생들은 종종 그 공부에 거부감을 갖는다.

眠たい (ねむたい) — 5 졸리다
- 類 眠い
- 反 元気 ㊑
- 例 人間は昼過ぎによく眠たくなる一方、夜にはかえって眠れないことが多い。
  인간은 정오가 지나서 자주 졸리게 되는 반면, 밤에는 오히려 잠이 오지 않는 경우가 많다.

怖い (こわい) — 5 무섭다
- 類 恐ろしい おっかない 凄まじい
- 同 強い
- 例 怖い話を聞かされて、夜眠れなくなった。
  무서운 이야기를 들어서 밤에 잠들 수 없었다.

気持ち良い (きもちよい) — 5 기분 좋다, 상쾌하다, 편안하다
- 類 快い 心地よい 快適 ㊑ 愉快 ㊑
- 反 気持ち悪い 不快 ㊑
- 例 他人の話を聞いている時には、相槌を打つなど、相手の気分を良くさせるサインを送ることが大事だ。
  다른 사람의 이야기를 듣고 있을 때에는 맞장구를 치는 등 상대방의 기분을 좋게 하는 사인을 보내는 것이 중요하다.

著しい (いちじるしい) — 5 두드러지다, 눈부시다, 현저하다
- 類 凄い 目ぼしい 顕著 ㊑
- 反 微か ㊑
- 例 改革開放以来の中国は、著しい発展を遂げてきた。
  개혁개방 이후의 중국은 눈부신 발전을 이룩해 왔다.

やわ **柔らかい**	5	부드럽다, 유연하다 類 柔い　柔軟 ㋺ 反 固い　堅い　硬い 例 自分の主張に執着する人は，頭が柔らかい人を見習うべきである。 자신의 주장에 집착하는 사람은 사고가 유연한 사람을 보고 배워야 한다.
ひど **酷い**	4	심하다, 가혹하다 類 残酷 ㋺　過酷 ㋺　深刻 ㋺　猛烈 ㋺ 例 達成しにくい計画を立ててしまうと，時に人はひどい挫折感を味わってしまう。 달성하기 어려운 계획을 세워버리면 사람은 때로는 심한 좌절감을 맛보게 된다.
いそが **忙しい**	4	바쁘다 類 慌ただしい　多忙 ㋺　反 暇 ㋺ 例 仕事が忙しい親は，子どもと一緒に遊ぶ時間を取れないことをよく悩んでいる。 일이 바쁜 부모는 아이들과 함께 놀 시간을 갖지 못하는 것을 자주 고민하고 있다.
うるさい	4	시끄럽다, 성가시다 類 騒がしい　煩わしい　やかましい 反 静か ㋺ 例 雛が口を大きく開けてうるさく鳴くのは，餌を求めるサインである。 새끼 새가 입을 크게 벌리고 시끄럽게 우는 것은 먹이를 요구하는 사인이다.
ふと **太い**	4	굵다 類 幅広い 反 細い 例 クモの巣を構成する糸は，その一本がいくら太くとも，一度切れてしまうとクモ自身に危険が及ぶ。 거미집을 구성하는 거미줄은 그 한 줄이 아무리 굵어도 한 번 끊어지면 거미 자신에게 위험이 미친다.
かしこ **賢い**	4	똑똑하다, 현명하다 類 鋭い　利口 ㋺　賢明 ㋺ 反 愚か ㋺ 例 脳の容量が大きい動物ほど賢いと思われる。 뇌의 용량이 큰 동물일수록 똑똑하다고 여겨진다.
おそ **恐ろしい**	4	무섭다 類 怖い　凄まじい　深刻 ㋺ 例 原発事故は，恐ろしいほどの影響を周辺地域に及ぼしている。 원전사고는 무서울 정도의 영향을 주변지역에 미치고 있다.

형용사

凄い (すごい) — 4
굉장하다, 대단하다
- 類 ものすごい　素晴らしい　偉い　凄まじい　驚異的㋤
- 反 平凡㋤
- 例 スポーツをする上で上達するコツとは，自分より凄い人と一緒に練習することである。
  스포츠를 할 때 실력이 느는 비결은 자신보다 대단한 사람과 함께 연습하는 것이다.

さりげない — 4
그런 티가 없다, 아무렇지 않은 듯하다
- 類 それとない　何気ない
- 反 わざとらしい
- 例 さりげなく発した言葉が，他人を傷つけてしまうかもしれない。
  아무렇지 않게 한 말이 다른 사람에게 상처를 줄 지도 모른다.

由々しい (ゆゆしい) — 4
중대하다
- 類 重い　深刻㋤　重大㋤
- 反 軽い
- 例 著者が下線部を，由々しき問題であると判断したのはなぜか。
  저자가 밑줄 부분을 중대한 문제라고 판단한 것은 왜일까?

眠い (ねむい) — 4
졸리다
- 反 元気㋤
- 例 ごはんを食べた後は，脳に血液が行かなくなり，眠くなるという仮説がある。
  밥을 먹은 후에는 뇌에 혈액이 공급되지 않게 되어 졸리게 된다는 가설이 있다.

古臭い (ふるくさい) — 4
심하게 낡다, 케케묵다
- 類 古い　古めかしい　時代遅れ㋤　陳腐㋤
- 反 新しい
- 例 現在の若者は，時々昔の言葉を古臭く感じている。
  지금의 젊은이들은 가끔 옛말을 케케묵었다고 느끼고 있다.

仕方ない (しかたない) — 4
할 수 없다, 어쩔 수 없다
- 類 しようがない　しょうがない
- 例 ほかの解決方法が見つからなかったため，彼は仕方なくそうした。
  다른 해결방법을 찾지 못해서 그는 어쩔 수 없이 그렇게 했다.

かっこいい — 4
멋지다
- 類 格好いい　格好良い　素敵㋤　スタイリッシュ㋤
- 反 格好悪い
- 例 自分をかっこいいと見せつける行為は，思春期の子どもたちによく見られる。
  자신을 멋지게 보이려는 행위는 사춘기 아이들에게 흔히 볼 수 있다.

何気ない なにげない	4	**무심하다, 아무렇지 않다** 類 それとない　さり気ない 反 わざとらしい 例 一冊の本の中で，何気なく読んだ言葉がずっと心に残ることが多い。 한 권의 책 속에서 무심코 읽은 말이 계속 마음에 남을 때가 많다.
辛い からい	3	**맵다** 例 唐辛子の辛さは，人間の感覚上 痛さの一種である。 고추의 매운 맛은 인간의 감각상 통증의 일종이다.
冷たい つめたい	3	**차갑다, 냉정하다** 類 クール㋤　冷淡㋤ 反 熱い　混 涼しい　寒い 例 ペンギンは毎年冬になると，南極の冷たい海から離れ，赤道の近くまで移動する。 펭귄은 매년 겨울이 되면 남극의 차가운 바다를 떠나 적도 부근까지 이동한다.
濃い こい	3	**진하다, 짙다** 類 密㋤　濃密㋤　濃厚㋤ 反 薄い　淡い 例 男性の濃い髭は，表情や気持ちを巧妙に隠すことができる。 남성의 짙은 수염은 표정이나 기분을 교묘하게 감출 수 있다.
細長い ほそながい	3	**가늘고 길다** 反 太い 例 細長い翼を持つ鳥は，森の中を飛ぶ際に，木の枝等に翼が引っ掛かりにくい特性を持つ。 가늘고 긴 날개를 가진 새는 숲 속을 날 때에 나뭇가지 등에 날개가 잘 걸리지 않는 특성을 가진다.
懐かしい なつかしい	3	**그립다, 정겹다** 類 昔 懐かしい　ノスタルジック㋤ 例 古い写真を見ると，懐かしい子ども時代の記憶がよみがえる。 오래된 사진을 보면 정겨운 어린 시절의 기억이 되살아난다.
親しい したしい	3	**친하다, 가깝다** 類 近い　親しみ深い　親密㋤ 反 疎い　疎遠㋤　混 親切㋤ 例 より親しい人間と対話をする時，その人との物理的距離は比較的近い傾向にある。 더 친한 사람과 대화를 할 때 그 사람과의 물리적 거리는 비교적 가까운 경향이 있다.

형용사

	3	**믿음직스럽지 못하다**
頼りない (たよりない)		類 覚束ない 疑わしい 不確か ㊉ 曖昧 ㊉ 反 確実 ㊉ 例 犬は飼い主が頼りない人間だと感じると，自分が飼い主を主導しようとする。 개는 주인이 믿음직스럽지 못한 사람이라고 느끼면 자기가 주인을 주도하려고 한다.
	3	**기분이 상쾌하다, 쾌적하다**
心地よい (ここちよい)		類 気持ち良い 快い 快適 ㊉ 愉快 ㊉ 安楽 ㊉ 反 気持ち悪い 不快 ㊉ 例 全ての音を部屋から排除したとしても，必ずしも心地よい睡眠環境が実現できるとは限らない。 모든 소리를 방에서 배제했다 하더라도 반드시 편안한 수면환경이 실현될 수 있다고는 할 수 없다.
	3	**아프다**
痛い (いたい)		類 切ない 辛い 苦しい 例 注 射針が細くなるほど，患者は痛く感じない。 주사바늘이 가늘어질수록 환자는 아프게 느끼지 않는다.
	3	**얌전하다, 점잖다**
大人しい (おとなしい)		類 慎ましい 穏やか ㊉ 和やか ㊉ 反 騒がしい 例 絵を描いている時は大人しい人だが，酒が入るとよく暴れた。 그림을 그리고 있을 때는 얌전한 사람이지만 술이 들어가면 자주 난동을 부렸다.
	2	**괴롭다, 힘들다**
辛い (つらい)		類 苦しい きつい 大変 ㊉ ハード ㊉ タフ ㊉ 反 幸せ ㊉ 例 同じ留学生として，君の辛さがわからないこともない。 같은 유학생으로서 너의 괴로움을 모르는 것도 아니다.
	2	**외롭다, 쓸쓸하다, 허전하다**
寂しい (さびしい)		類 物寂しい 孤独 ㊉ 反 賑やか ㊉ 同 淋しい 寂しい 例 親しい人間と一緒にいる時間が長くなると飽きるが，逆に離れてしまうと寂しく感じる。 친한 사람과 함께 있는 시간이 길어지면 질리지만 반대로 헤어지면 외롭게 느낀다.
	2	**끝없다**
果てしない (はてしない)		類 限りない 永続的 ㊉ 無限 ㊉ 反 有限 ㊉ 例 人間の宇宙に対する探索は，これからも果てしなく続いていくだろう。 인간의 우주에 대한 탐색은 앞으로도 끝없이 계속될 것이다.

	2	양립하지 않다, 일치하지 않다
<ruby>相容<rt>あい い</rt></ruby>れない		類 不整合 ナ　不一致 ナ
		例 時には人間の倫理規範と経済原則の間に，相容れない部分が生じることもある。
		때로는 인간의 윤리규범과 경제원칙 사이에 양립할 수 없는 부분이 발생하는 경우도 있다.
	2	심오하다
<ruby>奥深<rt>おくぶか</rt></ruby>い		類 深い　深遠 ナ
		反 浅い　表面的 ナ
		例 生物界の奥深さは，常に我々の常識を覆している。
		생물계의 심오함은 항상 우리의 상식을 뒤집고 있다.
	2	(수량 등) 매우 많다
おびただしい		類 多い　数多い　膨大 ナ
		反 少ない　僅か ナ　希少 ナ
		例 おびただしい人口が農村部から都市部へと移動することで，農村の空洞化が進んでいる。
		엄청난 인구가 농촌 지역에서 도시 지역으로 이동함으로써 농촌의 공동화가 진행되고 있다.
	2	말이 많다, 잔소리가 많다
<ruby>口<rt>くち</rt></ruby>うるさい		類 うるさい　喧しい　くどい
		例 子どもに対して口うるさく命令する親と，思春期の子の間では，よくケンカが起きる。
		아이에게 잔소리를 많이 하는 부모와 사춘기의 아이들 사이에는 자주 싸움이 일어난다.
	2	같다, 동등하다
<ruby>等<rt>ひと</rt></ruby>しい		類 同等 ナ　平等 ナ　同様 ナ
		反 異なる 動
		同 均しい
		例 いくら頭の中で素晴らしいアイディアが浮かんでも，外部に公表し，実現しない限り，それは存在しないに等しい。
		아무리 머릿속에 훌륭한 아이디어가 떠올라도 외부에 공표하여 실현시키지 않는 한 그것은 존재하지 않는 것과 같다.
	2	가난하다, 빈곤하다
<ruby>貧<rt>まず</rt></ruby>しい		類 乏しい　貧困 ナ　貧弱 ナ
		反 富む 動
		例 貧しくても，日々の努力を怠らず，懸命に生きている。
		가난하지만 매일 노력을 게을리하지 않고 열심히 살아가고 있다.

형용사

苦しい (くるしい)
괴롭다, 고통스럽다, 힘들다
- 類 心苦しい　辛い　切ない　きつい　大変 ㊉
- 反 楽しい　楽 ㊉
- 例 苦しい生活を抱えている人は，たいてい他人を思いやる余裕がない。
  어려운 생활을 하고 있는 사람은 대개 남을 배려할 여유가 없다.

厚い (あつい) 2
두껍다, 두텁다
- 類 分厚い　手厚い
- 反 薄い
- 同 熱い　暑い
- 例 この本はとても厚いので，持ち運びが大変だ。
  이 책은 매우 두꺼워서 들고 다니기 힘들다.

手っ取り早い (てっとりばやい) 2
민첩하다, 잽싸다, 신속하다
- 類 速い　迅速 ㊉　速やか ㊉
- 反 遅い
- 例 手っ取り早く結論だけを得ようとすると，その結論に至るまでの大事な思考過程を見落としてしまうことがある。
  잽싸게 결론만을 얻으려 한다면 그 결론에 이르기 까지의 중요한 사고과정을 놓쳐버리는 경우가 있다.

とんでもない 2
터무니없다, 뜻하지 않다
- 類 ひどい　法外 ㊉　意外 ㊉
- 例 言葉遣いの微妙な違いによって，とんでもない誤解が生じるかもしれない。
  말투의 미묘한 차이로 뜻하지 않은 오해가 생길지도 모른다.

恥ずかしい (はずかしい) 2
부끄럽다, 겸연쩍다
- 類 照れくさい　後ろめたい
- 反 誇らしい
- 例 失敗を恥ずかしいことだと思い込んでしまうと，チャレンジする勇気を失う。
  실패를 부끄러운 것이라고 생각해 버리면 도전할 용기를 잃는다.

計り知れない (はかりしれない) 2
헤아릴 수 없다
- 類 数え切れない　果てしない　無限 ㊉　莫大 ㊉
- 反 有限 ㊉
- 例 インターネットの普及は，我々の生活に計り知れない影響を与えている。
  인터넷의 보급은 우리의 생활에 헤아릴 수 없는 영향을 미치고 있다.

悲しい・哀しい かなしい	2	슬프다
		類 切ない　辛い　心苦しい
		反 嬉しい
		例 悲しい気持ちを分かち合える友達の存在はとても大事である。 슬픈 마음을 나눌 수 있는 친구의 존재는 매우 중요하다.
快い こころよい	2	유쾌하다, 상쾌하다, 흔쾌하다
		類 気持ち良い　心地よい　愉快ナ　快適ナ
		反 不快ナ
		例 心理療法で快い音を使うのは、患者をリラックスさせる効果があるからだ。 심리치료에서 유쾌한 소리를 사용하는 것은 환자를 편안하게 하는 효과가 있기 때문이다.
鋭い するどい	2	날카롭다, 예민하다
		類 賢い　シャープナ　敏感ナ　尖った動
		反 鈍い
		例 彼はその論文に潜んでいた問題点を、鋭く指摘した。 그는 그 논문에 감추어져 있던 문제점을 날카롭게 지적했다.
涼しい すずしい	2	시원하다, 서늘하다
		類 クールナ　清涼ナ
		反 暑い　混 冷たい
		例 日本では夏になると、日中に比べて涼しくなる夜を楽しむ文化がある。 일본에서는 여름이 되면 낮에 비해 시원해지는 밤을 즐기는 문화가 있다.
しょうがない	2	어쩔 수 없다, 방도가 없다
		類 仕方ない　しょうがない
		例 失敗を「しょうがないこと」と思い込むと、失敗の真の原因を見つけられない。 실패를 「어쩔 수 없는 것」이라고 생각하면 실패의 진짜 원인을 찾을 수 없다.
潔い いさぎよい	2	미련없이 깨끗하다
		類 清らかナ　諦めが良い
		反 未練がましい
		例 容疑者が潔く自分の罪を認めれば、事件の解決が簡単になる。 용의자가 흔쾌히 자신의 죄를 인정하면 사건의 해결이 간단해진다.
乏しい とぼしい	2	모자라다, 빈약하다
		類 貧しい　貧弱ナ　少ない
		反 豊かナ
		例 経験が乏しい新人にとって、その案件の担当をするのは難しいだろう。 경험이 부족한 신인에게는 그 안건을 담당하는 것이 어려울 것이다.

형용사

悩(なや)ましい 2
고민되다
- 類 気遣(きづか)わしい　不安(ふあん)ナ　心配(しんぱい)ナ
- 例 敬語の使い方は，日本人のサラリーマンにとっても悩ましいと思われることがある。

  경어 사용법은 일본인 샐러리맨에게도 신경쓰인다고 생각되는 경우가 있다.

もっともらしい 2
그럴듯하다, 지당하다
- 類 それっぽい　それらしい
- 例 どの仮説(かせつ)も確実(かくじつ)な証拠(しょうこ)を持っていないなら，その中から一番(いちばん)もっともらしい仮説を選ぶしかない。

  어떠한 가설도 확실한 증거를 갖고 있지 않다면 그 중에서 제일 그럴듯한 가설을 고를 수 밖에 없다

空(むな)しい 2
허무하다, 공허하다
- 類 うつろナ　空虚(くうきょ)ナ
- 反 充実(じゅうじつ)した動
- 例 物質的(ぶっしつてき)に充実した生活を送っていても，ときどき生命(せいめい)の空しさを感じることがある。

  물질적으로 충실한 생활을 하고 있어도 가끔 생명의 허무함을 느낄 때가 있다.

清々(すがすが)しい 2
상쾌하다
- 類 爽(さわ)やかナ
- 反 鬱陶(うっとう)しい
- 例 山頂(さんちょう)の清々しい空気(くうき)を吸(す)って気分(きぶん)もすっきりした。

  산꼭대기의 상쾌한 공기를 마셔서 기분도 상쾌했다.

鈍(にぶ)い 2
둔하다, 굼뜨다
- 類 遅(おそ)い　重(おも)い　鈍重(どんじゅう)ナ　のろまナ
- 反 速(はや)い　素早(すばや)い　鋭(するど)い
- 例 その鳥は動きが鈍いため，天敵(てんてき)に狙(ねら)われやすい。

  그 새는 움직임이 둔해서 천적에게 표적이 되기 쉽다

円(まる)い・丸(まる)い 2
동그랗다, 둥그렇다, 둥글다
- 類 真(ま)ん丸(まる)い　円(まろ)やかナ
- 例 月の表面(ひょうめん)には，円いクレーターがたくさん分布(ぶんぷ)している。

  달 표면에는 둥그런 분화구가 많이 분포해 있다.

平(ひら)たい 1
평평하다, 넓적하다
- 類 平(たい)らナ　平坦(へいたん)ナ　平面的(へいめんてき)ナ　フラットナ
  滑(なめ)らかナ
- 反 でこぼこナ
- 例 弟が，平たい甲羅(こうら)の小さなカメを飼い始めた。

  동생이 등딱지가 평평한 작은 거북이를 키우기 시작했다.

	1	깐깐하다, 섬세하다, 치밀하다
きめ細かい		類 繊細 ㊗ 緻密 ㊗ 丁寧 ㊗ 反 粗い 例 多くの人たちの利益を調和させるには，きめ細かいルールの設定が必要だ。 많은 사람들의 이익을 조화시키려면 세밀한 규칙 설정이 필요하다.
愛らしい	1	귀엽다, 사랑스럽다 類 可愛い　可愛らしい 例 私にとって，旅先で出会う愛らしい動物たちの写真を撮ることは，旅行における楽しみの一つだ。 나에게 여행지에서 만나는 귀여운 동물들의 사진을 찍는 일은 여행의 즐거움 중 하나다.
面倒くさい	1	귀찮다, 번거롭다 類 煩わしい　厄介 ㊗　面倒 ㊗ 反 楽 ㊗ 例 消費者の中には，買い物する際に，エコバッグを使うことを面倒くさいと感じる人もいる。 소비자 중에는 쇼핑할 때에 에코백을 사용하는 것을 귀찮게 느끼는 사람도 있다.
格好悪い	1	못생겼다, 멋없다 類 カジュアル　地味 ㊗　反 かっこいい 例 多くの冬着は格好悪いと考えられがちだが，防寒性には優れている。 대부분의 겨울 옷은 멋이 없다고 생각되기 쉽지만 방한성은 뛰어나다.
疑わしい	1	의심스럽다 類 胡散臭い　怪しい　覚束ない　不審 ㊗ 反 確実 ㊗ 例 人は本能的に疑わしいものから遠ざかろうとする。 사람은 본능적으로 의심스러운 것으로부터 멀리 떨어지려고 한다.
羨ましい	1	부럽다 混 妬ましい 例 我々は他人の生活を羨ましく思いがちだ。 우리는 남의 생활을 부러워하기 쉽다.
手厳しい	1	매우 엄하다 類 厳しい　厳格 ㊗　シビア ㊗ 反 手緩い 例 大学では，高校ほど生徒に手厳しい教員は多くない。 대학에는 고등학교만큼 학생에게 매우 엄격한 교원은 많지 않다.

형용사

後ろめたい (うしろめたい) 1
떳떳하지 못하다
- 類 やましい
- 例 会社の忙しい時期に、病気で休んでしまうのは後ろめたい。
  회사가 바쁜 시기에 병으로 쉬어버리는 것은 마음에 걸린다.

久しい (ひさしい) 1
오래다
- 類 長い
- 例 あの事件の発生から久しいが、それをめぐる議論は未だに多い。
  그 사건이 발생한지 오래지만 그것을 둘러싼 논란은 아직도 많다.

力強い (ちからづよい) 1
힘차다, 강력하다, 든든하다
- 類 強い　強力ナ　有力ナ　反 弱い
- 例 これらの史料を通じて、当時のローマ軍の力強さを改めて認識した。
  이 사료들을 통해서 당시 로마군의 강력함을 다시 한번 인식했다.

熱い (あつい) 1
뜨겁다
- 類 情熱的ナ　ホットナ
- 反 冷たい
- 同 暑い　厚い
- 例 国際交流会では、各国の大学生たちが熱い議論を交えている。
  국제교류회에서는 각국 대학생들이 뜨거운 논쟁을 주고받고 있다.

目新しい (めあたらしい) 1
새롭다, 신기하다
- 類 新しい　斬新ナ　新ナ　新鮮ナ
- 反 古い
- 例 若い消費者が商品を選択するとき、その目新しさを重視する傾向がある。
  젊은 소비자가 상품을 선택할 때 그 신선함을 중시하는 경향이 있다.

荒い (あらい) 1
거칠다, 난폭하다
- 類 激しい　荒々しい　凄まじい　猛烈ナ
- 反 穏やかナ
- 同 粗い
- 例 この辺りの海は台風の影響を受けると、波が荒くなる。
  이 주변 바다는 태풍의 영향을 받으면 파도가 거칠어진다.

軽々しい (かるがるしい) 1
경솔하다, 수선스럽다, 가볍다
- 類 軽い　そそっかしい　薄っぺらナ　軽率ナ
- 反 重々しい
- 例 複雑な問題に対しては、軽々しく結論を出すのではなく、よく考えてから結論付けをした方がよい。
  복잡한 문제에 대해서는 경솔하게 결론을 낼 것이 아니라 잘 생각한 후에 결론을 내리는 것이 좋다.

	1	변명할 여지가 없다, 미안하다
もう わけ **申し訳ない**		例 自分の発言が原因で，傷つけてしまった人に対しては，申し訳ない気持ちでいっぱいである。 자신의 발언이 원인으로 상처입힌 사람에 대해서는 미안한 마음으로 가득하다.

	1	빠르다, 눈부시다
め **目まぐるしい**		例 現代社会のめまぐるしい発展に追いつくためには，勉強をし続けなければならない。 현대사회의 빠른 발전에 따라가기 위해서는 공부를 계속해야 한다.

	1	믿음직하다, 든든하다
たの **頼もしい**		類 手堅い　堅実ナ　着実ナ 反 頼りない 例 難しい任務をやり遂げるためには，頼もしい相棒の存在が不可欠だ。 어려운 임무를 완수하기 위해서는 믿음직한 짝꿍의 존재가 필수다.

	1	풋풋하다, 젊다
わかわか **若々しい**		類 若い　元気ナ 例 古い写真に写っている若々しい母の姿は，とても懐かしい。 오래된 사진에 나와 있는 젊은 엄마의 모습은 매우 그립다.

	1	시끄럽다, 소란스럽다
やかま **喧しい**		類 うるさい　騒がしい　煩い 反 静かナ 例 喧しく騒いでいる若者たちの声が，となりの部屋からはっきり聞こえている。 시끄럽게 떠드는 젊은이들의 목소리가 옆 방에서 똑똑히 들렸다.

	1	재미없다, 변변치 못하다
つまらない		類 退屈ナ　些細ナ 反 面白い 例 つまらない話を聞いている間，つい眠ってしまった。 재미없는 이야기를 듣고 있다가 그만 잠들어버렸다.

	1	가렵다
かゆい		例 痒い所を掻けば掻くほど，痒みは悪化する。 가려운 곳을 긁으면 긁을수록 가려움은 악화된다.

형용사

ぎこちない ₁
어색하다, 부자연스럽다
- 類 拙い　不自然ナ　不慣れナ　不器用ナ　下手ナ
- 反 自然ナ　スムーズナ
- 例 新しく入った店員は，まだ業務に慣れていないのか，動きがぎこちない。

  새로 들어온 점원은 아직 업무에 익숙하지 않아서인지 행동이 어색하다.

程よい (ほどよい) ₁
알맞다, 적당하다
- 類 丁度いい　適度ナ　好都合ナ
- 例 調味料を程よく使うことで，食材の美味しさを引き出せる。

  조미료를 알맞게 사용함으로써 식재료의 맛을 끌어낼 수 있다.

怒りっぽい (おこりっぽい) ₁
걸핏하면 화를 내다, 성격이 급하다
- 類 短気ナ
- 例 怒りっぽい上司に付き合うのが面倒くさい。

  걸핏하면 화를 내는 상사를 상대하는 것은 귀찮다.

注意深い (ちゅういぶかい) ₁
신중하다
- 類 慎ましい　慎重ナ　丁寧ナ　真面目ナ
- 反 粗い　不注意ナ
- 例 いくら注意深く扱っていても，古い美術品を完璧に保存することは難しい。

  아무리 조심스럽게 취급해도 오래된 미술품을 완벽하게 보존하는 것은 어렵다.

手厚い (てあつい) ₁
극진하다
- 類 温かい　親切ナ　丁寧ナ　慎重ナ　丁重ナ
- 反 疎かナ
- 例 古くから継承されて続けているこの風習は，文化財として手厚く保護されている。

  예로부터 계승되어 오고 있는 이 풍습은 문화재로 극진하게 보호되고 있다.

涙ぐましい (なみだぐましい) ₁
눈물겹다
- 類 気の毒ナ　可哀想ナ　感動的ナ
- 例 自然界における生物たちの競争には，涙ぐましい駆け引きが多い。

  자연계에서의 생물들의 경쟁에는 눈물겨운 대결이 많다.

弱々しい (よわよわしい) ₁
연약하다
- 類 弱い　脆弱ナ
- 反 強い
- 例 「助けてください」と，弱々しい声で訴えられた。

  「도와주세요」라고 연약한 목소리로 호소해 왔다.

渋い しぶい	1	**떫다** 類 苦い 深い 例 その果実を初めて食べたとき，とても渋いという印象を強く受けた。 그 과일을 처음 먹었을 때 매우 떫다는 인상을 강하게 받았다.	동사
苦い にがい	1	**쓰다** 類 渋い 辛い 苦々しい 反 甘い 例 苦い薬ほど，よく効くと言われている。 쓴 약일수록 잘 듣는다고 일컬어지고 있다.	형용사
きつい	1	**고되다, 힘들다** 類 厳しい 強い 激しい つらい 大変 ナ 反 緩い 例 きついタスクにも耐えうる忍耐力を培えば，精神的に成長できる。 고된 임무에도 버틸 수 있는 인내심을 기르면 정신적으로 성장할 수 있다.	형용동사
喜ばしい よろこばしい	1	**기쁘다, 경사스럽다** 類 うれしい 楽しい 愉快 ナ 幸せ ナ 反 嘆かわしい 例 第一志望の大学に合格することほど，喜ばしいことはない。 제1 지망 대학에 합격하는 것 만큼 기쁜 일은 없다.	부사
悔しい くやしい	1	**분하다** 類 惜しい 残念 ナ 例 子どもが何かの失敗で落ち込んでいるときには，親は子どもの悔しい気持ちに共感し，理解してやることが大切だ。 아이가 어떤 실패로 낙심하고 있을 때에는 부모는 아이의 분한 마음에 공감하고 이해해 주는 것이 중요하다.	숙어
粘り強い ねばりづよい	1	**끈기 있다, 끈질기다** 類 辛抱強い 我慢強い 打たれ強い タフ ナ 反 脆い 飽きっぽい 混 しつこい 例 壁にぶつかっても，成功するまで粘り強くチャレンジし続ける精神が大切だ。 벽에 부딪쳐도 성공할 때까지 끈기 있게 도전을 계속하는 정신이 중요하다.	명사 부록

형용사

	1	**한없다**
限りない かぎりない		類 果てしない 際限ない 無限 永続的 ㊉ 反 有限 ㊉ 例 人間がどこまで宇宙の探索を続けられるかは、限りなく不透明だ。 인간이 어디까지 우주 탐색을 계속할 수 있을지는 한없이 불투명하다.
	1	**장황하다, 집요하다**
くどい		類 うるさい しつこい 喧しい 反 簡潔 ㊉ 例 現代社会の様々な場面に対応させるためには、法律の文書はどうしてもくどくなってしまう。 현대사회의 여러 상황에 대응하기 위해서는 법률 문서는 아무래도 장황해져버린다.
	1	**답답하다, 침울하다, 어둡다**
重苦しい おもくるしい		類 重い 苦しい 暗い 鬱陶しい 反 軽い 明るい 例 内装で寒色が多く使われている部屋は、人に重苦しい印象を与えがちだ。 인테리어에서 차가운 색이 많이 사용된 방은 사람에게 답답한 인상을 주기 쉽다.
	1	**덥다**
暑い あつい		類 蒸し暑い 暑苦しい ホット ㊉ 反 涼しい 寒い 同 熱い 厚い 例 あの年の夏は耐えられないほどの暑さだった。 그 해 여름은 견딜 수 없을 정도의 더위였다.
	1	**규칙적이다**
規則正しい きそくただしい		類 均一 ㊉ 規則的 ㊉ 計画的 ㊉ 体系的 ㊉ 反 不規則 ㊉ 例 規則正しい生活習慣を身につけている子どもは、一般的に学力が高いと言われている。 규칙적인 생활습관을 몸에 익힌 아이는 일반적으로 학력이 높다고 한다.
	1	**의외이다, 뜻밖이다**
思いがけない おもいがけない		類 突拍子もない 意外 ㊉ 奇抜 ㊉ 想定外 予想外 ㊛ 反 想定内 ㊛ 例 普段の生活の細かいところで、思いがけない発見ができるかもしれない。 평소 생활의 작은 부분에서 의외의 발견을 할 수 있을지도 모른다.

青い (あおい)

1 파랗다, 미숙하다

- 類 若い　乳臭い　未熟 ㊐
- 反 老練 ㊐
- 同 蒼い
- 例 多くの思春期の子どもの行動には、「どうだ、すごいだろう」と他人に誇示するような、青い自己顕示欲がみられる。
  대부분의 사춘기 아이들의 행동에는 「어때, 대단하지?」라고 남에게 과시하는 듯한 미숙한 자기과시욕이 보인다.

しんどい

1 힘들다

- 類 つらい　きつい　煩わしい　大変 ㊐　面倒 ㊐
- 反 元気 ㊐　楽 ㊐
- 例 親戚付き合いは、なかなかしんどいものだ。
  친척과의 관계는 상당히 힘든 것이다.

見苦しい (みぐるしい)

1 보기 흉하다

- 類 醜い　かっこ悪い　卑しい　浅ましい　低劣 ㊐
- 例 責任から逃げる行為は、見苦しいことだと思われている。
  책임을 피하는 행위는 보기 흉한 것이라고 여겨지고 있다.

物足りない (ものたりない)

1 어딘가 부족하다

- 類 甘い　不十分 ㊐　イマイチ ㊐　中途半端 ㊐
- 反 十分 ㊐　充分 ㊐
- 例 入門書を物足りなく感じる人は、専門書を読んだ方がいい。
  입문서를 부족하게 느끼는 사람은 전문서를 읽는 것이 좋다.

素っ気ない (そっけない)

1 냉담하다, 냉정하다, 쌀쌀맞다

- 類 冷たい　冷淡 ㊐
- 反 情熱的 ㊐
- 例 心を込めて描いた作品なのに、編集者は素っ気なく原稿を突き返してきた。
  정성껏 쓴 작품인데 편집자는 냉정하게 원고를 되돌려 주었다.

分厚い (ぶあつい)

1 두껍다

- 類 厚い　反 薄い
- 例 表紙の面白さに惹かれても、本の分厚さが原因で読みたくないことはよくある。
  표지의 흥미로움에 끌리더라도 책의 두께 때문에 읽고 싶지 않은 경우가 자주 있다.

형용사

ものすごい

1 굉장하다, 무섭다, 엄청나다

類 すごい　恐ろしい　凄まじい　驚異的 ㊛
例 小規模な台風でも、実際にはものすごい破壊力を持っている。
소규모 태풍이라도 실제로는 엄청난 파괴력을 가지고 있다.

めでたい

1 경사스럽다

類 喜ばしい　　反 嘆かわしい
例 あのドラマは最終的に、主人公とヒロインが結婚するというめでたいラストで終わった。
그 드라마는 최종적으로 주인공과 히로인이 결혼한다는 멋진 마무리로 끝났다.

偉い

1 훌륭하다, 대단하다

類 すごい　見事 ㊛　立派 ㊛　偉大 ㊛
例 あの人はあまり能力がないのに、いつも偉そうに振舞っている。
저 사람은 별로 능력이 없는데 언제나 잘난 척하고 있다.

細かい

1 세세하다, 자세하다

類 詳しい　緻密 ㊛　些細 ㊛　繊細 ㊛　微細 ㊛
　　詳細 ㊛
反 粗い
例 彼女はいつも細かいところまで配慮してくれている。
그녀는 언제나 세세한 것까지 배려해 주고 있다.

汚い

1 더럽다, 지저분하다

類 卑しい　乱雑 ㊛　不潔 ㊛　卑怯 ㊛
反 きれい ㊛
例 そんな汚い手段を使ってまで、勝利する価値はあるのか。
그런 추잡한 수단을 써서까지 승리할 가치가 있는가?

臭い

1 고약한 냄새가 나다, 구리다

反 香しい
例 臭いにおいは気分を害するほか、健康にも悪いと言われている。
악취는 기분을 해치는 외에 건강에도 나쁘다고 한다.

3

形容動詞
형용동사

음성과 TEST

이 책에서는 형용동사의 어미를 생략하고 어간만을 게재하고 있습니다.

형용동사

必要 (ひつよう) — 220
필요하다
- 類 必須　不可欠　重要　肝心
- 反 不要
- 例 成功するには粘り強い努力だけではなく，適度に諦めることも必要だ。
  성공하는 데는 끈질긴 노력뿐만 아니라 적당히 포기하는 것도 필요하다.

適当 (てきとう) — 183
적당하다
- 類 相応しい　適切　適合　妥当　適正
- 反 不適
- 例 複雑な条件を総合的に考慮した上で，適当な判断をする。
  복잡한 조건을 종합적으로 고려한 후에 적당한 판단을 한다.

同じ (おなじ) — 161
같다, 동일하다, 동등하다
- 類 等しい　同様　同然　同等　同一　反 別　異なる
- 例 自分と同じ悩みを持っている人間と交流すれば，解決法が見つかるかもしれない。
  자신과 같은 고민을 가지고 있는 사람과 교류하면 해법을 찾을 수 있을지도 모른다.

重要 (じゅうよう) — 82
중요하다
- 類 大切　大事　肝心　肝要　重大
- 反 些細
- 例 これからの社会では，コミュニケーション能力がますます重要になっていくだろう。
  앞으로의 사회에서는 의사소통 능력이 더욱 중요해질 것이다.

大切 (たいせつ) — 79
중요하다, 소중하다
- 類 重要　大事　肝心　肝要　重大
- 反 些細
- 例 普段から良い生活習慣を心がけるのは，健康の維持にとって大切だ。
  평소부터 좋은 생활습관에 유념하는 것은 건강유지에 중요하다.

様々 (さまざま) — 73
다양하다, 다채롭다
- 類 いろいろ　多様　多彩　種々　多種多様　反 単一
- 混 まちまち
- 例 一つのニュースを深く理解するためには，様々なメディアから情報を入手すべきだ。
  한 가지 뉴스를 깊이 이해하기 위해서는 여러 매체에서 정보를 입수해야 한다.

可能 (かのう) — 58
가능하다
- 類 あり得る 動
- 反 不可能
- 例 過去のデータを解析することで，未来の経済情勢への予測も可能になるかもしれない。
  과거의 데이터를 해석함으로써 미래의 경제정세에 대한 예측도 가능해질지도 모른다.

自然 (しぜん) — 53

자연스럽다
- **類** 当たり前　天然　ナチュラル
- **反** 不自然
- **例** 人間社会では，暗黙の了解は自然にルールになることが多い。
  인간사회에서 암묵의 양해는 자연스럽게 룰이 되는 경우가 많다.

健康 (けんこう) — 50

건강하다
- **類** 健全　好調　健やか
- **反** 病弱　不健康
- **例** 健康な体を維持するには，普段から生活習慣を意識したほうがいい。
  건강한 몸을 유지하기 위해서는 평소에 생활습관을 의식하는 것이 좋다.

非常 (ひじょう) — 37

특별하다, 각별하다, 대단하다
- **類** 特別　異常　緊急　格別　極めて 副
- **反** 通常　同　非情
- **例** 宇宙船の開発は，人間の宇宙探索において，非常に重大な意義を持っている。
  우주선의 개발은 인간의 우주탐색에 매우 중대한 의의를 갖는다.

確か (たしか) — 36

확실하다, 명확하다, 분명하다
- **類** 固い　定か　明確　確実　確固
- **反** 不確か
- **例** 確かな証拠がなければ，最終判決は下すことができない。
  확실한 증거가 없으면 최종판결을 내릴 수 없다.

別 (べつ) — 35

다르다
- **類** ほか 名　異なる　**反** 同じ
- **例** その小説が書かれた時代の人間は，現代人の我々とまったく別の価値観を持っていたかもしれない。
  그 소설이 쓰여진 시대의 사람들은 현대인인 우리와 전혀 다른 가치관을 갖고 있었을지도 모른다.

自由 (じゆう) — 34

자유롭다
- **類** 任意　自主的　フリー
- **反** 不自由
- **例** どんな人にも職業選択の自由がある。
  어떠한 사람에게도 직업선택의 자유가 있다.

本当 (ほんとう) — 34

진짜다, 진실하다, 진정하다
- **類** 実際　真正　真実 名　真 名
- **反** 嘘 名　偽り 名
- **例** 芸術上，本当の創作というものはこういうものであるべきではあるまいか。
  예술에서 진정한 창작이라는 것은 이런 것이어야 하지 않을까?

형용동사

33 | 貧困 (ひんこん) | 가난하다
- 類 貧しい　乏しい　貧乏　貧弱　窮乏
- 反 裕福
- 例 子ども時代における貧困の体験は，その後の人生にも大きな影響を与える可能性が高い。
  어린 시절의 빈곤 체험은 그 후의 인생에도 큰 영향을 미칠 가능성이 높다.

33 | 大事 (だいじ) | 중요하다, 소중하다
- 類 重要　大切　肝心　肝要　重大　　反 些細
- 例 先生から大事だと言われた内容だけを勉強する学生が多いが，それでは自分の頭で考える習慣が身につかない。
  선생님이 중요하다고 한 내용만을 공부하는 학생이 많은데 그래서는 자신의 머리로 생각하는 습관이 몸에 배지 않는다.

32 | 危険 (きけん) | 위험하다
- 類 深刻　緊急　物騒　　反 安全
- 例 いくら安全に配慮された道具であっても，使い方によっては危険な場合もある。
  아무리 안전을 배려한 도구라도 사용법에 따라서는 위험한 경우도 있다.

31 | 多様 (たよう) | 다양하다
- 類 様々　色々　豊か　多彩　多種多様
- 反 単一
- 例 多様な価値観が包摂される社会が強く求められている。
  다양한 가치관이 포용되는 사회가 강하게 요구되고 있다.

29 | 豊か (ゆたか) | 풍요롭다
- 類 十分　潤沢　裕福　多様　多種多様　　反 乏しい
- 例 最近，先進国では物質生活の豊かさだけでなく，より高次元における目標の設定が必要になっている。
  최근 선진국에서는 물질생활의 풍요만이 아니라 보다 고차원적인 목표 설정이 필요해졌다.

29 | 簡単 (かんたん) | 간단하다, 쉽다
- 類 易しい　単純　容易　平易　シンプル
- 反 複雑
- 例 その問題は一見簡単に見えるが，解いて初めてその難しさに気付く。
  그 문제는 언뜻 간단해 보이지만 풀면서 비로소 그 어려움을 알게 된다.

29 | 一緒 (いっしょ) | 함께하다
- 類 同じ　同一　一斉
- 反 別々
- 例 家族と常に一緒にいると嫌になってくるが，逆に離れてしまうと寂しく感じる。
  가족과 늘 함께 있으면 싫증이 나지만 반대로 헤어지면 외롭게 느껴진다.

	28	**좋아하다**
好き		類 好み 名　反 嫌い
		例 好きなことを一生の仕事にするのならば，まずは自分の好きなことを見つける必要がある。
		좋아하는 것을 평생의 직업으로 삼으려면 우선은 자신이 좋아하는 것을 찾을 필요가 있다.

	28	**다양하다, 다채롭다**
いろいろ		類 様々　多様　多彩　種々　多種多様　反 単一　混 まちまち
		例 いくら素晴らしいアイディアであっても，実行の段階では，いろいろな条件に制約を受けてしまう。
		아무리 훌륭한 아이디어라도 실행 단계에서는 여러 조건에 제약을 받는다.

	26	**역이다, 반대다**
逆		類 真逆　反対　相反する　かえって 副
		反 順 名
		例 生活環境が清潔過ぎると，逆に人体の免疫力が低下してしまう。
		생활환경이 너무 청결하면 오히려 인체의 면역력이 저하되어 버린다.

	26	**적절하다**
適切		類 相応しい　妥当　適宜　相応　適正
		反 不適切
		例 外国語を母語に翻訳する場合，適切な言葉が見つからないことが多い。
		외국어를 모국어로 번역하는 경우, 적절한 단어를 찾을 수 없는 경우가 많다.

	26	**복잡하다**
複雑		類 難しい　ややこしい　紛らわしい　煩雑　煩瑣　反 簡単　単純
		例 複雑な問題でも，いくつかの基礎的なパーツに分解すれば，とてもシンプルになる。
		복잡한 문제라도 몇가지 기초적인 부분으로 분해하면 아주 단순해진다.

	25	**안전하다**
安全		類 穏やか　平穏　無事　安心
		反 危険
		例 化学物質は，単純に，安全なものと，有害なものとに完全に分けることはできない。
		화학물질은 단순히 안전한 것과 유해한 것으로 완전히 나눌 수는 없다.

	25	**확실하다, 분명하다, 명확하다**
明らか		類 確か　明白　明確　確実　明示的
		反 疑わしい
		例 事故が発生した後は，責任の所在を明らかにしなければならない。
		사고가 발생한 후에는 책임 소재를 분명히 해야 한다.

형용동사

	23 쓸모없다, 쓸데없다, 헛수고다
無駄 (むだ)	類 無用(むよう) 不要(ふよう) 無益(むえき) 無意味(むいみ) 反 有用(ゆうよう) 例 地方政府にとって，無駄な出費をどうやって削るかは重要な課題だ。 지방 정부로서는 쓸데없는 지출을 어떻게 줄일 것인가는 중요한 과제다.
	22 편리하다
便利 (べんり)	類 利便(りべん) 便宜(べんぎ) 有用(ゆうよう) 実用的(じつようてき) 効果的(こうかてき) 反 不便(ふべん) 例 便利な発明は，かえって生活における楽しみを奪ってしまうこともある。 편리한 발명은 오히려 생활의 즐거움을 빼앗아 버리는 경우도 있다.
	21 새롭다
新た (あらた)	類 目新(めあたら)しい 新鮮(しんせん) 斬新(ざんしん) 反 古(ふる)い 同 新(あたら)しい 例 企業にとって，新たな市場の開拓が難しい場合，これまでの顧客との関係を重視するようになる。 기업에게 새로운 시장 개척이 어려운 경우 기존 고객과의 관계를 중시하게 된다.
	20 보통이다
普通 (ふつう)	類 平凡(へいぼん) 一般的(いっぱんてき) 常識的(じょうしきてき) 月並(つきな)み ありきたり 反 特別(とくべつ) 異常(いじょう) 例 人間社会においては，普通の生活を営(いとな)むにも，様々な知恵(ちえ)が必要になってくる。 인간사회에서는 보통 생활을 영위하는데도 여러가지 지혜가 필요해진다.
	17 당연하다
当然 (とうぜん)	類 当(あ)たり前(まえ) 明白(めいはく) 自明(じめい)名 無論(むろん)副 もちろん副 反 意外(いがい) 例 飼(か)い主(ぬし)の人間から見て，犬がとるおかしな行動(こうどう)も，犬の立場(たちば)からすれば当然のことかもしれない。 주인인 사람이 보았을 때 강아지가 하는 이상한 행동도 강아지의 입장에서는 당연한 것일지도 모른다.
	17 정확하다
正確 (せいかく)	類 確(たし)か 明確(めいかく) 確実(かくじつ) 的確(てきかく) 緻密(ちみつ) 反 不正確(ふせいかく) 不確(ふたし)か 混 正(ただ)しい 同 精確(せいかく) 例 この社会実験において，人々の長期的(ちょうきてき)な傾向(けいこう)を正確に観察(かんさつ)するためには，毎回同じ調査方法を使わなければならない。 이 사회실험에서 사람들의 장기적인 경향을 정확하게 관찰하기 위해서는 매번 같은 조사방법을 사용해야 한다.

大量 たいりょう	16	**대량이다, 많다** 類 多い おびただしい ふんだん 多量 潤沢 反 少量 名 例 企業が新規顧客の獲得のために，大量の広告費を費やすのは一般的である。 기업이 신규고객을 얻기 위해 많은 광고비를 쓰는 것은 일반적이다.
駄目 だめ	16	**안된다, 좋지 않다** 類 無理 不能 無駄 無用 無益 反 良い 大丈夫 例 課題が難しいからといって，チャレンジする前に諦めてはだめだ。 과제가 어렵다고 해서 도전하기 전에 포기해서는 안된다.
容易 ようい	15	**쉽다, 용이하다, 간단하다** 類 易しい 簡単 安易 安直 平易　反 困難 例 社会科学における研究対象は人間自身であるために，研究者にとってその研究対象と距離を置くことは容易ではない。 사회과학에서의 연구대상은 인간 자신이기 때문에 연구자가 그 연구대상과 거리를 두는 것은 쉽지 않다.
プロフェッショナル	15	**전문적이다** 類 プロ 専門的 職業的 反 アマチュア 名 例 「編集」という行為は我々も日常的にやっていることであり，メディアなどのプロフェッショナルな仕事だけに見られるものではない。 「편집」이라는 행위는 우리도 일상적으로 하고 있는 것으로, 미디어 등의 전문적인 일에서만 볼 수 있는 것은 아니다.
上手 じょうず	15	**잘하다, 능숙하다, 유창하다** 類 上手い 得意 巧妙 反 下手 例 忙しい時期こそ，時間を上手に使うことが大事になってくる。 바쁜 시기야말로 시간을 잘 사용하는 것이 중요해진다.
直接 ちょくせつ	14	**직접적이다** 類 ダイレクト ストレート 直 副 直 副　反 間接 例 大学で学ぶほとんどの知識は，将来の仕事で直接役に立つものではない。 대학에서 배우는 대부분의 지식은 장래의 일에서 직접적으로 도움이 되는 것은 아니다.

형용동사

14	**명확하다**
めいかく **明確**	類 確か　明瞭　明白　鮮明　確実 反 曖昧 例 芸術品の鑑賞において，その作品そのものに明確な答えを求める必要はない。 예술품 감상에 있어서 그 작품 자체에 명확한 답을 추구할 필요는 없다.

13	**고독하다**
こどく **孤独**	類 寂しい　淋しい　単独　一人ぼっち 名 例 人口密度の高い大都市に住んでいても，たくさんの人は孤独に感じる時間のほうが多い。 인구밀도가 높은 대도시에 살고 있어도 많은 사람들은 고독하게 느끼는 시간이 많다.

13	**암흑이다**
あんこく **暗黒**	類 暗い　真っ暗　暗闇 名 反 明るい　光明 名 例 昔の人間は，「見えない世界」のことを，「暗黒の世界」であると考えていた。 옛날 사람들은 「보이지 않는 세계」를 「암흑의 세계」라고 생각했다.

13	**희한하다, 이상하다, 불가사의하다**
ふしぎ **不思議**	類 変　奇妙　異様　不可解 例 小さな声で話すという行為は，交流や議論において，不思議な効果を発揮する。 작은 목소리로 이야기하는 행위는 교류나 논의에 있어서 묘한 효과를 발휘한다.

13	**유효하다**
ゆうこう **有効**	類 効果的　有用　有益　実用的 反 無効 同 友好 名 例 過去の失敗経験を有効に活用すれば，未来の成功につながる。 과거의 실패경험을 유효하게 활용하면 미래의 성공으로 이어진다.

13	**같다, 마찬가지다**
どうよう **同様**	類 等しい　同じ　同然　同等　同一　反 別　異なる 動 例 人は論文を書く際に，日常生活において無意識に行っている思考過程と同様のプロセスを辿っている。 사람은 논문을 쓸 때에 일상생활에서 무의식적으로 행하고 있는 사고과정과 같은 프로세스를 거치고 있다.

13	**당연하다**
あたりまえ **当たり前**	類 当然　自然　一般的　常識的　もちろん 副 反 とんでもない 例 人間と違い，動物の場合は，親が子を育てることは当たり前のことではない。 인간과 달리 동물의 경우에는 어미가 새끼를 기르는 것은 당연한 일이 아니다.

	12	**최대다, 가장 크다**
さいだい **最大**		類 最高　最大限 名　マックス 名 反 最小 例 物質的な豊かさをもたらした最大の要因は、科学技術の進歩である。 　 물질적인 풍요를 가져온 가장 큰 요인은 과학기술의 진보다.
	12	**특별하다**
とくべつ **特別**		類 特段　格別　例外的　スペシャル 反 普通　一般 例 脳の認知活動は、何か特別な場合にしか起こらないと思われがちだ。 　 뇌의 인지활동은 무언가 특별한 경우에만 일어난다고 생각되기 쉽다.
	12	**우월하다, 우위다**
ゆうい **優位**		類 優勢　上位 名　反 劣位 例 猿の世界において、食物を分配する行為は、優位な猿しか持たない特権である。 　 원숭이의 세계에서 음식을 분배하는 행위는 우위의 원숭이만이 가진 특권이다.
	12	**급격하다**
きゅうげき **急激**		類 急　急速　迅速　飛躍的 反 緩慢　緩やか 例 現代社会の急激な変化によって、伝統的な考え方が適用しにくくなっている。 　 현대사회의 급격한 변화로 전통적인 생각이 적용되기 어려워졌다.
	12	**애매하다**
あいまい **曖昧**		類 紛らわしい　あやふや　不明瞭　不明確　反 明確 例 チームで作業する場合、個人の責任が曖昧になってしまうため、手抜きをする人が多くなる傾向がある。 　 팀으로 작업하는 경우 개인의 책임이 애매해지므로 대충하는 사람이 많아지는 경향이 있다.
	12	**유해하다**
ゆうがい **有害**		類 悪い　有毒　悪性　反 有益　無害 例 人間にとって有害な動植物でも、自然界においてはそれなりの役割を果たしている。 　 인간에게 유해한 동식물이라도 자연계에서는 나름의 역할을 하고 있다.
	12	**불만이다**
ふまん **不満**		類 歯がゆい　不服　不満足　反 満足 例 もし自分の現状に不満であれば、自分自身と環境の両方の要因を見直したほうがよい。 　 만약 자신의 현재 상황에 불만이라면 자기 자신과 환경 모두의 요인을 재검토하는 것이 좋다.

형용동사

丁寧 (ていねい) — 12
예의바르다, 정중하다, 꼼꼼하다
- 類 礼儀正しい　丹念　周到　徹底的　　反 ぞんざい
- 例 読書をする際に、前書きなど本文以外の部分を丁寧に読むことによって、本のエッセンスをある程度掴むことができる。
  독서를 할 때에 서문 등 본문 이외의 부분을 꼼꼼히 읽음으로써 책의 핵심을 어느 정도 파악할 수 있다.

微妙 (びみょう) — 11
미묘하다
- 類 漠然　曖昧　不明瞭　中途半端　デリケート
- 例 人間にとって、顔の表情における微妙な動きをコントロールするのは難しい。
  인간이 얼굴 표정의 미묘한 움직임을 컨트롤하는 것은 어렵다.

大型 (おおがた) — 11
대형이다
- 類 大きい　巨大　大柄
- 反 小型
- 混 大方 (おおかた)
- 例 都市の周縁部には、大型ショッピングモールが設置されている。
  도시 주변에는 대형 쇼핑몰이 설치되어 있다.

大変 (たいへん) — 11
힘들다
- 類 つらい　きつい　しんどい　困難　ハード
- 反 楽
- 例 仕事の性質上、毎年、年末は一番大変な時期を迎える。
  일의 성격 상 매년 연말에는 가장 힘든 시기를 맞이한다.

有名 (ゆうめい) — 10
유명하다
- 類 名高い　著名　知名
- 反 無名
- 例 先入観に影響されて、有名な画家の絵であれば素晴らしいと思ってしまうのかもしれない。
  선입견의 영향으로 유명한 화가의 그림이라면 멋지다고 생각할지도 모른다.

単純 (たんじゅん) — 10
단순하다
- 類 純粋　簡単　明白　シンプル
- 反 複雑
- 例 昔の人たちの考え方を、現代人の考え方と単純に比較することはできない。
  옛날 사람들의 생각을 현대인의 생각과 단순하게 비교할 수는 없다.

無意識 (むいしき) — 10
무의식적이다
- 類 無自覚　不意　　反 意識的
- 例 私たちの脳は、学校で勉強するとき以外にも、日常生活において「学習」を無意識に行っている。
  우리의 뇌는 학교에서 공부할 때 이외에도 일상생활에서「학습」을 무의식적으로 행하고 있다.

	10	주다, 주되다
おも **主**		類 主要 中心的 支配的 メイン 反 副次的 例 子どもに何でも教え込むより，上達に導くのが，親と教師の主な役割である。 아이에게 뭐든지 가르치기보다 능숙해지도록 유도하는 것이 부모와 교사의 주된 역할이다.
	10	진실이다, 진실하다
しんじつ **真実**		類 本当 現実 真名 反 虚偽 例 人は同じ情報を繰り返し提示され続けると，それが真実であると思うようになる。 사람은 같은 정보를 반복해서 제시받으면 그것이 진실이라고 생각하게 된다.
	10	불쾌하다
ふかい **不快**		類 鬱陶しい 気持ち悪い 嫌 不愉快 反 快い 例 人は嫌な匂いを嗅ぐと，不快な気分になるとともにストレスも増加する。 사람은 싫어하는 냄새를 맡으면 불쾌한 기분이 듦과 동시에 스트레스도 증가한다.
	10	불안하다
ふあん **不安**		類 悩ましい 気遣わしい 反 安心 例 普段から外部からの情報に頼りすぎると，スマホなどの情報チャネルが遮断されるときに不安になりやすい。 평소에 외부로부터의 정보에 너무 의지하면 스마트폰 등의 정보채널이 차단되었을 때에 불안해지기 쉽다.
	10	높다, 고도다
こうど **高度**		類 高等 高級 上等 上級 反 低度 例 道徳における高度すぎる規範は守りにくいため，法律には明記されていない。 도덕에서 너무 높은 규범은 지키기 어렵기 때문에 법률에는 명기되어 있지 않다.
	10	귀찮다, 번거롭다
めんどう **面倒**		類 面倒臭い 煩わしい 厄介 手数名 反 容易 簡単 例 論文の方向性を決めるのは，意外と面倒な作業である。 논문의 방향성을 정하는 것은 의외로 번거로운 작업이다.
	10	싫다
いや **嫌**		類 嫌い 嫌らしい 不快 不愉快 反 好き 例 嫌な仕事でも，何らかの価値を見いだせれば，楽しめるようになる。 싫은 일이라도 무언가 가치를 찾아 낼 수 있다면 즐길 수 있게 된다.

형용동사

完全 かんぜん — 완벽하다
- 類: 完璧 万全 無欠 絶対的
- 反: 不全 不完全
- 例: 子どもが難しい問題に直面するとき，親はいきなり完全な解決策を与えないほうがいい。
  - 아이가 어려운 문제에 직면했을 때 부모는 갑자기 완벽한 해결책을 주지 않는 것이 좋다.

変 へん — 이상하다
- 類: おかしい 奇妙 異様 異常 不自然
- 反: 正常
- 例: 実験で変なデータが出たときこそ，結果を重視すべきだ。
  - 실험에서 이상한 데이터가 나왔을 때야말로 결과를 중시해야 한다.

身近 みぢか — 가깝다, 일상적이다
- 類: 近い 親しい 手近 密接 親密
- 反: 遠い
- 例: この本は，身近な物理現象を分かりやすく解説している。
  - 이 책은 일상적인 물리 현상을 알기 쉽게 해설하고 있다.

極端 きょくたん — 극단적이다
- 類: 甚だしい 過激 強烈 極度 急進的
- 反: 中正
- 例: 極端な考え方をすれば，「自動車を全て無くすのが，環境に一番優しい」という結論になる。
  - 극단적인 생각을 한다면 「자동차를 전부 없애는 것이 환경에 가장 친화적이다」라는 결론이 된다.

独自 どくじ — 독자적이다
- 類: 独特 特別 特有 個性的 特徴的
- 反: 普遍
- 例: 各国の食事文化には，それぞれ独自のルールが存在する。
  - 각국의 식사문화에는 각각 독자적인 규칙이 존재한다.

マイナス — 부정적이다, 소극적이다, 마이너스다
- 類: 消極的 負(名)
- 反: プラス
- 例: 生活にかかっているストレスは，必ずしもマイナスのものとは限らない。
  - 생활에 관련된 스트레스는 반드시 부정적인 것이라고는 할 수 없다.

困難 こんなん — 곤란하다, 어렵다, 복잡하다
- 類: 難しい ややこしい 煩わしい 複雑 面倒
- 反: 容易
- 例: 自分自身を中立的に評価するのは，とても困難なことだ。
  - 자기 자신을 중립적으로 평가하는 것은 아주 어려운 일이다.

	9	미지다
未知 (みち)		類 未経験(みけいけん)　未踏(みとう)名 反 既知(きち) 例 未知の学問領域(がくもんりょういき)に踏(ふ)み込(こ)むには，勇気(ゆうき)が要(い)る。 미지의 학문 영역에 발을 들여놓는데는 용기가 필요하다.

	9	풍부하다
豊富 (ほうふ)		類 豊(ゆた)か　様々(さまざま)　潤沢(じゅんたく)　十分(じゅうぶん)　反 欠乏(けつぼう) 例 本に書かれている知識だけでなく，豊富な臨床(りんしょう)経験(けいけん)も医者にとって不可欠だ。 책에 쓰여 있는 지식만이 아니라 풍부한 임상경험도 의사에게 없어서는 안된다.

	9	깜깜하다
真っ暗 (まっくら)		類 暗(くら)い　黒(くろ)い　暗黒(あんこく)　絶望的(ぜつぼうてき) 反 明(あか)るい 例 真っ暗な部屋で寝る場合は，他の環境(かんきょう)の場合と比(くら)べると，睡眠(すいみん)の質(しつ)が高くなる。 깜깜한 방에서 자는 경우는 다른 환경의 경우와 비교하면 수면의 질이 높아진다.

	8	솔직하다, 순수하다, 순종적이다
素直 (すなお)		類 まっすぐ　誠実(せいじつ)　率直(そっちょく)　正直(しょうじき)　従順(じゅうじゅん)　反 強情(ごうじょう)　意地悪(いじわる) 例 作者(さくしゃ)に対する先入観(せんにゅうかん)を持って，絵を鑑賞(かんしょう)してしまうと，素直に感動(かんどう)できない可能性がある。 작가에 대한 선입견을 갖고 그림을 감상하면 솔직하게 감동하지 못할 가능성이 있다.

	8	특수하다
特殊 (とくしゅ)		類 特別(とくべつ)　独特(どくとく)　特有(とくゆう)　独自(どくじ)　ユニーク　反 一般(いっぱん)　普遍(ふへん) 例 特殊なケースを除(のぞ)けば，幸(しあわ)せな家庭で育った子供は，将来(しょうらい)幸せな家庭環境を作れる可能性が高い。 특수한 경우를 제외하면 행복한 가정에서 자란 아이는 미래에 행복한 가정환경을 만들 가능성이 높다.

	8	기대하다
楽しみ (たのしみ)		類 愉快(ゆかい)　期待(きたい)名 反 苦(くる)しみ名 混 楽(たの)しい 例 では，来週の特別講座(とくべつこうざ)を楽しみにしていてください。 그럼, 다음 주의 특별강좌를 기대해 주십시오.

	8	합당하다, 가장 알맞다, 지당하다
尤も (もっとも)		類 妥当(だとう)　適切(てきせつ)　適正(てきせい)　的確(てきかく) 例 作文の能力を高めるために，たくさんの文章(ぶんしょう)を読(よ)みなさいというのは，もっともな意見である。 작문 능력을 높이기 위해 많은 문장을 읽으라고 하는 것은 당연한 의견이다.

형용동사

活発 (かっぱつ) — 8
활발하다
- 類 元気 盛ん 旺盛 活動的
- 反 不活発
- 例 自分の考えを活発に話すことによって，他人とのコミュニケーションが円滑になるかもしれない。
  자신의 생각을 활발하게 말함으로써 타인과의 커뮤니케이션이 원활해질지도 모른다.

気軽 (きがる) — 8
가볍다, 부담 없다
- 類 楽 気楽　反 気重
- 例 自分が詳しくない分野に関しては，気軽に意見を言うよりも，黙っている方が賢いと思われる。
  자신이 잘 모르는 분야에 대해서는 가볍게 의견을 말하기보다 가만히 있는 것이 현명하다고 생각된다.

知的 (ちてき) — 8
지적이다
- 類 賢い 知性的 理性的　反 無知
- 例 大学は将来の職業に直接役立つ技能を学ぶよりも，知的な考え方を身につける場所だ。
  대학은 장래의 직업에 직접 도움이 되는 기능을 배우기보다 지적인 사고를 익히는 장소다.

不自然 (ふしぜん) — 7
부자연스럽다
- 類 おかしい ぎこちない 変 異常　反 自然
- 例 外国語で書かれる文の語順を変えずに，母語に翻訳すると不自然な表現が出てくる。
  외국어로 쓰여진 글의 어순을 바꾸지 않고 모국어로 번역하면 부자연스러운 표현이 나온다.

一生懸命 (いっしょうけんめい) — 7
열심이다
- 類 懸命 必死 熱心 精一杯 ひたむき
- 反 いい加減
- 例 間違った方法で一生懸命に努力しても，成果が出ることはない。
  잘못된 방법으로 열심히 노력해도 성과가 나오는 경우는 없다.

きれい — 7
예쁘다, 깨끗하다, 맑다
- 類 可愛い 美しい 格好いい 素晴らしい 素敵
- 反 汚い 醜い
- 例 見た目が綺麗な料理が，必ずしも美味しいとは限らない。
  모양이 예쁜 요리가 반드시 맛있다고는 할 수 없다.

主要 (しゅよう) — 7
주요하다
- 類 主 肝要 中心的 根本的 メイン
- 反 副次的
- 例 本の全文を読む時間がない場合は，主要な部分だけを理解すればよい。
  책 전체를 읽을 시간이 없을 경우에는 주요한 부분만을 이해하면 된다.

	7	쾌적하다
かいてき **快適**		類 気持ち良い　心地よい　快　　反 不快 例 快適な住環境を実現するためには，物理的な要素以外にも，心理的な要素への配慮が必要である。 쾌적한 주거환경을 실현하기 위해서는 물리적인 요소 이외에도 심리적인 요소에 대한 배려가 필요하다.
わず **僅か**	7	조금이다, 적다, 경미하다 類 少ない　微小　軽微　微か　些細 反 たくさん 例 その果実は食べられる部分がごくわずかなので，果物の中でも人気が低い。 그 열매는 먹을 수 있는 부분이 아주 적기 때문에 과일 중에서도 인기가 적다.
べつべつ **別々**	6	따로따로, 각각이다 類 個々 反 一緒 例 複雑な問題に直面したときには，それをいくつかのパーツに別々に分けて考えた方がいい。 복잡한 문제에 직면했을 때는 그것을 몇개의 부분으로 따로 나누어 생각하는 것이 좋다.
しあわ **幸せ**	6	행복하다 類 幸い　幸福　幸運 反 不幸 例 GDPが高いほど国民が幸せであるとは限らない。 GDP가 높을수록 국민이 행복하다고는 할 수 없다.
しんこく **深刻**	6	심각하다 類 由々しい　大変　重大　切実　厳重 混 深い 例 車を運転している際には，些細な不注意でも，深刻な事故に繋がりうる。 자동차를 운전하고 있을 때는 사소한 부주의도 심각한 사고로 이어질 수 있다.
しんけん **真剣**	6	진지하다 類 真面目　懸命　真摯　本気　ひたむき 反 不真面目 例 趣味に対しては，仕事をしている時と同じく真剣な姿勢で臨みたい。 취미에 대해서는 일을 할 때와 같이 진지한 자세로 임하고 싶다.
むげん **無限**	6	무한하다 類 限りない　果てしない　無数　永遠 图 反 有限 例 欲望が無限にあるというのは，年齢と関係なくすべての人間に共通することだ。 욕망이 무한하다는 것은 연령과 관계없이 모든 사람에게 공통된 것이다.

형용동사

不可欠 (ふかけつ) — 6
필수다, (필수) 불가결하다
- 類 必須　必要　肝要
- 例 スピーチをマスターしたいのであれば、実践を繰り返すことは不可欠である。
  스피치를 마스터하고 싶다면 실천을 반복하는 것이 필수다.

最終的 (さいしゅうてき) — 6
최종적이다
- 類 決定的　究極的
- 反 最初 名　初歩 名
- 例 個人が義務を果たさない場合は、最終的に国家によってその履行を強制される。
  개인이 의무를 다하지 않는 경우에는 최종적으로 국가에 의해 그 이행을 강제당한다.

夢中 (むちゅう) — 6
열중하다
- 類 熱中する 動　集中する 動　専念する 動
- 反 上の空
- 例 目の前の仕事に夢中になり過ぎて、周りの異変に全く気付かなかった。
  눈 앞의 일에 너무 열중하여 주위의 이변에 전혀 눈치채지 못했다.

楽 (らく) — 6
편안하다
- 類 快い　安楽　気楽　呑気
- 反 大変
- 混 楽しい
- 例 人生の楽な道を選んでも幸せになる保証はない。
  인생의 편안한 길을 선택해도 행복해진다는 보장은 없다.

緊急 (きんきゅう) — 6
긴급하다
- 類 非常　喫緊
- 例 緊急事態に備えて、安全通路の確保は、常に意識してください。
  긴급사태에 대비하여 안전통로의 확보는 항상 의식해 주십시오.

残念 (ざんねん) — 6
안타깝다, 분하다, 유감이다
- 類 悔しい　惜しい　無念　遺憾
- 反 満足
- 例 残念なことに、仕事と家庭を完璧に両立させることはほぼ不可能だ。
  안타깝게도 일과 가정을 완벽하게 양립시키는 것은 거의 불가능하다.

意外 (いがい) — 6
의외다, 뜻밖이다
- 類 案外　唐突　不意　予想外　想定外　反 当然
- 例 普段の生活でも、常に観察の目を持つことで、細かいところで意外な発見ができるかもしれない。
  평소 생활에서도 항상 관찰하는 눈을 가짐으로써 세세한 곳에서 의외의 발견을 할 수 있을지도 모른다.

	6	불량하다, 불량이다
ふ りょう 不 良		類 悪い 劣悪 劣等　反 優良 例 品質不良の製品が市場に流通してしまえば、企業の名誉を大きく損なうことになる。 품질불량의 제품이 시장에 유통되어버리면 기업의 명예를 크게 훼손하게 된다.
ばらばら	6	(뿔뿔이) 흩어지다, 제각각이다 類 分散　反 一律 整合的 例 ばらばらに見える事実からつながりを見出せば、重要な発見に繋がるかもしれない。 제각각인 것처럼 보이는 사실에서 연결고리를 찾아내면 중요한 발견으로 이어질지도 모른다.
こ がた こ がた 小型・小形	6	소형이다 類 小さい ミニ コンパクト 反 大型 例 あの空港は小型の航空機専用のものだ。 저 공항은 소형 항공기 전용 공항이다.
げんみつ 厳密	5	엄밀하다 類 厳しい 厳格 緻密 精緻 反 疎か 例 法律の条文は、厳密な思考が凝縮されているためとても分かりにくい。 법률 조문은 엄밀한 사고가 응축되어 있기 때문에 매우 이해하기 어렵다.
こうふく 幸福	5	행복하다 類 幸い 幸せ 幸運 反 不幸 例 幸福な生活を過ごすための秘訣は、まずストレスを溜めないことだ。 행복한 삶을 살기 위한 비결은 우선 스트레스를 쌓아두지 않는 것이다.
だ とう 妥当	5	타당하다 類 相応しい 適切 適正 適当　反 不当 例 自然科学の場合、研究対象と一定の距離を置くことができるため、対象に対する妥当な認識を形成しやすい。 자연과학의 경우 연구 대상과 일정 거리를 둘 수 있으므로 대상에 대한 타당한 인식을 형성하기 쉽다.
ふ か のう 不可能	5	불가능하다 類 無理 不能 反 可能 例 ユーモアのセンスを意図的に養うことは、不可能ではない。 유머 감각을 의도적으로 기르는 것이 불가능은 아니다.

형용동사

えんかつ **円滑**	5	**원활하다** 類 滑らか　順調　流暢　スムーズ　反 不順 例 多くの人は，対人関係を円滑に保つために，本当の気持ちを露わにしない傾向がある。 대부분의 사람들은 대인관계를 원활하게 유지하기 위해 본심을 드러내지 않는 경향이 있다.
ゆうり **有利**	5	**유리하다** 類 有益　便宜　好都合 反 不利 例 危機にうまく対処すれば，それを自分に有利なことに変えられるかもしれない。 위기에 잘 대처하면 그것을 자신에게 유리한 것으로 바꿀 수 있을지도 모른다.
こうきゅう **高級**	5	**고급스럽다, 고급이다** 類 上等　良質 反 低級 例 昔のヨーロッパでは，言葉の文法というのは貴族が使う高級な言語だけにあった。 옛날 유럽에서는 언어의 문법이라는 것은 귀족이 사용하는 고급스러운 언어에만 있었다.
きょうつう **共通**	5	**공통되다** 類 同様　一般的　類似的 反 独特　特有 例 法律は私たちの社会で，共通のルールとして機能している。 법률은 우리들 사회에서 공통의 규칙으로서 기능하고 있다.
みっせつ **密接**	5	**밀접하다** 類 近い　緊密　身近 反 疎遠 例 食生活は体の健康だけではなく，心の健康とも密接な関連がある。 식생활은 몸의 건강뿐만 아니라 마음의 건강과도 밀접한 관련이 있다.
たいくつ **退屈**	5	**지루하다** 類 つまらない 反 面白い　熱中 例 退屈な練習に耐えることこそ，上達の鍵だ。 지루한 연습을 견뎌내는 것이야말로 실력 향상의 열쇠이다.
ゆうよう **有用**	5	**유용하다** 類 有益　便利　実用的　効果的　反 無用 例 暗い環境などで視覚から情報を得られない場合は，聴覚を活用するのが有用な手段だ。 어두운 환경 등에서 시각으로 정보를 얻을 수 없는 경우에는 청각을 활용하는 것이 유용한 수단이다.

	5	**마음대로다, 제멋대로다**
かって **勝手**		類 任意　わがまま　身勝手　一方的 反 慎重 例 チームで行う作業では，メンバーがそれぞれ勝手に行動してしまうと，目標を達成することができない。 팀으로 행하는 작업에서 멤버가 각자 마음대로 행동해버리면 목표를 달성할 수 없다.
こゆう **固有**	5	**고유하다** 類 特有　独自　独特　生得的 反 外来 名 例 外来種は，島固有の生物の生存を脅かし，島全体の生態系を破壊しかねない。 외래종은 섬 고유의 생물의 생존을 위협하고 섬 전체의 생태계를 파괴할 수도 있다.
かんじん **肝心**	5	**중요하다** 類 肝要　重要　大事　大切　決定的 反 些細 例 論文を数多く出すことは，必ずしも一番肝心なことではない。 논문을 많이 내는 것이 반드시 가장 중요한 것은 아니다.
いじょう **異常**	5	**이상하다** 類 おかしい　変　異様　不自然 反 正常 例 実験で異常なデータが出る時こそ，慎重に解析する必要がある。 실험에서 이상한 데이터가 나왔을 때야말로 신중하게 해석할 필요가 있다.
かじょう **過剰**	5	**과다하다, 과도하다, 과잉이다, 지나치다** 類 おびただしい　過多　過度 反 不足 例 多くの先進国では，食料が過剰なほど供給されている。 대부분의 선진국에서는 식료품이 과다할 정도로 공급되고 있다.
きちょう **貴重**	5	**귀중하다** 類 大事　重要 例 工場で発生した事故などの失敗例は，未来の安全につながる貴重な経験になる。 공장에서 발생한 사고 등의 실패 사례는 미래의 안전으로 이어지는 귀중한 경험이 된다.
ありのまま	5	**있는 그대로다** 類 自然　天然　本来 名　もともと 名 例 偏見を持ちながら他人と接すると，その人のありのままの姿が見えなくなる。 편견을 가지고 타인을 접하면 그 사람의 있는 그대로의 모습이 보이지 않게 된다.

형용동사

静か (しずか) 〔5〕
조용하다, 정숙하다, 얌전하다
- 類 物静か　安静　静寂
- 反 騒がしい
- 例 静かすぎる環境だと，かえって勉強に集中しにくいことが多い。
  너무 조용한 환경이면 오히려 공부에 집중하기 어려운 경우가 많다.

反対 (はんたい) 〔5〕
반대다
- 類 逆　対立　正反対　対照的
- 反 一致 [名]
- 例 国内での人気の低迷とは反対に，その商品は海外で売れている。
  국내에서의 인기 침체와 반대로 그 상품은 해외에서 잘 팔리고 있다.

ユニーク 〔5〕
유니크하다, 독특하다
- 類 独特　独自　特殊　個性的　独創的
- 反 単調
- 例 パンダはそのユニークな外見でよく知られている。
  판다는 그 독특한 외모로 잘 알려져 있다.

少量 (しょうりょう) 〔5〕
소량이다
- 類 少し　僅か　微小
- 反 多量
- 同 小量
- 例 その古い施設から，少量の放射性物質が検出されている。
  그 낡은 시설에서 소량의 방사성 물질이 검출되었다.

過多 (かた) 〔5〕
과다하다, 과도하다
- 類 過剰　過度　余計
- 反 過少
- 例 栄養を過多に摂取するのは，かえって健康に悪い。
  영양을 과다하게 섭취하는 것은 오히려 건강에 나쁘다.

賢明 (けんめい) 〔5〕
현명하다
- 類 賢い　英明　利口　スマート
- 反 愚か　同 懸命
- 例 場合に応じて自己演出をするという行為は，賢明な人間の象徴と思われる。
  경우에 따라서 자기연출을 하는 행위는 현명한 인간의 상징으로 생각된다.

盛ん (さかん) 〔5〕
번성하다, 활발하다, 왕성하다
- 類 旺盛　活発　繁栄　活動的
- 反 低迷
- 例 これからは，もっと我が国の文化産業を盛んにすべきだ。
  앞으로는 더욱 우리 나라의 문화산업을 번창시켜야 한다.

	4	**ベスト**	**최고다, 최선이다**
		類 最高　最善　最良　　反 ワースト　最悪	
		例 最初読んだときに，ベストに感じた作品でも，時間を置いてから再び読んでみると，そう感じない場合もある。	
		처음 읽었을 때에 최고라고 느꼈던 작품이라도 시간을 두고 다시 읽어보면 그렇게 느껴지지 않는 경우도 있다.	

冷静 (れいせい) — 4 — 냉정하다
類 沈着　穏やか　平然　平気　　反 興奮名
例 自分と関係が深い問題が起こると，冷静に判断できなくなる人が多い。
자신과 관계가 깊은 문제가 일어나면 냉정하게 판단하지 못하게 되는 사람이 많다.

一時的 (いちじてき) — 4 — 일시적이다
類 仮　短期的　暫定的　しばらく副
反 永続的
例 勉強が行き詰ってしまったときは，一時的にその内容から離れたほうが良い。
공부가 벽에 부딪혔을 때는 잠시 그 내용에서 멀어지는 게 좋다.

過度 (かど) — 4 — 과도하다, 과다하다
類 過剰　過多　過大　　反 適度
例 子供に対して過度に期待すると，子どもだけではなく親のストレスも増えてしまう。
아이에게 과도하게 기대하면 아이뿐만 아니라 부모의 스트레스도 증가해 버린다.

同等 (どうとう) — 4 — 동등하다
類 等しい　同じ　同様　同然　対等
例 認知機能についての対照実験を行う際には，ある程度同等の能力を持つ被験者を集める必要がある。
인지기능에 대한 대조실험을 실시할 때에는 어느 정도 동등한 능력을 가진 피험자를 모을 필요가 있다.

急速 (きゅうそく) — 4 — 급속하다
類 急　急激　迅速　速やか　　反 緩慢
例 科学技術の急速な発展と共に，社会規範の変革も強く求められている。
과학기술의 급속한 발전과 함께 사회규범의 변혁도 강하게 요구되고 있다.

重大 (じゅうだい) — 4 — 중대하다
類 重要　深刻　大事　大変　　反 些細
例 成長期の子どもにとって，親に守られているという安心感は重大な意味を持つ。
성장기의 아이에게 부모로부터 보호 받고 있다는 안심감은 중대한 의미를 갖는다.

형용동사

	4	불필요하다
ふ よう **不要**		類 不必要　無駄　無用　余計　　反 必要 例 報告書を書く場合，不要な情報をできるだけ除いたほうが読みやすい。 보고서를 쓰는 경우 불필요한 정보를 가급적 제외하는 것이 읽기 편하다.

	4	미숙하다
み じゅく **未熟**		類 幼い　青い　幼稚　　反 熟練　成熟 例 自己中心的な考え方は，成長期にある未熟な子どもたちによく見られる。 자기중심적 사고는 성장기에 있는 미숙한 아이들에게서 흔히 볼 수 있다.

	4	요원하다, 아주 멀다
はる **遥か**		類 遠い　程遠い　物遠い 反 近い 例 人間が自然資源を消費するスピードは，資源が再生する速度を遥かに超えている。 인간이 자연자원을 소비하는 속도는 자원이 재생되는 속도를 훨씬 뛰어넘고 있다.

	4	안이하다
あん い **安易**		類 軽い　簡単　容易　安直　手軽 反 困難　慎重 例 自分がよく分からない分野の問題について，安易に結論を下すのは危険だ。 자신이 잘 모르는 분야의 문제에 대해 안이하게 결론을 내리는 것은 위험하다.

	4	싫다
きら **嫌い**		類 嫌　苦手　　反 好き 例 先入観によって，一度でも数学が嫌いだと思ってしまうと，その後の勉強でもどんどん嫌いになっていく。 선입견에 의해 한 번이라도 수학이 싫다고 생각해버리면 그 후의 공부에서도 점점 싫어진다.

	4	멋지다, 훌륭하다
りっ ぱ **立派**		類 偉い　素晴らしい　見事　優秀 反 粗末 例 立派な文章を書けるとしても，それを口でうまく説明できるとは限らない。 멋진 문장을 쓸 수 있다고 해도 그것을 입으로 잘 설명할 수 있다고는 할 수 없다.

	4	기묘하다
き みょう **奇妙**		類 妙　変　異様　不思議 反 平凡 例 ミツバチは奇妙な動きで仲間とコミュニケーションを取っている。 꿀벌은 기묘한 움직임으로 동료들과 의사소통을 하고 있다.

	4	일방적이다
いっぽうてき **一方的**		類 勝手　一面的　自分勝手　わがまま 反 相互的 例 親が一方的に子どもに指示を出すだけでは，良好な親子関係は形成されない。 부모가 일방적으로 아이에게 지시를 하는 것만으로는 양호한 부모 자식 관계가 형성되지 않는다.
	4	유력하다
ゆうりょく **有力**		類 強い　力強い　強力 反 無力 例 その仮説を支える有力な証拠は，昔の動物の化石である。 그 가설을 뒷받침하는 유력한 증거는 옛날의 동물 화석이다.
	4	같다, 똑같다, 획일적이다
いちよう **一様**		類 同じ　同様　一律　均一　画一的 反 多様 例 あまりにも多い選択肢を，一様に比較するのは難しい。 너무 많은 선택지를 똑같이 비교하는 것은 어렵다.
	4	별로다, 싫어하다, 잘 못하다
にがて **苦手**		類 嫌い　嫌　不得意 反 得意　混 下手 例 においが苦手という理由で，魚が嫌いになった子どもは多いらしい。 냄새가 싫다는 이유로 생선을 싫어하게 된 아이들이 많은 것 같다.
	4	순조롭다
じゅんちょう **順調**		類 好調　快調　円滑　スムーズ 反 不調 例 物事が順調に進んでいる場合こそ，うまくいった原因を分析する必要がある。 일이 순조롭게 진행될 때야 말로 잘 진행된 원인을 분석할 필요가 있다.
	4	충실하다
ちゅうじつ **忠実**		類 従順　誠実　素直 反 不精 例 その映画は原作の小説を忠実に再現している。 그 영화는 원작 소설을 충실하게 재현하고 있다.
	4	묘하다, 이상하다
いよう **異様**		類 妙　変　異常　不思議　不気味 反 正常 例 熊は異様な雰囲気を感じ取ると，すぐに警戒して攻撃性を示す。 곰은 이상한 분위기를 느끼면 바로 경계하여 공격성을 나타낸다.

형용동사

	4	빈번하다
ひんぱん **頻繁**		類 常 よく副 やたらと副 例 新聞では難しい表現が頻繁に使われている。 신문에서는 어려운 표현이 빈번하게 사용되고 있다.

	4	유망하다
ゆうぼう **有望**		類 明るい 多望 有為 反 絶望 例 いくつかの仮説の中から有望なものを選び，実験で検証する。 몇 가지 가설 중에서 유망한 것을 골라 실험으로 검증한다.

	4	목청을 높이다
こわだか **声高**		反 控えめ 例 声高に意見を主張する行為は，円滑なコミュニケーションに繋がるとは限らない。 목청 높여 의견을 주장하는 행위가 원활한 의사소통으로 이어진다고는 할 수 없다.

	4	못하다, 능숙하지 않다
へた **下手**		類 まずい 拙い ぎこちない 不得意 不器用 反 上手 苦手 例 母国語が下手な人は，外国語を学ぶ時の困難も多くなる傾向がある。 모국어를 잘 못하는 사람은 외국어를 배울 때의 어려움도 많아지는 경향이 있다.

	4	드물다, 희귀하다
まれ **稀**		類 少ない 珍しい 希少 反 ざら 例 同時通訳は非常に難しい仕事であり，その条件を満たす人材はごく稀である。 동시통역은 굉장히 어려운 일이며 그 조건을 충족시키는 인재는 극히 드물다

	4	멋지다, 근사하다
すてき **素敵**		類 素晴らしい 見事 立派 最高 例 先輩から，仕事に関する素敵なアドバイスを頂いた。 선배로부터 일에 관한 멋진 조언을 받았다.

	3	실례가 되다, 실례다
しつれい **失礼**		類 無礼 失敬 不遜 無作法 反 礼儀正しい 例 普段何気なく使っている言葉でも，場合によっては失礼な表現になることもある。 평소에 아무렇지 않게 쓰고 있는 말이라도 경우에 따라서는 실례가 되는 표현이 되기도 한다.

	3	필사적이다
ひっし **必死**		類 真面目　本気　一生懸命 例 多くの現代人は，人間関係における適切な距離感を必死に模索している。 대부분의 현대인은 인간관계에서의 적절한 거리감을 필사적으로 모색하고 있다.
ねっしん **熱心**	3	열심히 하다, 열심이다 類 丁寧　本気　意欲的　情熱的 反 冷淡　不熱心 例 単に仕事熱心なだけでは，ワーカホリックとは呼べない。 단순히 일을 열심히 하는 것 만으로는 워크홀릭이라고 할 수 없다.
さいしん **最新**	3	최신이다, 참신하다, 신선하다 類 目新しい　斬新　新鮮　先端 例 20代の若者は最新の流行に対して常に敏感である。 20대 젊은이들은 최신 유행에 대해 항상 민감하다.
さいこう **最高**	3	최고다, 제일이다 類 素晴らしい　見事　極上　ベスト 反 最低　最悪 例 最高の仲間たちと一緒に仕事をするのは幸せだ。 최고의 동료들과 함께 일하는 것은 행복하다.
かこく **過酷**	3	가혹하다 類 ひどい　つらい　厳しい　残酷 反 緩い 例 昔は男性だけでなく，多くの女性も過酷な労働環境に晒されていた。 옛날에는 남성들 뿐만 아니라 많은 여성들도 가혹한 노동환경에 노출되어 있었다.
さいてき **最適**	3	최적이다, 가장 적합하다 類 至適　ぴったり副 反 不適 例 グループワークの効率を上げるために，最適な人員配置を考えなければならない。 그룹워크의 효율을 높이기 위해 최적의 인원 배치를 생각해야 한다.
いちりつ **一律**	3	일률적이다 類 同じ　均一　一様　一斉　画一的 反 ばらばら 例 定年とは，社員が一律に退職すると規定される年齢である。 정년이란 사원들이 일률적으로 퇴직한다고 규정된 연령이다.

형용동사

中途半端 (ちゅうとはんぱ) — 3
어중간하다
- 類 曖昧 不完全
- 反 完全 徹底的
- 例 努力が足りなかった結果、中途半端な成績しか得られなかった。
  노력이 부족했던 결과, 어중간한 성적 밖에 얻을 수가 없었다.

真面目 (まじめ) — 3
성실하다, 착실하다
- 類 真剣 丁寧 本気 必死 一生懸命
- 反 不真面目
- 例 仕事で真面目になり過ぎるのは、かえって効率性を損なってしまう。
  일에 지나치게 성실해지는 것은 오히려 효율성을 훼손해버린다.

不可分 (ふかぶん) — 3
불가분하다, 필수적이다
- 類 密接
- 反 可分
- 例 人間の言語機能の発達は脳の進化と不可分な関係を持っている。
  인간의 언어기능 발달은 뇌의 진화와 불가분의 관계를 갖고 있다.

本気 (ほんき) — 3
진지하다, 필사적이다
- 類 必死 真剣 懸命 真面目
- 反 粗末
- 例 競技場において、相手のチームは本気の姿勢を見せている。
  경기장에서 상대 팀은 진지한 자세를 보이고 있다.

温暖 (おんだん) — 3
온난하다, 따뜻하다
- 類 温かい 温い
- 反 寒い
- 例 日本の温暖な気候は、カビの温床になっている。
  일본의 온난한 기후는 곰팡이의 온상이 되고 있다.

的確 (てきかく) — 3
명확하다, 적확하다, 정확하다
- 類 妥当 適切 適正 正確
- 反 的外れ
- 例 異文化を学ぶことは、自文化の的確な理解を助けていると言える。
  다문화를 배우는 것은 자기 문화의 명확한 이해를 돕는다고 할 수 있다.

得 (とく) — 3
이롭다, 이익이다
- 類 有利 有益 便宜
- 反 損
- 例 自分にとって得な政策は、他人に犠牲を強いるかもしれない。
  자신에게 이로운 정책은 남에게 희생을 강요할지도 모른다.

	3	손해다, 불리하다
そん 損		類 不利 反 得 例 短期的に見ると損だが，長い目で見ればメリットが多くある。 단기적으로 보면 손해지만 멀리 보면 장점이 많이 있다.

	3	괜찮다, 충분하다
けっこう 結構		類 宜しい　十分 例 紙媒体での提出が難しい場合は，メールで出しても結構です。 종이 매체로 제출이 어려운 경우에는 이메일로 보내도 괜찮습니다.

	3	관계가 없다
む かんけい 無関係		類 無縁 例 創造性というのは一見無関係なものから繋がりを見出す能力である。 창조성이라는 것은 얼핏보면 관계가 없는 것에서 관련성을 찾아내는 능력이다.

	3	왕성하다
おうせい 旺盛		類 盛ん　活発　積極的　活動的 例 勉強のモチベーションは，旺盛な好奇心によって支えられている。 공부의 동기부여는 왕성한 호기심에 의해 유지되고 있다.

	3	신비하다
しん ぴ 神秘		類 怪しい　神妙　奇妙　不思議 例 人体の神秘的なメカニズムは，未だに明らかになっていない部分が多い。 인체의 신비한 메카니즘은 아직까지 밝혀지지 않은 부분이 많다.

	3	민감하다
びんかん 敏感		類 鋭い　繊細　過敏 反 鈍感 例 他人の気持ちの変化に敏感な人は，コミュニケーションが上手いことが多い。 타인의 기분 변화에 민감한 사람은 의사소통을 잘하는 경우가 많다.

	3	무지하다
む ち 無知		類 浅薄 反 博識 例 ある領域に対して無知なアマチュアにとって，基礎の部分から学ぶことは重要だ。 어떤 영역에 대해 무지한 아마추어에게는 기초 부분부터 배우는 것이 중요하다.

형용동사

陳腐 (ちんぷ) — 3
진부하다, 시대에 뒤떨어지다
- 類 古い　古臭い　古めかしい　時代遅れ
- 反 斬新
- 例 昔の英語教材に書かれていた多くの言葉は，今では陳腐になりつつある。
  옛날 영어교재에 쓰여 있던 많은 어휘들이 지금은 진부해지고 있다.

不足 (ふそく) — 3
부족하다
- 類 乏しい　欠乏　欠如　不十分
- 反 充足　過剰
- 例 日常の食生活で不足な栄養素をサプリメントで摂る人が多い。
  일상의 식생활에서 부족한 영양소를 보조제로 섭취하는 사람이 많다.

不明 (ふめい) — 3
불분명하다
- 類 曖昧　不確か　不明瞭　不明確
- 反 明白　明確
- 例 がんを含む多くの病気は，その発症メカニズムが未だ不明のままだ。
  암을 포함한 많은 병들은 그 발병 메카니즘이 아직 불분명한 상태다.

確実 (かくじつ) — 3
확실하다
- 類 確か　定か　明確　確定的
- 反 不確実
- 例 確実な証拠がない限り，彼が犯人だとは断言できない。
  확실한 증거가 없는 한 그가 범인이라고는 단언할 수 없다.

不安定 (ふあんてい) — 3
불안정하다
- 類 未定　不確か
- 反 安定
- 例 社会の急速な進展の中で，人々の生き方も不安定になっている。
  사회의 급속한 진전 속에서 사람들의 생활방식도 불안정해지고 있다.

フル — 3
충분하다, 꽉 차다
- 類 十分　充分　充足
- 反 部分的
- 例 勉強という活動において，人間の脳はフルに活用されているとは言えない。
  공부라는 활동에서 인간의 뇌가 충분히 활용되고 있다고는 할 수 없다.

新奇 (しんき) — 3
신기하다
- 類 目新しい　斬新　新鮮
- 反 陳腐
- 同 新規
- 例 部屋の内装に新奇なデザイン要素を取り入れている若者が多い。
  실내 인테리어에 신기한 디자인 요소를 도입하고 있는 젊은이들이 많다.

	3	소홀히 하다
おろそ **疎か**		類 粗末 反 真面目 例 睡眠の質を疎かにすると、体と心の不調が出やすい。 수면의 질을 소홀히 하면 몸과 마음의 이상이 생기기 쉽다.

	3	불공평하다
ふ こうへい **不公平**		類 不正　不平等　差別的 反 公平 例 不公平な家事分担は、夫婦喧嘩の主な原因となっている。 불공평한 가사분담은 부부싸움의 주요 원인이 되고 있다.

	3	생각한대로다, 예상대로다
おも どお **思い通り**		類 予想通り 反 想定外 例 人生は思い通りにならないことのほうが多い。 인생은 생각한대로 되지 않는 경우가 많다.

	3	월등하다, 각별하다, 특별하다
かくだん **格段**		類 著しい　格別　特別　抜群 例 人間の脳のサイズは、他の哺乳類と比べて格段に大きい。 인간 뇌의 크기는 다른 포유류에 비해 월등히 크다.

	3	화려하다
は で **派手**		類 煌びやか　多彩　カラフル　反 地味 例 一部の動物は警告色と呼ばれる派手な色を使うことによって、天敵から身を守る。 일부 동물은 경고색이라 불리는 화려한 색을 사용함으로써 천적으로부터 몸을 보호한다.

	3	부정확하다
ふ せいかく **不正確**		類 覚束ない　曖昧　不確か 反 正確 例 インターネット上には不正確な情報が数多く流布している。 인터넷 상에는 부정확한 정보가 수많이 유포되고 있다.

	3	무적이다
む てき **無敵**		類 最強　不敗 例 無敵な人になるための要点は、まず敵を作らないことである。 적이 없는 사람이 되기 위한 요점은 우선 적을 만들지 않는 것이다.

	3	무수하다, 셀 수 없다
む すう **無数**		類 限りない　無限 反 有数 例 人口密度の高い大都市には、無数の出会いが存在する。 인구밀도가 높은 대도시에는 무수한 만남이 존재한다.

형용동사

余計 (よけい) ③
쓸모없다, 쓸데없다, 불필요하다
- 類 無用 不要 過剰 無駄
- 反 必要
- 例 動物が冬眠するのは，寒い冬の間の余計なエネルギーの消耗を避けるためである。
  동물이 동면하는 것은 추운 겨울 동안 불필요한 에너지 소모를 피하기 위함이다.

急 (きゅう) ③
갑작스럽다, 급격하다
- 類 突然 唐突 急激 急速 速やか
- 反 緩
- 例 景気が不安定な時期には，会社での急なリストラがよく見られる。
  경기가 불안정한 시기에는 회사에서 갑작스러운 구조조정을 흔히 볼 수 있다.

まとも ③
착실하다, 정당하다
- 類 真面目 正当 適正 反 疎か
- 例 基礎知識もまともに身についていないなら，まだ難しい内容には進まない方がいい。
  기초지식도 제대로 습득하지 못했다면 아직 어려운 내용으로 들어가지 않는 것이 좋다.

正常 (せいじょう) ③
정상적이다
- 類 普通 尋常 一般的 規則的
- 反 異常
- 例 人体の正常な代謝を保つには，適度な運動が必要だ。
  인체의 정상적인 대사를 유지하는데는 적당한 운동이 필요하다.

得意 (とくい) ③
잘하다, 자신 있다
- 類 上手 得手
- 反 不得意
- 例 自分の得意なことを生かせる仕事に就きたい。
  자신이 잘하는 것을 살릴 수 있는 직업을 갖고 싶다.

明快 (めいかい) ③
명쾌하다
- 類 単純 端的 明瞭 明確 鮮明
- 反 不明瞭
- 例 過去の多くの学説は研究材料が少なかったからこそ，結論が明快だった。
  과거의 많은 학설은 연구재료가 적었기 때문에 오히려 결론이 명쾌했다.

スムーズ ③
원활하다, 순조롭다
- 類 順調 円滑 好調 快調
- 反 不調
- 例 会議をスムーズに進行させるためにも，事前にお手元の資料を読んでおいてください。
  회의를 원활하게 진행시키기 위해서라도 사전에 배포한 자료를 읽어 두십시오.

	3	순수하다
じゅんすい **純 粋**		類 単純 清純 清らか 反 不純 例 純粋な学問のみを追い求めるなら，実用化に関してはしばらく考えなくていい。 순수한 학문만을 추구한다면 실용화에 대해서는 당분간 생각하지 않아도 된다.
	3	간단하다, 단순하다
シンプル		類 易しい 簡単 明白 単純 簡易 反 複雑 例 シンプルに問題を説明できる人は，コミュニケーションが上手だと思われる。 간단하게 문제를 설명할 수 있는 사람은 의사소통을 잘 한다고 생각된다.
	3	사적이다
してき **私的**		類 個人的 非公式 反 公的 例 私的な領域に他人が勝手に侵入すれば，誰でも不快に感じるだろう。 사적인 영역에 남이 마음대로 침입하면 누구든지 불쾌하게 느낄 것이다.
	3	괜찮다, 문제없다
だいじょうぶ **大丈夫**		類 平気 例 けがをした場合，自分が大丈夫だと思っても念のため病院に行ったほうがいい。 부상을 당한 경우 자신이 괜찮다고 생각해도 만약을 위해 병원에 가는 것이 좋다.
	3	기울어지다, 비스듬하다
なな **斜め**		類 傾斜 名 反 真っ直ぐ 例 座る姿勢が悪い状態が長く続くと，脊椎が斜めになる可能性がある。 앉는 자세가 나쁜 상태가 오래 지속되면 척추가 휘어질 가능성이 있다.
	3	정직하다
しょうじき **正 直**		類 素直 忠実 誠実 率直 反 不正直 例 人は正直であるほど友達を作りやすいとは限らない。 사람이 정직할수록 친구를 사귀기 쉽다고만은 할 수 없다.

형용동사

どんな 〈3〉
어떤

例 どんな生活が一番理想的かは，人によって答えが違う。
어떤 생활이 가장 이상적인지는 사람에 따라서 답이 다르다.

高価 (こうか) 〈3〉
값비싸다, 고가다

類 高い　高額
反 安価
例 金はもっとも高価な金属の一つである。
금은 가장 값비싼 금속의 하나다.

フォーマル 〈3〉
공식적이다, 정식이다

類 正式　公式的
反 インフォーマル
例 インタビューというのはフォーマルな形式だけではなく，気軽な会話のようなタイプもある。
인터뷰란 공식적인 형식뿐만 아니라 가벼운 대화같은 형식도 있다.

速やか (すみやか) 〈3〉
신속하다

類 速い　素早い　迅速　反 遅い
例 一つの研究課題をやる場合，たくさんの人を集めるよりも少数精鋭の研究者でやったほうが速やかに進展する。
하나의 연구과제를 하는 경우 많은 사람을 모으기 보다 소수정예의 연구자로 하는 것이 신속하게 진전된다.

前向き (まえむき) 〈2〉
긍정적이다, 적극적이다

類 積極的　肯定的　ポジティブ
反 後ろ向き
例 どんな困難に直面しても，前向きな姿勢を保つことは大事だ。
어떤 어려움에 직면해도 긍정적인 자세를 유지하는 것이 중요하다.

謙虚 (けんきょ) 〈2〉
겸허하다

類 慎ましい　謙遜　誠実
反 横柄
例 他人からの指摘を謙虚に受け入れる人の方が成長は速い。
남의 지적을 겸허히 받아들이는 사람이 성장이 빠르다.

精密 (せいみつ) 〈2〉
정밀하다

類 精確　緻密　厳密　精緻
反 粗雑
例 人間の表情の微細な変化から，当時の気持ちを精密に察知できる。
사람의 표정의 미세한 변화에서 당시의 기분을 정밀하게 헤아릴 수 있다.

平凡 (へいぼん) 〈2〉
평범하다

類 人並み　普通　一般的　平均的　反 非凡
例 いくら平凡な人間でも，長い人生の中において，社会へ大きく貢献する機会はある。
아무리 평범한 사람이라도 긴 인생 속에서 사회에 크게 공헌할 기회는 있다.

	2	평이하다, 단순하다, 간결하다
へいい **平易**		類 簡潔　明瞭　明快　シンプル 反 難解 例 その教科書は専門的な内容を平易に説明しているため、人気が高い。 그 교과서는 전문적인 내용을 평이하게 설명하고 있어 인기가 많다.

	2	다량이다, 양이 많다
たりょう **多量**		類 夥しい　大量　多数 反 少量 例 1時間に100mm以上の多量な雨が降っている。 1시간에 100mm 이상 많은 양의 비가 내리고 있다.

	2	시대에 뒤쳐지다, 진부하다
じだいおく **時代遅れ**		類 古い　古臭い　古めかしい　陳腐 反 斬新 例 ピラミッド型という社会の組織構造は、時代遅れになりつつある。 피라미드형이라는 사회의 조직구조는 점차 시대에 뒤떨어지고 있다.

	2	직접적이다
ダイレクト		類 直　率直　直接的　真っ直ぐ　ストレート 反 間接的 例 デザインという作業はそれを行う人の世界観にダイレクトに関わっている。 디자인이라는 작업은 그것을 행하는 사람의 세계관에 직접적으로 관련되어 있다.

	2	상세하다, 자세하다
しょうさい **詳細**		類 詳しい　細かい　精細　反 簡略 例 過去に起こった事故の原因を詳細に分析することで、将来の事故を防げる。 과거에 일어난 사고 원인을 자세하게 분석함으로써 미래의 사고를 막을 수 있다.

	2	정반대
せいはんたい **正反対**		類 真逆　反対　対照的　対立的 反 一致 例 一つの政策を巡って、視点によっては正反対の意見が出るかもしれない。 하나의 정책을 둘러싸고 관점에 따라서는 정반대 의견이 나올지도 모른다.

	2	겁이 많다, 우유부단하다
おくびょう **臆病**		類 気弱い　意気地なし　優柔不断 反 勇敢 例 臆病な性格を持つ人間は、何かの行動をするときに慎重である傾向がある。 겁이 많은 성격의 사람은 어떤 행동을 할 때에 신중한 경향이 있다.

형용동사

口下手 (くちべた) [2] 말 주변이 없다
- 反 口上手(くちじょうず)
- 例 口下手な人はしゃべることに拘(こだわ)らなくても，聞く能力に注目して良い聞き手になれば良い。

  말 주변이 없는 사람은 말하는 것에 집착하지 않아도 듣는 능력에 주목하여 잘 들어주는 사람이 되면 된다.

迷惑 (めいわく) [2] 성가시다, 불편하다
- 類 煩(わずら)わしい 面倒(めんどう) 厄介(やっかい) 煩雑(はんざつ) 不便(ふべん)
- 例 我々がさり気なく行っている行動は，他人から見ると迷惑な行為(こうい)かもしれない。

  우리가 아무렇지도 않게 하고 있는 행동들이 타인이 보면 불편한 행위일지도 모른다.

緩やか (ゆるやか) [2] 느슨하다, 관대하다
- 類 緩(ゆる)い 甘(あま)い 寛容(かんよう) 寛大(かんだい) 反 厳(きび)しい
- 例 社会規範(しゃかいきはん)における緩やかなルールが，どのように拘束力(こうそくりょく)を持つのかは，注目すべき点である。

  사회규범에 있어서 느슨한 규칙이 어떻게 구속력을 갖는지는 주목해야할 점이다.

最悪 (さいあく) [2] 최악이다
- 類 最低(さいてい) ワースト
- 反 最善(さいぜん)
- 例 最悪の事態(じたい)を防(ふせ)ぐために万全(ばんぜん)の防災(ぼうさい)対策をしよう。

  최악의 사태를 막기 위해서 만반의 방재대책을 하자.

無理 (むり) [2] 무리하다
- 類 無駄(むだ) 不条理(ふじょうり) 理不尽(りふじん) 不可能(ふかのう) 反 可能(かのう)
- 例 初めから無理な目標(もくひょう)を立ててしまったら，計画の実行過程でモチベーションが下がってしまう。

  처음부터 무리한 목표를 세워버리면 계획의 실행 과정에서 의욕이 떨어져 버린다.

粗大 (そだい) [2] 크다, 거대하다
- 類 大(おお)きい 巨大(きょだい) 大(おお)まか 大雑把(おおざっぱ)
- 反 細密(さいみつ)
- 例 都市部(としぶ)では粗大ごみの排出量(はいしゅつりょう)が年々(ねんねん)増えている。

  도시에서는 대형 쓰레기 배출량이 해마다 증가하고 있다.

巧妙 (こうみょう) [2] 교묘하다
- 類 上手(うま)い 上手(じょうず) 器用(きよう) 反 拙劣(せつれつ)
- 例 いくら巧妙に気持ちを隠(かく)したつもりでも，顔の動きから読み取れる部分(ぶぶん)は多い。

  아무리 교묘하게 마음을 감추었다고 해도 얼굴의 움직임에서 읽어낼 수 있는 부분은 많다.

こううん **幸運**	2	행운이다 類 幸い　多幸　ラッキー 反 不運　同 好運 例 大した挫折がなく平穏に過ごせるのは幸運な人生と言えるだろう。 　큰 좌절없이 평온하게 살 수 있는 것은 행운이 따른 인생이라고 할 수 있겠다.
そうとう **相当**	2	상당하다 類 かなり 副　ずいぶん 副 例 そのプロジェクトには相当な時間と労力がかかっている。 　그 프로젝트에는 상당한 시간과 노력이 들고 있다.
ぼうだい **膨大**	2	방대하다, 막대하다 類 多い　大きい　莫大　反 微小 例 経済活動による二酸化炭素の膨大な排出量は自然の吸収能力を超えている。 　경제활동에 따른 이산화탄소의 막대한 배출량은 자연의 흡수능력을 넘고 있다.
せんさばんべつ **千差万別**	2	천차만별이다 類 バラバラ　まちまち　十人十色　反 一様 例 子どもの想像力はとても豊かであり、同じ物語でも子どもによって理解の仕方が千差万別である。 　아이들의 상상력은 매우 풍부해서 같은 이야기라도 아이에 따라 이해 방식이 천차만별이다.
そっちょく **率直**	2	솔직하다 類 明快　素直　単刀直入　ストレート 反 婉曲 例 コミュニケーションを円滑に行うには、率直に自分の考えを伝えたほうがいい。 　의사소통을 원활하게 하기 위해서는 솔직하게 자신의 생각을 전달하는 것이 좋다.
ぶなん **無難**	2	무난하다 類 妥当　普通　尋常　安心　反 多難 例 正式な会議に出る場合、服装は黒や白といった無難な色を選んだほうがいい。 　정식 회의에 나갈 경우 복장은 검정색이나 하얀색 같은 무난한 색상을 고르는 것이 좋다.
げんき **元気**	2	건강하다, 활기차다, 활동적이다 類 朗らか　盛ん　活発　活動的　反 病弱 例 我々の想像とは違い、ライオンはあまり元気な獲物を狙わず、病弱な動物を襲うことが多い。 　우리의 상상과는 달리 사자는 너무 건강한 사냥감을 노리지 않고 병약한 동물을 덮치는 경우가 많다.

형용동사

不親切 (ふしんせつ) — 2
불친절하다, 무뚝뚝하다
- 類 冷(つめ)たい　無愛想(ぶあいそう)
- 反 親切(しんせつ)
- 例 不親切なメディアとは，受け手に対して前提知識(ぜんていちしき)をたくさん要求(ようきゅう)するメディアのことである。
  불친절한 매체란 정보를 받는 사람에게 전제 지식을 많이 요구하는 매체다.

不利益 (ふりえき) — 2
불리하다
- 類 不利(ふり)
- 反 有利(ゆうり)
- 例 騙(だま)すという行為(こうい)は最初から相手に不利益をもたらすことを前提(ぜんてい)としている。
  속이는 행위는 처음부터 상대에게 불이익을 초래한다는 것을 전제로 한다.

廉価 (れんか) — 2
염가다, 저렴하다
- 類 安(やす)い　安価(あんか)
- 反 高価(こうか)
- 例 あそこの店では，中古(ちゅうこ)のゲーム機(き)を廉価で購入(こうにゅう)することができる。
  저 가게에서는 중고 게임기를 염가에 구입할 수 있다.

オリジナル — 2
원작이다, 원본이다
- 類 原本(げんぽん)名　原作(げんさく)名
- 反 レプリカ名
- 例 オリジナルの美術品(びじゅつひん)の価値(かち)は，コピーされたものを遥(はる)かに超(こ)えている。
  원작 미술품의 가치는 복제된 것을 훨씬 뛰어 넘는다.

多彩 (たさい) — 2
다채롭다
- 類 鮮(あざ)やか　多様(たよう)　様々(さまざま)　カラフル
- 反 単調(たんちょう)
- 例 その料理教室では年間(ねんかん)を通(つう)じて多彩なイベントが行(おこな)われている。
  그 요리교실에서는 연중 다채로운 이벤트가 실시되고 있다.

微か (かすか) — 2
어렴풋하다, 희미하다
- 類 淡(あわ)い　僅(わず)か　曖昧(あいまい)　おぼろげ
- 反 顕著(けんちょ)
- 例 眠(ねむ)れない時には，たとえ微かな音でも気になって仕方(しかた)がない。
  잠이 오지 않을 때에는 비록 희미한 소리라도 신경이 쓰여 견딜 수 없다.

独特 (どくとく) — 2
독특하다
- 類 特別(とくべつ)　特有(とくゆう)　独自(どくじ)　個性的(こせいてき)
- 反 共通(きょうつう)
- 例 その画家(がか)は独特の創作(そうさく)スタイルで世間(せけん)に知られている。
  그 화가는 독특한 창작 스타일로 세상에 알려져 있다.

新鮮 (しんせん) [2]

신선하다

- 類 新しい　目新しい　新奇　斬新
- 反 陳腐
- 例 新鮮な情報や知識が入ってこない環境では、人は成長しにくい。

  신선한 정보나 지식이 들어오지 않는 환경에서는 사람이 성장하기 어렵다.

大げさ (おおげさ) [2]

과장되다, 과대하다

- 類 大仰　過度　過剰　誇大　オーバー
- 例 大げさな表情をしなくても、俳優のよい演技は人々を芝居の中に引き込むことができる。

  과장된 표정을 짓지 않더라도 배우의 좋은 연기는 사람들을 연극 속으로 끌어들일 수 있다.

特有 (とくゆう) [2]

특유하다, 독특하다

- 類 独特　特別　独自　個性的
- 反 共通
- 例 芸術品を見る際には、創作された時代に特有な文化も考慮しなければならない。

  예술품을 볼 때에는 창작된 시대의 특유한 문화도 고려해야 한다.

無縁 (むえん) [2]

무관하다, 인연이 없다

- 類 無関係
- 反 有縁
- 例 多くの大人にとって子どもの絵本に描かれるのは現実の世界と無縁なものである。

  많은 성인들에게 어린이 그림책에 그려지는 것들은 현실 세계와 무관한 것이다.

高等 (こうとう) [2]

고등하다, 등급이 높다

- 類 高度
- 反 初等
- 例 脳容量が大きいという特徴は哺乳類の中でも高等な生物に特有なものである。

  뇌 용량이 크다는 특징은 포유류 중에서도 고등생물 특유의 것이다.

多種多様 (たしゅたよう) [2]

다양하다, 천차만별이다

- 類 様々　いろいろ　多様　多彩　千差万別
- 反 単一
- 例 異文化と接触することで多種多様な考え方を受け入れられるようになる。

  다문화와 접촉함으로써 다양한 사고방식을 수용할 수 있게 된다.

형용동사

不確実 (ふかくじつ) — 2 불확실하다
- 類: 不確か　曖昧　不明　覚束ない　不明確
- 反: 確実
- 例: 近代と比べ，現代社会では生き方の基準が不確実なものになりつつある。
  근대에 비해 현대사회에서는 살아가는 방식의 기준이 불확실해져 가고 있다.

かわいそう — 2 불쌍하다, 가엽다, 안쓰럽다
- 類: 涙ぐましい　気の毒　不憫
- 例: かわいそうな野良猫を見ると，つい連れて帰りたくなってしまう。
  불쌍한 길고양이를 보면 괜히 데려오고 싶어진다.

不必要 (ふひつよう) — 2 불필요하다
- 類: 不要　無駄　無用　余計
- 反: 必要
- 例: 論文を書くときには，不必要な言い回しをできるだけ省いたほうがいい。
  논문을 쓸 때에는 불필요한 표현을 가능한 한 생략하는 것이 좋다.

切実 (せつじつ) — 2 절실하다
- 類: 痛切　深刻
- 例: 少子高齢化は，今の日本社会が直面している切実な問題だ。
  저출산 고령화는 지금 일본사회가 직면하고 있는 절실한 문제다.

健全 (けんぜん) — 2 건전하다
- 類: 健康　健やか　堅実　元気
- 反: 不健全
- 例: 森を守ることは，健全な生態系を保つ上で不可欠である。
  숲을 지키는 것은 건전한 생태계를 유지하는데 필수적이다.

不自由 (ふじゆう) — 2 불편하다, 자유롭지 못하다, 부족하다
- 類: 不便　迷惑
- 反: 自由
- 例: 人は知らず知らずのうちに，社会環境から不自由さを押し付けられている。
  사람은 모르는 사이에 사회환경으로부터 불편함을 강요받고 있다.

突然 (とつぜん) — 2 갑작스럽다
- 類: 急　唐突　急激　急速　いきなり 副
- 例: 突然の不幸がいつ襲ってくるかは予測できない。
  갑작스러운 불행이 언제 닥쳐올지는 예측할 수 없다.

異質 (いしつ) — 2 이질적이다
- 類: 特異
- 反: 同質
- 例: ひたすら異質なものを排除するような教育環境は，子どもの成長に不利だ。
  오로지 이질적인 것을 배제하는 교육환경은 아이의 성장에 불리하다.

格好 (かっこう) — 2

적당하다, 적절하다

- 類 適切 適当 絶好
- 反 不適
- 例 原始時代の人類にとって，石は様々な用途に使うことのできる，格好の道具であった。

  원시시대의 인류에게 돌은 다양한 용도로 사용할 수 있는 적당한 도구였다.

冷ややか (ひややか) — 2

냉담하다

- 類 冷たい 冷淡 無愛想
- 反 熱心
- 例 中心市街地活性化の政策に対して，周辺の農村部の住民は冷ややかである。

  중심시가지 활성화 정책에 대해 주변의 농촌지역 주민들은 냉담하다.

水平 (すいへい) — 2

수평적이다

- 類 平坦
- 反 垂直
- 例 地図を手に持って地面と水平にすれば，前進する方向を地図と簡単に合わせることができる。

  지도를 손에 들고 지면과 수평으로 하면 전진하는 방향을 지도와 간단히 맞출 수 있다.

垂直 (すいちょく) — 2

수직적이다

- 反 水平
- 例 高山に住むヤギは，ほとんど垂直に切り立った崖をよじ登ることができる。

  고산에 사는 염소는 대부분 수직으로 깎아지른 절벽을 기어오를 수 있다.

鮮明 (せんめい) — 2

선명하다, 명확하다

- 類 端的 明瞭 明確 明快
- 反 不鮮明
- 例 人は起きてからしばらくすると夢の内容を鮮明に思い出せなくなる。

  사람은 일어나서 조금 지나면 꿈 내용을 선명하게 기억할 수 없게 된다.

巧み (たくみ) — 2

능숙하다, 교묘하다

- 類 上手い 器用 巧妙
- 反 拙劣
- 例 高地の酸欠環境への適応過程を巧みに利用することで運動能力を向上させられる。

  고지의 산소 결핍 환경에 대한 적응과정을 잘 이용함으로써 운동능력을 향상시킬 수 있다.

형용동사

同一 (どういつ) — 2
동일하다, 마찬가지다
- 類 同じ　同様
- 例 同一の家庭で育った二人の子どもは性格も似ている。
  동일한 가정에서 자란 두 아이는 성격도 비슷하다.

朗らか (ほがらか) — 2
명랑하다, 발랄하다, 밝다
- 類 明るい　陽気　元気
- 反 陰鬱
- 例 いつも朗らかな笑顔で子どもと接している先生は, 幼稚園で人気が高い。
  언제나 명랑한 웃음으로 아이들을 대하고 있는 선생님은 유치원에서 인기가 많다.

寒冷 (かんれい) — 2
한랭하다, 차다
- 類 寒い　冷たい　反 温暖
- 例 寒冷地で生息する動物は冬に冬眠するため, 秋の繁殖期が早く終わる。
  한랭지에서 서식하는 동물은 겨울에 겨울잠을 자기 때문에 가을의 번식기가 일찍 끝난다.

広範囲 (こうはんい) — 2
광범위하다
- 類 広い　広範　大規模
- 例 テレビ広告は短時間で広範囲の人々に宣伝できるため, 効果的である。
  TV 광고는 단시간에 광범위한 사람들에게 선전할 수 있기 때문에 효과적이다.

リアル — 2
사실적이다, 리얼하다
- 類 本当　現実的　実存
- 反 バーチャル
- 例 触覚は物の実体をリアルに感じるために不可欠な感覚である。
  촉각은 물건의 실체를 사실적으로 느끼기 위해 필수적인 감각이다.

同質 (どうしつ) — 2
동질적이다
- 類 同じ　同様　均一　均質
- 反 異質
- 例 二つの学説の背後には同質な考え方が存在している。
  두가지 학설의 배후에는 동질적인 사고방식이 존재하고 있다.

優秀 (ゆうしゅう) — 2
우수하다
- 類 優等　優良　有能　立派　抜群
- 反 劣悪　劣等
- 例 現代社会に求められる優秀な人材の基準は多様化している。
  현대사회에 요구되는 우수한 인재의 기준은 다양화하고 있다.

	2	무모하다
むぼう **無謀**		類 そそっかしい　無闇　軽率　反 慎重 例 車の自動運転技術によって人々の無謀な運転がある程度避けられるようになる。 자동차의 자율주행 기술에 의해 사람들의 무모한 운전을 어느 정도 피할 수 있게 된다.
	2	단일하다, 단조롭다
たんいつ **単一**		類 単調　同一 反 多様 例 単一の学問領域では解決できない問題が数多く存在している。 단일 학문 영역으로는 해결되지 않는 문제가 수많이 존재하고 있다.
	2	우연하다
ぐうぜん **偶然**		類 偶発的　予想外　反 必然 例 偶然のように見えた事故だったが，実はそれに至るまでに，無数の小さなミスが存在していた。 우연처럼 보인 사고였지만 실은 그것에 이르기까지 무수히 작은 실수가 존재하고 있었다.
	2	무사하다
ぶじ **無事**		類 安全　平気　大丈夫 反 有事 例 事故で全員が無事だったことは何よりだ。 사고에서 전원이 무사했던 것은 다행이다.
	2	불확실하다
ふたしか **不確か**		類 不確実　曖昧　不明　覚束ない　不明確 反 確か 例 この計画が成功するかは不確かだが，試す価値はある。 이 계획이 성공할지는 불확실하지만 시도해 볼 가치는 있다.
	2	청결하다
せいけつ **清潔**		類 潔い　きれい　純粋　清らか 反 不潔 例 清潔過ぎる環境で生活すると，体を守る細菌まで殺されてしまう。 지나치게 청결한 환경에서 생활하면 몸을 보호하는 세균까지 죽어 버리고 만다.
	2	물적이다, 물질적이다
ぶってき **物的**		類 物質的　物理的 反 心的 例 物的な証拠を集めないと犯人を逮捕しにくい。 물적 증거를 수집하지 않으면 범인을 체포하기 어렵다.

형용동사

妙 (みょう) — 2
묘하다, 이상하다
- 類 変　奇妙　異常　異様
- 例 今日は何となく妙な予感がする。
  오늘은 왠지 묘한 예감이 든다.

野放図 (のほうず) — 2
방만하다, 건방지다
- 類 わがまま　身勝手　生意気
- 反 大人しい
- 例 厳しすぎる教育環境ではかえって野放図な子どもが育ってしまう可能性がある。
  지나치게 엄한 교육환경에서는 오히려 방만한 아이로 자라버릴 가능성이 있다.

過保護 (かほご) — 2
과잉보호하다
- 類 溺愛 名
- 例 過保護に育った子どもはストレスに弱い傾向がある。
  과잉보호로 자란 아이는 스트레스에 약한 경향이 있다.

おざなり — 2
임시방편적이다, 건성으로 하다
- 類 適当　いい加減　ぞんざい
- 反 丁寧
- 例 電話で問い合わせたところ、おざなりな返事しかもらえなかった。
  전화로 문의했더니 임시방편적인 답변 밖에 듣지 못했다.

ビジュアル — 2
시각적
- 類 視覚的
- 例 小学生にとっては、辞書よりも図鑑といったビジュアルなもののほうが分かりやすい。
  초등학생에게는 사전보다도 도감과 같은 시각적인 것이 알기 쉽다.

強力 (きょうりょく) — 2
강력하다
- 類 強い　力強い　有力
- 反 微力
- 同 協力
- 例 法律は人々にルールを守ってもらうための強力な手段である。
  법률은 사람들에게 규칙을 지키도록 하기 위한 강력한 수단이다.

無効 (むこう) — 2
무효다
- 類 無駄　反 有効
- 例 定期試験でカンニング行為が見つかった場合、その学期に履修したすべての単位を無効にする。
  정기시험에서 컨닝행위가 발견된 경우, 그 학기에 이수한 모든 학점을 무효로 한다.

存分 (ぞんぶん) — 2
생각대로다, 충분하다
- 類 十分 フル
- 例 せっかく観光地に来た以上, 存分に自然の景色を楽しみたい。
  모처럼 관광지에 온 이상 마음껏 자연의 경치를 즐기고 싶다.

寛容 (かんよう) — 2
관용적이다, 관대하다
- 類 情け深い　寛大
- 反 厳格
- 例 大人の寛容な態度は子どものモチベーションを支える基盤になる。
  어른의 관대한 태도는 아이의 동기부여를 뒷받침하는 기반이 된다.

適度 (てきど) — 2
적당하다, 적절하다, 타당하다
- 類 程よい　妥当　適切　いい加減
- 反 過度
- 混 適当
- 例 適度な欲求不満の経験は, 子どもの環境適応能力を高める。
  적당한 욕구불만의 경험은 아이의 환경적응 능력을 높인다.

不利 (ふり) — 2
불리하다
- 類 損　都合が悪い　不都合
- 反 有利
- 例 事故や事件の証言者は, 自分にとって不利な事実を証言しない傾向がある。
  사고나 사건의 증언자는 자신에게 불리한 사실을 증언하지 않는 경향이 있다.

正当 (せいとう) — 2
정당하다
- 類 公正　適正　合法的
- 反 不正
- 同 正統
- 例 正当な理由がない限り, 期限を過ぎた課題の提出は受理しない。
  정당한 이유가 없는 한 기한을 넘긴 과제 제출은 받지 않는다.

高速 (こうそく) — 2
고속이다, 빠른 속도다
- 類 速い　ハイスピード
- 反 低速
- 例 コウモリの細長い翼は高速で飛行するのに適している。
  박쥐의 가늘고 긴 날개는 빠른 속도로 비행하는데 적합하다.

公式 (こうしき) — 2
공식적이다
- 類 正式　公的　フォーマル
- 反 非公式
- 例 最初は民間のイベントだったものが, 地域の公式な行事になった。
  처음에는 민간인의 이벤트였던 것이 지역의 공식적인 행사가 되었다.

형용동사

零細 (れいさい) — 2 영세하다
- 類 細かい　小さい　小規模
- 反 大規模
- 例 この商店街はたくさんの零細小売店によって構成されている。
  이 상가는 많은 영세 소매점으로 구성되어 있다.

器用 (きよう) — 2 능숙하다, 손재주가 좋다
- 類 上手い　巧み　巧妙
- 反 不器用
- 例 最近おはしを器用に使えない子どもが増えている。
  요즘 젓가락을 능숙하게 사용하지 못하는 아이들이 늘고 있다.

必須 (ひっす) — 2 필수적이다
- 類 必要　肝要　不可欠　義務的　強制的
- 例 語学力は海外留学に必須な能力の一つである。
  어학능력은 해외유학에 필수적인 능력 중 하나다.

暇 (ひま) — 2 한가하다
- 類 自由　余暇 [名]
- 反 忙しい
- 例 暇な時間をいかに活用するかによって生活がずいぶん変わる。
  한가한 시간을 어떻게 활용하는가에 따라 생활이 크게 바뀐다.

見事 (みごと) — 2 훌륭하다, 멋지다
- 類 素晴らしい　素敵　立派　最高　優秀
- 例 いくら見事なアイディアが頭に浮かんだとしても、それを実現しないと意味がない。
  아무리 훌륭한 아이디어가 머리에 떠올랐다고 해도 그것을 실현하지 않으면 의미가 없다.

無頓着 (むとんちゃく) — 2 무관심하다, 무심하다
- 類 無関心　無自覚
- 反 敏感
- 例 外見に無頓着な人もいれば、おしゃれが大好きな人もいる。
  외모에 무관심한 사람이 있는가 하면 멋내기를 아주 좋아하는 사람도 있다.

独りよがり (ひとりよがり) — 2 독선적이다, 이기적이다
- 類 身勝手　自己中心的　わがまま
- 例 時代と文化を反映できない芸術作品は独りよがりなものになりやすい。
  시대와 문화를 반영하지 못하는 예술작품은 독선적인 것이 되기 쉽다.

なめ 滑らか	2	**매끄럽다, 평탄하다** 類 平坦(へいたん)　つるつる 副 反 粗(あら)い 例 彼女(かのじょ)の絹(きぬ)のように滑らかな肌(はだ)が羨(うらや)ましい。 그녀의 비단처럼 매끄러운 피부가 부럽다.
けんめい 懸命	2	**열심이다, 필사적이다** 類 熱心(ねっしん)　真剣(しんけん)　本気(ほんき)　必死(ひっし)　一生懸命(いっしょうけんめい) 同 賢明(けんめい) 例 若(わか)いうちに，懸命(けんめい)に何(なに)かに打(う)ち込(こ)むことを経験(けいけん)するのが大切(たいせつ)だ。 젊을 때에 열심히 무언가에 빠져드는 것을 경험하는 것이 중요하다.
ぶきよう 無器用・ ぶきよう 不器用	2	**서투르다, 능숙하지 않다** 類 拙(つたな)い　まずい　下手(へた)　ぎこちない 反 器用(きよう) 例 彼(かれ)は不器用(ぶきよう)な新人(しんじん)から，だんだんと信頼(しんらい)できるベテランへ成長(せいちょう)した。 그는 서투른 새내기에서 점점 신뢰할 수 있는 베테랑으로 성장했다.
いかが	1	**좋지 않다(의문), 어떻다(의문)** 類 危(あや)ぶむ　どんな 例 そういう発言(はつげん)は，教師(きょうし)としていかがなものかと思(おも)う。 그런 발언은 교사로서 괜찮은 것일까라고 생각한다. 今(いま)まで家(いえ)で描(か)いた作品(さくひん)を発表(はっぴょう)されたらいかがですか。 지금까지 집에서 그린 작품을 발표하시는게 어떻습니까?
おぼろ 朧げ	1	**아련하다, 희미하다** 類 淡(あわ)い　微(かす)か　僅(わず)か　曖昧(あいまい)　ぼんやり 副 反 明瞭(めいりょう) 例 小(ちい)さいころ経験(けいけん)したあの事故(じこ)に関(かん)しては，今(いま)はおぼろげな記憶(きおく)しか残(のこ)っていない。 어렸을 때 경험한 그 사고에 대해서는 지금은 희미한 기억만 남아 있다.
しんけいしつ 神経質	1	**신경질적이다** 類 敏感(びんかん)　過敏(かびん)　繊細(せんさい)　デリケート 反 無神経(むしんけい) 例 たまに感(かん)じる体(からだ)の不調(ふちょう)については，過度(かど)に神経質(しんけいしつ)になる必要(ひつよう)はない。 가끔 느끼는 몸 상태의 부진에 관해서는 과도하게 신경질이 될 필요는 없다.
むやみ 無闇	1	**무턱대다, 무모하다, 경솔하다** 類 無謀(むぼう)　軽率(けいそつ)　やたら　反 慎重(しんちょう) 例 困難(こんなん)に直面(ちょくめん)した際(さい)には，自分(じぶん)で無闇(むやみ)に解決策(かいけつさく)を探(さぐ)るよりもまわりの人(ひと)から助言(じょげん)を求(もと)めたほうが効率的(こうりつてき)かもしれない。 어려움에 직면했을 때에는 스스로 무턱대고 해결책을 찾기 보다도 주변 사람에게 조언을 구하는 것이 효율적일지도 모른다.

형용동사

あらわ
1 드러내다
- 類 むきだし　露骨　無防備
- 反 密か
- 例 よい人間関係を構築するためには，怒りをあらわにしないほうがいいと思われがちだ。
  좋은 인간관계를 구축하기 위해서는 화를 드러내지 않는 것이 좋다고 생각되기 쉽다.

穏やか (おだやか)
1 온화하다, 평온하다
- 類 大人しい　平穏　穏便
- 反 荒い　激しい
- 例 穏やかな音楽は人を良い睡眠へと導くことができる。
  잔잔한 음악은 사람을 좋은 수면으로 유도할 수 있다.

グローバル
1 글로벌하다, 국제적이다
- 類 世界的　国際的
- 反 ローカル
- 例 将来グローバルな環境で活躍できる人材が多くなるだろう。
  장래에 글로벌한 환경에서 활약할 수 있는 인재가 많아질 것이다.

気弱 (きよわ)
1 심약하다
- 類 弱い　気弱い　臆病　内気
- 反 気丈
- 例 話し方からすると，彼はおそらく気弱な人だろう。
  말투로 보아 그는 아마 심약한 사람일 것이다.

濃密 (のうみつ)
1 농밀하다
- 類 濃い　密　濃厚　緻密
- 反 希薄
- 例 一見シンプルなデザインでも，デザイナーの濃密な思考が凝縮されている。
  언뜻 보기에 심플한 디자인이어도 디자이너의 농밀한 사고가 응축되어 있다.

無神経 (むしんけい)
1 무신경하다
- 類 鈍い　鈍感　無頓着
- 反 神経質
- 例 無神経な発言は他人に不快感を引き起こさせるかもしれない。
  무신경한 발언은 다른 사람에게 불쾌감을 불러일으킬지도 모른다.

パンパン
1 빵빵하다
- 類 一杯　満杯
- 例 風船がパンパンになるまで空気を入れてください。
  풍선이 빵빵해질 때까지 공기를 넣어주십시오.

	1	신중하다
しんちょう **慎重**		類 丁寧　丁重　入念　控え目　　反 軽率 例 メールはほかの手段より慎重に情報を伝えられるため仕事でよく使われる。 이메일은 다른 수단보다 신중하게 정보를 전달할 수 있어서 업무에 자주 사용된다.

	1	평등하다, 균등하다
きんとう **均等**		類 均一　同等　一様　画一的 例 性別を問わず男女の雇用機会を均等に保障すべきだ。 성별을 불문하고 남녀의 고용기회를 균등하게 보장해야 한다.

	1	제각각이다
まちまち		類 いろいろ　多種多様　千差万別　十人十色 反 同様 例 論文を書くとき，引用の書式がまちまちだと，とても読みにくい。 논문을 쓸 때 인용 서식이 제각각이면 매우 읽기 불편하다.

	1	한결같다, 일편단심이다
ひたむき		類 一筋　一途　熱心　本気　懸命 例 目標に向かってひたむきに努力すればきっといつか報われる。 목표를 향해 한결같이 노력하면 분명히 언젠가 보상을 받는다.

	1	바쁘다, 다망하다
たぼう **多忙**		類 忙しい　繁忙 反 暇 例 多忙な現代人にとって家事を代行してくれるサービスはとてもありがたい。 바쁜 현대인에게 가사를 대행해 주는 서비스는 매우 고맙다.

	1	부드럽다, 유연하다
ソフト		類 柔らかい　柔らか　柔軟 反 ハード 例 その服に使われている素材はソフトでとても気持ちがよい。 그 옷에 사용된 소재는 부드러워서 매우 기분이 좋다.

	1	특이하다
とくい **特異**		類 異例　異質　独特　特殊　例外的 反 普通　尋常 例 特異な才能を持って生まれてくる子どもはごく少数である。 특이한 재능을 갖고 태어나는 아이는 극히 소수다.

형용동사

透明 (とうめい) — 1 투명하다
- 類: 清澄　明瞭　明白
- 反: 不透明
- 例: その動物実験では，部屋に透明な窓が付いていて，外の景色が見えるようになっている。
  그 동물실험에서는 방에 투명한 창이 붙어 있어 바깥 경치가 보이도록 되어 있다.

滑稽 (こっけい) — 1 우스꽝스럽다
- 類: 面白い　可笑しい　馬鹿馬鹿しい
- 例: ピエロは滑稽な動きで人を笑わせるが，中には怖いと感じる人もいる。
  삐에로는 우스꽝스러운 동작으로 사람을 웃기지만 개중에는 무섭다고 느끼는 사람도 있다.

無力 (むりょく) — 1 무력하다
- 類: 不能　非力　無益　無能
- 反: 有力
- 例: 経済危機の原因を解明するのは可能だが，それを予防することに関しては，我々は未だ無力である。
  경제위기의 원인을 규명하는 것은 가능하지만 그것을 예방하는 것에 대해서는 우리는 아직 무력하다.

不十分 (ふじゅうぶん) — 1 불충분하다
- 類: 物足りない　不足　不完全　欠乏
- 反: 十分
- 例: 路上生活者への支援として，ただ食物と住居を提供するだけでは不十分だ。
  노상 생활자에 대한 지원으로 그저 음식과 주거공간을 제공하는 것만으로는 불충분하다.

虚弱 (きょじゃく) — 1 허약하다
- 類: 弱い　病弱　脆弱
- 反: 強壮
- 例: ライオンが獲物としてよく襲うのは虚弱な馬や鹿である。
  사자가 사냥감으로 자주 덮치는 것은 허약한 말이나 사슴이다.

不愉快 (ふゆかい) — 1 불쾌하다
- 類: 鬱陶しい　嫌　不快
- 反: 愉快
- 例: 他人を不愉快な気持ちにさせる冗談は，避けるべきである。
  남을 불쾌하게 만드는 농담은 피해야 한다.

ノーマル — 1 평범하다, 보통이다, 일반적이다
- 類: 普通　一般　通常　尋常
- 反: アブノーマル
- 例: 男性が髭を伸ばすというのは，19世紀以前はノーマルな慣習だった。
  남자가 수염을 기르는 것은 19 세기 이전에는 일반적인 관습이었다.

微細 (びさい)

1. 미세하다

- 類: 細かい　微か　微小　細密　繊細
- 反: 巨大
- 例: 人間は，微細な表情の変化を読み取ることで，相手の気持ちを汲み取ろうとする。

  인간은 미세한 표정 변화를 읽어냄으로써 상대의 기분을 알아내려 한다.

永遠 (えいえん)

1. 영원하다

- 類: 果てしない　永久　無限　永続的
- 反: 一瞬　一時的
- 例: 人類は永遠に地球上で生活していくとは限らない。

  인류가 영원히 지구상에서 생활해 나간다고는 할 수 없다.

無意味 (むいみ)

1. 무의미하다

- 類: 無駄　無価値　無意義
- 反: 有意義
- 例: 無意味な残業を減らすには仕事の効率を上げることが重要だ。

  무의미한 잔업을 줄이려면 일의 효율을 올리는 것이 중요하다.

密か (ひそか)

1. 은밀하다, 내밀하다

- 類: 密　内密　こっそり 副
- 反: あらわ
- 例: 平穏な日常生活の裏で，危機は密かに迫りきていた。

  평온한 일상생활 뒤에서 위기는 은밀히 닥쳐오고 있었다.

斬新 (ざんしん)

1. 참신하다

- 類: 新しい　目新しい　新奇　新鮮　反: 陳腐
- 例: この動物園には，動物を様々な角度から観察できるよう，斬新な仕掛けが施してある。

  이 동물원에는 동물을 여러 각도에서 관찰할 수 있도록 참신한 장치가 설치되어 있다.

薄っぺら (うすっぺら)

1. 얄팍하다

- 類: 薄い　浅薄　軽率　表面的
- 反: 分厚い
- 例: 今流行っているものは時間が経つにつれてだんだん薄っぺらになっていく。

  지금 유행하고 있는 것은 시간이 지남에 따라 점점 잊혀져 간다.

対等 (たいとう)

1. 대등하다

- 類: 同等　平等　均衡
- 反: 不等
- 例: 優秀な教育者は子どもと対等で良好な関係を構築できる。

  우수한 교육자는 아이들과 대등하고 양호한 관계를 구축할 수 있다.

형용동사

まっすぐ
1 똑바르다, 곧다, 직선적이다
- 類 率直　直線的　直接的　ひたむき　ストレート
- 反 婉曲
- 例 目標に到達するまっすぐな道が常に存在するとは限らない。
  목표에 도달하는 똑바른 길이 항상 존재한다고는 할 수 없다.

躍起 (やっき)
1 기를 쓰다, 필사적이다
- 類 狂わしい　熱心　必死　情熱的　積極的
- 反 冷ややか
- 例 眠れないときには，人は周りの音を消そうと躍起になりがちだ。
  잠이 오지 않을 때는 사람은 주위의 소리를 없애려고 기를 쓰기 마련이다.

過敏 (かびん)
1 과민하다
- 類 敏感　繊細　神経質　デリケート
- 反 無神経
- 例 焦っている時には，人の聴覚や嗅覚は過敏になりがちだ。
  불안해 하고 있을 때에는 사람의 시각이나 후각은 과민해지기 쉽다.

強烈 (きょうれつ)
1 강렬하다
- 類 激しい　甚だしい　猛烈　激烈　過激
- 反 微弱
- 例 初めて異国の土地に踏み込んだとき，異文化から強烈な刺激を受けた。
  처음 이국 땅에 발을 들여놓았을 때 다른 문화에서 강렬한 자극을 받았다.

不可解 (ふかかい)
1 불가해하다
- 類 神秘　奇妙　難解　不思議
- 例 宇宙に関する不可解な難問は未だ数多く存在している。
  우주에 대한 불가사의한 어려운 문제들은 아직 수많이 존재하고 있다.

華麗 (かれい)
1 화려하다
- 類 華々しい　晴れ晴れしい　輝かしい　美しい　素敵
- 反 地味
- 例 その少数民族は華麗な民族衣装でよく知られている。
  그 소수민족은 화려한 민족의상으로 잘 알려져 있다.

神聖 (しんせい)
1 신성하다
- 類 尊い　神的
- 例 昔から労働は神聖なものだと考えられてきた。
  옛날부터 노동은 신성한 것이라고 생각되어 왔다.

目障り (めざわり)

1 눈에 거슬리다, 방해되다

- 類 うざい 鬱陶しい 面倒 邪魔 迷惑
- 例 あの目障りな看板さえなかったら、素晴らしい景色なんだが。
  저 눈에 거슬리는 간판만 없었다면 멋진 경치인데.

乱雑 (らんざつ)

1 난잡하다

- 類 混乱 雑然 混沌 目茶苦茶 反 整然
- 例 一見乱雑に見える部屋でも、必要なものがすぐに取り出せるなら問題はない。
  언뜻 어지럽게 보이는 방이라도 필요한 것을 바로 찾을 수 있다면 문제 없다.

激烈 (げきれつ)

1 격렬하다

- 類 激しい 甚だしい 強烈 激烈 過激
- 反 穏やか 平穏
- 例 思春期に激烈な親子ゲンカを体験した子どもは多いだろう。
  사춘기에 격렬한 부모 자식간 싸움을 체험한 아이는 많을 것이다.

有毒 (ゆうどく)

1 유독하다

- 類 有害 反 無毒
- 例 毒性のない動物は天敵から自分を守るために有毒な生物を装うことがある。
  독성이 없는 동물은 천적으로부터 자신을 보호하기 위해 유독한 생물로 가장하는 경우가 있다.

大胆 (だいたん)

1 대담하다

- 類 果敢 勇敢 冒険的
- 反 小心
- 例 その映画は当時の常識を越えた大胆な撮影手法を使っている。
  그 영화는 당시의 상식을 뛰어넘는 대담한 촬영기법을 사용하고 있다.

無害 (むがい)

1 무해하다

- 類 安全
- 反 有害
- 例 色や外見が地味な植物が無害である可能性は高い。
  색이나 외관이 수수한 식물이 무해할 가능성이 높다.

理不尽 (りふじん)

1 불합리하다, 비상식적이다

- 類 無理 不合理 非合理 非常識
- 反 合理的
- 例 子どもの立場からすれば、大人による指導の多くは理不尽に感じられる。
  아이의 입장에서 보면 어른에 의한 지도의 대부분은 불합리하게 느껴진다.

	1	제멋대로이다, 이기적이다
み が って **身勝手**		類 勝手　わがまま　自己中心的 例 原因も分からずに安易に他人を批判するのは身勝手なやり方だ。 원인도 모르고 안이하게 남을 비판하는 것은 자기중심적인 방식이다.

	1	정예다, 우수하다
せいえい **精鋭**		類 一流　優秀　エリート 名 例 単に人数が多いチームよりも，少数精鋭のグループのほうが成果を上げやすい。 단순히 인원 수가 많은 팀보다 소수정예 그룹이 성과를 올리기 쉽다.

	1	성실하다, 착실하다, 진지하다
せいじつ **誠実**		類 素直　真摯　正直　真面目 反 不誠実 例 弁護士は依頼人の悩みとニーズに誠実に耳を傾けなければならない。 변호사는 외뢰인의 고민과 요구 사항에 성실히 귀를 기울여야 한다.

	1	최선이다
さいぜん **最善**		類 最高　最良　ベスト 反 最悪 例 最善の解決策がない以上，各方法の利得を慎重に比較する必要がある。 최선의 해결책이 없는 이상 각 방법의 이득을 신중하게 비교할 필요가 있다.

	1	대강이다, 조잡하다
おおざっぱ **大雑把**		類 荒い　大まか　粗雑　ぞんざい 反 細かい 例 今のところ大雑把で構わないから，費用の見積もりを出してくれ。 지금은 대강으로도 괜찮으니까 비용의 견적을 내줘.

	1	똑같다
うりふた **瓜二つ**		類 そっくり 副 例 彼女の顔は妹と瓜二つだ。 그녀의 얼굴은 여동생과 똑같다.

	1	드러내다, 노골적이다, 무방비다
む だ **剥き出し**		類 あらわ　露骨　無防備　反 密か 例 自分と異なる観点を持つ他人に対して，つい敵意を剥き出しにすることもある。 자신과 다른 관점을 가진 타인에 대해 무의식 중에 적의를 드러내는 경우도 있다.

	1	유익하다
有益 ゆうえき		類 得 有利 便宜 好都合 反 無益 有害 例 腸内には人体に有益な細菌がたくさん存在している。 　　장 내에는 인체에 유익한 세균이 많이 존재하고 있다.

	1	난센스다
ナンセンス		類 無意味　反 有意義 例 車の運転による事故が多いからといって，車を全部なくすという議論はナンセンスだ。 　　자동차의 운전에 의한 사고가 많다고 해서 자동차를 전부 없앤다는 논쟁은 넌센스이다.

	1	무모하다, 마구잡이다
やたら		類 無闇 無謀 過度 反 慎重 例 抗生剤をやたらに使うと体内に耐性菌ができてしまう。 　　항생제를 함부로 사용하면 체내에 내성균이 생겨 버린다.

	1	뿔뿔이 흩어지다
離れ離れ はなばな		類 散乱[動][名]　散り散り[名] 反 集中的 例 人ごみに紛れて離れ離れにならないように，二人は手をつないで歩いた。 　　인파 속에 뒤섞여 뿔뿔이 흩어지지 않도록 두 사람은 손을 잡고 걸었다.

	1	얌전하다, 신기하고 묘하다
神妙 しんみょう		類 妙 変 異様 素直 従順 例 台風が来たとき，普段わがままな弟も神妙な顔をして大人しくなった。 　　태풍이 왔을 때 평소 제멋대로인 남동생도 신묘한 얼굴을 하고 얌전해졌다.

	1	유능하다
有能 ゆうのう		類 立派 有望 見事 優秀 抜群 反 無能 例 図書館の有能な司書は，いつも趣味に合う本を薦めてくれる。 　　도서관의 유능한 사서는 언제나 취미에 맞는 책을 추천해 준다.

	1	친밀하다
親密 しんみつ		類 親しい 近い 密接 親近 友好的　反 疎遠 例 親密な人と話をしているときには，二人の物理的距離が自然と縮まる場合が多い。 　　친밀한 사람과 이야기를 하고 있을 때에는 두 사람의 물리적 거리가 자연스럽게 좁혀지는 경우가 많다.

형용동사

疎遠 (そえん) — 1 소원하다
- 類 遠い
- 反 親密
- 例 離れて生活している家族との交流が足りないと，いつの間にか疎遠な関係になる。
  떨어져 생활하는 가족과의 교류가 부족하면 자기도 모르는 사이에 소원한 관계가 된다.

予想外 (よそうがい) — 1 예상외다
- 類 意外　案外　想定外
- 反 予想通り
- 例 自分の権威を重要視する先生は，自分が出した問題に対する生徒の回答が予想外だと，すぐに否定しがちだ。
  자신의 권위를 중요시하는 선생님은 자신이 낸 문제에 대한 학생의 답이 예상외이면 바로 부정하기 쉽다.

有意義 (ゆういぎ) — 1 의미 있다, 의미 깊다
- 類 意味深い　有意　有益
- 反 無意義
- 例 有意義な議論とは新しい観点や発見ができる議論のことだ。
  의미 있는 논쟁이란 새로운 관점이나 발견을 할 수 있는 논쟁을 말한다.

希薄 (きはく) — 1 희박하다
- 類 薄い　乏しい　薄っぺら
- 反 濃密
- 例 都市化の進展により，市街地と農村の関係が希薄になりつつある。
  도시화의 진전에 따라 시가지와 농촌의 관계가 희박해져 가고 있다.

爽快 (そうかい) — 1 상쾌하다
- 類 清々しい　爽やか　さっぱり 副
- 例 いらいらしているときには，ジョギングをすると気分が爽快になる。
  짜증이 날 때에는 조깅을 하면 기분이 상쾌해진다.

空腹 (くうふく) — 1 공복이다
- 類 腹ペコ
- 反 満腹
- 例 その実験を順調に行うための前提として，動物は空腹な状態でなければならない
  그 실험을 순조롭게 하기 위한 전제는 동물이 공복 상태여야 한다.

血だらけ (ち だらけ) — 1 피범벅이다, 피투성이다
- 類 血まみれ
- 例 体が血だらけになった悪夢を見た。
  몸이 피범벅이 된 악몽을 꾸었다.

	1	간략하다
簡略 かんりゃく		類 簡潔　簡単　手短　大雑把 反 詳細 例 論文では重要でない部分は簡略に説明すればいい。 논문에서는 중요하지 않은 부분은 간략하게 설명하면 된다

	1	기발하다
奇抜 きばつ		類 奇妙　特異　抜群　新奇　個性的 反 普通 例 機能性を重視する標識では、なるべく奇抜なデザインを避けたほうがいい。 기능성을 중시하는 표지판에는 가능한 한 기발한 디자인을 피하는 것이 좋다.

	1	불명료하다, 불명확하다
不明瞭 ふめいりょう		類 不確か　曖昧　不明　不確実　不明確　反 明瞭 例 進化の過程で共存したといわれる約20種類の人類の関係は未だ不明瞭である。 진화의 과정에서 공존했다고 하는 약 20종류의 인류의 관계는 아직 불명료하다.

	1	명료하다, 명확하다
明瞭 めいりょう		類 明確　明快　歴然　一目瞭然　はっきり副 反 不明瞭 例 悔しさと悲しさは明瞭に分けられない。 억울함과 슬픔은 명료하게 나눌 수 없다.

	1	정식이다, 공식적이다
正式 せいしき		類 公式　本格的　フォーマル　オフィシャル 反 略式 例 正式な手続きは、また後日、学生課で行ってください。 정식 수속은 나중에 다시 학생과에서 해 주십시오.

	1	평등하다, 평평하다
フラット		類 平たい　平ら　平坦　平面的 例 インターネットの世界では人間関係がよりフラットになっている。 인터넷 세계에서는 인간관계가 보다 평등해지고 있다.

	1	무기질이다
無機質 むきしつ		類 冷淡 反 有機的 例 我々人間は真空に浮かんでいる無機質な存在ではない。 우리 인간은 진공 속에 떠 있는 무기질적 존재가 아니다.

형용동사

美的 (びてき)
1 미적이다
- 類 美しい きれい 美学的
- 例 美的な価値判断は人によって異なり、正解が存在しない。
  - 미적 가치판단은 사람에 따라 달라서 정답이 없다.

ほのか
1 은은하다
- 類 淡い 微か 僅か 曖昧 おぼろげ
- 反 清か
- 例 この植物からは春になると、ほのかな香りがする。
  - 이 식물에서는 봄이 되면 은은한 향기가 난다.

別個 (べっこ)
1 별개다
- 類 別 別々 個別
- 例 環境保全と経済発展の両問題は別個に考えてはいけない。
  - 환경보전과 경제발전의 양문제는 별개로 생각하면 안된다.

緊密 (きんみつ)
1 긴밀하다
- 類 親しい 身近 密接 親密
- 反 疎遠
- 例 法律と道徳は緊密に関係している。
  - 법률과 도덕은 긴밀하게 관계되어 있다.

法的 (ほうてき)
1 법적이다
- 類 法律的
- 例 家賃を滞納している期間が長くなると法的な措置が取られる。
  - 집세를 체납하고 있는 기간이 길어지면 법적인 조치가 취해진다.

親身 (しんみ)
1 친절하다, 따뜻하다
- 類 温かい 情け深い 手厚い 親切
- 反 事務的
- 例 相談事を親身に聞いてくれる友達の存在は大切だ。
  - 상담문제를 친절하게 들어주는 친구의 존재는 소중하다.

嫌み (いやみ)
1 싫어하다
- 類 嫌 皮肉 意地悪
- 例 さり気なく言っていることでも、他人から嫌みに思われるかもしれない。
  - 스스럼없이 한 말이라도 남들이 싫어할지도 모른다.

ひにく **皮肉**	1	**아이러니하다** 類 嫌み　アイロニー名　反 お世辞名 例 芸術の普及を目的とする美術館が，かえって美術品の破壊に加担してしまうという皮肉なことが生じている。 예술의 보급을 목적으로 하는 미술관이 오히려 미술품 파괴에 가담해버리는 아이러니한 일이 생기고 있다.
ささやか	1	**작다, 약소하다** 類 小さい　細やか　零細　小規模 反 大袈裟 例 ささやかな探究が大きな発見に結びつくかもしれない。 작은 탐구가 큰 발견으로 이어질지도 모른다.
むちつじょ **無秩序**	1	**무질서하다** 類 混沌　混乱　混迷　滅茶苦茶　カオス名 例 無秩序な開発により，街の景観がすっかり変わってしまった。 무질서한 개발에 의해 거리의 경관이 완전히 바뀌어 버렸다.
だいきら **大嫌い**	1	**몹시 싫어하다** 類 嫌い　憎い　忌々しい 反 大好き 例 子どもの頃大嫌いだったピーマンも，最近好きになった。 어린 시절에 몹시 싫어했던 피망도 요즘 좋아하게 되었다.
カジュアル	1	**캐주얼하다** 類 快適　略式　非公式　インフォーマル 反 フォーマル 例 来週の会議にはカジュアルな服装で出席しても構わない。 다음 주 회의에는 캐주얼한 복장으로 출석해도 괜찮다.
スタンダード	1	**표준적이다** 類 標準的　基本的 反 ユニーク 例 スタンダードなルールに従って頂ければ問題ありません。 표준적인 규칙에 따라주시면 문제 없습니다.
じゅうじゅん **従順**	1	**순종적이다** 類 素直　神妙　忠実 反 強情 例 子どもが大人に対してひたすら従順にふるまうのは健全な親子関係とは言えない。 아이가 어른에게 마냥 순종적으로 대하는 것은 건전한 부모자식관계라고 할 수 없다.

		형용동사

	1	정교하다
精巧 せいこう		類 精妙 精緻 緻密 繊細 反 粗雑 例 精巧にできている美術品を壊さないように気遣う。 정교하게 만들어진 미술품을 망가뜨리지 않도록 신경쓴다.

	1	자연스럽다
ナチュラル		類 自然 天然 自然的 反 人工的 例 あの俳優はナチュラルな演技で有名である。 저 배우는 자연스러운 연기로 유명하다.

	1	공적이다, 공식적이다
公的 こうてき		類 公式 公共的 オフィシャル 反 私的 例 すべての市民には公的な規範を守る義務がある。 모든 시민에게는 공적인 규범을 지킬 의무가 있다.

	1	귀찮다, 성가시다, 번거롭다
厄介 やっかい		類 煩わしい 面倒くさい 面倒 迷惑 例 論文を書く上で、一番厄介なのは、テーマを決めることだ。 논문을 쓰는데 가장 골치아픈 것은 주제를 정하는 것이다.

	1	비밀이다
秘密 ひみつ		類 内密 内緒 密か 反 公開 例 彼から聞いたことは秘密にしておこうと決めた。 그에게서 들은 것은 비밀로 해두려고 결심했다.

	1	괴기하다
怪奇 かいき		類 おかしい 変 異様 不思議 例 50年前に、この湖で怪奇な現象が起こったことがある。 50년 전에 이 호수에서 괴기한 현상이 일어난 적이 있다.

	1	정반대다
裏腹 うらはら		類 逆 反対 真逆 正反対 あべこべ 反 一致 例 初対面の弱々しい印象と裏腹に、彼女はとても気が強い人だ。 첫 만남의 연약한 인상과 달리 그녀는 매우 고집이 센 사람이다.

	1	공백이다
くうはく **空白**		類 空 空虚 虚無 例 大学を辞めてから就職が決まるまでの空白の期間に、何をしていたのかと尋ねられた。 대학을 그만두고 나서 취직이 결정될 때까지의 공백 기간에 무엇을 했는지 질문받았다.
	1	쓸모없다, 불필요하다
ふよう **不用**		類 無用 不要 不必要 無益 反 必用 同 不要 例 不用となった建物を解体する場合に爆破解体を行うことがある。 쓸모없어진 건물을 해체하는 경우에 폭파해체를 하는 경우가 있다.
	1	탐욕스럽다
どんよく **貪欲**		類 欲深い 執着 強欲 反 無欲 例 金銭に貪欲な人は、リスクを冒してでも大金を手に入れようとするものだ。 돈에 탐욕스러운 사람은 위험을 무릅쓰고라도 큰 돈을 손에 넣으려 하는 법이다.
	1	매우 작다, 미소하다
びしょう **微小**		類 小さい 微細 細微 反 巨大 例 土の中では、たくさんの微小な生物が植物の生長に貢献している。 땅 속에서는 많은 미소한 생물이 식물의 생장에 공헌하고 있다.
	1	얼룩이 있다
まだら		類 点々 例 カメレオンの体色は、紫外線が体に当たるとき、まだらになる。 카멜레온의 몸 색깔은 자외선이 몸에 닿을 때 얼룩무늬가 된다.
	1	여분이다, 과도하다
よぶん **余分**		類 過剰 余り 名 反 不足 例 登山を楽しむには、体に余分な負担をかけたりしないほうがいい。 등산을 즐기는데는 몸에 과도한 부담을 주지 않는 것이 좋다.
	1	선명하다
あざ **鮮やか**		類 目覚ましい 強烈 鮮明 明瞭 反 暗い 例 子どもの時に、一度行ったあの祭りに関する記憶は、今も鮮やかに残っている。 어린 시절에 한번 갔던 그 축제에 대한 기억은 지금도 선명하게 남아 있다.

형용동사

完璧 かんぺき

1 완벽하다

- 類 完全　完備　万全　無欠　円満
- 例 完璧な成果を求める前に、まず計画を完成させてください。
  완벽한 성과를 요구하기 전에 우선 계획을 완성해 주십시오.

無防備 むぼうび

1 무방비다

- 類 あらわ　剥き出し　露骨
- 反 準備万端图
- 例 カメラの前で、無防備な自分をさらけ出す人は少ない。
  카메라 앞에서 무방비한 자신을 드러내는 사람은 적다.

あからさま

1 노골적이다, 현저하다, 분명하다

- 類 明らか　顕著　あらわ　明示的　剥き出し
- 反 不明瞭
- 例 彼の発言に対して、彼女はあからさまに嫌な顔をした。
  그의 발언에 대해 그녀는 노골적으로 싫은 표정을 지었다.

満足 まんぞく

1 만족하다

- 類 十分　充分　充足　大満足
- 反 不満足
- 例 授業の内容に満足できず、教授に抗議した。
  수업 내용에 만족할 수 없어 교수에게 항의했다.

散漫 さんまん

1 산만하다

- 類 雑　乱雑　ぞんざい
- 反 集中　緻密
- 例 人は注意が散漫になると、つい初歩的なミスを犯してしまう。
  사람은 주의가 산만해지면 자신도 모르게 초보적인 실수를 저질러 버린다.

乱暴 らんぼう

1 난폭하다

- 類 荒い　雑　凶暴　凶悪　ぞんざい
- 反 優しい
- 例 貴重な芸術品だから、乱暴な扱い方をしないでください。
  귀중한 예술품이니까 거칠게 다루지 마십시오.

大まか おおまか

1 대략적이다, 간략하다

- 類 荒い　簡略　大雑把　全般的
- 反 詳細
- 例 本の前書きを読めば、内容を大まかに把握できる。
  책의 서문을 읽으면 내용을 대략적으로 파악할 수 있다.

	1	고귀하다
こうき **高貴**		類 尊い 崇高 上品 高尚 反 下賎 例 昔の日本では，赤と紫が高貴な色とされていた。 옛날 일본에서는 빨강색과 보라색이 고귀한 색으로 여겨졌다.

	1	수수하다, 소박하다
じみ **地味**		類 慎ましい 質素 素朴 控え目 反 派手 例 昔の庶民は地味な色の服を着るしかなかった。 옛날 서민은 수수한 색깔의 옷을 입을 수 밖에 없었다.

	1	쓸모없다, 불필요하다
むよう **無用**		類 不用 不要 無益 無駄 不必要 反 有用 例 イベントを円滑に開催するために，無用な手続きは省いたほうがいい。 이벤트를 원활하게 개최하기 위해 쓸데없는 절차는 생략하는 것이 좋다.

	1	불투명하다
ふとうめい **不透明**		類 曖昧 不明確 不明瞭 おぼろげ 反 透明 例 新政策は採用されるのか，されないのか，先行きは依然として不透明である。 새로운 정책이 채택될지 안될지 전망은 여전히 불투명하다.

	1	지역적이다, 국지적이다
ローカル		類 地域的 局地的 地元 名 反 グローバル 例 この人気ドラマはローカルにしか放送されていない。 이 인기 드라마는 지역에서만 방송되고 있다.

	1	균일하다, 균질이다
きんしつ **均質**		類 均一 同質 等質 同質的 反 非均質 バラバラ 例 集団主義を強調する教育を受けている子どもたちは，価値観が均質になりつつある。 집단주의를 강조하는 교육을 받고 있는 아이들은 가치관이 균일하게 되어간다.

	1	속되다, 세속적이다
ぞく **俗**		類 平凡 普通 世俗的 人並み 反 雅 例 既存の客を大切にする商売は俗に「農耕型ビジネス」と呼ばれている。 기존 고객을 소중히 하는 장사는 속칭「농경형 비즈니스」라고 불리고 있다.

형용동사

良好 (りょうこう) — 1

양호하다

- 類 良い　好ましい　優良
- 反 不良
- 例 ビジネスでは，既に獲得している顧客と良好な関係を構築するのが大事だ。
  사업에서는 기존에 획득한 고객과 양호한 관계를 구축하는 것이 중요하다.

モダン — 1

모던하다, 현대적이다

- 類 現代的　近代的　都会的
- 反 クラシック
- 例 彼の絵には，モダンな都市風景が頻繁に描かれている。
  그의 그림에는 모던한 도시풍경이 빈번하게 그려지고 있다.

密やか (ひそやか) — 1

은밀하다, 조용하다

- 類 密か　静か　内密　静寂　こっそり 副
- 反 賑やか
- 例 岩陰で，小さな白い花が密やかに咲いている。
  바위 그늘에 작고 하얀 꽃이 은밀히 피어 있다.

心配 (しんぱい) — 1

염려되다, 걱정되다

- 類 気遣わしい　悩ましい　不安　神経質
- 反 安心
- 例 何か心配なことがあったらいつでも連絡してください。
  무언가 염려되는 것이 있으면 언제든지 연락해 주십시오.

親切 (しんせつ) — 1

친절하다

- 類 優しい　温かい　人懐っこい
- 反 不親切　冷淡
- 例 私にとって旅先での親切な地元の人との出会いは，旅行の楽しみだ。
  나에게는 여행지에서 친절한 현지인과의 만남이 여행의 즐거움이다.

端的 (たんてき) — 1

간단하고 분명하다, 명백하다

- 類 明白　明瞭　明確　明快　簡潔
- 反 不明瞭
- 例 この教科書に書かれている説明には端的な表現が多く，とてもわかりやすい。
  이 교과서에 쓰여 있는 설명에는 간단하고 분명한 표현이 많아 매우 이해하기 쉽다.

不満足 (ふまんぞく) — 1

불만족스럽다

- 類 物足りない　不足　不満　不服
- 反 満足
- 例 この授業に対する不満足な点をアンケートに書いてください。
  이 수업에 대한 불만족스러운 점을 앙케이트에 써 주십시오.

過小 か しょう	1	**과소하다, 너무 작다** 類 微小 反 過大 例 子どもに厳しい親は，子どもの学習能力を過小に評価する傾向がある。 아이에게 엄한 부모는 아이의 학습능력을 과소평가하는 경향이 있다.
顕著 けんちょ	1	**현저하다, 두드러지다** 類 著しい 目覚ましい 目ぼしい 明瞭 一目瞭然 反 軽微 例 この大学は顕著な業績を挙げた研究者を優先的に採用している。 이 대학은 현저한 업적을 거둔 연구자를 우선적으로 채용하고 있다.
平ら たい	1	**평평하다, 평탄하다** 類 平たい 平坦 平面的 フラット 反 凸凹 例 川の氾濫を防ぐには，川底を平らにする工事が必要である。 강의 범람을 막으려면 강바닥을 평평하게 하는 공사가 필요하다.
最低 さいてい	1	**저질이다, 최악이다** 類 最悪 ワースト 反 最高 例 自分の欲望のために犯罪までするなんて，最低な人間だ。 자신의 욕망을 위해 범죄까지 저지르다니 저질 인간이다.
自分勝手 じ ぶんかって	1	**이기적이다, 자기중심적이다** 類 わがまま 身勝手 生意気 野放図 自己中心的 例 子どもが自分勝手な行為をしないように，根気よく教え諭す。 아이가 이기적인 행위를 하지 않도록 끈기있게 가르쳐 깨닫도록 한다.
不便 ふ べん	1	**불편하다** 類 不都合 不自由 迷惑 反 便利 例 いくら景色が美しい観光地でも，交通が不便だと観光客は集まらない。 아무리 경치가 아름다운 관광지라도 교통이 불편하면 관광객은 모이지 않는다.
公平 こうへい	1	**공평하다** 類 公正 正当 平等 厳正 反 不公平 例 部下を公平に扱う上司は，新人の間で人気が高い。 부하를 공평하게 대하는 상사는 신입사원 사이에서 인기가 많다.

형용동사

大幅 (おおはば) — 1
큰 폭이다, 대규모다
- 類 大きい　重大　大規模
- 反 小幅
- 例 この会社の今年度の目標はコストを大幅に削減することだ。
  이 회사의 올해 목표는 비용을 큰 폭으로 삭감하는 것이다.

ダイナミック — 1
역동적이다
- 類 動的　活動的　反 スタティック
- 例 商品市場は常にダイナミックに変化しているため，企業はその変化に追いつかなければならない。
  상품시장은 항상 역동적으로 변화하고 있기 때문에 기업은 그 변화를 따라잡아야 한다.

地道 (じみち) — 1
꾸준하다
- 類 着実　堅実　確実
- 例 ピアノ演奏の上達を目指すなら地道な練習が不可欠だ。
  피아노 연주의 향상을 목표로 한다면 꾸준한 연습이 필수다.

スロー — 1
느리다, 완만하다, 둔하다
- 類 遅い　鈍い　鈍重　緩慢
- 反 速い
- 例 あの動物の動きはスローだが，環境の変化への反応は速い。
  저 동물의 움직임은 느리지만 환경 변화에 대한 반응은 빠르다.

緩慢 (かんまん) — 1
완만하다, 느리다, 둔하다
- 類 緩い　遅い　鈍い　スロー
- 反 敏捷
- 例 機械が古びて動作が緩慢になったために，工場の能率が下がっている。
  기계가 낡아 작동이 느려졌기 때문에 공장의 능률이 떨어졌다.

一目瞭然 (いちもくりょうぜん) — 1
일목요연하다
- 類 顕著　明白　明瞭　明確　歴然
- 反 不明瞭
- 例 このレポートのデータはすべて図式化されていて，一目瞭然だ。
  이 리포트의 데이터는 모두 도식화되어 있어 일목요연하다.

気楽 (きらく) — 1
편안하다, 쾌적하다, 부담없다
- 類 心地よい　安楽　快適　気軽
- 反 気がかり 名
- 例 このホテルは，お客様が気楽にリラックスできる空間の提供を目指しています。
  이 호텔은 고객이 편하게 휴식할 수 있는 공간 제공을 지향하고 있습니다.

	1	사치스럽다, 호화롭다
ぜいたく **贅沢**		類 豪華　デラックス 反 倹約　質素 例 社会人になってから，一人で自由に過ごせる時間が贅沢なものになっている。 사회인이 된 이후 혼자 자유롭게 보내는 시간이 사치스런 것이 되었다.
でこぼこ **凸凹**	1	울퉁불퉁하다, 거칠다
		類 荒い　ざらざら 副 反 平ら 例 月面にある凸凹の部分はクレーターと呼ばれている。 달 표면에 있는 울퉁불퉁한 부분은 크레이터라고 불린다.
ことこま **事細か**	1	세세하다, 상세하다
		類 細かい　詳しい　詳細　細密 反 大雑把 例 転職面接で，これまでの職歴を事細かに聞かれた。 이직 면접에서 지금까지의 경력을 세세하게 질문받았다.
ゆかい **愉快**	1	유쾌하다
		類 楽しい　心地よい　痛快　爽快 反 不愉快 例 今日は遊園地で愉快な一日を過ごした。 오늘은 유원지에서 유쾌한 하루를 보냈다.
あそ はんぶん **遊び半分**	1	장난삼다
		類 気軽　散漫 反 真面目 例 遊び半分でそのイベントに参加したら，意外な収穫があった。 장난삼아 그 이벤트에 참가했는데 뜻밖의 수확이 있었다.
りべん **利便**	1	편리하다
		類 簡便　便宜　好都合 反 不便 例 インフラが整備されていない農村より，利便な都市のほうが住みやすい。 인프라가 정비되지 않은 농촌보다 편리한 도시가 살기 편하다.
いたずら	1	장난이다
		類 虚しい　無駄　無用 例 いたずらのつもりで言ったことを本気で受け止められたら困る。 장난삼아 말한 것을 진심으로 받아들이면 곤란하다.
リズミカル	1	리드미컬하다, 율동적이다
		類 律動的 例 子どもたちは音楽に合わせてリズミカルに踊っている。 아이들은 음악에 맞추어 리드미컬하게 춤추고 있다.

형용동사

孤高 (ここう)

1 고고하다

- 類 孤独(こどく)
- 例 純粋(じゅんすい)な芸術(げいじゅつ)は孤高で近(ちか)づきにくいものだと思(おも)われている。
  순수한 예술은 고고해서 다가가기 어려운 것이라고 여겨지고 있다.

4

副 詞
부 사

음성과 TEST

부사

동사	*非常に多い	늘, 언제나, 자주, 잘
	よく	類 しばしば　ちょくちょく　度々(たびたび) 反 全然(ぜんぜん)~ない　混 よく（十分に） 例 よく嘘(うそ)をつく子(こ)どもは叱(しか)らずに, どうして嘘をつくのかを考えましょう。 자주 거짓말 하는 아이는 야단치지 말고 왜 거짓말을 하는지 생각해 봅시다.
형용사	*非常に多い	충분
	よく	類 十分(じゅうぶん)　充分(じゅうぶん) 混 よく（頻度(ひんど)） 例 お客さんの好(この)みをよく聞いてから, 試着(しちゃく)の服を選ぶ。 고객의 기호를 충분히 들은 후에 시착할 옷을 고른다.
형용동사	321	가장
	最(もっと)も	類 一番(いちばん)　一等(いっとう) 混 もっとも（無論(むろん)　当(あ)たり前(まえ)） 例 次の文章で筆者(ひっしゃ)が最も言いたいことはどれですか。 다음의 문장에서 필자가 가장 말하고 싶은 것은 무엇입니까?
부사	142	예를 들어
	例(たと)えば	混 たとえ 例 健康のために緑黄色(りょくおうしょく)野菜(やさい), 例えばほうれん草(そう)や人参(にんじん)などを食べることをお勧めします。 건강을 위해 녹황색 채소, 예를 들면 시금치나 당근 등을 먹을 것을 권장합니다.
숙어	134	또한, 그리고
	また	類 重(かさ)ねて　再(ふたた)び 混 まだ（いまだに） 例 また同封(どうふう)の葉書(はがき)に必要事項(ひつようじこう)をご記入(きにゅう)の上, ご返送(へんそう)ください。 그리고, 동봉된 엽서에 필요 사항을 기입한 후 반송해 주십시오.
명사	99	실제로
	実際(じっさい)	類 誠(まこと)に　真(まこと)に　実(じつ)に　本当(ほんとう)に　混 正(まさ)に　真(しん)に 例 実際に見知(みし)らぬ土地(とち)を歩いてみると, 今まで本や雑誌では知り得(え)なかったことを感じることができる。 실제로 낯선 고장을 걷다보면 지금까지 책이나 잡지에서는 알 수 없었던 것을 느낄 수 있다.
부록	94	즉, 다시 말해
	つまり	類 すなわち　結局(けっきょく)　要するに　所詮(しょせん) 例 第一言語(だいいちげんご)とは, つまり, 生まれて最初に身につけた言語のことである。 제1언어란 즉 태어나 처음으로 습득한 언어를 말한다.

まず	82	**우선** 類 最初　はじめ　第一 例 不景気にともなって，業績が悪化してきた際，まず思いつく改善策は人件費の削減だろう。 불경기에 따라 실적이 악화되었을 때 우선 생각나는 개선책은 인건비의 삭감일 것이다.
全て	77	**전부, 모두** 類 皆　ことごとく　あらゆる　　混 すっかり 例 詩人にしろ小説家にしろ，すべて文学者として認められている。 시인이든 소설가든 모두 문학가로서 인정받고 있다.
なぜ	75	**왜** 類 なんで　どうして 例 なぜ言葉にそんな不思議な力があるのだろう。 왜 언어에 그런 불가사의한 힘이 있는 것일까?
ほとんど	64	**대다수, 대부분, 거의** 類 大部分　大方 例 現代都市のなかでもっとも現代化された地域は，どの都市でもその風景はほとんど変わらない。 현대 도시 중에서 가장 현대화된 지역은 어느 도시든지 그 풍경은 거의 다르지 않다.
あまり	60	**그다지, 별로, ~한 나머지** 類 それほど　　混 剰余　余り 例 複雑な先進的組織では，上司の役割があまり大きくない。 복잡한 선진적 조직에서는 상사의 역할이 별로 크지 않다. 会議中，怒りのあまり，取引相手に暴言を吐いてしまった。 회의 중 화가 난 나머지 거래 상대방에게 폭언을 내뱉고 말았다.
実は	58	**실은, 사실상** 例 政治というのは人間だけが持つ能力だと思いがちだが，実は動物も同じ能力を有している。 정치라는 것은 인간만이 가지는 능력이라고 생각하기 쉽지만 실은 동물도 같은 능력을 갖고 있다.

부 사

更に (さらに) — 56
그 위에, 더욱 (더), 게다가

- 類 ますます　一層(いっそう)　もっと
- 混 より　ずっと
- 例 さらに大事なことは，シカは繁殖力(はんしょくりょく)が旺盛(おうせい)なので，オオカミによって数が減らされないと森林の草を食べ尽くしてしまい，自らが死滅(しめつ)するということだ。

더욱 중요한 것은 사슴은 번식력이 왕성해서 늑대에 의해 수가 줄지 않으면 숲의 풀을 다 먹어치워 스스로 멸종한다는 것이다.

特に (とくに) — 55
특별히, 특히

- 類 殊(こと)に　とりわけ　別段(べつだん)
- 例 明治維新以後(めいじいしんいご)の西洋化，特に戦後のアメリカ文化の輸入(ゆにゅう)は日本社会に大きな影響を与えた。

메이지유신 이후의 서양화 특히 제2차 세계대전 이후 미국 문화의 유입은 일본 사회에 큰 영향을 주었다.

あるいは — 51
아마도, 또는 (연속적인 단어 사용)

- 類 ひょっとすると　もしかすると
- 混 もしかして　ひょっとして
- 例 今日の打ち合わせは，あるいは延びるかもしれない。

오늘 협의는 아마도 길어질지도 모른다.

失敗したことを「しょうがない」と考えたり，あるいは「他人(たにん)のせいで失敗した」と意識して考えたりするのはどうだろう。

실패한 것을 「어쩔 수 없다」고 생각하거나 또는 「남 탓에 실패했다」고 의식적으로 생각하는 것은 어떨까?

もう — 48
이미, 이제, 더 이상

- 類 既(すで)に　もはや　とっくに　混 もう一度(いちど)
- 例 子どもが住んでいる世界は穢(けが)れなき世界であり，自分はもうその世界に戻れない。

아이들이 살고 있는 세계는 때 묻지 않은 세계로서 나는 이제 그 세계로 돌아갈 수 없다.

もう ＊上と合算
또, 다시

- 類 また　混 もう（すでに）　も
- 例 動物保護(どうぶつほご)を考えるとき，その動物の生態(せいたい)のほか，もう一つ重要なのは各種類(かくしゅるい)についての数量(すうりょう)的なデータである。

동물보호를 생각할 때 그 동물의 생태 외에 또 하나 중요한 것은 각 종류에 대한 수량적 데이터이다.

ただ — 46
그저, 다만, 단지

- 類 だけ　のみ
- 混 ただ（無料(むりょう)）　ただもの（普通(ふつう)）
- 例 商店街(しょうてんがい)はただ買い物をするためだけの場所ではなく，ご近所同士の交流の場でもある。

상점가는 그저 쇼핑만을 위한 장소가 아니라 이웃 사람들과의 교류 장소 이기도 하다.

より

44 더, 보다, ~에 비해 (격조 사용법)

- 混 より（もっと） 一層
- 例 今まで追求してきた目標を再検討し、より高い次元の新しい目標を設定することが必要だ。
  지금까지 추구해 왔던 목표를 재검토하여 보다 높은 차원의 새로운 목표를 설정하는 것이 필요하다.
  猫は常に飼い主は自分より順位が下だと思って、飼い主のいうことは聞かなくてよいと考える。
  고양이는 항상 주인이 자신 보다 순위가 아래라고 믿고 주인이 말하는 것은 듣지 않아도 된다고 생각한다.

もちろん

43 물론

- 類 無論　もとより　当然
- 例 介護ロボットの導入には、もちろん賛成だ。
  간병 로봇의 도입에는 물론 찬성이다.

ともに

42 함께, 동시에

- 類 一緒に　一斉に
- 例 田舎を離れて都会で暮らしている二人が故郷の歌を聴いて、ともに感動した。
  시골을 떠나 도시에서 사는 두 사람이 고향 노래를 듣고 함께 감동했다.

すぐ

41 즉시, 바로

- 類 じきに　直ちに
- 混 早速
- 例 貴重なものをお借りして大変申し訳ありませんが、もしすぐにはお使いにならないようでしたら、そのようにさせていただきたく思います。
  귀중한 물건을 빌리게 되어 정말 죄송합니다만 혹시 바로 사용하지 않으신다면 빌려 주시기 바랍니다.

必ず

41 반드시, 꼭

- 類 きっと　絶対に
- 例 書籍や雑誌、インターネット、辞書、新聞記事などの文章を、論文にそのまま引用する場合は、必ず引用であることを示さなければならない。
  서적이나 잡지, 인터넷, 사전, 신문기사 등의 문장을 논문에 그대로 인용하는 경우에는 반드시 인용임을 표시해야 한다.

부사

全く (まったく) — 41
완전히, 정말(로), 전혀
- 類 すっかり　本当に　完全に　さっぱり　全然　まるで
- 混 ちっとも
- 例 化学物質は，まったく安全なものと有害なものというように簡単に分類することはできない。
  화학물질은 정말로 안전한 것과 유해한 것이라는 식으로 간단히 분류할 수는 없다.

少し (すこし) — 40
조금, 약간
- 類 ちょっと　僅か
- 混 たった
- 例 円滑な人間関係を保つためには，少しぐらい嘘をついたほうがいいこともある。
  원활한 인간관계를 유지하기 위해서는 조금은 거짓말을 하는 것이 좋을 때도 있다.

寧ろ (むしろ) — 38
오히려
- 類 かえって　どちらかといえば
- 例 むしろその人の技術は，世界一といっても過言ではないだろう。
  오히려 그 사람의 기술은 세계 제일이라고 해도 과언이 아닐 것이다.

常に (つねに) — 37
항상, 늘
- 類 いつも　絶えず
- 混 終始
- 例 節電のため，エアコンを常に摂氏26度程度に設定している。
  절전을 위해 에어컨은 항상 섭씨 26도 정도로 설정하고 있다.

一番 (いちばん) — 35
가장, 제일
- 類 最も　一等
- 例 どんな仕事でも，一番大切なのは，あきらめずにいかなる状況でも全力を尽くせる心の強さです。
  무슨 일이든지 가장 중요한 것은 포기하지 않고 어떠한 상황에서도 최선을 다할 수 있는 마음의 강인함입니다.

もっと — 34
더, 더욱
- 類 更に　ますます　一層　混 もう少し　ずっと　より
- 例 もっと脳の容積について調べれば，言語獲得の時期がわかってくるだろう。
  뇌의 용적에 대해 더 조사해보면 언어 획득 시기를 알 수 있을 것이다.

都合 (つごう) — 34
도합, 총, 합계
- 類 合わせて
- 例 本日の参加者は都合100人になる。
  오늘 참가자는 합계 100명이다.

	33	스스로, 자신이 (직접)
自_{みずか}ら		類 自分で 例 生物は環境を自ら生存（せいぞん）しやすいように変えてきた。 생물은 환경을 스스로 생존하기 쉽도록 바꾸어 왔다.
	33	서로, 상호
互_{たが}いに・ お互_{たが}いに		類 相互（そうご）に　交互（こうご）に 例 現代人（げんだいじん）は互いに傷つけあうことを恐れており、他人との距離の取り方に悩んでいる。 현대인은 서로 상처를 주는 것을 두려워해서 타인과 거리를 두는 방법에 대해 고민하고 있다.
	32	매우, 대단히, 도저히
とても		類 大変（たいへん）　非常（ひじょう）に　はなはだ　大（おお）いに　極（きわ）めて　ごく 例 毎年の年末（ねんまつ）はとても忙しく、猫の手も借りたいぐらいだ。 매년 연말은 매우 바빠서 고양이 손이라도 빌리고 싶을 정도다.
	31	많이
沢山_{たくさん}		類 いっぱい　多（おお）い 例 金融業界（きんゆうぎょうかい）は、一度限りの取引（とりひき）をする顧客（こきゃく）をたくさん集めるべきだ。 금융 업계는 일회성 거래를 하는 고객을 많이 모아야 한다.
	31	모두, 전부
みんな・皆_{みな}		類 全（すべ）て　ことごとく　混 すっかり 例 家庭教育（かていきょういく）の重要さを分かっていても、親はみんな忙しく、なかなか子どもと一緒に遊んだり、教えてやったりするゆとりがない。 가정교육의 중요성을 알고 있어도 부모는 모두 바빠서 좀처럼 아이들과 함께 놀거나 가르쳐 줄 여유가 없다.
	30	만약, 혹시, 가령
もし		類 仮（かり）に 例 もし100億円手に入るなら、あなたはどんなことをしたいですか？ 만약 100억엔이 손에 들어온다면 당신은 무엇을 하고 싶습니까？

부사

なかなか
29 좀처럼, 상당히, 꽤

類 結構　割に　比較的

例 社会や経済が成長している一方で，子供は我慢する機会がなかなか得られないため，我慢するという意識を育てるのはむずかしい時代であるともいえるだろう。
사회와 경제가 성장하고 있는 반면 아이들은 인내할 기회를 좀처럼 가질 수 없어 인내한다는 의식을 기르는 것은 어려운 시대라고도 할 수 있을 것이다.

そのまま
29 그대로, 통째로

例 日本は魚の種類も多く，鮎の塩焼きのように一匹をそのまま焼き，魚の形を壊さないで食べることが多い。
일본은 생선의 종류도 많아 은어 소금구이처럼 한 마리를 통째로 구워서 생선의 형태를 훼손하지 않고 먹는 경우가 많다.

いつも
26 항상, 언제나, 늘

類 常に　絶えず
混 よく

例 周囲の人たちによって，子どもがいつも満足させられているばかりでは，我慢する経験がないためにコミュニケーションの力を育てる機会が得られない。
주위 사람들에 의해 아이가 늘 만족하고 있기만 해서는 인내할 경험이 없기 때문에 커뮤니케이션 능력을 기를 기회를 가질 수 없다.

はっきり
26 똑똑히, 확실히, 분명히

類 明らか　定か　ありあり　まざまざ

例 自分がやりたいこと，自分に向いた仕事は，実際に仕事を始めてみなければはっきり分からないものだ。
자기가 하고 싶은 것, 자기에게 맞는 일은 실제로 일을 시작해 보지 않으면 확실히 알 수 없는 것이다.

何も
26 어떠한 것도, 아무것도

例 お食事は診断前日の夜9時までに済ませて，当日は何も食べずにおいでください。
식사는 진단일 전날 밤 9시까지 마쳐주시고 당일에는 아무것도 먹지 말고 오십시오.

まだ
25 아직, 여전히

類 未だに　　混 また

例 中国では8月上旬を立秋と呼び，暦の上では秋の始まりとなるが，実際はまだ暑い日が続くところもある。
중국에서는 8월 상순을 입추라고 하는데 달력 상으로는 가을의 시작이 되지만 실제로는 여전히 더운 날이 지속되는 곳도 있다.

	25	**이미, 벌써**
すでに **既に**		類 もう　もはや　とっくに 例 人類は他の生物が持ち得なかった科学技術の力で、すでに宇宙への展開の第一歩を踏み出して、宇宙へと進出した。 인류는 다른 생물이 가질 수 없었던 과학기술의 힘으로 이미 우주를 향한 전개의 첫 발을 내딛고 우주에 진출했다.

	24	**원래, 본래**
ほんらい **本来**		類 元々　元来 混 そもそも 例 時代の流れとともに、本来言葉が持っていた意味が、失われつつある。 시대의 흐름과 함께 원래 말이 갖고 있던 의미가 사라져가고 있다.

	24	**일찍이, 예전부터, 과거에**
かつて		類 以前　前々 混 かねがね 例 かつて海を泳いでいた動物が陸上に上ったことは確かなのだが、どのグループから哺乳類が進化したのかとなると、それはまだ明確ではない。 일찍이 바다를 헤엄치던 동물이 육상에 올라온 것은 확실하지만 어느 그룹에서 포유류가 진화했는지에 대해서는 그것은 아직 명확하지 않다.

	23	**결코**
けっ **決して**		類 絶対に　断じて 例 私は決して同じ過ちを繰り返すわけにはいかない。 나는 결코 같은 실수를 반복할 수 없다.

	22	**일반적으로**
一般に		類 概して　総じて 例 一般には、社会人が円滑な人間関係を保つためには、怒りを抑え、穏やかに対処するのが良いとされる傾向がある。 일반적으로는 사회인이 원만한 인간관계를 유지하기 위해서는 분노를 억제하고 차분하게 대처하는 것이 좋다고 여겨지는 경향이 있다.

	21	**상당히, 꽤, 대단히, 매우**
かなり		類 相当 例 何らかの理由で、研究テーマをかなり具体的に決めている人は、幸運でもあるが、一つのテーマに限られるため、ある意味不幸でもある。 어떠한 이유로 연구 주제를 상당히 구체적으로 정한 사람은 행운이기도 하지만 하나의 주제에 한정되기 때문에 어떤 의미에서는 불행이기도 하다.

부 사

	21	계속, 훨씬
ずっと		類 より 更^{さら}に もっと
		例 「立ち読み」というのは、本や漫画などを買わずにずっとそこに立って読んでいることだ。
		「서서읽기」라는 것은 책이나 만화 등을 사지 않고 계속 그 자리에 서서 읽고 있는 것이다.
		面白い授業を聞くより，つまらない授業を聞く場合のほうがずっと長く感じる。
		재미있는 수업을 듣는 것보다 지루한 수업을 듣는 경우가 훨씬 길게 느껴진다.

	21	동시에
同時^{どうじ}に		類 いっぺんに すぐ ともに
		例 食糧^{しょくりょう}不足^{ぶそく}だと，母チーターは同時に生まれた数匹^{すうひき}の子供の中で一番弱い子供を捨てることがある。
		식량이 부족하면 어미 치타는 동시에 태어난 몇 마리의 새끼 중에서 가장 약한 새끼를 버리는 경우가 있다.

	20	(지) 극히, 대단히
極^{ごく}		類 大変^{たいへん} とても 非常^{ひじょう}に 大^{おお}いに 極^{きわ}めて 頗^{すこぶ}る 甚^{はなは}だ
		例 この植物^{しょくぶつ}は実が極わずかしか取れないので，栽培している地域は少ない。
		이 식물은 열매가 극히 소량만 나오기 때문에 재배하는 지역이 적다.

	20	절대로
絶対^{ぜったい}		類 きっと 必^{かなら}ず
		例 人間が絶対に同じ過^{あやま}ちを繰り返さないようにすることが大切だと思う。
		인간이 절대로 같은 잘못을 반복하지 않도록 하는 것이 중요하다고 생각한다.

	20	처음으로, 비로소
初^{はじ}めて		類 最初^{さいしょ}に
		例 働くことによって初めて自分の力^{ちから}不足^{ぶそく}を感じた。
		일을 하게 되면서 비로소 자신의 역부족을 느꼈다.

	20	보통
普通^{ふつう}		類 通常^{つうじょう}
		例 普通，中学生になると，自立心^{じりつしん}が芽生^{めば}えてくるものだ。
		보통은 중학생이 되면 자립심이 싹트기 마련이다.

なん **何らか**	19	**어떠한, 무언가** 類 いくらか なにか 例 この二つの事件には何らかのつながりがある。 이 두 사건에는 무언가 연관이 있다.
たいてい **大抵**	19	**대개, 대부분, 대체로** 類 大概 例 彼は日曜日なら大抵家にいる。 그는 일요일이면 대개 집에 있다.
かなら **必ずしも**	19	**꼭, 반드시** 類 あながち まんざら 混 必ず 例 もちろん、プロも必ずしも正しいわけではない。 물론 프로도 꼭 옳은 것은 아니다.
どうしても	17	**도저히, 아무래도, 도무지** 類 どうも 例 この人と会ったことはあるが、どうしても名前が思い出せない。 이 사람과는 만난 적이 있지만 도무지 이름이 생각나지 않는다.
わりあい **割合**	17	**비교적, 꽤** 類 割に 比較的 結構 例 この店の料理は割合においしい。 이 가게의 요리는 비교적 맛있다.
いっけん **一見**	17	**얼핏, 얼핏 보면** 類 一瞥 一目 一目 例 それは一見正しいように思えるが、本当はそうではない。 그것은 얼핏 보면 옳은 것 같지만 사실은 그렇지 않다.
やがて	16	**머지않아, 곧** 類 そのうち いずれ 例 学んだ知識を使わなければ、やがて忘れてしまう。 배운 지식을 사용하지 않으면 곧 잊어버린다.

부사

	16	**자주, 여러번, 종종**
しばしば		類 よく　ちょくちょく　度々(たびたび) 例 一度研究テーマを見つけたと思っても，しばしば途中(とちゅう)で変わる。 한 번 연구 주제를 찾았다고 생각해도 종종 도중에 바뀐다

	16	**아무리, 비록**
いくら		類 たとえ　どんなに　どれほど 混 幾(いく)ら（値段や数量(すうりょう)を尋ねる） 例 いくら隠していても、嘘は嘘だ。 아무리 숨기고 있어도 거짓말은 거짓말이다.

	16	**얼마나, 왠걸**
何(なん)と		類 何(なん)という 例 なんと美(うつく)しい月夜(つきよ)だろう。 얼마나 아름다운 달밤인가.

	16	**역시**
やはり・ やっぱり		類 案(あん)の定(じょう) 例 世の中にはやはり例外というものが必ずある。 세상에는 역시 예외라는 것이 반드시 있다.

	15	**대체, 도대체**
いったい		類 だいたい　そもそも 例 リップスティックの色が派手(はで)すぎるかどうか，着ている服が適切(てきせつ)かどうかをチェックするとき，いったい誰の目を基準にそれらを確認しているのだろうか。 립스틱 색깔이 너무 화려한지, 입고 있는 옷이 적절한지를 체크할 때 도대체 누구 눈을 기준으로 그것을 확인하고 있는 것일까?

	15	**그렇게, 그다지, 별로**
それほど		類 あまり　対(たい)して　さして　さほど 例 この商品はそれほど複雑(ふくざつ)な仕組(しく)みではないが，人気(にんき)のブランドなため値段が高い。 이 상품은 그다지 복잡한 구조는 아니지만 인기 브랜드이기 때문에 가격이 비싸다.

ゆっくり
15 천천히, 여유 있게, 푹, 한가롭게
- 類 ゆるゆる　そろそろ　ゆったり　のんびり　のびのび
- 反 慌(あわ)てて
- 混 ゆとり
- 例 最近は忙しくて，ゆっくりご飯を食べる時間もない。
  요즘은 바빠서 여유롭게 밥 먹을 시간도 없다.

ちょっと
15 조금, 잠깐
- 類 やや　ちょっぴり　少々(しょうしょう)
- 反 たくさん　いっぱい
- 混 ちょうど
- 例 ちょっとそこまで出かけてきます。
  잠깐 거기까지 나갔다 오겠습니다.

そもそも
15 애초부터, 원래
- 類 本来(ほんらい)　元来(がんらい)
- 混 もぞもぞ　もともと
- 例 私はその教育理念にはそもそも反対だった。
  나는 그 교육이념에는 애초부터 반대였다.

きちんと
14 정확히, 제대로
- 類 ちゃんと　　混 しっかり
- 例 レポートを書くとき，自分がきちんと理解している言葉で書くのが一番大切だ。
  리포트를 쓸 때 자신이 정확히 이해하고 있는 말로 쓰는 것이 가장 중요하다.

しっかり
14 확실히, 제대로
- 類 がっちり　がっしり　きちんと　ちゃんと
- 例 先に話したことをしっかり覚えて下さい。
  방금 말한 것을 확실히 기억해 주십시오.

元々(もともと)
14 애초에, 원래
- 類 本来(ほんらい)　元来(がんらい)
- 例 あの人とは，もともと縁(えん)がなかったから，諦(あきら)めた。
  그 사람과는 애초에 인연이 없었기 때문에 포기했다.

なんとなく
14 왠지 모르게, 어쩐지
- 類 何(なん)だか
- 例 他人が近くにいると，その人の存在が気になり，なんとなく落ち着かないことがある。
  다른 사람이 가까이 있으면 그 사람의 존재가 신경쓰여서 왠지 모르게 침착성을 유지하지 못하는 경우가 있다.

부사

しばらく 暫く
13 잠시, 한 동안
- 類 暫し
- 反 ずっと　絶えず
- 混 久々　久しぶり
- 例 作文を書いたら，しばらく置いて，それからまた読み返してみる。
  작문을 하고나면 잠시 두었다가 또 다시 읽어 본다

ひかくてき 比較的
13 비교적
- 類 割に　結構　割合
- 混 なかなか
- 例 年間において日照時間が比較的長く，気温差の大きい地域は果物の栽培に適している。
  연간 일조시간이 비교적 길고 기온차가 큰 지역은 과일 재배에 적합하다.

ときどき
13 가끔, 때때로
- 類 時折　折々　反 いつも
- 混 ドキドキ
- 例 完全養殖のほかに，沖でときどき人為的に手を加える半養殖という形もある。
  완전 양식 외에 바다에서 가끔 인위적으로 손을 대는 반양식이라는 형태도 있다.

たしょう 多少
12 좀, 약간, 다소
- 類 幾らか　少し　若干
- 反 全て　全然
- 例 相手が多少の嘘をついても，決して全てが悪いわけではない。
  상대가 약간 거짓말을 해도 결코 모든 것이 나쁜 것은 아니다.

どんどん
12 계속, 자꾸(자꾸)
- 類 ぐんぐん
- 混 だんだん
- 例 今日はおごるから，好きなものをどんどん注文してください。
  오늘은 제가 살테니까 좋아하는 것을 계속 주문해 주십시오.

あらかじめ 予め
12 미리, 사전에
- 類 前もって
- 混 改めて
- 例 ご欠席の場合はあらかじめお知らせください。
  결석하시는 경우에는 미리 알려 주십시오.

	12	점차, 점점, 차츰
次第に		類 段々 徐々に おいおい
		反 一気に 一挙に 一息に
		混 次第
		例 勝手にマウスピースの装着時間を減らしたら，せっかく矯正した歯が次第に元に戻ってしまうかもしれない。
		마음대로 마우스피스 장착 시간을 줄이면 모처럼 교정한 치아가 점차 원래로 되돌아갈지도 모른다.

	11	갑자기, 느닷없이
いきなり		類 出し抜け 不意
		反 徐々に
		例 いきなりそういわれても，答えられないよ。
		갑자기 그렇게 말해도 대답할 수 없어.

	11	어찌됐든, 하여튼
とにかく		類 ともかく 何しろ
		例 成功できるかどうかは分からないが，とにかくやってみよう。
		성공할 수 있을지는 모르지만 어찌됐든 해 보자.

	11	서서히, 점차
徐々に		類 次第に おいおい 段々
		反 急に 一気に
		混 どんどん
		例 甘いものをたべることで，体の中でのドーパミンは徐々に増える。
		단 것을 먹음으로써 몸 속의 도파민은 서서히 증가한다.

	11	실로, 참으로, 정말
実に		類 まことに 本当に 真に
		例 あの人が辞めるのは実に残念でならない。
		그 사람이 그만 두는 것은 정말 안타깝다.

	11	단순히
単に		例 これは単に個人の問題ではなく，社会の問題だ。
		이것은 단순히 개인의 문제가 아니라 사회의 문제다.

부사

	11	**몹시, 매우, 대단히**
たいへん **大変**		類 とても 非常に 大いに 極めて ごく 例 この度は急なご連絡となり，大変申し訳ございませんでした。 이번에는 갑작스럽게 연락하게 되어 대단히 죄송했습니다.
	10	**어떻게, 어떤 방법으로**
いか **如何に**		類 どのように どんなに 例 国際社会の秩序をいかに維持するかが深刻な課題となった。 국제사회의 질서를 어떻게 유지하느냐가 심각한 과제가 되었다.
	10	**일종의**
いっしゅ **一種**		例 その部屋に入ると，一種独特な雰囲気を感じた。 그 방에 들어가자 일종의 독특한 분위기를 느꼈다.
	9	**다시, 거듭**
ふたた **再び**		類 また 重ねて 例 失われた信頼を再び取り戻すのは非常に困難なことだ。 잃어버린 신뢰를 다시 되찾는 것은 매우 어려운 일이다.
	9	**말하자면**
い **言わば**		例 彼の苦悩は，いわば現代の若きウェルテルの悩みのようだ。 그의 고뇌는 말하자면 현대의 젊은 베르테르의 슬픔과 같다.
	9	**선천적으로**
う **生まれつき**		類 生まれながら 生来 例 研究によると，赤ちゃんも弱い立場の人に対して同情する気持ちがあり，つまり，支え合う心は人間であれば生まれつき持っている。 연구에 의하면 어린 아기도 약한 입장의 사람에게 동정하는 감정이 있으며, 즉 서로 의지하는 마음은 인간이라면 선천적으로 가지고 있다.
	9	**적어도, 최소한**
すく **少なくとも**		類 せめて 例 別に政治に参加しろとまで言わないが，少なくとも関心を寄せるべきだ。 특별히 정치에 참여하라고 까지는 하지 않겠지만 적어도 관심은 기울여야 한다.

つぎつぎ **次々**	9	**연달아서, 잇달아, 연이어** 類 順々に 順次 逐次 順繰りに 例 農村の土地が大量に都市用地に転換され，高層ビルが次々と林立したことで，耕地の急速な減少が引き起こされた。 농촌의 토지가 대량으로 도시용지로 전환되어 고층빌딩이 잇달아 들어섬으로써 경작지의 급속한 감소가 발생했다.
けっきょく **結局**	9	**결국** 類 つまり 所詮 要するに 例 当時の女の子は何を勉強しても，結局主婦になるしかなかった。 당시의 여자들은 무엇을 공부해도 결국 주부가 될 수 밖에 없었다.
いろいろ **色々**	9	**여러가지, 다양** 類 各種 種々 様々 多様 多種 反 僅か 例 いろいろと経験を積んだことが，今回の成功につながった。 다양하게 경험을 쌓은 것이 이번 성공으로 이어졌다.
ふと	9	**뜻밖에, 우연히, 문득** 類 ふっと 例 電車の中にいたとき，ふと見ると，向かい側の席で女性が化粧をしていた。 전철 안에 있을 때 문득 보니 맞은편 자리에서 여자가 화장을 하고 있었다.
ひとり **一人ひとり**	9	**한 사람 한 사람, 개개인이** 類 めいめい 各人 反 皆 全部 例 環境問題は全人類に関わる問題だから，一人ひとりがそれを自分のこととして考えるべきだ。 환경문제는 전인류에 관련된 문제이기 때문에 개개인이 그것을 자신의 일로 생각해야 한다.
ほぼ	8	**거의, 대개** 類 ほとんど 大部分 大方 例 行き交う男性たちはほぼ同じような服装を着ている。 오가는 남성들은 거의 비슷한 옷을 입고 있다.

부사

	8	가령, 설사, 비록
たとえ		類 もし　仮に　混 例えば 例 四本撚りのクライミングロープは，たとえ一本の糸が切れても，三本の糸が残るため，登山者の安全を保障できる。 네 가닥으로 꼰 등산용 로프는 비록 하나의 실이 끊겨도 세 가닥의 실이 남아 있기 때문에 등산객의 안전을 보장할 수 있다.
なるべく	8	될 수 있는 한, 가급적
		類 なるたけ　できるだけ 例 エンジンの音をなるべく小さくすることが，多くのメーカーの目標だ。 엔진 소리를 될 수 있는 한 작게 하는 것이 많은 메이커들의 목표다.
つい	8	바로, 조금, 결국
		類 思わず　うっかり　知らず知らず 例 人は社会人になると，つい上司の指示に従うだけになってしまい，時として自分の主張を失いがちである。 사람은 사회인이 되면 결국 상사의 지시를 따르게만 되어버려 때로는 자신의 주장을 잃어버리기 쉽다. ついさっき，小学校時代の友人から電話があった。 바로 조금 전에 초등학교 시절 친구에게서 전화가 왔다.
大いに	8	대단히, 매우
		類 たいへん　非常に　極めて 例 君主が存在する君主国と，君主が存在しない共和国では統治体制が大いに違っている。 군주가 존재하는 군주국과 군주가 존재하지 않는 공화국 사이에는 통치체제가 매우 다르다.
ぜひ	8	꼭, 부디
		類 どうか　くれぐれも　どうぞ 例 皆さんもぜひ，日本に遊びに来てください。 여러분도 꼭 일본에 놀러 오십시오.
結構	8	제법, 상당히, 패
		類 割合　比較的　わりに　かなり 反 非常に　とても 例 家庭内のごみの分類は，子どもにとって結構難しい。 가정내의 쓰레기 분류는 아이들에게는 꽤 어렵다.

何でも なん	8	**어쩌면, 아마, 잘은 모르지만** 類 どうやら 例 最近花子とは連絡をとっていないが、風の噂によると、何でも近く結婚するらしい。 요즘 하나코와는 연락을 하고 있지 않지만 떠도는 소문에 의하면 아마도 곧 결혼하는 것 같다.
突然 とつぜん	7	**갑자기** 類 急に にわか 突如 例 奈良では、鹿が突然道路に飛び出し、バスが緊急停止することがよくある。 나라에서는 사슴이 갑자기 도로에 뛰어들어 버스가 긴급정지하는 일이 자주 있다.
きっと	7	**분명히, 틀림 없이** 類 必ず 絶対に 例 どんなに平凡な人間であっても、きっと能力を生かせる場所がある。 아무리 평범한 사람이라도 분명히 능력을 살릴 수 있는 곳이 있다.
どうも	7	**어쩐지, 아무래도** 類 どうしても 例 経済の高度成長は確かに素晴らしいことだが、私はどうも素直に喜べない。 경제의 고도성장은 분명히 좋은 일이지만 나는 어쩐지 솔직하게 기뻐할 수 없다.
時に とき	7	**가끔, 때로는** 類 時々 たまに 反 いつも 常に 絶えず 例 私たちは、ときに、自分に都合よく利用するために相手を褒める。 우리들은 가끔 자신이 편하게 이용하기 위해 상대를 칭찬한다.
いずれ	7	**머지 않아** 類 やがて そのうち 例 特に聞く必要はない、いずれわかることだ。 특별히 들을 필요는 없고 머지 않아 알게 될 일이다.
じっと	7	**꼼짝 않고, 가만히** 類 つくづく 例 昔のように電車で文庫本を読む人が少なくなり、じっと携帯の画面を見ている人が増えてきた。 옛날처럼 전철에서 문고판 책을 읽는 사람이 적어졌고 꼼짝 않고 휴대폰 화면을 보고 있는 사람이 늘어났다.

부사

	7	언제든지
いつでも		類 常(つね)に 例 ぶ厚い紙の本より，軽い電子ブックリーダーの方が，いつでも持ち歩きできるので便利だ。 두꺼운 종이 책보다 가벼운 전자 북리더가 언제든지 들고 다닐 수 있기 때문에 편리하다.

	7	마치
まるで		類 さながら　あたかも 例 論文を書くとき，他の人の意見を他の人の物と示さずに，まるで自分の意見のように書くのは，著作権侵害(ちょさくけんしんがい)になり得(う)る。 논문을 쓸 때 다른 사람의 의견을 다른 사람의 것이라고 표시하지 않고 마치 자신의 의견인 것처럼 쓰는 것은 저작권 침해가 될 수 있다.

	7	어떠한, 뭔가
なんらか		類 なにか　なにがしか 例 ミツバチは8の字のダンスを行うことで，仲間同士(なかまどうし)で何らかの情報を交換する。 꿀벌은 8자 춤을 추는 것으로 동료끼리 뭔가 정보를 교환한다.

	7	한층 더, 더욱
一層(いっそう)		類 もっと　さらに　ますます 例 参(さん)加する人が多ければ多いほど，秩序(ちつじょ)の維持(いじ)が一層難(むずか)しくなる。 참가하는 사람이 많으면 많을수록 질서 유지가 더욱 어려워진다.

	7	만일, 가령
仮(かり)に		類 もし　たとえ　反 実(じつ)に　確(たし)かに　実際に 例 仮にこの島(しま)の人口(じんこう)が増加したとしても，一定水準(いっていすいじゅん)に達(たっ)してしまえば増えなくなるものだ。 가령 이 섬의 인구가 증가했다 하더라도 일정 수준에 도달해버리면 늘어나지 않는 것이다.

	6	멍하니, 우두커니
ぼんやり		類 ぼうっと　ぼそっと　ぼけっと　ぼっと 反 はっきり 例 彼はさきほどから長い間ぼんやりと窓の外を眺めていたのだ。。 그는 아까부터 오랫동안 멍하니 창밖을 바라보고 있었다.

	6	어느새, 자칫, 알게 모르게, 부지불식
知(し)らず知(し)らず		類 思(おも)わず　うっかり　つい 例 集団(しゅうだん)の中では，一人一人の責任が曖昧化(あいまいか)してしまうと，知らず知らずのうちに，手抜(てぬ)きが発生することもありうる。 집단 속에서 개개인의 책임이 애매해져버리면 부지불식 간에 부실이 발생할 수도 있다.

	6	적잖이
少^{すく}なからず		類 たくさん　かなり 反 僅^{わず}か 例 これまで経験したことは，皆さんの将来に少なからず影^{えいきょう}響を与^{あた}えるだろう。 지금까지 경험한 것은 여러분의 장래에 적잖이 영향을 끼칠 것이다.
	6	어디까지나
あくまで (も)		類 全く　徹底的に 例 しつけ，教^{きょう}養^{よう}，芸^{げい}術^{じゅつ}といったことは，あくまで子どもの成^{せい}長^{ちょう}のサポートに過ぎない。 예의범절, 교양, 예술 등은 어디까지나 아이들의 성장을 돕는 것에 지나지 않는다.
	6	더욱 더, 점점
ますます		類 さらに　もっと　一^{いっ}層^{そう} 例 これからの市^し場^{じょう}は，成^{せい}熟^{じゅく}化^かが進み，いかに新しい顧^こ客^{きゃく}を開^{かい}拓^{たく}するのかがますます重要な課^か題^{だい}となるだろう。 앞으로의 시장은 성숙화가 진행되어 어떻게 새로운 고객을 개척하느냐가 더욱 더 중요한 과제가 될 것이다.
	6	정말로, 그야말로
まさに		類 本当に 例 飲^{いん}酒^{しゅ}によって肝^{かん}臓^{ぞう}を壊し，なおかつ仕事にも支^し障^{しょう}が出ているのに，飲み続ける。まさにアルコール依^い存^{ぞん}症^{しょう}であることは言うまでもない。 음주로 인해 간을 망가지고 게다가 일에도 지장이 있음에도 계속 마신다. 그야말로 알콜 의존증이라는 것은 말할 필요도 없다.
	6	마치, 마침
ちょうど		類 まるで　あたかも　さながら　混 ちょっと 例 ちょうど猿^{さる}のような形をした岩が話題になり，多くの観^{かん}覧^{らん}客^{きゃく}を引き付けた。 마치 원숭이 같은 모양을 한 바위가 화제가 되어 많은 관람객을 끌어모았다.
	6	일단, 우선은
まずは		類 とりあえず　一^{いち}応^{おう}　はじめに 例 まずは御^{おん}礼^{れい}まで。 우선 사례의 말씀만 드립니다. 顧^こ客^{きゃく}に商^{しょう}品^{ひん}を紹^{しょう}介^{かい}するとき，まずは相^{あい}手^てに話^{はなし}をしてもらって，その話をじっくり聞いたほうがいいと思う。 고객에게 상품을 소개할 때 우선 상대방에게 말을 하게 해서 그 이야기를 차분히 듣는 것이 좋다고 생각한다.

부 사

	6	어떻게든
何 なん とか		類 どうにか 例 絶滅危惧種というのは，絶滅の危機に瀕していて，何とかしないと，この世から消えてしまう可能性のある生物種のことである。 멸종위기종이란 멸종 위기에 처해 있어 어떻게든 하지 않으면 이 세상에서 사라져버릴 가능성이 있는 생물종을 말한다.

	6	안심
ほっと		類 安心 例 失くした携帯を見つけて，ようやくほっとした。 잃어버린 핸드폰을 찾아서 겨우 안심했다.

	6	이제는, 이미, 지금은
今や いま		類 もう 反 まだ 例 かつて中国から日本に取り入れられた漢語も，今や日本語の一部となった。 옛날에 중국에서 일본으로 들여온 한자어도 지금은 일본어의 일부가 되었다.

	6	일단
一旦 いったん		類 一度　ひとたび 例 渡り鳥は冬になると，いったん暖かいところに移動するが，春になると再び戻ってくる。 철새는 겨울이 되면 일단 따뜻한 곳으로 이동하지만 봄이 되면 다시 돌아온다.

	5	하물며
まして		類 なおさら 例 まして，異なった意見を退けたり，無視したりするのは，もっと良くない。 하물며 다른 의견을 배척하거나 무시하는 것은 더욱 좋지 않다.

	5	제대로
ちゃんと		類 きちんと　しっかり 例 歴史をちゃんと習わないと，世界を正しく見ることができない。 역사를 제대로 배우지 않으면 세상을 바로 볼 수 없다.

わざわざ	5 **굳이, 일부러** 類 せっかく　わざと　　反 ついでに 例 電子ブックリーダーがある以上，わざわざ紙の本を作る必要がないと考えている人は多いだろう。 전자 북리더가 있는 이상 굳이 종이책을 만들 필요는 없다고 생각하는 사람이 많을 것이다.
あれこれ	5 **이것저것** 類 なんだかんだ　あれやこれや　てんやわんや　色々 例 日本の空港では，たとえ日本語が分からない人でも，周りの人にあれこれ手助けしてもらわなくてもいいように，様々な工夫がされている。 일본의 공항에서는 비록 일본어를 모르는 사람이라도 주위 사람에게 이것저것 도움을 받지 않아도 되도록 여러 가지 고안이 되어 있다.
主として (しゅ)	5 **주로** 類 主に　専ら 例 漢語はもちろん，日本に伝来されたものだが，外来語というのは主として，西洋語系の言葉のことだ。 한자어는 물론 일본에 전래된 것이지만 외래어라고 하는 것은 주로 서양어 계통의 언어를 말한다.
たまたま	5 **우연히, 마침** 類 偶然　　反 常に　いつも 例 旅行の際に，そこでたまたま出会った人と，たまたま見た風景の記憶は，旅行の醍醐味と言えるだろう。 여행 시에 마침 그곳에서 만난 사람과 우연히 본 풍경의 기억은 여행의 묘미라고 할 수 있을 것이다.
少しずつ (すこ)	5 **조금씩** 反 一気に 例 多数の作業員が，少しずつ工程を分担する流れ作業によって，生産効率が上がり，大量生産が可能になった。 많은 작업자가 조금씩 공정을 분담하는 컨베이어 시스템에 의해 생산효율이 높아지고 대량생산이 가능해졌다.
ようやく	5 **마침내, 겨우** 類 やっと　何とか　どうにか 例 長い旅を通して，ようやく理想の女性に巡り合えた。 긴 여행을 통해 마침내 이상형의 여성을 만날 수 있었다.

	5	**아마**
恐(おそ)らくは		類 きっと　たぶん 反 必(かなら)ず 例 たとえ今(いま)分(わ)からなくても，恐らくは他(た)の誰(だれ)かがいずれ教(おし)えてくれるだろう。 비록 지금 몰라도 아마 다른 누군가가 언젠간 가르쳐 줄 것이다.
	5	**언제까지나, 영원히**
いつまでも		例 災害(さいがい)というものは，いつまでも無(な)くならないものである以上(いじょう)，事前(じぜん)の予防(よぼう)が一番(いちばん)大事(だいじ)だ。 재해라는 것은 영원히 없어지지 않는 것인 이상 사전 예방이 가장 중요하다.
	5	**전혀**
全然(ぜんぜん)		類 さっぱり　全(まった)く　まるきり　少(すこ)しも 反 すべて　全部(ぜんぶ) 例 新(あたら)しいことを継続(けいぞく)して勉強(べんきょう)しないと，脳(のう)は全然進歩(しんぽ)しない。 새로운 것을 계속해서 공부하지 않으면 뇌는 전혀 진보하지 않는다.
	5	**전혀, 일체, 일절**
一切(いっさい)		類 全然　全(まった)く 例 大学(だいがく)に入(はい)るということは，価値観(かちかん)も成長(せいちょう)環境(かんきょう)も自分(じぶん)とは一切異(こと)なる人間(にんげん)に多(おお)く出会(であ)うということであり，それによって様々(さまざま)なトラブルが起(お)きる可能性(かのうせい)もあるだろう。 대학에 들어간다는 것은 가치관도 성장환경도 자신과 전혀 다른 사람들과 많이 만나게 된다는 것이고 그것으로 인해 여러가지 문제가 일어날 가능성도 있을 것이다.
	5	**아직까지, 아직도**
いまだに		反 もう　すでに 例 何千年(なんぜんねん)と時(とき)を超(こ)えても，いまだに読(よ)み継(つ)がれている文学(ぶんがく)作品(さくひん)がある。 수 천년의 시간이 지나도 아직까지 읽혀지고 있는 문학작품이 있다.
	5	**어쩐지, 왠지**
何(なん)だか		類 何(なん)となく　混 何(なん)とか　何(なに)かと 例 ひらひらと舞(ま)い落(お)ちる桜(さくら)の花(はな)びらを見(み)ていると，何だか寂(さび)しい感(かん)じを覚(おぼ)えるとともに，しばしばその儚(はかな)さに感動(かんどう)する。 팔랑팔랑 떨어지는 벚꽃잎을 보고 있노라면 어쩐지 쓸쓸한 느낌이 드는 동시에 종종 허무감에 감동한다.

一つ一つ (ひとつひとつ)

4 일일이, 하나 하나

- 類 いちいち　個別(こべつ)
- 反 すべて　みな　ことごとく
- 例 自身で翻訳した作品を読み返すときに、一通り目は通すものの、単語まで一つ一つ確認できないので、印刷を行ってから初めてミスに気づくこともある。

자신이 번역한 작품을 다시 읽을 때에 대충 훑어보기는 하지만 단어까지 일일이 확인할 수 없기 때문에 인쇄를 한 후에야 비로소 실수를 깨닫는 경우도 있다.

さっぱり

4 도무지, 전혀

- 類 全然(ぜんぜん)　まったく　まるで　少しも(すこしも)　一向に(いっこうに)
- 例 いきなりそう言われても、こちらにはさっぱり見当がつかない。

갑자기 그렇게 말해도 나로서는 도무지 짐작이 가지 않는다.

一度 (ひとたび)

4 한번

- 同 一度(いちど)
- 類 いったん　もし
- 例 水泳や自転車などは、一度学習すれば、かなり長期間スキルが保持される。

수영이나 자전거 등은 한번 배우면 꽤 장기간 스킬이 유지된다.

いつか

4 언젠가

- 例 無駄な勉強というものはない。全ての知識はいつか必ず役に立つ。

쓸모없는 공부라는 것은 없다. 모든 지식은 언젠가 반드시 도움이 된다.

もはや

4 이제, 바야흐로

- 類 もう　すでに　とっくに
- 例 日常的に他の人を傷つけ続けると、ふと振り返った時に、もはや自身の周りには友達が一人もいないということになってしまう。

일상적으로 다른 사람에게 상처를 계속 주다 보면 문득 되돌아보았을 때 이제 자신의 주위에는 친구가 한명도 없게 되어버린다.

他方 (たほう)

4 다른 쪽, 한편, 반면

- 類 一方(いっぽう)
- 混 半面(はんめん)
- 例 ここの地形は、一方が急な斜面で、他方がなだらかな丘となっている。

이 곳의 지형은 한 쪽이 가파른 경사면이고 다른 쪽은 완만한 언덕으로 되어 있다.

부사

	4	실제로
<ruby>現<rt>げん</rt></ruby>に		類 <ruby>現実<rt>げんじつ</rt></ruby>に　<ruby>実際<rt>じっさい</rt></ruby>に
		例 現にこの数値を見ると，少子高齢化は着実に進んでいると言える。
		실제로 이 수치를 보면 저출산 고령화가 착실히 진행되고 있다고 할 수 있다.

	4	한순간에, 순식간에
<ruby>一瞬<rt>いっしゅん</rt></ruby>		類 <ruby>刹那<rt>せつな</rt></ruby>　反 いつも　ずっと
		例 動物は互いの匂いを嗅ぐことで，一瞬で相手を識別し，相互に確認をすることができる。
		동물은 서로의 냄새를 맡으므로써 순식간에 상대를 식별하고 서로를 확인할 수 있다.

	4	반, 거의
<ruby>半<rt>なか</rt></ruby>ば		類 ほとんど
		例 その授業は，教科書はいらないが，先生から半ば強制的に自著を買わされることで有名だ。
		그 수업은 교과서는 필요없지만 선생님이 반강제적으로 자기 저서를 사게하는 것으로 유명하다.

	4	잘
よろしく		例 よろしくご指導くださいますよう，お願い申し上げます。
		잘 지도해 주시기를 부탁드립니다.

	4	기껏해야, 고작
せいぜい		類 たかだか
		例 ここは季節の変化がはっきりしている温帯地域に属している。今年の春は遅くともせいぜいあと2週間ほどで来るだろう。
		이 곳은 계절의 변화가 뚜렷한 온대지역에 속해 있다. 올해 봄은 늦어도 기껏해야 앞으로 2주일 정도면 올 것이다.

	4	여러 가지로
<ruby>何<rt>なに</rt></ruby>かと		類 <ruby>何<rt>なん</rt></ruby>やかやと　あれやこれやと　いろいろと
		混 <ruby>何<rt>なん</rt></ruby>とか
		例 年末は猫の手も借りたいくらい，何かと忙しくなる。
		연말에는 고양이의 손이라도 빌리고 싶을 정도로 여러 가지로 바빠진다.

	4	점점, 점차
だんだん		類 <ruby>次第<rt>しだい</rt></ruby>に　徐々に　おいおい
		反 <ruby>一気<rt>いっき</rt></ruby>に
		例 結婚すると，夫婦はお互いにだんだん似てくるとも言われている。
		결혼하면 부부는 점점 서로 닮아간다고도 한다.

	4	약간, 조금
やや		類 ちょっと　ちょいと　ちょっぴり　少々　反 非常に　とても
		例 最古の猫であるマヌルネコは，やや低い位置にある耳が特徴的であり，とても可愛い。
		가장 오래된 고양이인 마눌고양이는 약간 낮은 위치에 있는 귀가 특징이며 굉장히 귀엽다.

	4	대략, 대충
およそ		類 ざっと　かれこれ
		反 確かに　正確
		例 およそ4世紀末から6世紀頃の日本において，中国大陸や朝鮮半島から渡来した人々は渡来人と呼ばれ，技術者として当時のヤマト王権に仕えた。
		대략 4세기 말부터 6세기 무렵의 일본에 중국 대륙이나 한반도에서 건너온 사람들은 도래인이라 불렸으며 기술자로서 당시의 야마토 왕권에 출사했다.

	4	전부, 완전히, 완연히
すっかり		類 ことごとく
		混 すっきり
		例 3歳までのことをすっかり忘れた。というより，それまでの記憶そのものが存在しない。
		3살까지의 일은 전부 잊었다. 라기보다 그때까지의 기억 자체가 존재하지 않는다.

	4	얼른, 부지런히
さっさ		類 早速　早く　さっと　至急　反 徐々に　のんびり
		例 学校が終わってさっさと帰る子は，他の子どもと一緒に遊ぶことが少なくなるがゆえに，学校で友達を作るのが難しくなる。
		학교가 끝나고 얼른 돌아가는 아이는 다른 아이들과 함께 노는 일이 적어지는 만큼 학교에서 친구를 만들기가 어려워진다.

	4	결국, 이를테면, 말하자면
要するに		類 つまり　結局　所詮
		例 頭の中の考えを整理しないまま議論を行うと，要するに自分が何を言いたいのかを自分でも見失ってしまい，かえって相手に理解してもらえないことがある。
		머릿속의 생각을 정리하지 않고 논의를 하게 되면 결국 자신이 무얼 말하고자 하는지를 자신도 놓쳐버리게 되고 오히려 상대방이 이해하지 못하는 경우가 있다.

	4	당연히, 자연히
勢い		類 必然的に
		例 勢い引き受けざるをえなかった。
		당연히 떠맡을 수 밖에 없었다.

	4	**진심으로, 간절히**
こころ **心から**		同 心から　切に　心より　誠心誠意 例 他の人を心から受け入れる人が，騙されやすい人と考えられている。 다른 사람을 진심으로 받아들이는 사람이 속기 쉬운 사람이라고 여겨진다.
	4	**여기저기, 이곳저곳**
ほうぼう **方々**		例 定年後，方々旅行したいと思うシニア世代も増えてきたが，最近ではそれを狙った詐欺も多くなってきた。 정년 후에 여기저기 여행을 하고싶다고 생각하는 시니어 세대도 늘어났는데 최근에는 그것을 노리는 사기도 많아졌다.
	4	**일단**
いちおう **一応**		類 ひと通り 反 全て　全部　徹底的に 例 鎮痛剤を飲んで，痛みが一応治まったとしても，早めに病院には行った方がいい。 진통제를 먹고 통증이 일단 가라앉더라도 병원에는 빨리 가는 것이 좋다.
	4	**가끔, 때때로**
ときおり **時折**		類 時々　時たま 反 いつも　常に 例 後輩からは，時折相談を持ち掛けられることがある。 후배로부터는 가끔 상담을 요청받을 때가 있다.
	4	**어느새**
いつの間にか		類 つい　知らず知らず 例 本来，世の中に道は存在しないが，人がそこを歩いているうちに，いつの間にかそこが道になる。 본래 세상에 길은 존재하지 않지만 사람들이 그곳을 걷다보면 어느새 그 곳이 길이 된다.
	4	**끊임없이**
た **絶えず**		類 間断なく　いつも 例 その温泉は100年前から，絶えず湯が湧き出ている。 그 온천은 100년 전부터 끊임없이 온천수가 솟아나고 있다.

	3	금새, 순식간에
たちまち		類 急激に　急速に
		例 自分が書いた文書を一通りチェックし，もうこれは完璧に違いないと過信していたが，知人に渡して読んでもらったところ，たちまちひどい入力ミスが見つかった。
		자신이 작성한 문서를 대략 체크하고 이제 이것은 완벽한 것이 틀림없다고 과신하고 있었는데 지인에게 건네주고 읽게 했더니 금새 심각한 입력 실수가 발견되었다.

	3	조만간
そのうち		類 いずれ　やがて　近々
		例 ここで根気よく張り込んでいれば，犯人がそのうち現れるに違いない。
		여기서 끈질기게 잠복하고 있으면 범인이 조만간 나타날 것이 틀림없다.

	3	대략
おおよそ		類 大体　大ざっぱに
		混 およそ
		例 この調査を行えば，ジャイアントパンダの個体数をおおよそ推定できるだろう。
		이 조사를 실시하면 자이언트 판다의 개체수를 대략 추정할 수 있을 것이다.

	3	푹 (깊이 잠든 모양)
ぐっすり		類 ぐうぐう
		例 鳥はぐっすり眠っていても，木から落ちることはない。
		새는 푹 잠들어 있어도 나무에서 떨어지는 일은 없다.

	3	마치
あたかも		類 まるで　まさしく　ちょうど
		例 他の論文にいかに共感しても，それをあたかも自説のように書いてはいけない。
		다른 논문에 아무리 공감해도 그것을 마치 자기 학설인 것처럼 써서는 안된다.

	3	무심코, 엉겁결에
思わず		類 うっかり　つい　知らず知らず
		反 わざと　わざわざ　ことさら　故意に
		例 二人は嬉しさのあまり，思わず抱き合った。
		두 사람은 너무 기쁜 나머지 엉겁결에 서로 껴안았다.

부 사

いちいち — 3 일일이
- 類 一つ一つ　個別　反 すべて　全部
- 例 財布やスマホなどの毎日使わなければならない物は，あらかじめ置き場所を決めておくと，出かける際にいちいち探さずに済む。
  지갑이나 스마트폰 같은 매일 사용해야 하는 물건은 미리 두는 장소를 정해 놓으면 외출할 때에 일일이 찾지 않아도 된다.

何より(も) — 3 무엇보다
- 例 憧れのスターをお目にかかることができて，何より嬉しい。
  동경하는 스타를 만나뵙게 되어 무엇보다 기쁘다.

偶然 — 3 우연히
- 類 たまたま　反 いつも　常に　絶えず
- 例 偶然発見したように見えても，実際のところ，彼のそれまでの努力があったからこそ，今回の実験で成果として現れたに違いない。
  우연히 발견한 것 처럼 보여도 사실은 지금까지 그의 노력이 있었기 때문에 이번 실험에서 성과로 나타난 것임에 틀림없다.

どうぞ — 3 아무쪼록, 부디
- 類 どうか　くれぐれも
- 例 お忙しいところ恐縮ですが，どうぞよろしくお願い致します。
  바쁘신 중에 죄송하지만 아무쪼록 잘 부탁드리겠습니다.

中でも — 3 그 중에서도
- 類 とりわけ　特に　特別
- 例 発展途上国には様々な問題があるが，中でも一番重要なのはインフラの問題だ。
  개발도상국에는 여러 가지 문제가 있지만 그 중에서도 가장 중요한 것은 인프라 문제다.

じかに — 3 직접
- 類 直接　直々に
- 例 直に会って話をした方が，問題は解決しやすい。
  직접 만나 이야기를 하는 것이 문제를 해결하기 쉽다.

第一 — 3 무엇보다, 우선
- 類 何より
- 例 アケビは食べるのが面倒なだけではなく，第一種が多すぎて，食べられる果実はわずかなので，なかなか売れない。
  으름은 먹기가 번거로울 뿐만 아니라 무엇보다 씨가 너무 많아서 먹을 수 있는 부분이 적기 때문에 잘 팔리지 않는다.

よほど	3	어지간히, 상당히
		類 ずいぶん　だいぶ
		例 よほど注意しない限り，どんな人でも詐欺に遭う可能性はある。
		어지간히 주의하지 않는 한 누구라도 사기를 당할 가능성이 있다.

ともかく	3	여하튼, 어쨌든
		類 何しろ　とにかく　さておき
		例 アフリカの現状について，他の問題はともかく，子どもの教育の現状に対しては，私は非常に心配している。
		아프리카의 현상황에 대해 다른 문제는 차치하고 아이들의 교육 현황에 대해서는 나는 매우 걱정하고 있다.

やっと	3	겨우
		類 ようやく　なんとか　どうにか
		反 未だに
		例 多くの人が同じような失敗を経験していると聞いて，やっと自分の気持ちに折り合いをつけられた。
		많은 사람들이 비슷한 실패를 경험한다고 듣고 겨우 자신의 마음에 위안을 삼을 수 있었다.

じっくり	3	찬찬히, 차분히
		例 その分野の研究をしたいなら，まずは慌てずにじっくりと取り組むべきだ。
		그 분야의 연구를 하고 싶다면 우선은 서두르지 말고 차분히 임해야 한다.

わざと	3	일부러
		類 わざわざ　ことさら　故意に
		反 つい　知らず知らず　思わず　うっかり
		例 本当は人見知りなのに，親の前でだけ，わざと明るく振舞う子どもは，やはり見ていて可哀想だ。
		원래는 낯을 가리는데 부모 앞에서만 일부러 밝게 행동하는 아이는 역시 보고 있자니 불쌍하다.

とりわけ	3	특히
		類 特に　ことに
		例 日常生活に使われている言葉は，ある一定の曖昧性があり，とりわけアジアの言語は文化の影響を受け，よりその傾向が強いと言われている。
		일상생활에서 사용되고 있는 언어는 어느 정도 애매함이 있고 특히 아시아 언어는 문화의 영향을 받아 더욱 그런 경향이 강하다고 한다.

ぼうっと	**3 멍하니** 類 ぼんやり　ぼけっと 反 はっきり 混 ほうと 例 大好きなスーパーヒーローを描いてくれたスタン・リーが亡くなったのを聞いて，ショックのあまり，しばらく頭がぼうっとなった。 아주 좋아하는 슈퍼히어로를 연기해 주던 스탠 리가 사망했다는 것을 듣고 충격을 받은 나머지 한동안 머리가 멍해졌다.
とりあえず	**3 일단, 우선, 먼저** 類 すぐに　まず第一に　なにはさておき 例 あいつが言ったことが真実かどうかはわからないが，とりあえず信じてみよう。 그 녀석이 한 말이 진실인지는 모르지만 일단 믿어 보자. とりあえず応急処置をして，患者を病院へ運ぶ。 우선 응급처치를 하고 환자를 병원에 옮긴다.
あっさり	**3 산뜻한, 간단한, 담백한** 類 さっぱり　たんぱく 反 こってり 例 暑いときには，あっさりとした料理を食べたい。 더울 때에는 담백한 음식을 먹고 싶다. このような難しい仕事をあっさり引き受ける彼は，さすがはベテランと言うべきか。 이런 어려운 일을 흔쾌하게 맡아주는 그는 역시나 베테랑이라고 해야 할까?
たっぷり	**3 듬뿍, 넉넉하게** 混 ちょこちょこ　ちょっと　少し 例 ビタミンCやクエン酸などをたっぷり含んだレモンは，ニキビの予防や疲労の回復に役立つといわれている。 비타민 C 나 구연산 등을 듬뿍 함유한 레몬은 여드름 예방이나 피로 회복에 도움이 된다고 한다.
せっせと	**3 부지런히** 類 一生懸命 混 さっさと 例 皇帝ペンギンの雄は，子育ての際に，海で獲物を捕らえてそれを胃に貯蔵し，陸に持ち帰って，雛にせっせと餌を与える役割を持っている。 수컷 황제 펭귄은 새끼를 키울 때에 바다에서 사냥감을 잡아 그것을 위에 저장하여 육지에 갖고 돌아와서 새끼에게 부지런히 먹이를 주는 역할을 맡고 있다.

あえて	3	굳이, 감히
		類 強いて 押して たって
		例 あえて言うならば，あらかじめ立てた計画通りに旅行しても，それはそれでつまらない。
		굳이 말하자면 미리 세운 계획대로 여행을 해도 그것은 그것대로 재미가 없다.
正直(しょうじき)	3	솔직히
		類 本当 率直
		例 正直言って，失った信頼を再び取り戻すのは不可能だ。
		솔직히 말해서 잃어버린 신뢰를 되찾는 것은 불가능하다.
僅か(わずか)	3	불과, 겨우
		類 少し 反 たくさん いっぱい
		例 冷たい手を急に温かいお湯に浸すと，わずか数秒で耐えられない痛みを感じる。
		차가운 손을 갑자기 따뜻한 물에 담그면 불과 몇 초 만에 참을 수 없는 통증을 느낀다.
まあ	3	일단
		類 まず とにかく 一応 とりあえず
		例 堅苦しい話はまた後にして，まあ一杯どうぞ。
		딱딱한 이야기는 나중에 하기로 하고 일단 한잔 하세요.
すんなり	3	날(늘)씬하다, 순조롭다, 쉽다
		類 ほっそり 円滑
		例 その犯人は背が高く，手足もすんなりとしている。
		그 범인은 키가 크고 팔다리도 늘씬하다.
		当初の予想とは違い，交渉はすんなり妥結した。
		당초의 예상과는 달리 협상은 순조롭게 타결되었다.
多分(たぶん)	3	아마
		類 おそらく
		反 確かに 確実に
		例 口コミサイトで話題になっていたお店は，たぶんあれに違いない。
		입소문 사이트에서 화제가 됐던 가게는 아마 그 곳임에 틀림없다.
大体(だいたい)	3	대략, 대체
		類 ほぼ
		例 地球の裂け目である地溝帯に海水が溜まってできた紅海は，大体5600万年から3390万年くらい前に形成されたものだ。
		지구의 갈라진 부분인 지구대에 바닷물이 고여서 생긴 홍해는 대략 5600 만년에서 3390 만년쯤 전에 형성된 것이다.

부 사

イライラ	3	짜증나는, 초조
	類	やきもき　かりかり　むしゃくしゃ
	反	じっくり
	例	計画がなかなか思い通りにいかず，イライラしてしまう。
		계획이 좀처럼 생각대로 되지 않아 짜증이 난다.

早速(さっそく)	3	바로, 즉시
	類	すぐに　直ちに
	例	会社に行って，早速同僚に聞いてみたのだが，山田さんはもう仕事を辞めたらしい。
		회사에 가서 바로 동료에게 물어보았으나 야마다씨는 벌써 일을 그만 둔 것 같다.

うろうろ	3	우왕좌왕, 어슬렁 거리다
	例	どこから探したらいいのかよくわからず，悩みながら町をウロウロと歩き回った。
		어디서부터 찾으면 좋은지 잘 몰라서 고민하면서 마을을 우왕좌왕 돌아다녔다.

いっぱい	2	많은, 가득
	類	たっぷり　たくさん
	反	すこし　ちょっと　ちっとも
	例	自分が書いた文書を知人に渡して読んでもらったところ，自分がいっぱい入力ミスをしていたことに気づかされた。
		자신이 쓴 문서를 지인에게 건네서 읽게 했더니 자신이 많은 입력 실수를 했다는 것을 알게 되었다.

幸い(さいわ)	2	다행히
	類	幸せにも
	例	幸い，二階にいた人は，火災の発生にいち早く気づいて逃げたため，命に別状はなかった。
		다행히 2층에 있던 사람은 화재 발생을 빨리 알아채고 대피한 덕분에 생명에 지장은 없었다.

せっかく	2	모처럼
	類	わざわざ　反 知らず知らず　つい　思わず
	例	勝手にマウスピースの装着時間を減らしてしまうと，せっかく矯正した歯が元に戻ってしまうかもしれない。
		맘대로 마우스피스 장착 시간을 줄여버리면 모처럼 교정한 치아가 원상태로 되돌아가 버릴지도 모른다.

ひたすら	2	그저, 오로지 類 ひたむき　いちず 例 子どもが良い点数を取れば、ひたすら褒め、逆に悪い点数を取れば厳しく叱る教育方法は、子どもの成長に悪影響を及ぼしかねない。 아이가 좋은 점수를 받으면 그저 칭찬하고 반대로 나쁜 점수를 받으면 엄하게 꾸짖는 교육방법은 아이의 성장에 악영향을 끼칠 수도 있다.
とかく	2	자칫하여 類 なんやかんや　すべて 混 とにかく 例 とかく物事の成り立ちを、二分法で考えるのはよくない。 자칫하여 일의 구조를 이분법으로 생각하는 것은 좋지 않다.
一概に いちがい	2	무조건 類 ひとくちに　おしなべて 反 個別 例 確かに機械生産は進んだ工業技術を上手く取り入れ、社会を豊かにしたが、だからと言って、一概に手作り製品を排斥したわけではない。 분명히 기계 생산은 앞선 공업기술을 잘 도입하여 사회를 풍요롭게 했지만 그렇다고 해서 무조건 수제 제품을 배척한 것은 아니다.
いかにも	2	정말 類 全く　実に 混 いかに 例 山の中を歩いていたら、いかにも凶暴そうな熊に遭遇した。 산 속을 걷고 있다가 정말 흉폭해 보이는 곰을 만났다.
昔ながら むかし	2	옛날 그대로의 類 昔のまま 例 昔ながらのイルカ漁の方法は、イルカに対して非常に残忍であり、いますぐにでもやめるべきだという意見もある。 옛날 그대로의 돌고래 어획법은 돌고래에게 굉장히 잔인해서 지금 당장이라도 그만두어야 한다는 의견도 있다.
二度と にど	2	다시, 두번 다시 類 再び　また 例 わたしは二度と、同じ過ちを繰り返さない。 나는 다시는 같은 실수를 반복하지 않을 것이다.

부 사

往々（に）・往々（にして） 2

종종

- 類 時々　時おり　まま
- 例 人々は往々にして「DNA」と「遺伝子」を混同して考える傾向があるが，実は「遺伝子」は「DNA」上のタンパク質の作り方を記録している場所のことだ。
  사람들은 종종 「DNA」와 「유전자」를 혼동해서 생각하는 경향이 있는데 실은 「유전자」는 「DNA」 상의 단백질을 만드는 방법을 기록해놓는 장소를 말한다.

真に 2

진정으로, 정말로

- 類 誠に　実に　本当に
- 例 真に優れた指導者は，人格も高潔である。
  진정으로 뛰어난 지도자는 인격도 고결하다.

ずいぶん 2

많이, 상당히, 꽤

- 類 よほど　だいぶ
- 反 ちっとも　ちょっと　少し
- 例 彼女は年の割には，ずいぶん老けて見える。
  그녀는 나이에 비해서는 많이 늙어 보인다.

カラカラ 2

딸각딸각 (단단하고 마른 것이 부딪히는 소리)

- 例 外国から来た観光客にとって，下駄をからからと鳴らして歩く舞妓さんはかなり珍しい存在だ。
  외국에서 온 관광객에게 나막신을 딸각딸각 소리내며 걷는 무희는 꽤나 특이한 존재다.

何故 2

왜

- 類 どうして
- 例 彼女は何故そう思うのか，ぼくにはさっぱりわからない。
  그녀는 왜 그렇게 생각하는지 나는 도무지 모르겠다.

がっくり 2

푹, 털썩

- 混 がっかり
- 例 自信作が選外となって，その作家はがっくりと肩を落とした。
  자신했던 작품이 당선되지 않아 그 작가는 크게 낙심했다.

	2	그럭저럭
曲がりなりにも		類 どうにかこうにか　完全ではないが 例 料理の作り方は曲がりなりにも母から学んできた。 요리법은 그럭저럭 엄마에게 배워왔다.

	2	특히
殊に		類 特に　とりわけ　別段 例 彼は殊に自分より頭の良い人間の話をされると，すぐふてくされる。 그는 특히 자신보다 똑똑한 사람에 대한 이야기를 들으면 바로 삐진다.

	2	번갈아
交互に		類 代わる代わる 例 右足と左足を交互に踏み出すことで，人間は歩くことができる。 오른발과 왼발을 번갈아 내딛음으로써 인간은 걸을 수 있다.

	2	평상시
平常		類 普段 例 二日間も続いた台風が去ったので，店は平常どおり営業している。 이틀 동안이나 계속된 태풍이 지나가서 가게는 평상시와 같이 영업하고 있다

	2	어떻든
どうでも		例 バーチャル・リアリティの発展により，これからの若者にとって，現実がどうでもいいものになってしまうのだろうか。 VR의 발전으로 앞으로의 젊은 사람들에게는 현실이 어떻든 상관없는 것이 되어버리는 것일까? どうでも論文を今日中に仕上げなければならない。 어떤 일이 있어도 논문을 오늘 중으로 마무리해야 한다.

	2	아직, 더
まだまだ		類 まだ　いまでも　未だに　もっと 例 まだまだ使えそうなものをごみとして捨てるなんて，もったいないじゃないか。 아직 쓸 수 있는 물건을 쓰레기로 버리다니 아깝지 않은가? 今はまだ12月だが，これからまだまだ寒くなるだろう。 지금은 아직 12월이지만 앞으로 더 추워질 것이다.

부사

동사		
형용사	**一度に** (いちど に)	2 한꺼번에 類 一時に 同時に 例 このスイッチを入れると数十の電燈が一度に灯る。 이 스위치를 누르면 수십 개의 전등이 한꺼번에 켜진다.
형용동사	**どうにも**	2 아무리 해도 類 どうしても 例 いくら遊びに行きたくても、時間ができない限りどうにもならない。 아무리 놀러가고 싶어도 시간이 되지 않는 한 어쩔 수 없다
부사	**もやもや**	2 개운치 않게, 흐릿하게, 희미하게 例 もうはっきりとは覚えていないが、その時の感情だけは、なんとなくもやもやと残っている。 이제 확실히는 기억하지 못하지만 그 당시의 감정만큼은 어쩐지 희미하게 남아 있다.
숙어	**ぞくぞく**	2 오싹오싹 混 ドキドキ ワクワク 例 その曲を聞いた瞬間、感動のあまり、ぞくぞくと鳥肌が立った。 그 곡을 듣는 순간 감동한 나머지 오싹오싹 닭살이 돋았다.
명사	**ざらざら**	2 까칠까칠, 꺼칠꺼칠 類 ざらつく 反 つるつる 混 さらさら 例 袋が破れて、砂がざらざらこぼれ出た。 봉투가 찢어져 모래가 까칠까칠 쏟아졌다.
부록	**専ら** (もっぱら)	2 오로지, 오직 類 主に 主として 例 よく先輩からの相談に乗っているが、聞かされるのは専ら愚痴ばかりだ。 자주 선배로부터의 상담에 응하고 있는데 듣는 것은 오로지 투정뿐이다.

	2	의외로
案外 あんがい		類 意外に 反 思い通りに 混 案内 例 政治に関わる「選挙」という制度自体に, 関心のない人も多いが, 案外「選挙」の制度は身近なところにある。 정치와 관련된 「선거」라는 제도 자체에 관심없는 사람도 많은데 의외로 「선거」 제도는 우리와 가까운 곳에 있다.

	2	꾸물꾸물
ぐずぐず		類 のろのろ　もたもた 反 さっさと　素早く 例 ぐずぐずしているうちに, 時間を無駄にしてしまう。 꾸물꾸물하고 있는 사이에 시간을 낭비하고 만다.

	2	시작부터, 전혀
頭から あたま		類 いきなり　はじめから　まるで　まったく 例 昨日の飲み会で, 社長に対し, 同僚が頭から文句を言い始めた。 어제 회식에서 사장님에게 동료가 시작부터 불평을 하기 시작했다. あの人はいつも嘘ばっかりで, 頭から信用できない。 저 사람은 항상 거짓말 뿐이어서 전혀 믿을 수 없다.

	2	어느덧
いつしか		例 毎日読書を続けることで, いつしかそれが習慣となる。 매일 독서를 계속함으로써 어느덧 그것이 습관이 된다.

	2	꼼꼼히, 몹시, 자세히
よくよく		類 十分に　極度に 混 よく 例 ラマなどの動物は, 一見同じように見えるが, よくよく見るとそれぞれが異なった顔つきをしているのがわかる。 라마와 같은 동물은 언뜻 똑같은 것처럼 보이지만 자세히 보면 각각 다른 얼굴을 하고 있는 것을 알 수 있다. ギャンブルにのめり込んでいる彼は, よくよくお金に困っている。 도박에 빠져 있는 그는 몹시 돈에 쪼들리고 있다.

	2	자기도 모르게, 결국
ついつい		類 つい 例 麻薬に, 一度でも手を出してしまうと, やめようと思ってもついつい手を出してしまう。 마약에 한번이라도 손을 대버리면 그만두려고 해도 자기도 모르게 손을 대고 만다.

부 사

びっしり | 빽빽이

- 類 ぎっしり　ぎっちり　ぎちぎち　ぎゅうぎゅう
- 反 ふんわり　ガラガラ
- 例 シラスを捕る際に，捕獲の方法に，漁網にびっしり大量のウナギの稚魚が付いてしまっていることがある。

멸치를 잡을 때에 포획 방법상 그물에 다량의 뱀장어 치어가 가득 잡혀 있는 경우가 있다.

もし (も) | 만일, 만약, 혹시

- 類 万一
- 反 絶対に　きっと　必ず　決して
- 例 もしも，子どもが大人に対して迷惑を掛けてしまっても，大人はある程度は寛容であるべきだ。

혹시 아이가 어른에게 폐를 끼쳐도 어른은 어느 정도 관대해야 한다.

思いの外 | 의외로

- 類 案外　意外　思いがけない
- 例 先入観を持たずに，素直な目で相手を見ることは思いの外難しい。

선입견 없이 진솔한 눈으로 상대를 보는 것은 의외로 어렵다.

いち早く | 재빨리

- 類 素早く
- 反 ぐずぐず　のろのろ
- 例 ジャーナリストという仕事は，様々な情報をいち早く分析することが大切だ。

저널리스트라는 직업은 여러 정보를 재빨리 분석하는 것이 중요하다.

どうか | 부디, 제발

- 類 くれぐれも　ぜひ　どうぞ
- 例 どうか事情をお汲み取りいただき，前向きにご検討くださいますようお願い申し上げます。

부디 사정을 헤아리셔서 긍정적으로 검토해 주시길 부탁드립니다.

大部分 | 대부분

- 類 ほとんど　大方　ほぼ
- 反 一部分
- 混 大分
- 例 一般市民から寄付された本で，町で図書館を作るという提案は，参加者の大部分が賛成した。

일반 시민에게 기부받은 책으로 마을에서 도서관을 만들자는 제안은 참가자 대부분이 찬성했다.

	2	꽤 (나), 상당히
だいぶ		類 ずいぶん　よほど　　混 大部分 例 子どものころ，利かん気だったわたしは，誰かに負けると悔しくて堪らなかったが，大人になってだいぶおとなしくなった。 어린 시절 고집이 셌던 나는 누군가에게 지면 분해서 참을 수 없었는데 어른이 되어서는 꽤 얌전해졌다.
	2	자연히 , 당연히
いきおい		類 必然的に　なりゆきで 例 価格競争が激化したことで，いきおい大規模に生産されるものが，流通の中心になった。 가격경쟁이 격화됨에 따라 자연히 대규모로 생산되는 것이 유통의 중심이 되었다.
	2	미리
前もって		類 あらかじめ 例 旅行のガイドブックの役割といえば，やはり前もって目的地の面白さを伝えておくことだろう。 여행 가이드북의 역할이라고 하면 역시 미리 목적지의 재미를 전해두는 것이라고 하겠다.
	2	틀림없이 , 그야말로
まさしく		類 まさに 例 命がけで偉業を成し遂げた彼は，まさしく英雄である。 목숨걸고 위업을 달성한 그는 틀림없이 영웅이다.
	2	매우 , 극히
極めて		類 大変　とても　非常に　大いに　極　頗る　甚だ 反 ちょっと　少し　僅か 例 犯人の捜査はこの町の警察内部で秘密裏に，そして極めて慎重に行われた。 범인 수사는 이 지역 경찰 내부에서 비밀리에 그리고 매우 신중하게 이루어졌다.
	2	대개 , 대체로
大概		類 たいてい 例 レッサーパンダもパンダと呼ばれてはいるものの，ジャイアントパンダがクマの仲間なのに対し，レッサーパンダはイタチの仲間であり，また，大概褐色の体毛で覆われている。 레서 판다도 판다라고 불리고는 있지만 자이언트 판다가 곰의 일종인데 비해 레서 판다는 족제비의 일종이고 또한 대개 갈색 털로 덮여 있다.
	2	실은
その実		例 今，多くの人の生活は派手になったように見えるが，その実，派手な生活を維持することは，金銭的に苦しい。 지금 많은 사람들의 생활은 화려해진 것 처럼 보이지만 실은 화려한 생활을 유지하는 것은 금전적으로 어렵다.

부사

到底 (とうてい) — 2

도저히

- 類 とても
- 例 人生において、一つの明確な答えなど到底見つかるはずがない。
  인생에서 하나의 명확한 답 같은 건 도저히 찾을 수 있을리가 없다.

ピクピク — 1

쿡쿡 쑤시다, 미동치다

- 例 緊張したとき，多くの人は大抵こめかみの辺りがピクピクしたり，おなかの調子が悪くなったりする。
  긴장했을 때 대부분의 사람은 대게 관자놀이 주변이 미동치거나 속이 안좋아지거나 한다.

ゴロゴロ — 1

우르르, 뒹굴뒹굴

- 類 ゴロンゴロンと　ゴロリ　ゴロンと　　反 バタバタ
- 例 冷たいものを食べると、お腹がゴロゴロする。
  차가운 것을 먹으면 속이 우르르 한다.
  休日は部屋でごろごろしながら，寝てばかりいる。
  휴일은 방에서 뒹굴뒹굴하면서 잠만 잔다.

そろそろ — 1

슬슬, 서서히

- 類 ゆっくり　ゆったり　ゆるゆる　のんびり　ぼつぼつ　間もなく
- 例 そろそろと幕が上がり，芝居が始まった。
  서서히 막이 오르고 연극이 시작되었다.
  もう秋だから，燕もそろそろ南国に向かって飛び立つだろう。
  이제 가을이니까 제비도 슬슬 남쪽 나라로 날아갈 것이다.

うつらうつら — 1

꾸벅꾸벅

- 類 うとうと　こっくりこっくり
- 例 彼は酔いが回ってきたのか，目を閉じて，うつらうつらとしている。
  그는 취기가 올랐는지 눈을 감고 꾸벅꾸벅하고 있다.

コツコツ — 1

꾸준히

- 例 たとえごく小さな研究でも，長い年月を通してコツコツと続けていれば，優れた研究成果をあげることが出来るだろう。
  비록 아주 작은 연구라도 긴 세월에 걸쳐 꾸준히 계속하다 보면 뛰어난 연구성과를 거둘 수 있을 것이다.

ひょっとして	1	어쩌면
		類 もしや　もしかして
		反 確かに
		例 バーゲンのとき，安さに釣られて沢山の買い物をしてしまったが，ひょっとして，そのほとんどは必要のないものだったかもしれない。
		세일 기간에 싼 값에 끌려서 많은 쇼핑을 해버렸는데 어쩌면 대부분은 필요없는 것일지도 모른다.
至急	1	지금 바로, 지급히
		類 早急に　大急ぎに
		例 至急，下記口座にお振り込みくださいますようお願い申し上げます。
		지금 바로 아래 계좌로 이체해 주시기 바랍니다.
にっこり	1	활짝, 싱끗
		類 にこり　にこにこ　にこやか
		反 むっつり
		例 素直ににっこりと笑える人もいれば，愛想なくむっつりと黙っている人もいる。
		솔직하게 활짝 웃는 사람도 있는가 하면 붙임성 없이 무뚝뚝하게 입을 다물고 있는 사람도 있다.
だらだら	1	늘어져, 장황한
		例 日本の文章は，どちらかと言えば，だらだらしていて調子がなく，声に出して読むとすこし単調に聞こえる。
		일본의 문장은 굳이 말하자면 장황해서 힘이 없고 소리내어 읽으면 조금 단조롭게 들린다.
じわじわ	1	서서히, 조금씩
		例 この町の夏は，風が吹かないばかりか雨も降らないので，毎年蒸暑い熱気がじわじわ迫ってくる。
		이 고장의 여름은 바람이 불지 않을 뿐만 아니라 비도 내리지 않아서 매년 후텁지근한 열기가 서서히 다가온다.
相変わらず	1	변함없이, 여전히
		例 到着した電車を見ると，すぐ目の前に停まっている1号車は相変わらず混雑が激しく，その中から人を押し分けてやっと下車する人たちが少なくない。
		도착한 전철을 보니 바로 눈 앞에 서 있는 1호차는 여전히 혼잡이 심하고 그 속에서 사람을 밀어젖히며 겨우 하차하는 사람들이 적지 않다.

부 사

再三 (さいさん) — 1 여러번

- 類 再々　度々　しばしば
- 例 店側はごみの削減のために，顧客に袋を持参するよう呼び掛けているが，再三呼び掛けても，現状の改善には至っていない。
  상점 측은 쓰레기 감축을 위해 고객에게 봉투를 지참하도록 이르고 있으나 여러번 호소해도 현황 개선에는 이르지 못하고 있다.

各々 (おのおの) — 1 각자

- 類 それぞれ　個々　反 すべて　全部　皆
- 例 バスツアーに参加する方は交通費を払う必要がありませんが，当日の昼食は各々で用意する必要があります。
  버스 투어에 참가하는 분은 교통비를 낼 필요가 없지만 당일 점심식사는 각자 준비할 필요가 있습니다.

精いっぱい (せいいっぱい) — 1 힘껏

- 類 力いっぱい　極力
- 例 人間の人生の重さは，いかにひたむきに，精いっぱい生きたかで決まる。
  사람의 인생의 무게는 얼마나 열심히 힘껏 살았는지로 결정된다.

ただただ — 1 그저, 단지

- 類 ひたすら　もっぱら　ただ
- 例 顕微鏡もなく，微生物の存在さえまだ確認されていなかった時代に，初めて微生物を発見した人はただただ驚くばかりだっただろう。
  현미경도 없이 미생물의 존재조차 아직 확인되지 않았던 시대에 처음으로 미생물을 발견한 사람은 그저 놀라울 따름이었을 것이다.

さんざん — 1 심하게, 실컷

- 類 ひどく　さんざ
- 例 さんざん思い悩んだ末，相手からの具体的な依頼がない限り，何もしないことにした。
  깊이 고민한 끝에 상대방의 구체적인 의뢰가 없는 한 어떠한 것도 하지 않기로 했다.

仮にも (かりにも) — 1 적어도

- 類 決して
- 混 かりに
- 例 仮にも自分の良心を欺くようなことはしたくない。
  적어도 자신의 양심을 속이는 일은 하고 싶지 않다

はっと — 1 깜짝

- 類 びっくり
- 混 ほっと
- 例 夜中に，隣から大きな音がして，はっと目が覚めた。
  밤중에 이웃에서 큰 소리가 나서 깜짝 놀라 잠이 깼다.

ヒョイヒョイ	1	깡충깡충 例 彼は次々と飛んでくるボールを，ヒョイヒョイかわした。 그는 계속해서 날아오는 공을 깡충깡충 피했다.
いざ	1	정작, 막상 例 人に説教するのは簡単だが，いざ自分がされるとなると，なかなか心情的に難しいものだ。 남에게 설교하는 것은 간단하지만 막상 자신이 당하게 되면 상당히 심정적으로 어려운 것이다.
いい加減 （かげん）	1	적당히, 꽤 (나) 類 かなり　相当 例 文句を言うのも，いい加減にしろよ。 불평을 하는 것도 적당히 해라. ずっと待たされて，いい加減疲れてしまった。 계속 기다려서 꽤나 피곤해졌다.
しょっちゅう	1	자주, 늘 (상) 類 始終　のべつ　よく 例 自分より立場の強い人に対して，しょっちゅう尻尾を振っている人間は，これから先も醜態を演じ続けるのだろう。 자기보다 입장이 강한 사람에게 자주 꼬리를 흔드는 사람은 앞으로도 계속 추태를 부릴 것이다.
刻々 （こくこく）	1	시시각각 例 老朽化したこの建物は刻々と崩壊の危機にさらされている。 노후화된 이 건물은 시시각각 붕괴의 위기에 노출되고 있다.
咄嗟に （とっさ）	1	순식간에, 순간적으로 類 たちどころに　即座に　すぐさま 例 その場の空気を読み，相手の顔の微細な表情の変化さえ咄嗟に読みとれる人は，コミュニケーション能力が高いと言われている。 그 장소의 분위기를 읽고 상대방 얼굴의 미묘한 표정 변화까지 즉각 읽어낼 수 있는 사람은 커뮤니케이션 능력이 높다고 한다.
どうやら	1	어떻게든, 그럭저럭 類 なんとか　どうにか 例 試験の出来を心配してしょうがなかったが，単位はもらえたので，どうやら無事に合格点に達していたらしい。 시험 점수를 많이 걱정했었는데 학점은 받았으니 어떻게든 무사히 합격점에 도달했던 것 같다.

부사

嫌々 (いやいや) 1

마지못해

- 類 しぶしぶ　反 喜んで
- 例 自分を褒めてくれるものを追い出すわけがない。そのアーティストは嫌々ながらも，ファンの言葉に耳を傾けざるを得なかった。
  자신을 칭찬해 주는 사람을 쫓아낼 이유가 없다. 그 아티스트는 마지못해 하면서도 팬의 말에 귀를 기울이지 않을 수 없었다.

合わせて (あわせて) 1

합해서

- 類 全部で
- 例 キャンペーンを行った結果，購入者が合わせて1万人にもなったのは，予想外であった。
  캠페인을 실시한 결과 구입자가 합해서 1만명이나 된 것은 예상 밖이었다.

かくかく 1

매끄럽지 못하다

- 例 このゲームは，動作がカクカクしていて見づらい。
  이 게임은 동작이 매끄럽지 못해서 보기 불편하다.

バクバク 1

쿵쾅쿵쾅

- 類 ドキドキ
- 例 驚いて心臓がバクバクと鼓動を打っているときに，人間は多くの人と群れることで落ち着きを取り戻すことが知られている。
  놀라서 심장이 쿵쾅쿵쾅 뛰고 있을 때에 인간은 많은 사람과 어울림으로써 안정을 되찾는 것으로 알려져 있다.

順々に (じゅんじゅんに) 1

차례차례, 차례로

- 類 順次　逐次　順繰りに　次々
- 反 急に　一気に　一挙に　一息に
- 例 毎年，沖縄から北海道にかけて，桜が順々に咲いていく。
  매년 오키나와에서 홋카이도에 걸쳐 벚꽃이 차례로 피어 간다.

ごくごく 1

매우, 극히

- 類 きわめて　非常に　ごく
- 例 ごくごく当たり前のことだが，家計簿をつけても，記録を付けるだけでは節約出来るはずがない。
  지극히 당연한 것이지만 가계부를 써도 기록만 해서는 절약이 될 리가 없다.

夢にも (ゆめにも) 1

꿈에도

- 類 少しも　いささかも
- 例 親に猛反対されたことが，こんなにも上手くいくとは夢にも思っていなかった。
  부모가 심하게 반대했던 일이 이렇게도 잘 될 줄은 꿈에도 생각하지 못했다.

皆目 <ruby>かいもく</ruby>	1	**도무지** 類 まるっきり　全然 例 初心者の私には，何が何だか皆目見当もつきません。 초보자인 나에게는 뭐가 뭔지 도무지 짐작도 가지 않습니다.
ずばり	1	**정확히, 콕 집어(서)** 例 相手の考えをずばりと言い当てることが出来る彼は，頭の回転が速いので，効率よく仕事ができる。 상대의 생각을 정확히 알아맞힐 수 있는 그는 머리 회전이 빨라서 효율적으로 일을 할 수 있다.
得てして <ruby>え</ruby>	1	**자칫** 類 とかく　往々にして　しばしば 例 慌てると，得てして忘れ物をするものだ。 서두르면 자칫 물건을 잊어버리는 법이다.
ごちゃごちゃ	1	**뒤죽박죽** 混 ぐちゃぐちゃ 例 この本の注釈は，難解な言葉がごちゃごちゃと入り混じっていて，とても読みにくい。 이 책의 주석은 난해한 말들이 뒤죽박죽 섞여 있어서 매우 읽기 어렵다.
ぎっしり	1	**빽빽이, 가득** 類 びっしり　ぎっちり　ぎちぎち　ぎゅうぎゅう 反 ふんわり　ガラガラ 例 朝夕の電車には，多くのサラリーマンがぎっしりと乗り込んでいるので，気分的に落ち着かない。 아침저녁 전철에는 많은 샐러리맨이 빽빽이 타고 있어서 기분적으로 차분해지지 않는다.
楽々 <ruby>らくらく</ruby>	1	**편안히** 類 やすやす　軽々　無造作 例 若い頃に，貯金や保険など様々な準備をしておくと，老後の生活は楽々と送れるだろう。 젊은 시절에 저금이나 보험 등 여러 가지 준비를 해두면 노후 생활은 편안히 보낼 수 있을 것이다.
いつまでも	1	**오래오래, 오래도록** 類 末長く 例 この日の喜びをいつまでも忘れずに，どうか末永くお幸せにお過ごしください。 이 날의 기쁨을 오래도록 잊지 말고 부디 오래오래 행복하게 지내십시오.

	1	**빙글빙글**
くるくる		例 ある植物の種は風に乗ってくるくる回りながら落ちていく。 어떤 식물의 씨앗은 바람을 타고 빙글빙글 돌면서 떨어져 간다.
	1	**남김없이, 모두**
余すところなく		類 徹底的に　ことごとく　全く　全て 例 鷹の目は眼球を動かさずに広い範囲の物を見ることができ、周囲をあますところなく見渡せる。 매의 눈은 안구를 움직이지 않고 넓은 범위의 사물을 볼 수 있어 주위를 남김없이 볼 수 있다.
	1	**그다지**
大して		類 あまり　さほど　さして　それほど　反 相当　よほど 例 途中から見ただけだが、最近話題の映画は大して面白いとは思わなかった。 중간부터 보았을 뿐이지만 최근 화제의 영화는 그다지 재미있다고는 생각하지 않았다.
	1	**대체로**
総じて		類 一般に　概して 例 子ども時代、私の村は総じて貧しかったが、家族の絆は強かった。 어린 시절 우리 마을은 대체로 가난했지만 가족의 유대는 강했다.
	1	**들뜨다**
浮き浮き		類 わくわく　いそいそ 反 しおしお 例 子ども時代、誰にでも遠足の前日にはワクワクして眠れなかった経験があるだろう。どうして遠足は子どもをあんなにも浮き浮きさせるのだろうか。 어린 시절 누구든지 소풍 전 날에는 두근거려 잠들 수 없었던 경험이 있을 것이다. 어째서 소풍은 아이들을 그렇게도 들뜨게 하는 걸까?
	1	**분명히, 필시**
さぞ		類 きっと　さぞや 例 若い頃に夫に先立たれた彼女は、3人の子どもを1人で育てるのに、さぞ苦労したに違いない。 젊은 시절에 남편을 잃은 그녀는 세 명의 아이들을 혼자서 키워내느라 분명 고생했음에 틀림없다.

ヒヤヒヤ	1	**조마조마** 例 息子が一人で留学している間に，父はさぞヒヤヒヤしていたことだろう。 아들이 혼자서 유학을 하고 있을 동안에 아버지는 분명 조마조마해 하고있었을 것이다.
自(おの)ずと	1	**저절로** 類 自(おの)ずから　自然(しぜん)に　何(なに)となく　ひとりでに 例 繰り返し読めば，自ずと理解できるはずだ。 반복해서 읽으면 저절로 이해될 것이다.
ともあれ	1	**어찌됐든** 類 とにかく　いずれにせよ 例 冷戦から始まった「宇宙開発」は，動機はともあれ，後の文学や映画に大きな影響を与えた。 냉전에서 시작된「우주개발」은 동기는 어찌됐든 후일의 문학과 영화에 큰 영향을 미쳤다.
今(いま)なお	1	**아직도** 例 今なお人間は，生命の起源について，はっきりとした答えを得ていない。 아직도 인간은 생명의 기원에 대해 뚜렷한 답을 얻지 못했다.
のんびり	1	**느긋하게** 類 ゆるゆる　そろそろ　ゆったり　ゆっくり　のびのび 反 さっさと 例 その夫婦は二人とも，まるで子どものように純粋で，のんびりしたところがある。 그 부부는 둘 다 마치 아이처럼 순수해서 느긋한 데가 있다.
どっぷり	1	**흠뻑** 例 理屈の世界に，どっぷりと浸かって仕事をしている大人たちにも，時には羽目を外して，子どものように楽しむ時間も必要だ。 이론의 세계에 푹 빠져 일을 하는 어른들에게도 때로는 흥에 취해 아이들처럼 즐기는 시간도 필요하다.

부 사

生き生き (いきいき)

1 활기찬 느낌, 생기

- 類 あざやかに
- 例 その町の建築物の見た目がどんなに美しくても，そこに暮らす人々が生き生きとしていなければ，意味がない。
  그 마을 건축물의 모습이 아무리 아름답다고 해도 그 곳에 사는 사람들이 생기가 없으면 의미가 없다.

必ずや (かならずや)

1 반드시, 아마도, 필시

- 類 きっと　必ず
- 例 絶えず人目を気にしているあの人は，必ずや神経のデリケートな人に違いない。
  끊임없이 남의 이목에 신경쓰는 저 사람은 아마도 신경이 예민한 사람임에 틀림없다.

昼夜 (ちゅうや)

1 밤낮으로

- 類 日夜　夜昼
- 例 二晩も寝ることなく，昼夜ぶっ続けで仕事をしていた彼は，ついに倒れてしまった。
  이틀 밤이나 자지 않고 밤낮으로 계속 일을 하던 그는 결국 쓰러져 버렸다.

ようこそ

1 환영하다, 잘

- 類 よくぞ
- 例 ようこそおいでくださいました。
  잘 오셨습니다.

時として (ときとして)

1 때에 따라서

- 類 たまに
- 反 ずっと　いつも
- 例 芸術は時として，一般人には理解できないこともある。
  예술은 때에 따라 일반인에게는 이해할 수 없는 점도 있다.

うんと

1 많이, 훨씬

- 類 たくさん　どっさり　非常に　ずっと
- 例 将来，うんと稼いで親に仕送りしてあげたい。
  장래에 돈을 많이 벌어 부모님에게 생활비를 보내드리고 싶다.
  ダイエットから二か月，前よりうんと体重が減った。
  다이어트한지 2개월, 전보다 체중이 훨씬 줄었다.

いみじくも
1 적절히

- 類 適切に 巧みに 上手に 見事に
- 例「馬子にも衣裳」とは，いみじくも言い得たものだ。
  「마부에게도 의상」이란 적절하게 아주 잘 표현한 말이다.

数々 (かずかず)
1 여러, 갖가지

- 類 いろいろ あれこれ
- 反 僅か
- 例 数々の不平不満を抑えられない社会人は少なくない。
  여러 불평불만을 참지 못하는 사회인은 적지 않다.

いとも
1 아주, 지극히

- 類 非常に 極めて 反 少し ちょっと
- 例 複雑な作業でも，ある程度慣れれば，いとも簡単に成し遂げられるようになるだろう。
  복잡한 작업이라도 어느 정도 익숙해지면 아주 간단히 할 수 있게 될 것이다.

即座に (そくざに)
1 바로, 그 자리에서

- 類 直ちに その場で すぐに
- 例 見張りのミーアキャットが「危険」のサインを発すると，ほかのミーアキャットは即座に穴の中に逃げ込む。
  망을 보는 미어캣이 「위험」사인을 내면 다른 미어캣들은 바로 구멍 속으로 도망쳐 들어간다.

ポッカリ
1 뻥 뚫린

- 例 歩きスマホをしているせいで，道路にポッカリあいた大きな穴に，危うく落ちるところだった。
  걸으면서 스마트폰을 한 탓으로 도로에 뻥 뚫린 큰 구멍에 하마터면 빠질 뻔 했다.

モグモグ
1 우물우물

- 類 バクバク ムシャムシャ
- 例 夜シャワーに入った後，彼はミカンをもぐもぐ食べながら，テレビを観ていた。
  밤에 샤워를 한 후에 그는 귤을 우물우물 먹으면서 TV를 보고 있었다.

かえって
1 오히려

- 類 逆に 反対に むしろ
- 例 なぞなぞに関しては，大人よりも子どものほうが，かえって柔軟な発想ができる。
  수수께끼에 대해서는 어른 보다도 아이들이 오히려 유연한 발상을 할 수 있다.

부사

	1	**전부**
残らず (のこらず)		類 すべて 例 一般的に，過剰に摂取したビタミンCは残らず体内から排出されてしまうため，体に何ら影響は無いといわれているが，実はそうではない。 일반적으로 과도하게 섭취한 비타민 C 는 전부 체내에서 배출되기 때문에 몸에 아무런 영향은 없다고 하지만 사실은 그렇지 않다.
	1	**조금도**
少しも (すこしも)		類 全く　全然　さっぱり　まるきり　まるで　一向に 反 全て　全部　皆 例 同じマンションに住んでいても，隣の人と一度も話したことがないというのは，少しも珍しくないだろう。 같은 맨션에 살고 있어도 이웃과 한번도 말한 적이 없다는 것은 조금도 이상하지 않을 것이다.
	1	**이 정도로**
これほど		例 ロッククライミングというのは辛いということは，以前から聞いていたが，実際にこれほど辛いものだとは思わなかった。 암벽등반이란 힘든 것이라고 이전부터 듣고 있었지만 실제로 이 정도로 힘든 것이라고는 생각치 못했다.
	1	**얼마만큼, 얼마나, 아무리**
どれほど		類 いくら　どんなに 例 人々が普段，社会人として生きるために使っている能力が，どれほど高度なものにしても，その能力をどのように身に付けたのかを説明できる人は少ないだろう。 사람들이 평소 사회인으로 살아가기 위해 사용하는 능력이 아무리 고도의 능력이더라도 그 능력을 어떻게 습득했는지를 설명할 수 있는 사람은 적을 것이다.
	1	**힘차게, 힘껏**
精一杯 (せいいっぱい)		類 力いっぱい　極力 例 私たちの明日が不測なものであるからこそ，今日を精一杯に，よりよく生きるため努力しよう。 우리의 내일이 예측 불가능한 것 일수록 오늘을 힘차게 더 잘 살기 위해 노력하자.
	1	**대부분**
大方 (おおかた)		類 ほとんど　大部分 例 新しい家をつくり始めてから2か月，骨組みは大方できた。 새 집을 짓기 시작한지 2 개월, 골격은 대부분 지어졌다.

なにやら	1	무언가 類 なにかしら 例 その人が行ったことについて，特に抵抗感はなかったが，なにやら違和感はあった。 그 사람이 한 일에 대해 특별히 저항감은 없었지만 무언가 위화감은 있었다.
充分・十分 (じゅうぶん)	1	충분히 類 存分 十二分 例 彼の成績なら，充分志望校合格ラインを突破できるだろう。 그의 성적이라면 충분히 지망학교 합격선을 돌파할 수 있을 것이다.
ちっとも	1	조금도, 전혀 類 少しも 全く 例 この本はちっとも面白くない。 이 책은 조금도 재미없다.
丸ごと (まる)	1	통째로 類 そっくり 残らず すべて 例 どんな本を読んでも，主張を丸ごと受け入れてはいけない。自分なりの考えを持つべきだ。 어떤 책을 읽더라도 주장을 통째로 받아들이면 안된다. 자기 나름의 생각을 가져야 한다.
いよいよ	1	드디어 類 ついに とうとう ようやく やっと 例 桜の花も蕾を付け始めた。いよいよ春がやってくる。 벚꽃도 꽃봉오리를 맺기 시작했다. 드디어 봄이 온다.
一向に (いっこう)	1	전혀 類 全く 全然 さっぱり まるきり まるで 少しも 反 すべて 全部 みな 例 頭の中であれこれ考えていても，行動に移さなければ一向に成果が得られない。 머릿속에서 이것저것 생각하고 있어도 행동으로 옮기지 않으면 전혀 성과를 얻을 수 없다.
ぐいぐい	1	쭉쭉, 쑥쑥 例 その小説はとても面白くて，気が付けば，ぐいぐい引き込まれていた。 그 소설은 아주 재미있어서 정신을 차리고 보니 쑥쑥 빠져들고 있었다.

부 사

なんで 〔1〕
어째서
- 類 なぜ　どうして
- 例 そのような理不尽なことが，なんで認められるの。
  그런 이치에 맞지 않는 일이 어째서 인정되냐?

そっと 〔1〕
살며시, 살짝
- 類 こっそり　ひそかに　忍びやかに
- 反 堂々と
- 例 カマキリは周りの環境に擬態することで，そっと獲物に近づくことができる。
  사마귀는 주위 환경을 의태함으로써 살며시 사냥감에 다가갈 수 있다.

いまだかつて 〔1〕
일찍이
- 例 いまだかつて誰も登ったことのない山に登頂すれば，「冒険」の楽しみを存分に味わえるだろう。
  일찍이 누구도 오른 적 없는 산을 등정하면 「모험」의 즐거움을 마음껏 맛볼 수 있을 것이다.

むくむく 〔1〕
문뜩문뜩
- 例 子どもの時期は誰でも，好奇心がむくむくと頭をもたげた経験があるだろう。
  어린 시절에는 누구라도 호기심이 문뜩문뜩 고개를 들었던 경험이 있을 것이다.

さっと 〔1〕
확, 뚝
- 類 さっさと　素早く　ばっと
- 例 雨がさっと降ってきたかと思ったら，さっと上がった。
  비가 확 내리는가 싶더니 뚝 그쳤다.

ずらり 〔1〕
죽, 쭉
- 類 ずらずら　ずらっと
- 混 すらり
- 例 そのショーでは，舞台上に個性的なメイクやヘアを施された有名人がずらりと並んだ。
  그 쇼에서는 무대 위에 개성적인 메이크업과 헤어를 한 유명인이 죽 늘어섰다.

ギクシャク 〔1〕
불편하게
- 類 ギスギス
- 反 滑らかに
- 例 トラブルによって，人間関係がギクシャクしてしまった経験を持つ人は少なくないだろう。
  트러블로 인해 인간관계가 불편해진 경험을 갖고 있는 사람이 적지 않을 것이다.

とうとう	1	결국 類 ついに　最後に 例 相手がしつこく意地悪をしてくるので，とうとう我慢できずに，猛烈に相手を罵倒してしまった。 상대가 집요하게 괴롭혀 왔기에 결국 참지 못하고 맹렬히 상대를 매도해 버렸다.
こっそり	1	살짝, 몰래 類 ひそか　忍びやか　そっと 反 堂々と 例 美容整形を受ける人は，「綺麗な別人になりたい」というより，「こっそり綺麗な自分になりたい」という願望の方が強いのだろう。 미용성형을 받는 사람은 「예쁜 다른 사람이 되고 싶다」라기 보다는 「살짝 예쁜 자신이 되고 싶다」는 욕망이 강할 것이다.
割と・割に	1	비교적 類 随分　相当　とても　なかなか 例 そこは有名な遊園地なので，きっと混んでいるに違いないと思っていたら，夕方から雨が降ったおかげか，割と人が少なかった。 그 곳은 유명한 유원지라서 분명히 붐빌 것이라고 생각했는데 저녁 때부터 비가 온 덕분인지 비교적 사람이 적었다.
直ちに	1	바로, 즉시 類 すぐ　じきに 例 時間を上手に使う人は，いつでもどこでも，やるべきことに直ちに取り掛かる。 시간을 잘 사용하는 사람은 언제 어디서든 해야할 일에 바로 착수한다.
ぱっと	1	바로 類 つい　早速　素早く 例 蟻は集団生活の中で，何か少しでも異変を感じると，ぱっと列になる。 개미는 집단생활 속에서 뭔가 조금이라도 이변을 느끼면 바로 줄을 선다.
のびのび	1	느긋하게 類 のびやかに 例 のびのびと海の中を泳いでいるクラゲを見るたびに，なんとなく癒される感じがする。 자유롭게 바닷 속을 헤엄치고 있는 해파리를 볼 때마다 어쩐지 치유되는 느낌이 든다.

부사

さっき 1 방금, 아까
- 類 今しがた　先ほど
- 例 さっき帰ったばかりの彼がなぜか，再び戻ってきた。
  방금 돌아간 그가 왠지 다시 돌아왔다.

どうせ 1 어차피
- 例 計画を立てたところで，どうせその通りに実行できないに決まっている。
  계획을 세웠다 해도 어차피 그대로 실행되지 않을 것이 뻔하다.

ろくに 1 제대로
- 類 満足に　十分に
- 例 猫の手も借りたいほど忙しい年末は，ろくに休みも取れない。
  고양이 손이라도 빌리고 싶을 정도로 바쁜 연말에는 제대로 쉬지도 못한다.

なまじ 1 섣부르게
- 類 無理やりに
- 例 なまじ手出しをしたばかりに，事業は失敗に終わった。
  섣부르게 시작한 탓에 사업은 실패로 끝났다.

文字通り 1 말 그대로
- 例 「気象予報士」というのは，文字通り気象の予想を行う人たちのことを示している。
  「기상예보사」란 말 그대로 기상을 예상하는 사람들을 가리킨다.

はては 1 결국에는
- 類 末に　最後に　ついに　到底
- 例 飲んで騒いで，はては路上で寝てしまった。
  마시고 떠들어대다가 결국에는 길바닥에서 잠들어 버렸다..

少々 1 조금, 잠시
- 類 ちょっと　ちょいと　ちょっぴり　やや
- 反 とても　非常に　きわめて　ごく　大いに
- 例 少々高価でも，品質がよければ，消費者に受け入れられる。
  조금 비싸더라도 품질이 좋으면 소비자에게 받아들여진다.

度々 たびたび	1	**종종** 類 よく しばしば ちょくちょく 反 時々 例 現代のような水利施設のない時代には、雨が降って川の水量が増えることで、たびたび氾濫が起きた。 현대와 같은 수리시설이 없던 시대에는 비가 내려 강의 수량이 늘어남으로써 종종 범람이 일어났다.
無論 むろん	1	**물론, 당연히** 類 もちろん 当たり前 例 十人十色という言葉のように、無論人々の考え方も千差万別だ。 십인십색이라는 말처럼 물론 사람들의 생각도 천차만별이다.
手当たり次第 てあたりしだい	1	**닥치는대로** 類 無作為に 例 彼は気が狂ったように、物を手当たり次第投げつけた。 그는 미친 듯이 물건을 닥치는대로 내던졌다.
モタモタ	1	**허둥지둥** 類 ぐずぐず のろのろ 反 素早く さっさと 例 モタモタしていては、飛行機に間に合わない。 허둥지둥하다가는 비행기를 놓친다.
厳に げんに	1	**엄격히** 類 厳重に きつく 厳しく 例 論文を書くときに、枚数を稼ぐために、必要のないスペースを空けたり、本文と関連の薄い引用をしたりすることは厳に慎まねばならない。 논문을 쓸 때에 페이지 수를 늘리기 위해 필요없는 공간을 비우거나 본문과 관련이 적은 인용을 하는 것은 엄격히 삼가해야 한다.
クヨクヨ	1	**끙끙대다** 例 過去のことをクヨクヨしても、後悔や自責の念が強まるだけで、結果が変わるわけではない。 과거의 일로 끙끙대도 후회나 자책심만 강해질 뿐 결과가 바뀌는 것은 아니다.

부사

ばらばら
1 뿔뿔이, 제각기
例 暗闇から見たことのない動物が、ばらばらと出てきた。
어둠 속에서 본 적이 없는 동물들이 툭툭 튀어 나왔다.

ブラブラ
1 빈둥빈둥
類 ごろごろ
例 就職もしないで毎日ぶらぶらとしている若者の増加は、深刻な問題になっている。
취직도 안하고 매일 빈둥거리고 있는 젊은이들의 증가는 심각한 문제가 되고 있다.

すらすら
1 술술, 쏙쏙
類 さらっと
例 すらすら外国語が書けるからと言って、実際にコミュニケーションがとれるとは限らない。
쏙쏙 외국어를 쓸 수 있다고 해서 실제로 의사소통이 된다고는 할 수 없다.

無理矢理(むりやり)
1 억지로
類 無理に　強制的に
例 以前は夜中に眠くなればすぐに寝てしまっていたが、やはり無理やりにでも起きて仕事を続けなければ、目標を達成できない。
이전에는 밤중에 졸리면 바로 잤는데 역시 억지로라도 일어나서 일을 계속하지 않으면 목표를 달성할 수 없다.

ついでに
1 겸사겸사, 덧붙여
類 傍らに　一緒に
反 わざわざ　わざと
混 ついに
例 ついでにもう一つ言いたいことがある。
덧붙여 하나 더 할 말이 있다.

のべつ
1 끊임없이
類 絶えずに　ひっきりなしに
例 日本は近年、季節を問わず、のべつ災害に見舞われている。
일본은 최근 몇년 계절에 관계없이 끊임없이 재해를 겪고 있다.

ぎくりと

1 움찔, 철렁

類 びっくりと
例 客が突然書斎の奥に入ってきたので, ギクリとした。
손님이 갑자기 서재 안쪽으로 들어와서 움찔했다.

ひょっとすると・ひょっとしたら

1 어쩌면

類 もしかしたら
反 絶対に 決して
例 ひょっとしたら, いい大学に入るためだけに勉強をしていると考える人もいるかもしれないが, 学習をするということは, 進学以上に重要な意味がある。
어쩌면 좋은 대학에 들어가기 위해서만 공부를 한다고 생각하는 사람도 있을지 모르지만 학습을 한다는 것은 진학 이상으로 중요한 의미가 있다.

いささか

1 조금

類 少し 僅かに 少しも 全く
例 他の人が何と言おうと, 彼の確信はいささかも揺るがなかった。
다른 사람이 뭐라고 말하든 그의 확신은 조금도 흔들리지 않았다.

存外(ぞんがい)

1 의외로

類 案外
例 一見難しそうなものだが, やってみたら存外優しかった。
언뜻 어려울 것 같았지만 해보니 의외로 쉬웠다.

ことさら

1 굳이, 특별히

類 わざわざ わざと とりわけ 格別
反 ついでに 傍らに
例 ことさら行かなくても, またの機会でよい。
굳이 가지 않아도 다음 기회가 있다.
ことさら難しい問題を選ぶ必要はない。
특별히 어려운 문제를 고를 필요가 없다.

きっちり

1 빽빽이

類 ぴったり
例 引っ越しの際に, どの箱にもきっちり荷物を詰め込んだ。
이사할 때에 어느 상자에도 빽빽이 짐을 채워 넣었다.

부 사

所詮 (しょせん)

1 결국은

類 つまり　要するに　結局

例 苦悩や悲しみもないような恋は所詮浅い，うわべだけのものだ。
고뇌나 슬픔도 없는 사랑은 결국은 얕고 겉치레 뿐인 사랑이다.

ぐんと

1 힘껏, 확

類 ぐっと　ぐいと

例 海外生活中に，友人主催のパーティによく参加したので，人脈をぐんと広げることができた。
외국생활 중에 친구가 주최한 파티에 자주 참가해서 인맥을 확 넓힐 수 있었다.

うっすら

1 어렴풋이, 옅게, 엷게

類 かすかに　ほのかに　　反 たっぷりと

例 葡萄の実の表面のうっすらと白く粉状に見えるものは，果実に含まれる脂質から作られ，表面に出てきたブルームだ。
포도 열매 표면에 엷게 하얀 가루처럼 보이는 것은 과실에 들어있는 지질로부터 만들어져 표면에 나온 블룸이다.

何とも (なんとも)

1 정말

例 農薬を嫌がる消費者のニーズが，むしろ農薬を増やした。何とも皮肉な結果になってしまったのだ。
농약을 싫어하는 소비자의 수요가 오히려 농약을 늘렸다. 정말 아이러니한 결과가 되어버렸다.

何かしら (なにかしら)

1 무언가

例 試験で良い点を取るには，何かしら対策は必要だ。
시험에서 좋은 점수를 받으려면 무언가 대책이 필요하다.

サラサラ

1 술술 (막힘없이)

反 ねばねば

例 健康な人の血液はサラサラしているが，中性脂肪が増えると，血液がドロドロしているので流れにくい。
건강한 사람의 혈액은 술술 흐르지만 중성지방이 늘어나면 혈액이 끈적끈적해져서 잘 흐르지 않는다.

5

熟語 諺・慣用句・四字熟語

숙어 속담・관용구・사자성어

음성과 TEST

後(あと)の祭(まつ)り

소잃고 외양간 고치기

類 手遅れ
例 準備不足で、第一志望に合格できなかった。今更後悔したところで、もはや後の祭りである。

준비 부족으로 제 1 지망에 합격하지 못했다. 이제와서 후회해봤자 이미 소잃고 외양간 고치기이다.

石橋(いしばし)を叩(たた)いて渡(わた)る

돌다리도 두드려 보고 건너다

類 用心深い　転ばぬ先の杖　備えあれば憂いなし
反 危ない橋を渡る
例 万が一このプロジェクトが失敗してしまえば、巨額の負債を抱えかねない。社員一同、石橋を叩いて渡るつもりで頑張ろう。

만일 이 프로젝트가 실패해 버리면 거액의 부채를 떠안을지도 모른다. 사원 모두 돌다리도 두드려 보고 건넌다는 심정으로 노력하자.

急(いそ)がば回(まわ)れ

바쁠수록 돌아가라

例 「急がば回れ」と言われるように、急いでいるからといって、安易に慣れない近道を行こうとすると、かえって道に迷ってしまうのです。

「바쁠수록 돌아가라」고 하는 말처럼 급하다고 해서 안이하게 익숙하지 않은 지름길로 가려고 하면 오히려 길을 헤매게 됩니다.

鬼(おに)に金棒(かなぼう)

범에 날개

類 虎に翼
例 去年も優勝したその強豪チームは、今年はドラフト１位のルーキーが入団したことで、正に鬼に金棒になった。

작년에도 우승한 그 강팀이 올해는 드래프트 1 위인 신인이 입단함으로써 그야말로 범에 날개를 달게 되었다.

親(おや)の心(こころ)子(こ)知(し)らず

부모 마음을 자식은 모른다

例 彼は自分の子どもを育ててから初めて、「親の心子知らず」という言葉の本来の意味を痛感した。

그는 자신의 아이를 키우고 나서 비로소 「부모 마음을 자식은 모른다」는 말의 원래 의미를 통감했다.

腐(くさ)っても鯛(たい)

썩어도 준치

例 「腐っても鯛」と言うと、少々失礼かもしれないが、さすがは元プロ選手だ。状況の読みが、素人とは全然違う。

「썩어도 준치」라고 하면 조금 실례일지도 모르지만 역시 전 프로 선수이다. 상황을 보는 눈이 아마추어와는 전혀 다르다.

<ruby>口<rt>くち</rt></ruby>は<ruby>禍<rt>わざわい</rt></ruby>のもと	**입은 재앙의 근원** 類 <ruby>舌<rt>した</rt></ruby>は<ruby>禍<rt>わざわい</rt></ruby>の<ruby>根<rt>ね</rt></ruby> 例 口は禍のもとなのだから，<ruby>何<rt>なに</rt></ruby>かを言い出すときは，<ruby>言葉<rt>ことば</rt></ruby><ruby>選<rt>えら</rt></ruby>びに<ruby>注<rt>ちゅう</rt></ruby>意しないといけません。 입은 재앙의 근원이니까 무언가를 말할 때는 단어 선택에 주의해야 합니다．
<ruby>光陰<rt>こういん</rt></ruby><ruby>矢<rt>や</rt></ruby>の<ruby>如<rt>ごと</rt></ruby>し	**세월은 화살과 같다** 類 <ruby>歳月人<rt>さいげつひと</rt></ruby>を<ruby>待<rt>ま</rt></ruby>たず 例 そう言えば，彼がアメリカに<ruby>留学<rt>りゅうがく</rt></ruby>に行ってから，もう５年も<ruby>経<rt>た</rt></ruby>ったのか。本当に光陰矢の如しだな。 그러고 보니 그가 미국에 유학을 간지 벌써 5 년이나 되었구나．정말로 세월은 화살과 같군．
<ruby>転<rt>ころ</rt></ruby>ばぬ<ruby>先<rt>さき</rt></ruby>の<ruby>杖<rt>つえ</rt></ruby>	**넘어지기 전에 지팡이** 類 <ruby>石橋<rt>いしばし</rt></ruby>を<ruby>叩<rt>たた</rt></ruby>いて<ruby>渡<rt>わた</rt></ruby>る　<ruby>備<rt>そな</rt></ruby>えあれば<ruby>憂<rt>うれ</rt></ruby>いなし 例 確かに時間には結構余裕があるけれども，転ばぬ先の杖と言われるように，<ruby>予<rt>あらかじ</rt></ruby>め<ruby>準備<rt>じゅんび</rt></ruby>は<ruby>入念<rt>にゅうねん</rt></ruby>にしておくに<ruby>越<rt>こ</rt></ruby>したことはない。 확실히 시간에는 꽤 여유가 있지만 넘어지기 전에 지팡이라고 하듯이 미리 준비를 꼼꼼히 해두는 것보다 좋은 것은 없다．
<ruby>歳月人<rt>さいげつひと</rt></ruby>を<ruby>待<rt>ま</rt></ruby>たず	**세월은 사람을 기다리지 않는다** 類 <ruby>光陰<rt>こういん</rt></ruby><ruby>矢<rt>や</rt></ruby>の<ruby>如<rt>ごと</rt></ruby>し 例 歳月人を待たず，時間は<ruby>一秒<rt>いちびょう</rt></ruby>も<ruby>無駄<rt>むだ</rt></ruby>にしてはいけない。 세월은 사람을 기다리지 않으니 시간을 1 초도 낭비해서는 안된다．
<ruby>地獄<rt>じごく</rt></ruby>の<ruby>沙汰<rt>さた</rt></ruby>も<ruby>金次第<rt>かねしだい</rt></ruby>	**지옥의 심판도 돈에 달렸다** 類 <ruby>金<rt>かね</rt></ruby>が<ruby>物<rt>もの</rt></ruby>を<ruby>言<rt>い</rt></ruby>う 例 いくら地獄の沙汰も金次第とは言え，こんなにも<ruby>重大<rt>じゅうだい</rt></ruby>な<ruby>事件<rt>じけん</rt></ruby>にも関わらず，お金だけで<ruby>解決<rt>かいけつ</rt></ruby>させてしまうのは，<ruby>果<rt>は</rt></ruby>たして<ruby>許<rt>ゆる</rt></ruby>されることなのか。 아무리 지옥의 심판도 돈에 달렸다고 하지만 이렇게 중대한 사건임에도 불구하고 돈만으로 해결해버리는 것은 과연 용서될 일인가？
<ruby>失敗<rt>しっぱい</rt></ruby>は<ruby>成功<rt>せいこう</rt></ruby>のもと	**실패는 성공의 어머니** 類 <ruby>失敗<rt>しっぱい</rt></ruby>は<ruby>成功<rt>せいこう</rt></ruby>の<ruby>母<rt>はは</rt></ruby> 例 そんなに落ち込まないで。失敗は成功のもとと言われるように，今のうちにたくさんの失敗をしておいたほうが，<ruby>後<rt>のち</rt></ruby>のためになるんですよ。 그렇게 기 죽지 마세요．실패는 성공의 어머니라고 하듯이 지금 많은 실패를 해 두는 것이 나중에 도움이 돼요．

숙어

千里の道も一歩から
천리길도 한 걸음부터
- 例 すぐに結果を出したい気持ちはわかるが，今の実力では難しいだろう。千里の道も一歩からと言われるように，まずは基礎を固めるべきだ。
  당장 성과를 내고싶어 하는 마음은 알지만 지금 실력으로는 어렵지. 천리길도 한 걸음부터 라고 하듯이 우선은 기초를 다져야 한다.

備えあれば憂いなし
유비무환
- 類 転ばぬ先の杖　石橋を叩いて渡る
- 例 昔から備えあれば憂いなしと言われているように，防災グッズをあらかじめ備えておけば安心です。
  옛날부터 유비무환이라고 하듯이 방재 물품을 미리 준비해 두면 안심입니다.

出る杭は打たれる
모난 돌이 정 맞는다
- 類 出る釘は打たれる
- 例 人一倍成果を上げた彼が急に周囲の人間から冷たくされている。まさに，出る杭は打たれるといった感じだ。
  남다른 성과를 올렸던 그가 갑자기 주위 사람에게 냉대를 받고 있다. 바로 모난 돌이 정 맞는다는 느낌이다.

時は金なり
시간은 금이다
- 類 一刻千金
- 例 時は金なりと言うように，少しの時間も惜しんで努力するべきだ。
  시간은 금이라고 하듯이 적은 시간도 아껴서 노력해야 한다.

習うより慣れろ
배우기보다 익숙해져라
- 類 経験は学問に勝る
- 例 匠の技をマスターしたいのであれば，技術書を読むより人一倍練習に励むべきだ。まずは習うより慣れろ。
  장인의 기술을 마스터하고 싶다면 기술서를 읽기 보다 남보다 더 연습에 힘써야 한다. 우선은 배우는 것보다 익숙해져라.

濡れ衣を着せる
누명을 쓰다
- 例 濡れ衣を着せられていたなんて，かわいそうなこと極まりない。
  누명을 썼다니 불쌍하기 짝이 없다.

能ある鷹は爪を隠す
능력이 있는 매는 발톱을 감춘다
- 類 大智は愚の如し
- 例 能ある鷹は爪を隠すというが，彼があんなにも仕事のできる人だとは思わなかった。
  능력이 있는 매는 발톱을 감춘다지만 그가 그렇게도 일을 잘하는 사람이라고는 생각치 못했다.

<ruby>人<rt>ひと</rt></ruby>は<ruby>見<rt>み</rt></ruby>かけによらぬもの	**사람은 겉보기만으로는 알 수 없다** 例 人は見かけによらぬものと言うけれども，スリムな彼女がこれほどの<ruby>量<rt>りょう</rt></ruby>を食べられるなんて，<ruby>驚<rt>おどろ</rt></ruby>いたよ。 사람은 겉보기만으로는 알 수 없다지만 날씬한 그녀가 이 정도 양을 먹을 수 있다는 것에 놀랐어요.	동사
<ruby>火<rt>ひ</rt></ruby>に<ruby>油<rt>あぶら</rt></ruby>を<ruby>注<rt>そそ</rt></ruby>ぐ	**불난 집에 부채질하다** 例 <ruby>怒<rt>いか</rt></ruby>りを<ruby>鎮<rt>しず</rt></ruby>めようと言った言葉が，かえって火に油を注ぐ<ruby>結果<rt>けっか</rt></ruby>となった。 화를 진정시키려고 한 말이 오히려 불난 집에 부채질을 하는 결과가 되었다.	형용사
<ruby>百<rt>ひゃくぶん</rt></ruby><ruby>聞<rt></rt></ruby>は<ruby>一<rt>いっ</rt></ruby><ruby>見<rt>けん</rt></ruby>に<ruby>如<rt>し</rt></ruby>かず	**백문이 불여일견** 例 今年<ruby>上映<rt>じょうえい</rt></ruby>した<ruby>映画<rt>えいが</rt></ruby>の<ruby>素晴<rt>すば</rt></ruby>らしさをたくさんの友達から聞いていたが，百聞は一見に如かずだと思い，<ruby>明日<rt>あした</rt></ruby>見に行くことにしました。 올해 상영한 영화가 멋지다고 많은 친구들로부터 들었지만 백문이 불여일견이라고 생각해서 내일 보러 가기로 했습니다.	형용동사
<ruby>枚挙<rt>まいきょ</rt></ruby>にいとまがない	**일일이 열거할 수 없다** 例 <ruby>同様<rt>どうよう</rt></ruby>の<ruby>不注意<rt>ふちゅうい</rt></ruby>による交通事故の例は，枚挙にいとまがない。 비슷한 부주의로 인한 교통사고의 예는 일일이 열거할 수 없다.	부사
<ruby>目<rt>め</rt></ruby>から<ruby>鱗<rt>うろこ</rt></ruby>が<ruby>落<rt>お</rt></ruby>ちる	**눈이 확 트이다** 例 どうしても<ruby>納得<rt>なっとく</rt></ruby>がいかないことがあったが，先生の<ruby>一言<rt>ひとこと</rt></ruby>で目から鱗が落ちた。 도무지 납득이 되지 않는 점이 있었는데 선생님의 한 마디로 눈이 확 트였다.	숙어
<ruby>諸刃<rt>もろは</rt></ruby>の<ruby>剣<rt>つるぎ</rt></ruby>	**양날의 검** 例 この<ruby>薬<rt>くすり</rt></ruby>は<ruby>病気<rt>びょうき</rt></ruby>の<ruby>治療<rt>ちりょう</rt></ruby>に<ruby>有効<rt>ゆうこう</rt></ruby>ですが，<ruby>肝臓<rt>かんぞう</rt></ruby>にかなりの<ruby>負担<rt>ふたん</rt></ruby>を<ruby>掛<rt>か</rt></ruby>けるので，諸刃の剣といったところですね。 이 약은 병의 치료에 효과가 있지만 간장에 상당한 부담을 주기 때문에 양날의 검이라고 하겠네요.	명사
<ruby>焼<rt>や</rt></ruby>け<ruby>石<rt>いし</rt></ruby>に<ruby>水<rt>みず</rt></ruby>	**언 발에 오줌 누기** 例 これ程多額の<ruby>借金<rt>しゃっきん</rt></ruby>をバイトで<ruby>稼<rt>かせ</rt></ruby>いだお金で<ruby>返済<rt>へんさい</rt></ruby>しようなんて，焼け石に水だよ。 이 정도로 많은 금액의 빚을 아르바이트로 번 돈으로 갚으려고 하다니 언 발에 오줌 누기예요.	부록

숙어

りょうやく　くち **良薬は口** 　にが **に苦し**	**양약은 입에 쓰다** [類] 忠言耳に逆らう [例] 親の説教は厳しいけれども、良薬は口に苦しというから、後ほど絶対役立ちますよ。 부모님의 설교는 엄하지만 양약은 입에 쓰다니까 나중에 반드시 도움이 될 겁니다.
ろん　　　しょうこ **論より証拠**	**말보다 증거** [例] いくら言い訳しても、論より証拠と言うもので、この事実の前では君が何を言っても無駄だよ。 아무리 변명해도 말보다 증거라고 하니까 이 사실 앞에서는 네가 무엇을 말해도 소용없다.
あし　ぼう **足が棒にな** **る**	**다리가 뻣뻣해지다** [例] 外国人観光客の買い物に付き合っていたら、足が棒になってしまった。 외국인 관광객의 쇼핑에 따라갔더니 다리가 뻣뻣해졌다.
あし な　　　そろ **足並みを揃** **える**	**보조를 맞추다** [例] 各国が足並みを揃えて、自然エネルギーを利用した新しい発電方法を導入した。 각국이 보조를 맞추어 자연 에너지를 이용한 새로운 발전 방법을 도입했다.
あし ば　　かた **足場を固め** **る**	**기반을 다지다** [例] 今回の選挙では先ず、足場を固めるのが第一だ。勝負は二の次だ。 이번 선거에서는 우선 기반을 다지는 것이 첫 번째다. 승부는 두 번째다.
あし　　あら **足を洗う**	**손을 떼다** [例] これを機会にギャンブルからは足を洗い、まともな人生を送ることにした。 이것을 기회로 도박에서는 손을 떼고 착실한 인생을 살기로 했다.
あし　　はこ **足を運ぶ**	**찾아가다** [例] 行き詰った交渉を打開するために、直接相手の元へ足を運ぶことにした。 벽에 부닥친 교섭을 타개하기 위해 직접 상대방에게 찾아가기로 했다.

足を引っ張る あし ひ ぱ	발목을 잡다 例 身内から足を引っ張られては、勝負にならない。 내부에서 발목을 잡혀서는 승부가 되지 않는다.
頭が固い あたま かた	머리가 굳다, 완고하다 例 頭が固くては、最近の技術開発の速度についていけない。 머리가 딱딱해서는 최근의 기술개발 속도에 따라갈 수 없다.
頭が下がる あたま さ	머리가 숙여지다 例 彼の会社に対する滅私奉公の精神には、いつも頭が下がる思いです。 그의 회사에 대한 멸사봉공의 정신에는 항상 머리가 숙여지는 느낌입니다.
頭にくる あたま	화가 난다 例 彼の時間に対するいい加減さは頭にくる。 그의 시간에 대한 적당주의에 화가 난다.
頭を絞る あたま しぼ	지혜를 짜내다 例 目標額達成までにどのようにしていくか、頭を絞っているところです。 목표액 달성까지 어떻게 할지 지혜를 짜내고 있는 중입니다.
頭を悩ます あたま なや	골머리를 앓다 例 この結果をどのように報告するか、頭を悩ませている状態です。 이 결과를 어떻게 보고할지 골머리를 앓고 있는 상태입니다.
頭を捻る あたま ひね	여러 가지로 생각하다 例 どうやったらこの計画が成功するか、頭を捻っています。 어떻게 하면 이 계획이 성공할지 여러 가지로 생각하고 있습니다.

숙 어

동사	くち かた 口が堅い	**입이 무겁다** 例 僕は口が堅いから心配いらないよ、早く話してくれ。 나는 입이 무거우니 걱정 없어, 빨리 말해줘.
형용사	くち かる 口が軽い	**입이 가볍다** 例 彼らは口が軽いので、噂をすぐに広めてしまう。 그들은 입이 가벼워서 소문을 바로 퍼뜨려버린다.
형용동사	くち くさ 口が腐っても	**(입이 썩어도), 절대로** 例 大丈夫です。口が腐っても秘密は厳守します。 괜찮습니다. 절대로 비밀은 엄수하겠습니다.
부사		
숙어	くち すべ 口が滑る	**입을 잘못 놀리다, 말 실수를 하다** 例 つい口が滑ってしまい、秘密事項を話してしまった。 그만 말 실수를 해서 비밀사항을 말해버렸다.
명사	くち わる 口が悪い	**입이 거칠다** 例 彼は根はいい人だが、口が悪い。 그는 본성은 좋은 사람이지만 입이 거칠다.
부록	くちぐるま の 口車に乗る	**감언이설에 넘어가다** 例 口車に乗せられて、ついうっかり高額の品物を買わされるところだった。 감언이설에 넘어가 하마터면 고액의 물건을 살 뻔 했다.
	くち あ 口に合う	**입에 맞다** 例 郷土料理でくせがありますが、お口に合いますでしょうか。 향토음식으로 독특함이 있습니다만 입에 맞으시는지요?

口<ruby>に出す</ruby>	**말하다, (말을) 내뱉다** 例 言わずにおこうと思っていた言葉を、うっかり口に出してしまった。 말하지 않으려고 했던 말을 깜빡 내뱉어버렸다.	동사
口を閉ざす	**입을 다물다** 例 何を聞いても口を閉ざして話してくれなかった。 무엇을 물어도 입을 다물고 말해주지 않았다.	형용사
口を挟む	**참견하다** 例 横から口を挟むことは慎むべきです。 옆에서 참견하는 것은 삼가해야 합니다.	형용동사 / 부사
口を開く	**입을 열다** 例 やっと重い口を開いて事件の真相を話し始めた。 겨우 무거운 입을 열어 사건의 진상을 말하기 시작했다.	숙어
口を封じる	**입을 막다** 例 反対派の口を封じる為には、それなりの代償が必要です。 반대파의 입을 막기 위해서는 나름의 대가가 필요합니다.	명사
心が通う	**마음이 통하다** 例 彼女とは何でも話し合えるほど、心が通った友達同士です。 그녀와는 뭐든지 말할 수 있을 정도로 마음이 통하는 친구사이입니다.	부록
心がこもる	**정성이 담기다** 例 ご来賓様から温かい心のこもったお言葉をいただきました。 내빈께서 따뜻하고 정성이 담긴 말씀을 해주셨습니다.	

숙어

	心が乱れる こころ みだ	**심란해지다** 例 最初の小さな失敗に心が乱れてその後は平常心を失ってしまった。 처음의 작은 실패에 심란해져서 그 후에는 평상심을 잃어버렸다.
	心に浮かぶ こころ う	**생각나다** 例 遠い故郷に住む、年老いた親の、貧しい暮らしが心に浮かぶ。 먼 고향에 살고 있는 늙은 부모님의 가난한 생활이 생각난다.
	心に描く こころ えが	**마음에 그리다** 例 私の大学生活は、前から心に描いていた憧れの生活とは程遠いものだった。 나의 대학생활은 전부터 마음에 그리던 동경의 생활과는 거리가 먼 것이었다.
	心に掛ける こころ か	**걱정하다** 例 いつも心に掛けていただき感謝しています。 항상 걱정해 주셔서 감사하게 생각하고 있습니다.
	心に刻む こころ きざ	**마음에 새기다** 例 先輩の言葉を心に刻み、これから一生懸命に頑張ります。 선배의 말을 마음에 새겨 앞으로 열심히 노력하겠습니다.
	心に残る こころ のこ	**기억에 남다** 例 北京オリンピックの心に残る名場面が次々と思い出される。 베이징 올림픽의 기억에 남는 명장면이 계속 생각난다.
	心にもない こころ	**마음에도 없다** 例 ついつい心にもないお世辞を言ってしまい、気まずい思いをした。 엉겁결에 마음에도 없는 아부를 해버려 어색한 생각이 들었다.

こころ うご **心を動かす**	마음이 움직이다, 감동하다 例 コンサートに初めて来てみたが、歌と踊りに心を動かされた。 콘서트에 처음 와봤는데 노래와 춤에 감동했다.	
こころ うば **心を奪う**	마음을 빼앗다 例 日本三景の一つに数えられる松島の島々を見て、余りの美しさに心を奪われた。 일본 3경의 하나로 꼽히는 마쓰시마의 섬들을 보고 너무 아름다워서 마음을 빼앗겼다.	
こころ おに **心を鬼にする**	마음을 독하게 먹다 例 新入社員の将来を考え、心を鬼にして厳しく叱った。 신입사원의 미래를 생각해서 마음을 독하게 먹고 엄하게 야단쳤다.	
こころ かたむ **心を傾ける**	마음을 기울이다 例 震災復興に心を傾けている。 지진 재해 부흥에 마음을 기울이고 있다.	
こころ くば **心を配る**	마음을 쓰다 例 列席者に失礼がないように心を配る。 참석자에게 실례가 없도록 마음을 쓴다.	
こころ つ **心を尽くす**	정성을 다하다 例 がんを告知された親を引き取り、心を尽くして看病した末、自宅で看取った。 암 선고를 받은 부모님을 모셔와서 정성을 다해 간병한 끝에 집에서 임종을 지켜보았다.	
こころ ひ **心を引かれる**	마음이 끌리다 例 この作家の文章には、何か心を引かれるものがある。 이 작가의 문장에는 무언가 마음이 끌리는 것이 있다.	

숙어

手足となる
수족이 되다
例 これからはご主人の手足となって一生懸命に働きます。
앞으로는 남편의 손발이 되어 열심히 일하겠습니다.

手が空く
손이 비다
例 手が空いたらお勘定をお願いします。
손이 비었으면 계산을 부탁합니다.

手が掛かる
손이 많이 가다
例 小学校に入るまでは子どもは手が掛かります。
초등학교에 들어갈 때까지는 아이들은 손이 많이 갑니다.

手が付く
손이 닿다, 손을 대다
例 テーブルの豪華な料理は，ほとんど手が付かないままだった。
테이블의 호화로운 음식은 거의 손을 대지 않은 채였다.

手がない
방법이 없다
例 八方手を尽くしたが，もう手がない状態です。
백방으로 손을 썼지만 이미 방법이 없는 상태입니다.

手が離れる
손이 가지 않다
例 子どもたちも独立してやっと手が離れたので，これからは自由な時間を満喫したい。
아이들도 독립해 겨우 손이 가지 않기 때문에 앞으로는 자유로운 시간을 만끽하고 싶다.

手が回る
손이 미치다
例 家事に忙しくて他のことに手が回らない。
집안 일로 바빠서 다른 일에 손이 미치지 않는다.

手に入れる	**손에 넣다** 例 古本屋で目当ての本を手に入れた。 헌책방에서 원하는 책을 손에 넣었다.	
手にする	**가지다** 例 欲しかった靴をやっと手にすることができて感激です。 원하던 구두를 드디어 가질 수 있어서 감격입니다.	
手も足も出ない	**손을 쓸 엄두도 못 내다** 例 相手が強すぎて手も足も出ない状態でした。 상대가 너무 강해서 손을 쓸 엄두도 못 내는 상태였습니다.	
手を合わせる	**손을 모으다** 例 神社で手を合わせて合格を祈願した。 신사에서 손을 모아 합격을 기원했다.	
手を入れる	**손을 대다** 例 報告書に手を入れて完成させた。 보고서에 손을 대어 완성시켰다.	
手を借りる	**손을 빌리다** 例 あまりの忙しさに、他人の手を借りなければ仕事が回らない。 너무 바빠서 남의 손을 빌리지 않으면 일이 돌아가지 않는다.	
手を加える	**수정하다** 例 以前の原稿に手を加えて出版することにした。 이전 원고를 수정하여 출판하기로 했다.	

동사

형용사

형용동사

부사

숙어

명사

부록

숙어	뜻과 예문
手(て)を差(さ)し伸(の)べる	**손을 내밀다** 例 彼は被災者(ひさいしゃ)にやさしく手を差し伸べて，温(あたた)かい励(はげ)ましの言葉(ことば)を掛(か)けていた。 그는 이재민들에게 친절하게 손을 내밀어 따뜻한 격려의 말을 건네고 있었다.
手(て)を握(にぎ)る	**손을 잡다** 例 昨日(きのう)までの敵(てき)と手を握り，新(あら)たな共通(きょうつう)の敵(てき)に戦(たたか)いを挑(いど)む。 어제까지의 적과 손을 잡고 새로운 공통의 적에게 싸움을 건다.
手(て)を抜(ぬ)く	**부실하다** 例 地震(じしん)の被害(ひがい)が大きかった原因(げんいん)の一つに，工事(こうじ)の手を抜いたことがある。 지진 피해가 컸던 원인의 하나로 부실공사가 있다.
腹(はら)が立(た)つ	**화가 나다** 例 上司(じょうし)のやり方に腹が立ってしょうがない。 상사의 방식에 화가나서 참을 수 없다.
腹(はら)を割(わ)る	**속을 터놓다** 例 今は反対(はんたい)しているが，腹を割って話せば分かってくれるだろう。 지금은 반대하고 있지만 속을 터놓고 이야기하면 알아줄 것이다.
腰(こし)が抜(ぬ)ける	**기겁을 하다** 例 行方不明(ゆくえふめい)の父が突然現(とつぜんあらわ)れ，びっくりして腰が抜けてしまった。 행방불명된 아버지가 갑자기 나타나서 기겁을 하고 놀랐다.
耳(みみ)に入(い)れる	**듣다** 例 とりあえず相手側(あいてがわ)の練習内容(れんしゅうないよう)を耳に入れておきます。 우선 상대측의 연습내용을 들어 놓겠습니다.

耳(みみ)に逆(さか)らう	귀에 거슬리다 例 良薬(りょうやく)は口(くち)に苦(にが)けれども病(やまい)に利(り)あり，忠言(ちゅうげん)は耳(みみ)に逆(さか)らえども行(おこな)いに利(り)あり。 몸에 좋은 약은 입에 쓰지만 병에 잘 듣고, 충언은 귀에 거슬리지만 행동에 이롭다.	
耳(みみ)に障(さわ)る	귀에 거슬리다 例 電車(でんしゃ)の中(なか)での音漏(おとも)れは耳(みみ)に障(さわ)るのでマナーを守(まも)ってほしい。 전철 안에서 소리가 새는 것은 귀에 거슬리므로 매너를 지켜주기 바란다.	
耳(みみ)にする	듣다 例 社内食堂(しゃないしょくどう)で気(き)になる噂(うわさ)を耳(みみ)にした。 사내 식당에서 신경쓰이는 소문을 들었다.	
耳(みみ)につく	들리다 例 時計(とけい)の音(おと)が耳(みみ)について，なかなか寝付(ねつ)けない。 시계 소리가 들려 좀처럼 잘 수 없다.	
耳(みみ)に留(と)める	귀담아 듣다 例 試験前(しけんまえ)に付添人(つきそいにん)のアドバイスを耳(みみ)に留(と)めて，いざ会場(かいじょう)に向(む)かった。 시험 전에 도우미의 조언을 귀담아 듣고 비로소 시험장으로 향했다.	
耳(みみ)に残(のこ)る	귀에 남다 例 劇場(げきじょう)を後(あと)にしたが，今(いま)でも演奏(えんそう)の楽曲(がっきょく)が耳(みみ)に残(のこ)っている。 극장을 떠났지만 지금도 연주 악곡이 귀에 남아 있다.	
耳(みみ)に入(はい)る	귀에 들어가다 例 そのうわさが彼(かれ)の耳(みみ)に入(はい)ったのは1週間後(しゅうかんご)のことだった。 그 소문이 그의 귀에 들어간 것은 1주일 후의 일이었다.	

耳を貸す
귀를 기울이다

例 彼のためを思って言っているのに、忠告に耳を貸そうともしない。
그를 위한다는 생각으로 말하고 있는데 충고에 귀를 기울이려고도 하지 않는다.

耳を傾ける
귀를 기울이다

例 学生は皆、先生の話に耳を傾けた。
학생들은 모두 선생님 이야기에 귀를 기울였다.

耳を澄ます
귀를 기울이다

例 森の中で耳を澄ませていると、鳥の鳴き声や風の音が聞こえ心が安らぐ。
숲 속에서 귀를 기울이고 있으면 새들이 지저귀는 소리나 바람 소리가 들려 마음이 편안해진다.

目が覚める
잠이 깨다

例 怖い夢を見て汗びっしょりになっていたところで目が覚めた。
악몽을 꾸고 땀범벅이 되었을 때 잠이 깼다.

目が届く
눈길이 닿다

例 このホテルの支配人は細かなところまで目が届く優秀な方です。
이 호텔 지배인은 세세한 부분까지 눈길이 닿는 우수한 분입니다.

目が回る
눈이 돌다

例 朝からずっと走り回り、腹が減って目が回りそうだ。
아침부터 계속 뛰어다녀서 배가 고파 눈이 돌 것 같다.

目先が利く
눈치가 빠르다

例 この探検は目先が利くガイドが案内するので安心だ。
이 탐험은 눈치가 빠른 가이드가 안내하므로 안심이다.

目に余る め あま	보기 흉하다 例 ハロウィンの渋谷交差点での若者の行動は目に余る。 할로윈 데이에 시부야 사거리에서의 젊은이들의 행동은 보기 흉하다.
目に浮かぶ め う	눈에 선하다 例 故郷の山々の風景が目に浮かぶ。久しぶりに里帰りしようか。 고향의 산들의 풍경이 눈에 선하다. 오랜만에 고향에 가볼까?
目に映る め うつ	눈에 보이다 例 サンフランシスコに上陸した岩倉使節団一行にとって、目に映るすべてのものが驚きであった。 샌프란시스코에 상륙한 이와쿠라 사절단 일행에게는 눈에 보이는 모든 것이 놀라웠다.
目に障る め さわ	눈에 거슬리다 例 嫌いになると相手の一挙手一投足が目に障る。 싫어지면 상대의 일거수 일투족이 눈에 거슬린다.
目にする め	보다 例 冬場の遊園地などでは光で演出した場面をよく目にする。 겨울철 유원지 등에서는 빛으로 연출한 장면을 흔히 볼 수 있다.
目に付く め つ	눈에 띄다 例 欠点ばかりが目に付くが、美点も探してみましょう。 결점만 눈에 띄지만 좋은 점도 찾아봅시다.
目に留まる め と	눈에 띄다 例 オープン戦でいちばん目に留まったのは彼です。 시범 경기에서 가장 눈에 띈 사람은 그입니다.

숙어

目に焼きつく	**눈에 선하다** 例 彼女の悲しそうな顔が今でも目に焼きついている。 그녀의 슬픈 듯한 얼굴이 아직도 눈에 선하다.
目を奪う	**눈길을 빼앗다, 눈길을 사로잡다** 例 代々木公園にあるケヤキ並木のイルミネーションに目を奪われた。 요요기공원에 있는 느티나무 가로수의 일루미네이션에 눈길을 빼앗겼다.
目を配る	**살피다** 例 要人警護の警備員は周囲に目を配っていた。 요인 경호 경비원은 주위를 살피고 있었다.
目を凝らす	**눈여겨 보다** 例 夜空を見上げて目を凝らしていると次々と星が見えてくる。 밤 하늘을 쳐다보며 눈여겨 보면 잇따라 별이 보인다.
目を据える	**시선을 응시하다** 例 彼は部屋の奥にいる何者かに目を据えたまま, そっとこちらに合図をした。 그는 방 안쪽에 있는 누군가에게 시선을 응시한채 살짝 이쪽에 신호를 보냈다.
目を注ぐ	**주시하다, 주목하다** 例 有望な新人に目を注ぐ。 유망한 신인을 주목한다.
目を付ける	**눈여겨 보다** 例 ここの料理は最高だよ, 以前から目を付けていたお店だ。 여기 음식은 최고야. 이전부터 눈여겨 본 가게야.

目を背（そむ）ける	시선을 돌리다 例 テロ集団の残虐さには目を背けるわけにはいかない。 테러집단의 잔학성에는 시선을 돌릴 수 없다.
目を逸（そ）らす	외면하다 例 世界情勢は目まぐるしく変化しているが、現実から目を逸らしてはいけない。 세계 정세는 어지럽게 변화하고 있지만 현실을 외면하면 안된다.
目を瞑（つぶ）る	눈을 감다 例 これくらいの失敗には目を瞑っておこう、彼の将来を考えて。 이 정도 실패에는 눈 감아두자, 그의 장래를 생각해서.
目を通（とお）す	훑어보다 例 報告書に目を通したがおかしな点はなかった。 보고서를 훑어보았는데 이상한 점은 없었다.
目を留（と）める	주의하여 보다 例 繁華街でパトロールのパトカーは挙動不審な人物に目を留めた。 번화가에서 순찰하던 순찰차는 거동이 수상한 인물을 주의하여 보았다.
目を盗（ぬす）む	눈을 피하다 例 店員の目を盗んで商品を持ち逃げすることは犯罪です。 점원의 눈을 피해 상품을 가지고 도망가는 것은 범죄입니다.
目を開（ひら）く	눈을 뜨다 例 大学の公開講座に参加してみて、新しい世界に目を開かされた。 대학의 공개강좌에 참가해 보고 새로운 세계에 눈이 뜨였다.

	目を回す め まわ	까무러치다, 기절하다 例 午前，午後も担当の講義があり忙しさで目を回す。 오전, 오후에도 담당 강의가 있어 바빠서 까무러친다.
	目を見張る め みは	눈이 휘둥그레지다 例 招待された結婚式の豪華さに目を見張った。 초대받은 결혼식의 호화로움에 눈이 휘둥그레졌다.
	身に覚えが ない み おぼ	기억이 없다 例 身に覚えがない冤罪で何日間も拘留された。 기억이 없는 원죄로 며칠이나 구류되었다.
	身に付く み つ	몸에 익히다 例 茶道を習い始めてから，正しい礼儀作法が身についた。 다도를 배우기 시작하고부터 올바른 예의범절이 몸에 익었다.
	身の程を知 らない み ほど し	분수를 모르다 例 初出勤で，身の程を知らない発言をしてしまい，自分の印象を悪くしてしまった。 첫 출근에서 분수를 모르는 발언을 해서 자신의 인상을 나쁘게 해 버렸다.
	身を削る み けず	살을 깎다 例 リーマンショック後，身を削る思いをして何とか会社を持ちこたえさせた。 금융위기 후 살을 깎는 심정으로 어떻게든 회사를 버티게 했다.
	胸が騒ぐ むね さわ	가슴이 두근거리다, 가슴이 소용돌이 치다 例 彼が旅行に行っている国で，テロがあったというニュースを聞き，胸が騒いだ。 그가 여행을 간 나라에서 테러가 있었다는 뉴스를 듣고 가슴이 두근거렸다.

胸(むね)に描(えが)く	**마음(속)에 그리다** 例 小学校卒業の時、胸に描いた将来の夢を自分宛ての手紙に書きとめた。 초등학교 졸업 때 마음에 그린 장래의 꿈을 자신에게 편지로 적었다.	동사
胸(むね)に刻(きざ)む	**가슴에 새기다** 例 田舎から上京する際に、恩師からいただいた言葉を胸に刻んで働いている。 시골에서 상경할 때에 은사님이 해주신 말을 가슴에 새기고 일하고 있다.	형용사 / 형용동사
胸(むね)に迫(せま)る	**가슴에 복받치다** 例 卒業式の式場で、今までの思い出が思い出され万感胸に迫る思いだった。 졸업식장에서 지금까지의 추억이 생각나 만감이 가슴에 복받치는 느낌이었다.	부사
胸(むね)を張(は)る	**가슴을 펴다, 자랑스럽다** 例 選手団は胸を張って行進していた。 선수단은 가슴을 펴고 행진하고 있었다.	숙어
肩(かた)を入(い)れる	**편을 들다** 例 早慶戦、どちらにも友達がいるので肩を入れることができない。 와세다·게이오전, 양쪽에 친구가 있어서 편을 들 수가 없다.	명사
肩(かた)を落(お)とす	**실망하다** 例 合格発表の掲示板に受験番号を見いだせず、肩を落として帰ってきた。 합격 발표 게시판에서 수험번호를 찾지 못하고 실망해 돌아왔다.	부록
肩(かた)を持(も)つ	**편을 들다** 例 父はいつも兄の肩を持つので、少し不公平に感じます。 아버지는 항상 형의 편을 들기 때문에 조금 불공평하게 느낍니다.	

숙어

腕が上がる
실력이 늘다
例 練習場によく通ったおかげでゴルフの腕が上がったような気がする。
연습장에 자주 다닌 덕분에 골프 실력이 는 것 같은 느낌이 든다.

腕が利く
솜씨가 좋다
例 彼のように腕が利く大工さんは今どき珍しい。
그와 같이 솜씨가 좋은 목수는 요즘 드물다.

腕が立つ
솜씨가 뛰어나다
例 才色兼備な彼女だが, 料理のほうも腕が立つようだ。
재색을 겸비한 그녀지만 요리 솜씨도 뛰어난 것 같다.

腕を磨く
솜씨를 닦다
例 3年間京都の老舗で板前の修業をして, かなり腕を磨いた。
3년간 교토의 노포에서 요리사 연수를 해서 꽤 솜씨를 닦았다.

息が合う
호흡이 맞다
例 全員が気持ちを一緒にした結果, 息が合った素晴らしい演技ができた。
전원이 마음을 함께한 결과 호흡이 맞는 멋진 연기를 할 수 있었다.

呼吸が合う
호흡이 맞다
例 正月の餅つきはお互いの呼吸が合わないとうまく突けない。
설날의 떡치기는 서로 호흡이 맞지 않으면 잘 칠 수 없다.

採算が合う
수지타산이 맞다
例 アイデアが良くても採算が合わないのでは採用できない。
아이디어가 좋아도 수지타산이 맞지 않으면 채택할 수 없다.

つじつま あ **辻褄が合う**	앞뒤가 맞다 例 大臣、今の答弁では前回の答弁と辻褄が合わないのではないでしょうか。 장관님, 지금의 답변으로는 지난번 답변과 앞뒤가 안맞는 것 아닙니까?
ほ ちょう あ **歩調が合う**	보조가 맞다 例 共に働く人と歩調が合っていなければ、良い仕事はできないだろう。 함께 일하는 사람과 보조가 맞지 않으면 좋은 일을 할 수 없을 것이다.
わり あ **割に合う**	수지가 맞다 例 深夜のアルバイト、時給１８００円以上なら割に合うけど１５００円ではなぁ。 심야 아르바이트 시급 1800엔 이상이면 수지가 맞지만 1500엔은 조금…
きゃっこう あ **脚光を浴びる**	각광을 받다 例 彼は国内学会で類を見ない素晴らしい論文を発表したことにより、世界で脚光を浴びた。 그는 국내 학회에서 유례없는 훌륭한 논문을 발표함으로써 세계에서 각광을 받았다.
し せん あ **視線を浴びる**	시선을 받다 例 エレベーターに最後に乗ったらブザーが鳴り、全員の視線を浴びて恥ずかしかった。 엘리베이터에 마지막으로 탔더니 경보기가 울려 모두의 시선을 받아서 창피했다.
いっこく あらそ **一刻を争う**	일각을 다투다 例 土砂崩れの現場では、一刻を争って行方不明者を救出している。 산사태 현장에서는 일각을 다투어 행방불명자를 구출하고 있다.
こくびゃく あらそ **黒白を争う**	시비를 가리다 例 協議しても埒が明かないので法廷で黒白を争うことになった。 협의해도 결말이 나지 않아 법정에서 시비를 가리게 되었다.

숙어

	先を争う さき あらそ	**앞다투다** 例 特売日の店頭では，客が先を争って目当ての品物をかごに入れていた。 특판일의 매장에서는 고객이 앞다투어 원하는 상품을 바구니에 담고 있었다.
	調子がいい ちょうし	**몸 상태가 좋다** 例 今日は調子がいいのでもう少し歩けそうだ。 오늘은 몸 상태가 좋아서 조금 더 걸을 수 있을 것 같다.
	手回しがいい てまわ	**준비성이 있다** 例 彼はすべてにおいて手回しがいいので幹事役にぴったりだ。 그는 모든 면에서 준비성이 좋으므로 간사 역할에 제격이다.
	歯切れがいい はぎ	**시원시원하다** 例 今日の大臣はいつものような歯切れのいい答弁はなかった。 오늘의 장관은 여느 때처럼 시원시원한 답변은 없었다.
	要領がいい ようりょう	**요령이 좋다** 例 彼は実に要領がいいので，料理も短時間で見事に仕上げることができる。 그는 실로 요령이 좋아서 요리도 단시간에 훌륭하게 만들 수 있다.
	気合を入れる きあい い	**기합을 넣다** 例 土俵上，時間いっぱいになり両手で顔を叩き気合を入れた。 씨름판 위, 제한시간이 되어서 양손으로 얼굴을 두드려 기합을 넣었다.
	念を入れる ねん い	**주의를 더하다** 例 大切な書類なので念には念を入れて確認してください。 중요한 서류이므로 주의에 주의를 더해서 확인해 주십시오.

本腰を入れる ほんごし　い	진지하게 임하다, 본격적으로 나서다 例 業務改革に本腰を入れないと会社の将来がおぼつかない。 업무개혁에 진지하게 임하지 않으면 회사의 미래가 보이지 않는다.	동사
メスを入れる い	메스를 대다 例 政財界の癒着にメスを入れて、全てを明らかにする。 정재계 유착에 메스를 대서 모든 것을 밝히다.	형용사
顔色を伺う かおいろ　うかが	눈치를 살피다 例 上司の顔色を伺ってばかりいる連中を「ヒラメ」と言います。 상사의 눈치만 보는 사람들을 「광어」라고 합니다.	형용동사 부사
機嫌を伺う きげん　うかが	눈치를 살피다, 심기를 살피다 例 姑の機嫌を伺うのは気疲れして大変です。 시어머니의 심기를 살피는 것은 정신적으로 피곤해서 힘듭니다.	숙어
面目を失う めんぼく　うしな	체면을 잃다 例 初戦で負けてしまい、面目を失ってしまった。 첫 경기에 져버려서 체면을 잃고 말았다.	명사
釘を刺す くぎ　さ	못을 박다 例 約束の日時までに借金を返してくれるように釘を刺しておいた。 약속한 날짜까지 빚을 갚도록 못을 박아 두었다.	부록
相槌を打つ あいづち　う	맞장구 치다 例 自分が考えていたことを言ってくれたので思わず相槌を打っていた。 자신이 생각하고 있던 것을 말해줘서 무의식적으로 맞장구를 치고 있었다.	

숙어

終止符を打つ
종지부를 찍다
例 今シーズンで長かった野球人生に終止符を打つことにした。
이번 시즌으로 길었던 야구 인생에 종지부를 찍기로 했다.

先手を打つ
선수를 치다
例 犯人は国外逃亡するだろうから先手を打って空港、港に網を張っておこう。
범인은 해외도피를 할 것이니 선수를 쳐서 공항, 항구에 그물을 쳐 두자.

不意を打つ
허를 찌르다
例 予期せぬ襲撃に不意を打たれて、慌てふためいた。
예기치 못한 습격에 허를 찔려서 우왕좌왕했다.

油を売る
농땡이 부리다
例 いつまでも油を売っていると日が暮れるよと注意された。
계속 농땡이를 부리고 있으면 해가 질 거라고 주의를 들었다.

喧嘩を売る
시비를 걸다
例 歩行者天国を歩いていると肩が触れたと言ってチンピラが喧嘩を売ってきた。
보행자 천국을 걷고 있는데 어깨가 부딪혔다고 불량배가 시비를 걸어왔다.

一目置く
감탄을 받다
例 彼の発言は理路整然としていて分かりやすく、周りから一目置かれている。
그의 발언은 논리정연하고 알기 쉬워서 주위로부터 감탄받고 있다.

念頭に置く
염두에 두다
例 犯人は拳銃を所持して逃走していることを念頭に置いて捜索すること。
범인은 권총을 소지하고 도주하고 있는 점을 염두에 두고 수색할 것.

_{ねん} _お **念を押す**	**재차 확인하다, 다짐을 받다** 例 演説会に必ず出席するように念を押された。 연설회에 반드시 출석하도록 재차 확인해 왔다.	
_{らくいん} _お **烙印を押される**	**낙인이 찍히다** 例 身に覚えがないのに痴漢と訴えられ、犯罪者の烙印を押されてしまった。 기억에 없는데 치한으로 고소당해 범죄자의 낙인이 찍혀버렸다.	
_{あつりょく} _か **圧力を掛ける**	**압력을 넣다** 例 アメリカでは議員に圧力をかけるロビー活動が盛んです。 미국에서는 의원에게 압력을 넣는 로비활동이 성행합니다.	
_{せ わ} _か **世話を掛ける**	**신세를 지다** 例 年老いたおふくろは、ご近所に世話を掛けっぱなしです。 나이가 든 어머니는 이웃에 신세만 지고 있습니다.	
_{はくしゃ} _か **拍車を掛ける**	**박차를 가하다** 例 地震や豪雨などの災害のせいで、今年の野菜の価格高騰に拍車を掛けている。 지진이나 호우 같은 재해 탓에 올해의 야채 가격 폭등에 박차를 가하고 있다.	
_{めんどう} _か **面倒を掛ける**	**폐를 끼치다** 例 営業の外回りで先輩に面倒をかけてしまった。 영업 외근 때에 선배에게 폐를 끼치고 말았다.	
_め _か **お目に掛かる**	**뵙다** 例 お初にお目にかかります、佐藤と申します。 처음 뵙겠습니다. 사토라고 합니다.	

숙어

命を懸ける (いのちをかける)	**목숨을 걸다** 例 私はこの研究に命を懸けています。 저는 이 연구에 목숨을 걸고 있습니다.
思いを懸ける (おもいをかける)	**연모하다** 例 長年思いを懸けていた人とやっと一緒になれた。 오랜 세월 연모하던 사람과 드디어 함께 할 수 있게 되었다.
意に適う (いにかなう)	**마음에 들다** 例 中途採用で意に適う人材を募集する。 경력채용으로 마음에 드는 인재를 모집한다.
理に適う (りにかなう)	**합리적이다** 例 鍋で作ったラーメンを鍋に入れたまま食べるのは理には適っているけど、行儀良くないよ。 냄비로 끓인 라멘을 냄비에 담은 채 먹는 것은 합리적이기는 하지만 품위 없어요.
気があう (きがあう)	**마음이 맞다** 例 彼は小学校からの気が合う友人です。 그는 초등학교 때부터 마음이 맞는 친구입니다.
気が置けない (きがおけない)	**스스럼 없다** 例 彼とは学生の時から40年の付き合い、気が置けない仲間です。 그와는 학생 때부터 40년의 친교로 스스럼 없는 친구입니다.
気が重い (きがおもい)	**마음이 무겁다** 例 これから断りの挨拶に行くのだが気が重い。 이제부터 사절 인사를 하러 가는데 마음이 무겁다.

気が利く	**눈치가 빠르다** 例 彼女はとても気が利く優秀な秘書です。 그녀는 매우 눈치가 빠른 우수한 비서입니다.	
気が知れない	**생각을 알 수 없다** 例 あんなゲームに夢中になるとは気が知れない。 저런 게임에 열중하다니 생각을 알 수 없다.	
気が進まない	**마음이 내키지 않는다** 例 お見合いの席に行くのはどうしても気が進まない。 맞선 자리에 나가는 것은 아무래도 마음이 내키지 않는다.	
気が済む	**직성이 풀리다** 例 何事も最後までやらないと気が済まない。 무슨 일이든 끝까지 하지 않으면 직성이 풀리지 않는다.	
気がする	**~할 생각이 나다** 例 お刺身は生臭くて食べる気がしない。 회는 비려서 먹을 생각이 안난다.	
気が立つ	**예민하다** 例 子育て中のカラスは気が立っているので近づくと危険です。 새끼를 키우는 까마귀는 예민해서 가까이 가면 위험합니다.	
気が強い	**고집이 세다** 例 小兵ながらあの力士は気が強くて, 粘りがある。 몸집은 작지만 저 씨름선수는 고집이 세고 끈기가 있다.	

숙 어

気が遠くなる (き・とお)	**정신이 아찔해지다** 例 余りにも膨大な資料で全てに目を通すと思うと気が遠くなる。 너무 방대한 자료여서 전부 훑어본다고 생각하니 정신이 아찔해진다.
気が咎める (き・とが)	**양심에 찔리다** 例「嘘も方便」というが，やはり気が咎める。 「거짓말도 하나의 방편」이라고 하지만 역시 양심에 찔린다.
気が早い (き・はや)	**성급하다** 例 もう来年のホテルを予約したとは気が早いですね。 벌써 내년 호텔을 예약했다니 성급하네요.
気が晴れる (き・は)	**속이 풀리다** 例 相手の悪口を言うだけ言ったら気が晴れた。 상대 험담을 할만큼 하니 속이 풀렸다.
気が回る (き・まわ)	**신경을 쓰다, 배려가 미치다** 例 忙しくてそこまでは気が回らなかった。 바빠서 거기까지는 신경쓰지 못했다.
気が短い (き・みじか)	**성질이 급하다** 例 会長は気が短いので報告は簡潔明瞭にお願いします。 회장은 성질이 급하니까 보고는 간단명료하게 부탁드립니다.
気にいる (き)	**마음에 들다** 例 気にいった品物がありましたら遠慮なく仰って下さい。 마음에 든 물건이 있으면 사양말고 말씀해 주십시오.

気にかかる	**마음에 걸리다, 걱정되다** 例 あれからずっと別れた女房のことが気にかかっていました。 그 때부터 쭉 헤어진 아내가 마음에 걸렸습니다.	
気にかける	**걱정하다** 例 新入社員の時からずっと気にかけて見守ってきていた。 신입사원 때부터 계속 걱정하며 지켜봐 왔다.	
気に留める	**신경쓰다, 관심을 갖다** 例 芸能人がマスクもしないで街中を歩いていたが誰も気に留める人はいなかった。 연예인이 마스크도 하지 않고 거리를 걷고 있었지만 누구도 신경쓰는 사람은 없었다.	
気にする	**신경쓰다, 걱정하다** 例 人が何を言おうと気にするな。 남들이 무슨 말을 하든 신경쓰지 마라.	
気になる	**걱정되다, 신경쓰이다** 例 田舎の母の病気が気になって寝床についても中々寝付かれない。 시골에 계시는 어머니의 병환이 걱정되어 잠자리에 누워서도 좀처럼 잠들 수 없다.	
気に食わない	**마음에 들지 않다** 例 相手の態度が気に食わないので、その後はほとんど会話もしなかった。 상대방의 태도가 마음에 들지 않아서 그 후에는 거의 대화도 하지 않았다.	
気に障る	**기분이 상하다** 例 遠慮もしないで話したけれど、気に障ったらごめんなさいね。 거리낌없이 이야기했는데 기분이 상했다면 미안해.	

	気を入れる	**정성을 쏟다, 의욕을 내다** 例 ここからが一番重要な箇所だから気を入れて掛からないと失敗するぞ。 여기서부터가 제일 중요한 곳이니까 정신차려서 임하지 않으면 실패할거야.
	気を失う	**정신을 잃다** 例 献血の途中で血の色を見て気を失ってしまった。 헌혈 도중에 피 색깔을 보고 정신을 잃어버렸다.
	気を配る	**신경쓰다, 배려하다** 例 老舗旅館の女将さんはあらゆることに気を配ってお客をもてなししている。 노포 여관의 여사장님은 모든 것에 신경써서 손님을 대접하고 있다.
	気を砕く	**애를 먹다** 例 新しい職場の人間関係に気を砕いている。 새로운 직장의 인간관계에 애를 먹고 있다.
	気を遣う	**걱정하다, 신경쓰다** 例 直ぐお暇しますから、気を遣わないでください。 곧 떠날테니 걱정하지 마십시오.
	気を付ける	**주의하다** 例 大事なお客様なので失礼のないように気を付けてください。 중요한 고객님이니 실례가 없도록 주의해 주십시오.
	気を取り直す	**다시 정신을 차리다, 마음을 다잡다** 例 初日は黒星だったが、気を取り直して明日から頑張っていこう。 첫 날은 패배했지만 마음을 다잡고 내일부터 열심히 하자.

気_きを取_とられる	**정신이 팔리다** 例 対向車に気を取られて横断歩道の歩行者に気付くのが遅れた。 마주 오는 차에 정신이 팔려 횡단보도의 보행자를 알아채는 것이 늦었다.	
気_きを抜_ぬく	**방심하다** 例 残りは最後の一周だけだ。最後まで気を抜かないで走り抜け。 남은 것은 마지막 한 바퀴 뿐이다. 끝까지 방심하지 말고 뛰어.	
気_きを呑_のまれる	**압도당하다** 例 大観衆を前に気を呑まれてしまい, 何を話したのかよく覚えていない。 많은 관중들 앞에 압도당해서 무엇을 말했는지 잘 기억나지 않는다.	
気_きを張_はる	**마음을 다잡다** 例 父親の葬儀で遺族は涙を見せずに気を張って悲しみに耐えていた。 아버지 장례식에서 유족들은 눈물을 보이지 않고 마음을 다잡고 슬픔을 참고 있었다.	
気_きを引_ひく	**마음을 끌다** 例 食事会で相手の気を引くにはどうすればいいか教えてください。 식사 모임에서 상대의 마음을 끌려면 어떻게 하면 좋은지 알려 주십시오.	
気_きを回_{まわ}す	**마음을 쓰다** 例 娘の帰りが遅く, 心配で変に気を回してしまう。 딸의 귀가가 늦어서 걱정되어 이상하게 마음을 쓰게 된다.	
気_きを許_{ゆる}す	**마음을 놓다** 例 彼は数少ない気を許せる仲間の一人です。 그는 몇 안되는 마음을 놓을 수 있는 동료 중 한 명입니다.	

숙어

동사	気を良くする き　　よ	**기분 좋아지다** 例 封切り初日の人出を見て，監督は気を良くしている。 　　개봉 첫날의 인파를 보고 감독은 기분이 좋아져 있다.
형용사	気を悪くする き　　わる	**기분 나빠하다** 例 一部の人たちの心無い言葉に気を悪くしないでください。 　　일부 사람들의 매정한 말에 기분 나빠하지 마십시오.
형용동사	気持ちを汲む き も　　　く	**마음을 헤아리다** 例 ここは相手の気持ちを汲んで許してやってください。 　　이 부분은 상대방의 마음을 헤아려 용서해 주십시오.
부사		
숙어	流れを汲む なが　　　く	**혈통을 잇다, 전통을 잇다** 例 鬼怒川の先に平家の流れを汲んだ温泉宿がある。 　　키누강 끝에 헤이케의 전통을 잇는 온천장이 있다.
명사	釘を刺す くぎ　　さ	**못을 박다** 例 酷いイタズラをしていた弟に，「次またやったら母に言いつける」と，姉さんが釘を刺した。 　　심한 장난을 치고 있던 동생에게 「다음에 또 하면 엄마한테 이를거야」라고 누나가 못을 박았다.
부록	とどめを刺す 　　　　　さ	**쐐기를 박다, 숨통을 끊다, 반격을 못하게 하다** 例 敗色濃厚なところに満塁本塁打とはとどめを刺されたね。 　　패색이 짙은 때에 만루홈런이라니 쐐기를 박혔네.
	筋書き通り すじ が　　とお	**계획대로** 例 筋書き通りならここで彼女が現れるはずなのだが，現れなかった。 　　계획대로라면 여기에서 그녀가 나타날텐데 나타나지 않았다.

すじ た 筋が立つ	**이치에 맞다** 例 統計問題での答弁は筋が立ってない。 통계 문제에서의 답변은 이치에 맞지 않는다	
すじ とお 筋が通る	**이치에 맞다, 일리가 있다** 例 君の言い分のほうが筋が通っているが，喧嘩は両成敗だ。 너의 주장이 일리가 있지만 싸움은 쌍방 책임이다.	
おもて た 表に立つ	**앞장서다** 例 トヨタ自動車の米国でのリコール問題では豊田社長自ら表に立って対応した。 도요타 자동차의 미국에서의 리콜 문제에는 도요타 사장이 직접 앞장서서 대응했다.	
とりはだ た 鳥肌が立つ	**닭살이 돋다, 소름이 돋다** 例 平昌オリンピックでの羽生選手の演技には鳥肌が立った。 평창올림픽에서 하뉴 선수의 연기에 닭살이 돋았다.	
ちから 力になる	**힘이 되다, 힘을 보태다** 例 及ばずながら老体に鞭打って力になりましょう。 부족하지만 노구에 채찍질하여 힘을 보태겠습니다.	
ちから い 力を入れる	**힘을 쏟다** 例 我社は医療をこれからの成長分野と考え，力を入れて行きます。 저희 회사는 의료를 앞으로의 성장분야로 생각하고 힘을 쏟아 나가겠습니다.	
ちから か 力を貸す	**힘을 빌려주다** 例 母国の技術発展のために力を貸してください。 모국의 기술발전을 위해 힘을 빌려 주십시오.	

	ちから つ **力を付ける**	힘을 북돋다, 실력을 기르다 例 この一年でだいぶ力を付けてきた，昇段も間近だろう。 1년동안 꽤 실력을 길러 왔다. 승단도 가까울 것이다.
	ちょうし の **調子に乗る**	신이 나다 例 昨晩は調子に乗って飲みすぎて，今朝は二日酔いだ。 어젯 밤에는 신이 나서 과음을 해서 오늘 아침은 숙취가 있다.
	あいそ つ **愛想が尽きる**	정나미가 떨어지다 例 今日という今日は本当に愛想が尽きたので別れます。 오늘이야말로 정말로 정나미가 떨어졌으니 헤어지겠습니다.
	ばんさくつ **万策尽きる**	계책이 다하다, 백방이 무효다 例 八方手を尽くしたが万策尽きて後は夜逃げするしかない。 갖은 수단을 다 써보았지만 백방이 무효여서 이제는 야반도주 할 수 밖에 없다.
	いた **板につく**	능숙하다 例 包丁さばきも，やっと板についてきたね。 칼 솜씨도 이제야 능숙해졌군.
	き つ **決まりが付く**	결말이 나다 例 物言いがついたが，軍配通りで決まりが付いた。 이의가 제기되었지만 판정대로 결말이 났다.
	けりがつく	결말이 나다, 타결되다 例 二国間の貿易問題はやっとけりがついた。 양국 간의 무역문제는 겨우 타결되었다.

숙어	뜻 / 예문
見当がつく けんとう	**짐작이 가다, 예상이 되다, 감을 잡다** 例 原因は何なのか？皆目見当がつかない。 원인은 무엇인지? 전혀 짐작이 가지 않는다.
察しがつく さっ	**짐작이 가다** 例 帰宅した時の顔色を見て大体の察しがついた。 귀가했을 때의 안색을 보고 대충 짐작이 갔다.
言葉を尽くす ことば　つ	**(모든 표현을 다해서) 충분히 말하다** 例 言葉を尽くして翻意を促したが無理だった。 충분히 얘기해서 번의를 촉구했지만 무리였다.
贅を尽くす ぜい　つ	**온갖 사치를 다하다** 例 大晦日の紅白歌合戦, 大取の歌手は衣装に贅を尽くしての登場だ。 오미소카의 홍백가합전, 마지막 순서의 가수들은 의상에 온갖 사치를 다하고 등장한다.
ベストを尽くす つ	**최선을 다하다** 例 入学試験, ベストを尽くして天命を待つ気持ちです。 입학 시험, 최선을 다하고 하늘의 뜻을 기다리는 마음입니다.
かけがえのない	**둘도 없다** 例 地球にとって水はかけがえのない資源です。 지구에서 물은 둘도 없는 자원입니다.
立場が無い たちば　な	**부끄럽다, 면목이 없다** 例 今日の試合に負けたら、監督としての立場がない。 오늘 시합에 지면 감독으로서 면목이 없다.

숙어

突拍子もない (とっぴょうし)
엉뚱하다

例 突然, 突拍子もないことを言い始めたので, 周りのみんなはびっくりした。
갑자기 엉뚱한 말을 하기 시작해서 주위의 모두가 깜짝 놀랐다.

途方もない (とほう)
터무니 없다, 두드러지게 차이가 있다

例 オークションの結果, 一枚の絵画に途方もない高値が付けられた。
경매 결과 한 장의 그림에 터무니 없이 높은 가격이 매겨졌다.

根も葉もない (ね は)
근거없다

例 根も葉もない噂が広まって非常に困っている。
근거없는 소문이 퍼져서 매우 난감하다.

他人事ではない (たにんごと)
남의 일이 아니다

例 米中の貿易戦争は日本にとっても他人事ではない。
미중 무역전쟁은 일본에게도 남의 일이 아니다.

紛れもない (まぎ)
틀림없다

例 この掛け軸は紛れもなく本物だと思います。
이 족자는 틀림없이 진품이라고 생각합니다.

笑い事ではない (わら ごと)
웃을 일이 아니다

例 スピード違反で捕まえてみたら, 警察官だったなんて笑い事ではない。
속도위반으로 잡고 보니 경찰관이었다고 해서 웃을 일이 아니다.

板挟みになる (いたばさ)
사이에 끼다

例 嫁と姑の争いの板挟みになって困っている。
고부갈등의 사이에 끼어 난처하다.

親身(しんみ)になる	**가족처럼 생각하다** 例 海外からの留学生の相談に親身になってのってあげる。 외국 유학생 상담에서 가족처럼 생각하고 응해준다.
厄介(やっかい)になる	**신세를 지다** 例 大学進学(しんがく)を機(き)に田舎から東京に出てきて，親戚(しんせき)の家に厄介になっている。 대학진학을 계기로 시골에서 도쿄로 나와 친척 집에 신세를 지고 있다.
横(よこ)になる	**눕다** 例 朝から一日中歩き回って疲(つか)れたので，少し横になって休みます。 아침부터 하루종일 돌아다녀 피곤하니까 좀 누워서 쉬겠습니다.
恥(はじ)をかく	**창피를 당하다, 망신을 당하다** 例 みんなの前で恥をかいて，頭が真(ま)っ白(しろ)になった。 여러 사람 앞에서 창피를 당해서 머릿속이 하얘졌다.
恥(はじ)をさらす	**망신살 뻗치다, 웃음거리가 되다** 例 みんなの前で歌を歌うなんて，恥をさらすだけだよ。 여러 사람 앞에서 노래를 부르다니 망신살 뻗칠 뿐이야.
恥(はじ)を知(し)る	**부끄러움을 알다** 例 小泉(こいずみ)八雲(やくも)さんは，「日本人は礼儀(れいぎ)正しく，恥を知っている」と言っていた。 고이즈미 야쿠모님은 「일본인은 예의바르고 부끄러움을 안다」고 말했다.
後(あと)を引(ひ)く	**여운이 남다** 例 このスナックは食べだすと旨味が後を引いて止まらない。 이 스낵은 먹기 시작하면 감칠맛이 남아서 멈출 수 없다.

숙어

尾を引く (お を ひ く)
영향을 끼치다

例 3年前のことが今でも尾を引いている。
3년 전 일이 지금도 영향을 끼치고 있다.

根が深い (ね ふか)
뿌리가 깊다

例 宗教上の対立は根が深いので解決が困難だ。
종교 상의 대립은 뿌리가 깊어서 해결이 어렵다.

欲が深い (よく ふか)
욕심이 많다

例 人間とは欲が深い生き物です。
인간이란 욕심이 많은 동물입니다.

読みが深い (よ ふか)
통찰력이 깊다, 수가 깊다

例 AI知能の発展は素晴らしく、囲碁・将棋では人間より読みが深い。
AI 지능의 발전은 대단해서 바둑·장기에서는 인간보다 수가 깊다.

甘く見る (あま み)
만만하게 보다

例 彼を甘く見ていた。ここまでやるとは思ってもいなかった。
그를 만만하게 보았다. 여기까지 하리라고는 생각지도 않았다.

大目に見る (おお め み)
너그럽게 보다, 관대하다

例 前回のこともあるので、今回は大目に見ておこう。
저번 일도 있으니 이번에는 너그럽게 봐두자.

長い目で見る (なが め み)
길게 보다

例 この商品は高額ですが長い目で見ればお買い得でしょう。
이 상품은 고가지만 길게 보면 이득일 겁니다.

<ruby>面倒<rt>めんどう</rt></ruby>を<ruby>見<rt>み</rt></ruby>る	보살피다 例 <ruby>両<rt>りょう</rt></ruby>親が亡くなってから，ずっと兄弟の面倒を見てきました。 부모님이 돌아가신 후에 계속 형제를 보살펴 왔습니다.	
<ruby>夢<rt>ゆめ</rt></ruby>を<ruby>見<rt>み</rt></ruby>る	꿈을 꾸다 例 いつまでも夢を見ていないで，仕事を探してください。 언제까지고 꿈을 꾸고 있지 말고 일을 찾아 주십시오.	
<ruby>的<rt>まと</rt></ruby>を<ruby>絞<rt>しぼ</rt></ruby>る	목표를 좁히다, 범위를 좁히다 例 <ruby>試験<rt>しけん</rt></ruby>までに時間がないのでここは的を絞って勉強しよう。 시험까지 시간이 없으니까 여기는 범위를 좁혀서 공부하자.	
<ruby>的<rt>まと</rt></ruby>が<ruby>外<rt>はず</rt></ruby>れる	과녁이 빗나가다, 엉뚱하다 例 面接で的が外れた回答をしてしまい，<ruby>案<rt>あん</rt></ruby><ruby>の定<rt>じょう</rt></ruby>不合格だった。 면접에서 엉뚱한 대답을 해서 예상대로 불합격이었다.	
<ruby>罠<rt>わな</rt></ruby>に<ruby>落<rt>お</rt></ruby>ちる	함정에 빠지다 例 注意していたが，相手の罠に落ちてしまった。 주의하고 있었지만 상대의 함정에 빠져 버렸다.	
<ruby>罠<rt>わな</rt></ruby>にはまる	덫에 걸리다 例 罠にかけるつもりが，逆に罠にはまってしまった。 덫에 걸리고 했는데 반대로 덫에 걸려 버렸다.	
<ruby>揚<rt>あ</rt></ruby>げ<ruby>足<rt>あし</rt></ruby>を<ruby>取<rt>と</rt></ruby>る	꼬투리를 잡다 例 いつも他人の揚げ足を取るような発言ばかりする人って，<ruby>嫌<rt>きら</rt></ruby>われますよね。 항상 남의 꼬투리를 잡는 발언만 하는 사람은 미움을 받게 되죠.	

	嵐の前の静けさ あらし まえ しず	폭풍전야의 평온 例 上司の沈黙は，まるで嵐の前の静けさのようで，不安を感じる。 상사의 침묵은 마치 폭풍전야의 평온 같아서 불안을 느낀다.
	痛い目に遭う いた め あ	호되게 당하다 例 嘘をつけば，必ずどこかで痛い目に遭う。 거짓말을 하면 반드시 어딘가에서 호되게 당한다.
	一翼を担う いちよく にな	일익을 담당하다 例 この大学は，この地域の発展の一翼を担う人材を輩出してくれました。 이 대학은 이 지역 발전의 일익을 담당하는 인재를 배출해 주었습니다.
	公にする おおやけ	공개하다 例 これまで極秘とされていた文書が初めて公にされた。 지금까지 극비였던 문서가 처음으로 공개되었다.
	煽てに乗る おだ の	부추김에 넘어가다 例 みんなの煽てに乗せられて，つい調子にのってしまった。 모두의 부추김에 넘어가 그만 오버해버렸다.
	お茶を濁す ちゃ にご	적당히 넘기다, 얼버무리다 例 自分ではお茶を濁していると思っていても，他人にはお見通しかもしれませんよ。 자기는 적당히 넘겼다고 생각해도 남들에게는 훤히 보일지도 몰라요.
	弱みを握る よわ にぎ	약점을 잡다 例 女房には弱みを握られているので逆らえない。 아내에게는 약점을 잡혀 있어서 거스르지 못한다.

桁(けた)が違(ちが)う	**큰 차이가 있다** 例 この新製品(しんせいひん)の値段(ねだん)は、確(たし)かに従来製品(じゅうらいせいひん)よりも、やや高(たか)めに設定(せってい)されておりますが、耐久性(たいきゅうせい)の桁が違います。 이 신제품 가격은 분명히 기존 제품보다도 약간 높게 설정되어 있습니다만 내구성에 큰 차이가 있습니다.	동사
功(こう)を奏(そう)する	**주효하다** 例 母親(ははおや)の説得(せっとく)が功を奏して、犯人(はんにん)は人質(ひとじち)を解放(かいほう)した。 어머니의 설득이 주효하여 범인은 인질을 풀어줬다.	형용사
言葉(ことば)に甘(あま)える	**말씀하신 대로, 그렇게 말씀하시니, 호의를 받아들이다** 例 じゃあ、お言葉に甘えて、ごちそうになります。 그럼, 그렇게 말씀하시니 잘 먹겠습니다.	형용동사
		부사
匙(さじ)を投(な)げる	**단념하다, 포기하다** 例 これは専門家(せんもんか)も匙を投げるほどの難病(なんびょう)です。 이것은 전문가도 포기할 정도의 난치병입니다.	숙어
時間(じかん)を稼(かせ)ぐ	**시간을 벌다** 例 とにかく、援軍(えんぐん)が来るまで、時間を稼げ！ 일단 원군이 올때까지 시간을 벌어라!	명사
		부록
姿(すがた)を消(け)す	**자취를 감추다** 例 恋人(こいびと)が突然(とつぜん)、理由(りゆう)もなく私の前から姿を消した。 애인이 갑자기 이유도 없이 나의 앞에서 자취를 감췄다.	
高嶺(たかね)の花(はな)	**그림의 떡** 例 マイホームが欲しいけど、今の仕事で貰(もら)っている給料(きゅうりょう)だけでは、高嶺の花だ。 내 집을 갖고 싶지만 지금의 일로 받는 월급만으로는 그림의 떡이다.	

숙어

동사	血が通う （ちがかよう）	인간미 있다 例 規則が云々ではなく，もう少し血が通った行政はできませんか？ 규칙 운운하지 말고 좀 더 인간미 있는 행정은 할 수 없습니까？
형용사	頭角を現す （とうかくあらわす）	두각을 나타내다 例 期待の新人だった彼は，最近になってから，この分野でめきめき頭角を現してきた。 기대되는 신인이었던 그는 최근 들어서부터 이 분야에서 눈에 띄게 두각을 나타냈다.
형용동사	途方に暮れる （とほうにくれる）	망연자실하다 例 山中で道に迷ってしまった。援助を求める為にスマホを使いたいが，バッテリが切れてしまい，途方に暮れた。 산 속에서 길을 잃어버렸다. 도움을 요청하기 위해 스마트폰을 사용하고 싶었지만 배터리가 떨어져서 망연자실했다.
부사	取るに足りない （とるにたりない）	하찮다, 쓸데없다 例 学生の頃は，よく友達と一緒に，取るに足りない世間話をしていた。 학생 시절에는 자주 친구와 함께 쓸데없는 세상사를 이야기했다.
숙어	泣いても笑っても （ないてもわらっても）	싫든 좋든, 아무튼 例 「泣いても笑っても最後の一戦になるから，頑張っていこう！」と部長が励ましてくれました。 「싫든 좋든 마지막 일전이 될테니까 열심히 하자!」고 부장님이 격려해줬습니다.
명사	暇を潰す （ひまをつぶす）	시간을 보내다 例 友達との待ち合わせ時間より１時間も早く着いたから，カフェでコーヒーを飲んで暇を潰す。 친구와의 약속 시간보다 1시간이나 일찍 도착했기 때문에 카페에서 커피를 마시며 시간을 보낸다.
부록	骨が折れる （ほねがおれる）	힘들다 例 ゴミ屋敷を綺麗に片付けるのは骨が折れる。 쓰레기로 가득찬 집안을 깨끗하게 치우는 것은 힘들다.

元(もと)も子(こ)もない	모든 것을 잃다, 본전도 못찾다 例 勤勉なのは良いことだが、無理をしすぎて体を壊しては元も子もない。 근면한 것은 좋지만 너무 무리해서 몸을 망가뜨려서는 모든 것을 잃는다.
山場(やまば)を迎(むか)える	고비를 맞이하다 例 決勝戦も中盤となり、勝負はもう山場を迎えています。 결승전도 중반이 되어 승부는 이제 고비를 맞이하고 있습니다.
融通(ゆうずう)が利(き)く	융통성이 있다 例 私の職場は勤務時間の融通が利くので、子育て中の社員にはありがたい。 우리 직장은 근무시간에 융통성이 있어 육아 중인 사원에게는 감사한 일이다.
弱音(よわね)を吐(は)く	자신없는 소리를 하다 例 途中で躓いても絶対に弱音を吐くな。最後まで努力して頑張れ。 도중에 실패해도 절대로 자신없는 소리 하지 마라. 끝까지 노력해서 힘내라.
レッテルを貼(は)る	딱지를 붙이다 例 彼は成績がいつも悪いので、周りの先生や友達から「怠け者」のレッテルを貼られている。 그는 성적이 항상 나빠서 주위의 선생님이나 친구들로부터「게으름뱅이」라는 딱지가 붙었다.
我(われ)を忘(わす)れる	넋을 잃다 例 新作のゲームを買った彼は、我を忘れるほど夢中になって遊んでいる。 신작 게임을 산 그는 넋을 잃을 정도로 열중해서 놀고 있다.
意気投合(いきとうごう)	의기투합 例 彼女とは初対面で意気投合し、その後もずっと仲良くしています。 그녀와의 첫 만남에서 의기투합하여 그 후에도 계속 사이 좋게 지내고 있습니다.

異口同音 (いくどうおん)
이구동성
例 道路建設に周辺住民は異口同音に反対した。
도로건설에 주변 주민들은 이구동성으로 반대했다.

一期一会 (いちごいちえ)
일생에 한 번
例 ご来店のお客様には、一期一会をモットーに接客を行う考えです。
방문해주신 고객분들께는 일생에 한 번이라는 것을 모토로 접객할 생각입니다.

一目瞭然 (いちもくりょうぜん)
일목요연
例 この掛け物が贋作なのは、一目瞭然です。
이 족자가 위작인 것은 일목요연합니다.

一騎当千 (いっきとうせん)
일기당천
例 彼は援軍がやってくるまで孤軍奮闘し、まさに一騎当千の活躍をした。
그는 원군이 올 때까지 고군분투하며 그야말로 일기당천의 활약을 했다.

一挙両得 (いっきょりょうとく)
일거양득
類 一石二鳥
例 徒歩通勤は、お金の節約と健康増進の効果が望める、まさに一挙両得の方法であると言える。
도보 출퇴근은 돈 절약과 건강증진의 효과를 기대할 수 있어 그야말로 일거양득의 방법이라고 할 수 있다.

一生懸命 (いっしょうけんめい)
열심히
類 一所懸命　一心不乱
例 一生懸命頑張ったかいがあって、念願の大学に合格した。
열심히 노력한 보람이 있어 염원하던 대학에 합격했다.

一触即発 (いっしょくそくはつ)
일촉즉발
例 デモ隊と機動隊がお互いに睨み合い、まさに一触即発の状況です。
시위대와 기동대가 서로 대치하여 그야말로 일촉즉발의 상황입니다.

いっせき に ちょう **一石二鳥**	### 일석이조 **類** 一挙両得 **例** 中華料理店でバイトをすると，中国語の勉強ができるだけでなく，まかないで食事代も節約できるので，まさに一石二鳥だ。 중화요리점에서 아르바이트를 하면 중국어를 배울 수 있을 뿐만 아니라 제공되는 식사로 식사비도 절약할 수 있어서 그야말로 일석이조다.
き き いっぱつ **危機一髪**	### 위기일발 **例** 直前で電車が止まったため，ホームに転落したおばあちゃんは危機一髪で助かった。 직전에 전철이 멈췄기 때문에 플랫폼에 떨어진 할머니는 위기일발로 살았다.
こうじょりょうぞく **公序良俗**	### 미풍양속 **例** 最近の道徳観の変化からか，公序良俗も変わってきたように思える。 요즘의 도덕관의 변화 때문인지 미풍양속도 바뀐 것 같다.
さん ぴ りょうろん **賛否両論**	### 찬반양론 **例** 新しい競技場の建設には賛否両論がある。 새 경기장 건설에는 찬반양론이 있다.
じ が じ さん **自画自賛**	### 자화자찬 **類** 我田引水　手前味噌 **例** 個展に誘われて見に行ったのはいいものの，当の本人があまりに自画自賛するので，逆に白けてしまった。 개인전에 초대되어 보러 간 것은 좋았는데 당사자 본인이 너무 자화자찬을 해서 오히려 어색해져버렸다.
し こうさく ご **試行錯誤**	### 시행착오 **例** この新製品は試行錯誤の結果，やっとのことで完成しました。 이 신제품은 시행착오 끝에 겨우 완성했습니다.
じ ごう じ とく **自業自得**	### 자업자득 **類** 因果応報 **例** 砂浜で落とし穴を掘っていたら，自分が落ちてしまった。これぞ自業自得である。 모래사장에서 함정을 파고 있다가 자신이 빠져버렸다. 이것이야말로 자업자득이다.

숙어

十中八九 (じっちゅうはっく)
십중팔구

例 今回の市長選挙は十中八九，現職が当選すると思う。
이번 시장선거는 십중팔구 현직이 당선할 거라 생각한다.

弱肉強食 (じゃくにくきょうしょく)
약육강식

例 アフリカの草原は弱肉強食の世界であり，その頂点には百獣の王ライオンが君臨している。
아프리카 초원은 약육강식의 세계로 그 정점에는 백수의 왕 사자가 군림하고 있다.

十人十色 (じゅうにんといろ)
각인각색

例 大勢が集まると意見は十人十色であり，なかなか結論を下せない。
여러 사람이 모이면 의견이 각인각색으로 좀처럼 결론을 내릴 수 없다.

取捨選択 (しゅしゃせんたく)
취사선택

例 情報化時代において，情報の取捨選択が不可欠だ。
정보화 시대에 정보의 취사선택은 불가결하다.

順風満帆 (じゅんぷうまんぱん)
순풍만범

例 今年で還暦を迎えましたが，私の人生はこれまで順風満帆であったと思います。
올해로 환갑을 맞이했습니다만 제 인생은 지금까지 순풍만범이었다고 생각합니다.

少数精鋭 (しょうすうせいえい)
소수정예

例 今回の調査は予算削減のため，少数精鋭で行うことにする。
이번 조사는 예산삭감으로 소수정예로 실시하기로 한다.

心機一転 (しんきいってん)
심기일전

例 新居に引っ越したことをきっかけに，心機一転して生活をやり直す。
새 집으로 이사한 것을 계기로 심기일전하여 생활을 새로 시작한다.

しんけんしょうぶ **真剣勝負**	진검승부 例 次は手加減なしで、真剣勝負で決着を付ける。 다음에는 봐주기 없이 진검승부로 결착을 짓겠다.
しんらばんしょう **森羅万象**	삼라만상 例 彼はこの世の森羅万象を解き明かしたいと考えている。 그는 이 세상의 삼라만상을 알아내고 싶다고 생각하고 있다.
せいしんせいい **誠心誠意**	성심성의 例 誠心誠意、会社の発展のために尽くします。 성심성의로 회사의 발전을 위해 최선을 다하겠습니다.
せいどうどう **正々堂々**	정정당당 例 選手宣誓、スポーツマンシップに則り正々堂々と戦うことを誓います。 선수 선서, 스포츠맨십에 의거하여 정정당당하게 싸울 것을 맹세합니다.
せっさたくま **切磋琢磨**	절차탁마 例 チームのみんなと一緒に切磋琢磨した成果が今回の結果に表れた。 팀원 모두와 함께 절차탁마한 결과가 이번 결과로 나타났다.
せんさばんべつ **千差万別**	천차만별 類 十人十色 例 ここはラーメンの激戦区だが、味そのものは千差万別である。 여기는 라멘의 격전지인데 맛 자체는 천차만별이다.
ぜんじんみとう **前人未踏**	전인미답 同 前人未到 例 夢に向かって頑張れば、前人未踏の記録にもいつかたどり着ける。 꿈을 향해 노력하면 전인미답의 기록에도 언젠가 도달할 수 있다.

동사		
	大器晩成 たいきばんせい	**대기만성** 例 大器晩成型の人物の代表に，62歳で江戸幕府を開いた徳川家康がいます。 대기만성형 인물의 대표로 62세에 에도막부를 연 도쿠가와 이에야스가 있습니다.
형용사		
	他人行儀 たにんぎょうぎ	**서먹서먹한 행동** 例 原因は分からないが，彼女は最近他人行儀でよそよそしい。 원인은 알 수 없지만 그녀는 최근 서먹서먹한 행동으로 데면데면하다.
형용동사		
	単刀直入 たんとうちょくにゅう	**단도직입** 例 単刀直入に申し上げますと，この価格でのお取引はかなり無理があります。 단도직입적으로 말씀드리면 이 가격으로의 거래는 상당히 무리가 있습니다.
부사		
숙어	**適者生存** てきしゃせいぞん	**적자생존** 類 自然淘汰 例 どの業界においても適者生存の法則で成り立っており，環境変化に対応できない会社は，自然淘汰される。 어느 업계도 적자생존의 법칙으로 성립되어 있어 환경변화에 대응하지 못하는 회사는 자연도태 된다.
명사	**二者択一** にしゃたくいつ	**양자택일** 例 大学最終年度，就職か進学かの二者択一を迫られている。 대학의 마지막 연도, 취직인지 진학인지 양자택일을 압박받고 있다.
부록		
	日常茶飯 にちじょうさはん	**일상다반** 例 交通渋滞は毎朝のことで，接触事故は日常茶飯事です。 교통정체는 매일 아침 있는 일이고 접촉사고는 일상다반사입니다.
	日進月歩 にっしんげっぽ	**일취월장, 일진월보** 例 よく科学技術の進歩は日進月歩と言われるが，中でも生物学の分野はとりわけ著しい。 흔히 과학기술의 진보는 일진월보라고 하지만 그 중에서도 생물학 분야는 특히 현저하다.

にんさんきゃく **二人三脚**	**이인삼각** 例 夫婦二人三脚で長年にわたって営業してきた蕎麦屋を，ついに畳んだ。 부부가 이인삼각으로 오랜 세월에 걸쳐 영업해온 소바집을 마침내 접었다.	동사
ぼうじゃくぶじん **傍若無人**	**안하무인, 방약무인, 방약무도** 例 最近は観光地における，外国人の傍若無人な振る舞いに非難が集まっている。 최근에는 관광지에서 외국인의 방약무도한 행동에 비난이 쏟아지고 있다.	형용사 형용동사
ほんまつてんとう **本末転倒**	**본말전도** 例 学生がアルバイトに専念して，学業を怠るのは本末転倒である。 학생이 아르바이트에 전념하여 학업을 게을리하는 것은 본말전도다.	부사
みっかぼうず **三日坊主**	**작심삼일** 例 今年こそ日記を書こうと決めたが，三日坊主でもうやめてしまった。 올해야말로 일기를 쓰려고 결심했는데 작심삼일로 벌써 그만두었다.	숙어
むがむちゅう **無我夢中**	**무아지경** 例 激しい恐怖を感じ，彼は無我夢中で逃げ続けた。 심한 공포를 느끼고 그는 무아지경으로 계속 도망쳤다.	명사
ゆいいつむに **唯一無二**	**유일무이** 例 一期一会の出会いを大切にしたおかげか，唯一無二のパートナーと巡り合えた。 일생에 한번뿐인 만남을 소중히 한 덕분에 유일무이한 파트너와 만날 수 있었다.	부록
ゆいがどくそん **唯我独尊**	**유아독존** 例 彼は唯我独尊で，人の意見を聞き入れないので友人が次々と去っていく。 그는 유아독존으로 다른 사람들의 의견을 들어주지 않아서 친구가 속속 떠나간다.	

숙어

油断大敵 (ゆだんたいてき)
방심은 금물

例 たとえ減量に成功しても、油断大敵だよ。少しでも気を抜けば、リバウンドしてしまうから。
비록 감량에 성공하더라도 방심은 금물이야. 조금이라도 신경을 쓰지 않으면 요요현상이 와버리니까.

欲求不満 (よっきゅうふまん)
욕구불만

例 欲求不満を解消するには、運動で汗を流すのが一番です。
욕구불만을 해소하는데는 운동으로 땀을 흘리는 것이 최고다.

竜頭蛇尾 (りゅうとうだび)
용두사미

例 新番組は当初は好調だったが、次第に視聴率が下がり、竜頭蛇尾に終わった。
새 프로그램은 초기에는 호조를 보였지만 점차 시청률이 떨어져 용두사미로 끝났다.

臨機応変 (りんきおうへん)
임기응변

例 作戦の計画は重要だが、状況に合わせて臨機応変に対応しないといけない。
작전 계획은 중요하지만 상황에 맞춰 임기응변으로 대응해야 한다.

和魂洋才 (わこんようさい)
화혼양재

例 小学校における英語教育は、和魂洋才の精神を育むうえでも重要かもしれないが、まずは日本語を確かにするほうが大事なのではないか。
초등학교에서의 영어교육은 화혼양재 정신을 기르는데도 중요할지도 모르지만 우선은 일본어를 확실히 하는 쪽이 중요하지 않을까?

和洋折衷 (わようせっちゅう)
화양절충

例 明治期の建築物には、和洋折衷の方式が多く残っている。
메이지 시대 건축물에는 화양절충 방식이 많이 남아 있다.

6

名詞 名詞・サ変名詞

명사 명사・サ행 변격 명사

음성과 TEST

명 사

빈도	단어	뜻
625	文章 (ぶんしょう)	문장
465	自分 (じぶん)	자기, 본인
342	問 (とい)	물음, 질문
309	筆者 (ひっしゃ)	필자
306	人間 (にんげん)	인간, 사람
294	子供 (こども)	아이, 어린이
277	情報 (じょうほう)	정보
273	社会 (しゃかい)	사회
223	何 (なに)	무엇
206	問題 (もんだい)	문제
201	内容 (ないよう)	내용
191	学生 (がくせい)	학생
189	線 (せん)	선
165	次 (つぎ)	다음
154	環境 (かんきょう)	환경
145	言葉 (ことば)	말, 단어
140	本 (ほん)	책
139	動物 (どうぶつ)	동물
136	体 (からだ)	몸, 신체
135	生物・生物 (せいぶつ・なまもの)	생물・날 것
120	多く (おおく)	많음
120	方法 (ほうほう)	방법
119	力 (ちから)	힘, 실력
114	技術 (ぎじゅつ)	기술

빈도	단어	뜻
110	世界 (せかい)	세계
107	理由 (りゆう)	이유
106	相手 (あいて)	상대
104	地域 (ちいき)	지역
103	音 (おと)	소리
103	先 (さき)	앞, 이전
102	色 (いろ)	색, 빛
101	科学 (かがく)	과학
99	先生 (せんせい)	선생
94	下 (した)	아래, 밑
94	人々 (ひとびと)	사람들
94	文化 (ぶんか)	문화
93	作品 (さくひん)	작품
93	能力 (のうりょく)	능력
91	手 (て)	손
90	場所 (ばしょ)	장소
87	経済 (けいざい)	경제
85	植物 (しょくぶつ)	식물
85	蝶 (ちょう)	나비
82	価値 (かち)	가치
80	言語 (げんご)	언어
78	種 (たね)	씨, 종자, 원인
78	知識 (ちしき)	지식
75	男子 (だんし)	남자

빈도	단어	뜻
74	他人 (たにん)	남, 타인
73	大人 (おとな)	성인, 어른
73	外 (そと)	밖, 바깥
73	都市 (とし)	도시
71	気 (き)	기운, 기력, 느낌
69	商品 (しょうひん)	상품
69	水 (みず)	물
68	略 (りゃく)	대략 ; 생략
67	親 (おや)	부모
67	脳 (のう)	뇌
67	目的 (もくてき)	목적
66	企業 (きぎょう)	기업
66	現代 (げんだい)	현대
66	大学 (だいがく)	대학
66	部分 (ぶぶん)	부분
65	行為 (こうい)	행위
65	効果 (こうか)	효과
64	機械 (きかい)	기계
64	対象 (たいしょう)	대상
63	木 (き)	나무
63	語 (ご)	말, 언어
63	魚 (さかな)	물고기, 생선
63	製品 (せいひん)	제품
62	書 (しょ)	책, 서
62	新聞 (しんぶん)	신문
62	葉 (は)	잎
62	光 (ひかり)	빛, 희망
62	美術 (びじゅつ)	미술
62	本人 (ほんにん)	본인
60	心 (こころ)	마음
59	地 (ち)	땅, 고장
59	鳥 (とり)	새
57	人類 (じんるい)	인류
57	全体 (ぜんたい)	전체
57	例 (れい)	예
57	我々 (われわれ)	우리 (들)
55	状態 (じょうたい)	상태
54	女子 (じょし)	여자
54	専門 (せんもん)	전문
54	地球 (ちきゅう)	지구
53	形 (かたち)	형태, 모양
53	空間 (くうかん)	공간
53	構造 (こうぞう)	구조
53	目 (め)	눈
52	餌 (えさ)	먹이
52	客 (きゃく)	손님
52	状況 (じょうきょう)	상황
51	図書 (としょ)	도서
50	数 (かず)	수, 숫자
50	感覚 (かんかく)	감각, 느낌
50	個人 (こじん)	개인
50	自身 (じしん)	자신, 본인

동사

형용사

형용동사

부사

숙어

명사

부록

명사

빈도	단어	뜻
50	図(ず)	그림, 도
50	テレビ	텔레비전
50	部屋(へや)	방
50	身(み)	몸
49	頭(あたま)	머리
49	顔(かお)	얼굴
49	国(くに)	국가, 나라
49	伝統(でんとう)	전통
48	絵(え)	그림, 회화
48	栄養(えいよう)	영양
48	学校(がっこう)	학교
47	顧客(こきゃく)	고객
46	現実(げんじつ)	현실
46	卵(たまご)	달걀, 알
45	一般(いっぱん)	일반, 보통
45	子(こ)	아이
45	室(しつ)	방, 실
45	資料(しりょう)	자료
45	物質(ぶっしつ)	물질
44	側(がわ)	쪽, 측
44	気持ち(きもち)	기분, 마음
44	場(ば)	장
44	役割(やくわり)	역할
43	宇宙(うちゅう)	우주
43	彼(かれ)	그
43	観(かん)	관, 모양
43	口(くち)	입
43	芸術(げいじゅつ)	예술
43	街(まち)	거리, 도시
42	ストレス	스트레스
42	特徴(とくちょう)	특징
42	病気(びょうき)	병
41	海(うみ)	바다
41	家族(かぞく)	가족
41	産業(さんぎょう)	산업
41	他(ほか)	외, 타
41	元(もと)	처음, 원래
41	ロボット	로봇
41	論文(ろんぶん)	논문
40	距離(きょり)	거리
40	結果(けっか)	결과
40	写真(しゃしん)	사진
40	食(しょく)	식사, 식
40	毒(どく)	독
40	林(はやし)	숲, 임
40	雌(めす)	암컷
39	擬態(ぎたい)	의태
39	基本(きほん)	기본
38	身体(からだ)	몸
38	感(かん)	감, 느낌
38	近代(きんだい)	근대
38	グループ	그룹

빈도	단어	뜻
38	こうりつ 効率	효율
38	じこ 事故	사고
38	じゅうみん 住民	주민
38	じょせい 女性	여성
37	せいめい 生命	생명
37	みち 道	길
37	メール	메일
36	エネルギー	에너지
36	すがた 姿	모습
36	もり 森	숲
35	あじ 味	맛
35	コミュニケーション	커뮤니케이션
35	しゅるい 種類	종류
35	ほね 骨	뼈
34	インターネット	인터넷
34	おす 雄	수컷
34	がくしゃ 学者	학자
34	くるま 車	자동차, 차
34	しゅうだん 集団	집단
34	ちゅうしん 中心	중심, 가운데
34	どうろ 道路	도로
33	いちぶ 一部	일부
33	かね・きん 金・金	돈・금
33	げんしょう 現象	현상
33	しゅうい 周囲	주위
33	ぶんや 分野	분야

빈도	단어	뜻
33	みせ 店	가게, 상점
32	きょうみ 興味	흥미
32	しんり 心理	심리
32	せいと 生徒	학생
32	たもの 食べ物	음식
32	ほうこう 方向	방향
32	メディア	미디어
31	じゅうたく 住宅	주택
31	じょうけん 条件	조건
30	かんじゃ 患者	환자
30	スポーツ	스포츠
30	ぶつり 物理	물리
30	み 実	열매, 과실
30	わかもの 若者	젊은이
29	アート	예술, 아트
29	いちば 市場	시장
29	おんがく 音楽	음악
29	かみ 紙	종이
29	こえ 声	목소리
28	あめ 雨	비
28	うそ 嘘	거짓말
28	けいこう 傾向	경향
28	しつ 質	질, 품질
28	じてんしゃ 自転車	자전거
28	しゅぎ 主義	주의
28	じんこう 人工	인공

명 사

빈도	단어	뜻
28	人生 (じんせい)	인생
28	選手 (せんしゅ)	선수
28	仲間 (なかま)	친구, 동료
28	役 (やく)	직무, 책임, 역할
27	機会 (きかい)	기회
27	人口 (じんこう)	인구
27	精神 (せいしん)	정신
27	センター	센터, 중심
27	前提 (ぜんてい)	전제
27	他者 (たしゃ)	타자, 다른 사람
27	チンパンジー	침팬지
27	虫 (むし)	벌레
26	居間 (いま)	거실
26	回 (かい)	회, 차
26	機関 (きかん)	기관
26	記事 (きじ)	기사
26	具体 (ぐたい)	구체
26	システム	시스템
26	名前 (なまえ)	이름
26	猫 (ねこ)	고양이
26	ビジネス	비즈니스
25	家 (いえ)	집
25	一方 (いっぽう)	일방, 한쪽
25	現場 (げんば)	현장
25	高齢 (こうれい)	고령
25	差 (さ)	차, 차이

빈도	단어	뜻
25	資源 (しげん)	자원
25	制度 (せいど)	제도
25	西洋 (せいよう)	서양
25	データ	데이터
25	品・品 (ひん・しな)	물건, 상품
25	目標 (もくひょう)	목표
24	石 (いし)	돌
24	会社 (かいしゃ)	회사
24	鏡 (かがみ)	거울
24	川 (かわ)	강
24	ごみ	쓰레기
24	砂漠 (さばく)	사막
24	習慣 (しゅうかん)	습관
24	著者 (ちょしゃ)	저자
24	動機 (どうき)	동기
24	道具 (どうぐ)	도구
24	母 (はは)	어머니
24	範囲 (はんい)	범위
24	法律 (ほうりつ)	법률
24	見方 (みかた)	견해, 생각
24	論理 (ろんり)	논리
23	個体 (こたい)	개체
23	材料 (ざいりょう)	재료
23	食物 (しょくもつ)	식물, 식품
23	世代 (せだい)	세대
23	本質 (ほんしつ)	본질

빈도	단어	뜻
23	右 (みぎ)	오른쪽
23	物 (もの)	물건, 물체
23	山 (やま)	산
22	外来 (がいらい)	외래
22	風 (かぜ)	바람
22	感情 (かんじょう)	감정
22	サル	원숭이
22	森林 (しんりん)	삼림
22	世帯 (せたい)	세대
22	テーマ	테마, 주제
22	読者 (どくしゃ)	독자
22	母親 (ははおや)	모친, 어머니
22	夜 (よる)	밤
22	類 (るい, たぐい)	종류, 같은 부류
21	絵本 (えほん)	그림책
21	海外 (かいがい)	해외
21	課題 (かだい)	과제
21	事業 (じぎょう)	사업
21	思想 (しそう)	사상
21	自治 (じち)	자치
21	視点 (してん)	시점, 관점
21	スキル	스킬, 기술
21	責任 (せきにん)	책임
21	道徳 (どうとく)	도덕
21	農業 (のうぎょう)	농업
21	ファッション	패션

단어	뜻
ンティア	봉사활동
〜	마을, 시골
幼虫 (ようちゅう)	목재 / 유충
世の中 (よのなか)	상, 사회
歴史 (れきし)	
後味 (あとあじ)	뒷맛
医療 (いりょう)	의료
家庭 (かてい)	가정
関心 (かんしん)	관심
機 (き)	기, 기회
危機 (きき)	위기
基準 (きじゅん)	기준
説 (せつ)	설, 주장
地方 (ちほう)	지방
電気 (でんき)	전기
農家 (のうか)	농가
場面 (ばめん)	장면
左 (ひだり)	왼쪽
プログラム	프로그램
本文 (ほんぶん)	본문
皆様 (みなさま)	여러분
理論 (りろん)	이론
上 (うえ)	위
衛星 (えいせい)	위성
筋力 (きんりょく)	근력

빈도	단어	뜻
19	空気 (くうき)	
19	自己 (じこ)	
19	事務 (じむ)	
19	手段 (しゅだん)	수단
19	上司 (じょうし)	상사
19	戦略 (せんりゃく)	전략
19	炭素 (たんそ)	탄소
19	段落 (だんらく)	단락
19	地図 (ちず)	지도
19	年代 (ねんだい)	연대
19	マンガ	만화
19	リーダー	리더
19	利益 (りえき)	이익
19	ルール	룰, 규칙
18	科 (か)	과
18	過去 (かこ)	과거
18	過程 (かてい)	과정
18	観客 (かんきゃく)	관객
18	行政 (ぎょうせい)	행정
18	自発 (じはつ)	자발
18	市民 (しみん)	시민
18	社 (やしろ)	신사, 신전
18	巣 (す)	둥지, 집
18	数字 (すうじ)	숫자
18	生態 (せいたい)	생태
18	段階 (だんかい)	단계

빈도	단어	뜻
18	敵 (てき)	적
18	メッセージ	메시지
18	林業 (りんぎょう)	임업
17	生き物 (いきもの)	생물
17	外国 (がいこく)	외국
17	草 (くさ)	풀
17	熊 (くま)	곰
17	工場 (こうじょう)	공장
17	個々 (ここ)	개개
17	細胞 (さいぼう)	세포
17	児童 (じどう)	아동, 어린이
17	地面 (じめん)	지면, 땅
17	人物 (じんぶつ)	인물
17	政策 (せいさく)	정책
17	素材 (そざい)	소재
17	太陽 (たいよう)	태양
17	立場 (たちば)	입장
17	何度 (なんど)	몇 번
17	普段 (ふだん)	보통, 평소, 평상
17	物事 (ものごと)	물건과 일, 사안
17	夢 (ゆめ)	꿈
17	様子 (ようす)	모양, 상태
17	例外 (れいがい)	예외
16	赤ちゃん (あか)	아기
16	足 (あし)	발, 다리
16	穴 (あな)	구멍

빈도	단어	뜻
16	枝 (えだ)	가지
16	概念 (がいねん)	개념
16	化学 (かがく)	화학
16	確率 (かくりつ)	확률
16	科目 (かもく)	과목
16	気分 (きぶん)	기분
16	教室 (きょうしつ)	교실
16	国語 (こくご)	국어
16	コスト	코스트, 비용
16	琴 (こと)	비파, 거문고, 가야금
16	粉 (こな)	가루, 분말
16	ゴリラ	고릴라
16	雑誌 (ざっし)	잡지
16	視覚 (しかく)	시각
16	障害 (しょうがい)	장애, 방해
16	図鑑 (ずかん)	도감
16	性質 (せいしつ)	성질
16	単位 (たんい)	단위
16	団体 (だんたい)	단체
16	近く (ちかく)	부근
16	唐辛子 (とうがらし)	고추
16	所 (ところ)	장소, 때
16	まちづくり	도시건설
16	湖 (みずうみ)	호수
16	モデル	모델
16	要因 (よういん)	요인

빈도	단어	뜻
16	和食 (わしょく)	일식
15	獲物 (えもの)	사냥감
15	温度 (おんど)	온도
15	位 (くらい)	지위, 계급, 품격
15	現状 (げんじょう)	현상
15	公共 (こうきょう)	공공
15	工芸 (こうげい)	공예
15	口座 (こうざ)	계좌
15	昆布 (こんぶ)	다시마
15	市街 (しがい)	시가, 거리
15	自動車 (じどうしゃ)	자동차
15	種子 (しゅし)	종자
15	常識 (じょうしき)	상식
15	商店 (しょうてん)	상점
15	触覚 (しょっかく)	촉각
15	筋 (すじ)	줄기, 줄거리
15	スタイル	스타일
15	全国 (ぜんこく)	전국
15	多数 (たすう)	다수
15	土地 (とち)	토지, 땅, 고장
15	ニーズ	니즈, 수요
15	表面 (ひょうめん)	표면
15	保健 (ほけん)	보건
15	紫 (むらさき)	보라색
15	メーカー	메이커, 제조자
15	理想 (りそう)	이상

명 사

빈도	단어	뜻
14	イカ	오징어
14	椅子 (いす)	의자
14	犬 (いぬ)	개
14	衣服 (いふく)	의복, 옷
14	内 (うち)	내부, 안, 동안
14	駅 (えき)	역
14	表 (おもて)	표면, 겉
14	害虫 (がいちゅう)	해충
14	記者 (きしゃ)	기자
14	規模 (きぼ)	규모
14	疑問 (ぎもん)	의문
14	グラフ	그래프
14	参考 (さんこう)	참고
14	酸素 (さんそ)	산소
14	周辺 (しゅうへん)	주변
14	寿命 (じゅみょう)	수명
14	需要 (じゅよう)	수요
14	食材 (しょくざい)	식자재, 식재료
14	図形 (ずけい)	도형
14	世紀 (せいき)	세기
14	積極 (せっきょく)	적극
14	態度 (たいど)	태도
14	建物 (たてもの)	건물
14	男女 (だんじょ)	남녀
14	タンパク	단백질
14	土 (つち)	땅, 흙, 토양
14	時計 (とけい)	시계
14	友達 (ともだち)	친구
14	謎 (なぞ)	수수께끼
14	ニュース	뉴스
14	年齢 (ねんれい)	연령
14	農村 (のうそん)	농촌
14	費用 (ひよう)	비용
14	袋 (ふくろ)	주머니, 봉투
14	プロ	프로
14	プロセス	프로세스
14	町 (まち)	도회, 읍내, 마을
14	周り (まわり)	주위, 둘레
14	民族 (みんぞく)	민족
14	免疫 (めんえき)	면역
14	野菜 (やさい)	야채, 채소
14	有機 (ゆうき)	유기
14	要素 (ようそ)	요소
13	遺伝子 (いでんし)	유전자
13	印象 (いんしょう)	인상
13	課 (か)	과
13	議会 (ぎかい)	의회
13	クモ	거미
13	高度 (こうど)	고도
13	鹿 (しか)	사슴
13	主体 (しゅたい)	주체
13	職業 (しょくぎょう)	직업

빈도	단어	뜻
13	食品	식품
13	成果	성과
13	繊維	섬유
13	全員	전원
13	男性	남성
13	チーム	팀
13	出来事	사건, 일
13	燃料	연료
13	農薬	농약
13	ページ	페이지
13	法則	법칙
13	ミツバチ	꿀벌
13	友人	친구
12	アミノ酸	아미노산
12	意欲	의욕
12	円	원, 엔화
12	学部	학부
12	教師	교사
12	権利	권리
12	個性	개성
12	地震	지진
12	視線	시선
12	賞	상
12	少数	소수
12	職務	직무
12	相互	상호

빈도	단어	뜻
12	対策	대책
12	地上	지상
12	手紙	편지
12	哲学	철학
12	歯	이, 치아
12	品質	품질
12	源	기원, 수원, 근원
12	申込	신청
12	寮	기숙사, 관사
11	蟻	개미
11	意義	의의
11	ウニ	성게
11	映像	영상
11	男	남자
11	下記	하기, 아래
11	鍵	열쇠
11	記号	기호
11	基礎	기초
11	規則	규칙
11	具合	형편, 상태
11	鯨	고래
11	結末	결말
11	権威	권위
11	コイン	코인, 동전
11	高校	고등학교
11	コーナー	코너, 모퉁이

명사

빈도	단어	뜻
11	氷 (こおり)	얼음
11	昆虫 (こんちゅう)	곤충
11	術 (じゅつ)	기술, 솜씨
11	小学生 (しょうがくせい)	초등학생
11	小学校 (しょうがっこう)	초등학교
11	深海 (しんかい)	심해
11	性格 (せいかく)	성격
11	生体 (せいたい)	생체
11	大会 (たいかい)	대회
11	年寄り (としより)	노인
11	熱帯 (ねったい)	열대
11	濃度 (のうど)	농도
11	幅 (はば)	폭
11	破片 (はへん)	파편
11	比重 (ひじゅう)	비중
11	病院 (びょういん)	병원
11	表情 (ひょうじょう)	표정
11	部下 (ぶか)	부하
11	服装 (ふくそう)	복장
11	舞台 (ぶたい)	무대
11	雰囲気 (ふんいき)	분위기
11	味覚 (みかく)	미각
11	耳 (みみ)	귀
11	芽 (め)	싹, 눈
11	病い (やまい)	병
11	幼児 (ようじ)	유아

빈도	단어	뜻
11	路上 (ろじょう)	노상
11	枠組 (わくぐみ)	짜임새, 틀짜기
10	青色 (あおいろ)	청색, 파란색
10	栄養素 (えいようそ)	영양소
10	カード	카드
10	外部 (がいぶ)	외부
10	各地 (かくち)	각지
10	影・陰 (かげ)	그림자, 그늘
10	果実 (かじつ)	과실
10	活性 (かっせい)	활성
10	金槌 (かなづち)	쇠망치
10	義務 (ぎむ)	의무
10	黒 (くろ)	검은색, 검정
10	ケース	케이스, 경우
10	欠点 (けってん)	결점
10	工程 (こうてい)	공정
10	根拠 (こんきょ)	근거
10	コンピュータ	컴퓨터
10	仕方 (しかた)	방법, 수단
10	時間割 (じかんわり)	시간표
10	自然 (しぜん)	자연
10	実態 (じったい)	실태
10	島 (しま)	섬
10	主観 (しゅかん)	주관
10	宿主 (しゅくしゅ)	숙주
10	食糧 (しょくりょう)	식량

빈도	단어	뜻
10	水槽 (すいそう)	수조, 물탱크
10	水道水 (すいどうすい)	수돗물
10	数値 (すうち)	수치
10	成分 (せいぶん)	성분
10	センス	센스
10	選択肢 (せんたくし)	선택지
10	空・空 (から・そら)	빔, 하늘
10	村長 (そんちょう)	촌장
10	大気 (たいき)	대기
10	地区 (ちく)	지구
10	茶 (ちゃ)	차
10	鶴 (つる)	학, 두루미
10	伝記 (でんき)	전기
10	トラブル	트러블, 문제
10	乳児 (にゅうじ)	영아, 젖먹이
10	蠅 (はえ)	파리
10	番組 (ばんぐみ)	프로그램
10	複数 (ふくすう)	복수
10	文法 (ぶんぽう)	문법
10	報酬 (ほうしゅう)	보수
10	魅力 (みりょく)	매력
10	紋様 (もんよう)	문양, 무늬
10	用語 (ようご)	용어
10	ラット	쥐, 래트
10	両者 (りょうしゃ)	양자
10	湧水 (わきみず)	용수, 샘물
10	話題 (わだい)	화제
9	アイデア	아이디어
9	証 (あかし)	증명, 증거
9	稲 (いね)	벼
9	命 (いのち)	목숨, 생명
9	売上 (うりあげ)	매상, 매출
9	会員 (かいいん)	회원
9	絵画 (かいが)	회화, 그림
9	海水 (かいすい)	해수, 바닷물
9	感性 (かんせい)	감성
9	観点 (かんてん)	관점
9	軌道 (きどう)	궤도
9	技能 (ぎのう)	기능
9	急用 (きゅうよう)	급한 일
9	筋肉 (きんにく)	근육
9	唇 (くちびる)	입술
9	血液 (けつえき)	혈액
9	公園 (こうえん)	공원
9	項目 (こうもく)	항목
9	古典 (こてん)	고전
9	コンクリート	콘크리트
9	根本 (こんぽん)	근본
9	細菌 (さいきん)	세균
9	山村 (さんそん)	산촌
9	自動 (じどう)	자동
9	視野 (しゃ)	시야

명사

빈도	단어	뜻
9	証拠 (しょうこ)	증거
9	水分 (すいぶん)	수분
9	側面 (そくめん)	측면
9	知恵 (ちえ)	지혜
9	知性 (ちせい)	지성
9	乳 (ちち)	젖
9	朝食 (ちょうしょく)	조식
9	電車 (でんしゃ)	전차, 전철
9	特質 (とくしつ)	특질, 특성
9	特性 (とくせい)	특성
9	隣 (となり)	이웃
9	南極 (なんきょく)	남극
9	熱 (ねつ)	열
9	背景 (はいけい)	배경
9	箱 (はこ)	상자
9	パソコン	PC, 컴퓨터
9	歯磨き (はみがき)	치약, 양치질
9	バランス	밸런스, 균형
9	ビデオ	비디오
9	肥料 (ひりょう)	비료
9	褒美 (ほうび)	포상, 상
9	窓口 (まどぐち)	창구
9	勇気 (ゆうき)	용기
9	養分 (ようぶん)	양분
9	領域 (りょういき)	영역
9	リンゴ	사과
9	レベル	레벨, 등급
9	罠 (わな)	올가미, 덫
8	赤色 (あかいろ)	빨간색
8	値・値 (あたい・ね)	값, 가치
8	圧力 (あつりょく)	압력
8	イベント	이벤트
8	エンジン	엔진
8	オペラ	오페라
8	親子 (おやこ)	부모자식
8	癌 (がん)	암
8	漢字 (かんじ)	한자
8	岩石 (がんせき)	암석
8	キーワード	키워드
8	儀式 (ぎしき)	의식
8	規範 (きはん)	규범
8	教科書 (きょうかしょ)	교과서
8	菌 (きん)	균
8	管・管 (くだ・かん)	관
8	果物 (くだもの)	과일
8	形態 (けいたい)	형태
8	限界 (げんかい)	한계
8	健診 (けんしん)	건강진단, 건강검진
8	原則 (げんそく)	원칙
8	工業 (こうぎょう)	공업
8	声がわり (こえがわり)	변성
8	国際 (こくさい)	국제

빈도	단어	뜻
8	コツ	요령, 비결
8	国家(こっか)	국가
8	好(この)み	기호, 취향
8	コミュニティ	커뮤니티
8	才能(さいのう)	재능
8	色彩(しきさい)	색채, 빛깔
8	姿勢(しせい)	자세
8	舌(した)	혀
8	辞典(じてん)	사전
8	習性(しゅうせい)	습성
8	塾(じゅく)	학원, 교습소
8	趣味(しゅみ)	취미
8	種目(しゅもく)	종목
8	章(しょう)	장
8	上空(じょうくう)	상공
8	情緒(じょうちょ)	정서
8	食欲(しょくよく)	식욕
8	書類(しょるい)	서류
8	水深(すいしん)	수심
8	筋道(すじみち)	사리, 절차, 순서
8	スピード	스피드, 속도
8	正解(せいかい)	정답
8	精子(せいし)	정자
8	草原(そうげん)	초원
8	ターゲット	타깃
8	体系(たいけい)	체계

빈도	단어	뜻
8	台風(たいふう)	태풍
8	大陸(たいりく)	대륙
8	茶色(ちゃいろ)	갈색
8	中央(ちゅうおう)	중앙
8	トイレ	화장실
8	動植物(どうしょくぶつ)	동식물
8	名(な)	이름
8	農作物(のうさくぶつ)	농작물
8	喉(のど)	목, 인후
8	場合(ばあい)	경우
8	パーセント	퍼센트, 확률
8	倍(ばい)	배
8	畑(はたけ)	밭
8	番号(ばんごう)	번호
8	犯罪(はんざい)	범죄
8	半分(はんぶん)	반
8	被害(ひがい)	피해
8	品種(ひんしゅ)	품종
8	文献(ぶんけん)	문헌
8	ポイント	포인트
8	無料(むりょう)	무료
8	面積(めんせき)	면적
8	文字(もじ)	문자
8	ユーモア	유머
8	用紙(ようし)	용지
8	洋風(ようふう)	(서)양풍, 양식

명 사

빈도	단어	뜻
8	リスク	리스크
8	利点（りてん）	이점
8	両方（りょうほう）	양방, 쌍방
8	忘れ物（わすれもの）	분실물
7	アルカリ	알칼리
7	意志（いし）	의지
7	意匠（いしょう）	의장
7	イノシシ	멧돼지
7	ウイルス	바이러스
7	受付（うけつけ）	접수
7	尾（お）	꼬리
7	帯（おび）	띠
7	音声（おんせい）	음성
7	快感（かいかん）	쾌감
7	会場（かいじょう）	회장
7	海流（かいりゅう）	해류
7	学費（がくひ）	학비
7	革命（かくめい）	혁명
7	亀（かめ）	거북이
7	カメラ	카메라
7	器官（きかん）	기관
7	希少（きしょう）	희소
7	漁村（ぎょそん）	어촌
7	クレーター	크레이터
7	獣（けもの）	짐승
7	抗酸化（こうさんか）	항산화

빈도	단어	뜻
7	講師（こうし）	강사
7	洪水（こうずい）	홍수
7	合理（ごうり）	합리
7	コース	코스
7	事柄（ことがら）	사안, 형편, 사정
7	事項（じこう）	사항
7	辞書（じしょ）	사전
7	社員（しゃいん）	사원
7	書籍（しょせき）	서적
7	女優（じょゆう）	여배우
7	水温（すいおん）	수온
7	水準（すいじゅん）	수준
7	石器（せっき）	석기
7	染料（せんりょう）	염료, 물감
7	耐性（たいせい）	내성
7	丈・杖（たけ・つえ）	키・지팡이
7	チームワーク	팀워크
7	チューリップ	튤립
7	角（つの）	뿔
7	定年（ていねん）	정년
7	手掛かり（てがかり）	단서, 실마리
7	遠く（とおく）	먼 곳
7	ドラマ	드라마
7	農地（のうち）	농지
7	葉書（はがき）	엽서
7	針（はり）	바늘, 침

빈도	단어	뜻
7	人手 (ひとで)	남의 손, 인력
7	皮膚 (ひふ)	피부
7	紐 (ひも)	끈
7	付近 (ふきん)	부근
7	ブルーム	꽃의 만발·만개
7	ポスター	포스터
7	本位 (ほんい)	본위
7	本物 (ほんもの)	진짜·진품
7	マーケティング	마케팅
7	見た目 (みため)	겉보기, 외양
7	道筋 (みちすじ)	도리, 이치, 순서
7	蜜 (みつ)	꿀
7	民俗 (みんぞく)	민속
7	メカニズム	메카니즘
7	目の前 (めのまえ)	눈 앞, 목전
7	メンバー	멤버
7	木造 (もくぞう)	목조
7	模様 (もよう)	모양, 무늬
7	様式 (ようしき)	양식
7	容積 (ようせき)	용적
7	余裕 (よゆう)	여유
7	世論 (よろん)	여론, 세론
7	欄 (らん)	난, 칼럼
7	割 (わり)	비율, 수지
6	アドレス	주소
6	医学 (いがく)	의학
6	遺産 (いさん)	유산
6	医師 (いし)	의사
6	意思 (いし)	의사
6	ウサギ	토끼
6	器 (うつわ)	그릇, 용기
6	馬 (うま)	말
6	奥地 (おくち)	오지
6	蚊 (か)	모기
6	階 (かい)	계단, 층
6	画家 (がか)	화가
6	学力 (がくりょく)	학력
6	傘 (かさ)	우산
6	ガス	가스
6	肩 (かた)	어깨
6	学科 (がっか)	학과
6	株 (かぶ)	그루터기, 그루, 주
6	壁 (かべ)	벽
6	カラス	까마귀
6	季節 (きせつ)	계절
6	北 (きた)	북, 북쪽
6	キノコ	버섯
6	救急 (きゅうきゅう)	구급
6	行事 (ぎょうじ)	행사
6	銀 (ぎん)	은
6	銀行 (ぎんこう)	은행
6	茎 (くき)	줄기

명사

빈도	단어	뜻
6	くちばし	부리, 주둥이
6	クラス	클래스
6	毛(け)	털
6	景気(けいき)	경기
6	芸能(げいのう)	예능
6	現地(げんち)	현지
6	言論(げんろん)	언론
6	降雨(こうう)	강우
6	コーヒー	커피
6	国勢(こくせい)	국세
6	根源(こんげん)	근원
6	財(ざい)	재산, 재력
6	災害(さいがい)	재해
6	坂(さか)	비탈길, 고개, 언덕
6	策(さく)	계획, 대책
6	索引(さくいん)	색인
6	桜(さくら)	벚꽃
6	作家(さっか)	작가
6	サッカー	축구
6	さなぎ	번데기
6	産物(さんぶつ)	산물
6	事前(じぜん)	사전
6	次第(しだい)	순서
6	実体(じったい)	실체
6	霜(しも)	서리
6	重点(じゅうてん)	중점

빈도	단어	뜻
6	主人公(しゅじんこう)	주인공
6	手法(しゅほう)	수법, 방법
6	小説(しょうせつ)	소설
6	食料(しょくりょう)	식료(품)
6	諸国(しょこく)	각국
6	書店(しょてん)	서점
6	人為(じんい)	인위
6	人件費(じんけんひ)	인건비
6	水質(すいしつ)	수질
6	スーパー	슈퍼마켓
6	砂(すな)	모래
6	スペース	스페이스, 공간
6	住(す)まい	주거, 거주지
6	政治(せいじ)	정치
6	成績(せいせき)	성적
6	世間(せけん)	세간, 세상
6	先輩(せんぱい)	선배
6	騒音(そうおん)	소음
6	総数(そうすう)	총수
6	体温(たいおん)	체온
6	体重(たいじゅう)	체중
6	耐震(たいしん)	내진
6	体調(たいちょう)	몸상태
6	大半(たいはん)	태반, 과반
6	タイム	타임, 시간
6	鷹(たか)	매

빈도	단어	뜻
6	だし	맛국물
6	棚	선반
6	知人	지인
6	父	아버지
6	父親	부친, 아버지
6	地表	지표
6	中間	중간
6	腸	장
6	都度	매번, 때
6	手順	수순, 순서, 절차
6	手数	수고
6	天敵	천적
6	店舗	점포
6	天文	천문
6	電力	전력
6	同時	동시
6	都会	도회지, 도시
6	トラック	트럭
6	内部	내부
6	中身	속, 내용(물)
6	流れ作業	컨베이어시스템
6	肉体	육체
6	荷物	짐, 하물
6	人気	인기
6	ネットワーク	네트워크
6	農耕	농경

빈도	단어	뜻
6	パーティー	파티
6	ハウス	하우스
6	パターン	패턴
6	髭	수염
6	必然	필연
6	雛	병아리, 새끼
6	ヒューマノイド	휴머노이드
6	ファン	팬
6	普遍	보편
6	ベル	벨
6	辺	근처, 부근
6	方針	방침
6	ボール	볼, 공
6	本能	본능
6	松	소나무
6	マラソン	마라톤
6	みかん	귤
6	幹	줄기
6	水たまり	웅덩이
6	緑	녹색, 녹음
6	身の回り	일상, 주변
6	都	수도
6	未来	미래
6	メートル	미터
6	メリット	메리트, 이점
6	用	용도, 용건

명 사

빈도	단어	뜻
6	用途 (ようと)	용도
6	ライオン	사자
6	ランナー	러너
6	陸上 (りくじょう)	육상
6	類人猿 (るいじんえん)	유인원
6	ルート	루트
6	枠 (わく)	테두리, 틀
5	赤 (あか)	적색, 빨간색
5	脚 (あし)	다리
5	アニメ	애니메이션
5	網 (あみ)	그물
5	井 (い)	우물
5	糸 (いと)	실
5	命綱 (いのちづな)	구명줄, 생명줄
5	イマジネーション	상상력
5	後ろ (うしろ)	뒤, 뒷쪽
5	英語 (えいご)	영어
5	駅伝 (えきでん)	역전
5	塩分 (えんぶん)	염분
5	大声 (おおごえ)	대성, 큰 소리
5	大勢 (おおぜい)	많은 사람
5	思い出 (おもいで)	회상, 추억
5	オリエンテーション	오리엔테이션
5	貝・介 (かい・かい)	조개・개입
5	階段 (かいだん)	계단
5	価格 (かかく)	가격

빈도	단어	뜻
5	学芸 (がくげい)	학예
5	学年 (がくねん)	학년
5	火山 (かざん)	화산
5	家畜 (かちく)	가축
5	間隔 (かんかく)	간격
5	感想 (かんそう)	감상, 느낌
5	感度 (かんど)	감도
5	気温 (きおん)	기온
5	犠牲 (ぎせい)	희생
5	キュウリ	오이
5	業界 (ぎょうかい)	업계
5	虚栄 (きょえい)	허영
5	局 (きょく)	국
5	近所 (きんじょ)	근처, 근방, 이웃집
5	金属 (きんぞく)	금속
5	空中 (くうちゅう)	공중
5	ゲーム	게임
5	劇場 (げきじょう)	극장
5	券 (けん)	표, 권
5	権利 (けんり)	권리
5	見解 (けんかい)	견해
5	元素 (げんそ)	원소
5	権力 (けんりょく)	권력
5	工学 (こうがく)	공학
5	降水 (こうすい)	강수
5	高地 (こうち)	고지

빈도	단어	뜻
5	候補(こうほ)	후보
5	国民(こくみん)	국민
5	コンビニ	편의점
5	サイズ	사이즈
5	作者(さくしゃ)	작자
5	作物(さくもつ)	작물
5	雑音(ざつおん)	잡음
5	左右(さゆう)	좌우
5	字(じ)	글자, 글씨
5	シーン	장면
5	磁気(じき)	자기
5	色素(しきそ)	색소
5	事態(じたい)	사태
5	自宅(じたく)	자택
5	指標(しひょう)	지표
5	ジャーナリズム	저널리즘
5	住居(じゅうきょ)	주거
5	ジュース	주스
5	重量(じゅうりょう)	중량
5	順番(じゅんばん)	순번, 순서
5	上級(じょうきゅう)	상급
5	職人(しょくにん)	장인
5	初心(しょしん)	초심
5	ショック	쇼크, 충격
5	ショップ	가게
5	庶民(しょみん)	서민

빈도	단어	뜻
5	神経(しんけい)	신경
5	水路(すいろ)	수로
5	数学(すうがく)	수학
5	スポット	스팟
5	制服(せいふく)	제복
5	勢力(せいりょく)	세력
5	ゼミ	연구회, 세미나
5	セミナー	세미나
5	センチ	센티미터
5	象(ぞう)	코끼리
5	蔵書(ぞうしょ)	장서
5	速度(そくど)	속도
5	大脳(だいのう)	대뇌
5	縦(たて)	세로
5	タバコ	담배
5	旅先(たびさき)	여행지, 행선지
5	団塊(だんかい)	덩어리, 단카이
5	炭水化物(たんすいかぶつ)	탄수화물
5	地中(ちちゅう)	지중, 땅 속
5	茶畑(ちゃばたけ)	차 밭
5	長所(ちょうしょ)	장점
5	著書(ちょしょ)	저서
5	地理(ちり)	지리
5	賃金(ちんぎん)	임금
5	定期(ていき)	정기
5	データベース	데이터베이스

명사

빈도	단어	뜻
5	テクニック	테크닉
5	典型(てんけい)	전형
5	陶芸(とうげい)	도예
5	頭部(とうぶ)	두부
5	土壌(どじょう)	토양
5	肉(にく)	고기
5	鼠(ねずみ)	쥐
5	鼠色(ねずみいろ)	쥐색, 회색
5	ノイズ	노이즈
5	能動(のうどう)	능동
5	媒体(ばいたい)	매체
5	パイロット	파일럿
5	反感(はんかん)	반감
5	ヒエラルキー	계층제, 위계제
5	悲劇(ひげき)	비극
5	表層(ひょうそう)	표층
5	部長(ぶちょう)	부장
5	プラスチック	플라스틱
5	文学(ぶんがく)	문학
5	文系(ぶんけい)	문과
5	方式(ほうしき)	방식
5	保険(ほけん)	보험
5	母子(ぼし)	모자
5	歩道(ほどう)	보도, 인도
5	ホルモン	호르몬
5	マーケット	마켓, 시장

빈도	단어	뜻
5	間取り(まどり)	방의 배치
5	丸(まる)	동그라미
5	縁(えん)	인연, 관계
5	南(みなみ)	남쪽
5	群(むれ)	떼, 무리
5	目印(めじるし)	표적, 표지
5	野球(やきゅう)	야구
5	湯(ゆ)	욕탕, 온수
5	ゆとり	여유
5	用件(ようけん)	용건
5	横軸(よこじく)	횡축
5	ラジオ	라디오
5	立体(りったい)	입체
5	料金(りょうきん)	요금
5	療法(りょうほう)	요법
5	緑地(りょくち)	녹지
5	レース	레이스, 경주
4	アトム	원자
4	網の目(あみのめ)	그물코, 그물망
4	一人前(いちにんまえ)	1인분, 어른다운 상태
4	入り口(いりぐち)	입구
4	イルカ	돌고래
4	売り場(うりば)	(판)매장
4	エアコン	에어컨
4	絵の具(えのぐ)	그림 물감
4	絵巻物(えまきもの)	두루마리 그림

빈도	단어	뜻
4	園 (えん, その)	원, 동산
4	園児 (えんじ)	원아, 유치원생
4	屋外 (おくがい)	옥외
4	帯状 (おびじょう)	대상, 띠 모양
4	恩恵 (おんけい)	은혜, 혜택
4	害 (がい)	해, 방해
4	外観 (がいかん)	외관
4	海藻 (かいそう)	해조(류)
4	海底 (かいてい)	해저
4	ガイドブック	가이드북
4	海洋 (かいよう)	해양
4	回路 (かいろ)	회로
4	家屋 (かおく)	가옥
4	係 (かかり)	담당
4	学籍 (がくせき)	학적
4	河口 (かこう)	하구
4	菓子 (かし)	과자
4	荷重 (かじゅう)	하중
4	仮説 (かせつ)	가설
4	河川 (かせん)	하천
4	彼女 (かのじょ)	그녀, 여자친구
4	カプセル	캡슐
4	ガラス	유리
4	官公庁 (かんこうちょう)	관공서
4	黄色 (きいろ)	황색, 노란색
4	議員 (ぎいん)	의원

빈도	단어	뜻
4	気候 (きこう)	기후
4	キツネ	여우
4	基盤 (きばん)	기반
4	客間 (きゃくま)	객실, 응접실
4	教会 (きょうかい)	교회
4	業績 (ぎょうせき)	업적
4	教養 (きょうよう)	교양
4	気流 (きりゅう)	기류
4	金額 (きんがく)	금액
4	金融 (きんゆう)	금융
4	薬 (くすり)	약
4	形式 (けいしき)	형식
4	掲示板 (けいじばん)	게시판
4	語彙 (ごい)	어휘
4	光景 (こうけい)	광경
4	厚生 (こうせい)	후생
4	講堂 (こうどう)	강당
4	コウモリ	박쥐
4	個室 (こしつ)	독실
4	コマ	코마, 단위
4	米 (こめ)	쌀
4	財産 (ざいさん)	재산
4	財布 (さいふ)	지갑
4	錯誤 (さくご)	착오
4	砂糖 (さとう)	설탕
4	酸 (さん)	신맛, 산

명사

빈도	단어	뜻
4	ジェスチャー	제스처
4	紫外線(しがいせん)	자외선
4	時空(じくう)	시공
4	自主(じしゅ)	자주, 자율
4	思春期(ししゅんき)	사춘기
4	事情(じじょう)	사정
4	自信(じしん)	자신
4	子孫(しそん)	자손
4	実用(じつよう)	실용
4	質量(しつりょう)	질량
4	実力(じつりょく)	실력
4	使命(しめい)	사명
4	氏名(しめい)	성명
4	地元(じもと)	고향, 지역, 고장
4	州(しゅう)	주
4	周期(しゅうき)	주기
4	主題(しゅだい)	주제
4	蒸気(じょうき)	증기
4	職員(しょくいん)	직원
4	シリカ	실리카겔
4	自力(じりき)	자력
4	汁(しる)	즙·국물
4	事例(じれい)	사례
4	人材(じんざい)	인재
4	深層(しんそう)	심층
4	水産(すいさん)	수산

빈도	단어	뜻
4	水中(すいちゅう)	수중
4	性別(せいべつ)	성별
4	石油(せきゆ)	석유
4	全科(ぜんか)	전과
4	全身(ぜんしん)	전신
4	先端(せんたん)	첨단
4	ソース	소스
4	そば	메밀국수
4	体格(たいかく)	체격
4	大国(たいこく)	대국
4	大衆(たいしゅう)	대중
4	対称(たいしょう)	대칭
4	対流(たいりゅう)	대류
4	宝(たから)	보석, 보물
4	地下鉄(ちかてつ)	지하철
4	秩序(ちつじょ)	질서
4	チャンス	찬스, 기회
4	中学生(ちゅうがくせい)	중학생
4	チューブ	튜브
4	調子(ちょうし)	가락, 장단, 상태
4	鳥類(ちょうるい)	조류
4	翼(つばさ)	날개
4	ツバメ	제비
4	粒(つぶ)	알, 알갱이
4	デジタル	디지털
4	鉄(てつ)	철

빈도	단어	뜻
4	手抜き	대충함, 부실
4	手元	(자기) 주위, 주변, 손잡이
4	電灯	전등
4	土台	토대
4	並み	보통, 평범, 평균
4	西	서쪽
4	二重	이중
4	日程	일정
4	主・主	주인
4	布	직물, 천
4	値段	가격
4	熱意	열의
4	年金	연금
4	年月	세월, 연월
4	農林	농림
4	飲み物	음료, 마실 것
4	乗り物	탈것, 교통기관
4	背後	배후
4	俳優	배우
4	バクテリア	박테리아
4	ハサミ	가위
4	箸	젓가락
4	バス	버스
4	肌	피부
4	鉢	화분
4	鉢植え	화분에 심은 식물

빈도	단어	뜻
4	羽	날개, 새털
4	原	평지, 들판
4	パルプ	펄프
4	万国	만국
4	被験者	피험자, 실험대상자
4	ヒューマン	휴먼
4	標準	표준
4	病人	병자, 환자
4	比率	비율
4	ヒント	힌트
4	フィラメント	필라멘트
4	フィルター	필터
4	風景	풍경
4	風潮	풍조
4	夫婦	부부
4	フェア	공평, 공정, 페어
4	部族	부족
4	仏教	불교
4	物資	물자
4	船	배
4	ペア	페어, 쌍
4	ベストセラー	베스트셀러
4	便	편, 소식
4	望遠鏡	망원경
4	ホテル	호텔
4	本書	본서, 이 책

名 詞

빈도	단어	뜻
4	マニア	마니아
4	マニュアル	매뉴얼
4	見かけ	외관, 겉보기
4	緑色	녹색, 초록색
4	ミミズ	지렁이
4	迷信	미신
4	目次	목차
4	最寄り	가장 가까움
4	野外	야외
4	訳・訳	번역・의미, 이유
4	屋根	지붕, 덮개
4	湯船	욕조
4	指	손가락
4	用具	용구
4	幼稚園	유치원
4	欲望	욕망
4	ライフ	라이프, 생명
4	楽	편안함
4	ランプ	램프
4	力作	역작
4	理屈	도리, 구실, 핑계
4	理念	이념
4	リビングルーム	거실
4	両眼	양안, 두 눈
4	輪郭	윤곽
4	レール	레일

빈도	단어	뜻
4	レジ	계산대
4	ロッカー	락커
4	輪	고리, 바퀴, 테
4	ワーカホリック	워커홀릭
4	ワーク	일
4	話者	화자
3	胡坐	책상다리, 가부좌
3	足跡	발자국, 족적
3	足首	발목
3	居心地	(있는) 기분
3	異性	이성
3	一辺倒	일변도
3	以内	이내
3	異物	이물
3	否応	가부
3	色合い	색조, 성격
3	岩	바위
3	違和感	위화감
3	インテリア	인테리어
3	インパクト	임팩트
3	エビ	새우
3	沿岸	연안
3	遠近	원근
3	大手	대기업
3	公	정부, 공공, 공개
3	オゾン	오존

빈도	단어	뜻
3	お互い	상호
3	落葉	낙엽
3	夫	남편
3	落とし穴	함정
3	外見	외관
3	解像度	해상도
3	ガイダンス	가이던스
3	海中	해중, 바닷속
3	飼い主	(사육) 주인
3	蛙	개구리
3	額	액수, 금액
3	学説	학설
3	角度	각도
3	過言	과언
3	家事	가사, 집안 일
3	画像	화상
3	花壇	화단
3	楽器	악기
3	鐘	종
3	株主	주주
3	神	신
3	画面	화면
3	殻	껍질, 껍데기
3	柄	몸집, 체격, 무늬
3	カロリー	칼로리
3	感慨	감개

빈도	단어	뜻
3	漢語	한자어
3	間接	간섭
3	関節	관절
3	眼前	안전, 눈앞
3	涵養	함양
3	危害	위해
3	機器	기기
3	きっかけ	계기
3	技法	기법
3	着物	일본전통의상
3	ギャップ	차이
3	教員	교원
3	業者	업자
3	業種	업종
3	曲	곡, 구부러짐
3	銀色	은색
3	近隣	근린
3	クイズ	퀴즈
3	釘	못, 쐐기
3	草木	초목
3	癖	버릇, 습관, 경향
3	口紅	립스틱
3	クラシック	클래식
3	計	계
3	景観	경관
3	系列	계열

명 사

빈도	단어	뜻
3	下水(げすい)	하수
3	原稿(げんこう)	원고
3	件数(けんすう)	건수
3	源泉(げんせん)	원천
3	見当(けんとう)	목표, 짐작
3	顕微鏡(けんびきょう)	현미경
3	件名(けんめい)	건명
3	恋人(こいびと)	애인, 연인
3	好意(こうい)	호의
3	郊外(こうがい)	교외
3	講座(こうざ)	강좌
3	後者(こうしゃ)	후자
3	抗生物質(こうせいぶっしつ)	항생물질
3	降雪(こうせつ)	강설
3	口頭(こうとう)	구두
3	鉱物(こうぶつ)	광물
3	鉱脈(こうみゃく)	광맥
3	コード	코드
3	国籍(こくせき)	국적
3	穀物(こくもつ)	곡물
3	小声(こごえ)	작은 목소리
3	言葉遣い(ことばづかい)	말씨, 말투
3	この世(よ)	이승, 이 세상
3	個別(こべつ)	개별
3	根元(ねもと)	뿌리, 근본
3	コンディショニング	컨디셔닝

빈도	단어	뜻
3	コンプレックス	컴플렉스
3	際限(さいげん)	제한, 끝
3	サイド	사이드
3	酒(さけ)	술
3	算数(さんすう)	산수
3	塩(しお)	소금
3	自我(じが)	자아
3	支局(しきょく)	지국
3	シグナル	시그널, 신호
3	事件(じけん)	사건
3	次元(じげん)	차원
3	自社(じしゃ)	자사
3	支障(ししょう)	지장
3	自説(じせつ)	자설
3	自他(じた)	자타
3	実技(じつぎ)	실기
3	尻尾(しっぽ)	꼬리
3	弱点(じゃくてん)	약점
3	シャッター	셔터
3	宗教(しゅうきょう)	종교
3	収支(しゅうし)	수지
3	収入(しゅうにゅう)	수입
3	主食(しゅしょく)	주식
3	首長(しゅちょう)	수장
3	樹木(じゅもく)	수목
3	主役(しゅやく)	주역

빈도	단어	뜻
3	順位 (じゅんい)	순위
3	衝撃 (しょうげき)	충격
3	上限 (じょうげん)	상한
3	勝者 (しょうしゃ)	승자
3	症状 (しょうじょう)	증상
3	上水 (じょうすい)	상수, 깨끗한 물
3	食塩 (しょくえん)	식염, 소금
3	諸説 (しょせつ)	제반 의견
3	初対面 (しょたいめん)	첫 대면
3	所定 (しょてい)	소정
3	諸島 (しょとう)	여러 섬, 제도
3	飼料 (しりょう)	사료
3	シルバー	실버, 노년
3	ジレンマ	딜레마
3	白 (しろ)	흰색
3	新幹線 (しんかんせん)	신칸센
3	真偽 (しんぎ)	진위
3	心情 (しんじょう)	심정
3	人体 (じんたい)	인체
3	信念 (しんねん)	신념
3	親友 (しんゆう)	친구
3	水力 (すいりょく)	수력
3	スギ	삼나무
3	スタッフ	스태프
3	ステレオタイプ	편견, 고정관념
3	ストーリー	스토리, 이야기
3	ストリート	스트리트, 거리
3	巣箱 (すばこ)	(인공) 새집
3	スプレー	스프레이
3	ズレ	차이
3	生後 (せいご)	생후
3	成虫 (せいちゅう)	성충
3	性能 (せいのう)	성능
3	政府 (せいふ)	정부
3	製錬 (せいれん)	제련
3	席 (せき)	자리, 좌석
3	石炭 (せきたん)	석탄
3	摂氏 (せっし)	섭씨
3	栓 (せん)	마개, 뚜껑
3	前者 (ぜんしゃ)	전자
3	相対 (そうたい)	상대
3	装置 (そうち)	장치
3	装幀 (そうてい)	장정
3	祖先 (そせん)	선조, 조상
3	耐久 (たいきゅう)	내구
3	醍醐味 (だいごみ)	묘미, 진수
3	大戦 (たいせん)	대전
3	体長 (たいちょう)	몸길이, 체장
3	台所 (だいどころ)	주방, 부엌
3	題名 (だいめい)	제목, 제명
3	体力 (たいりょく)	체력
3	畳 (たたみ)	다다미

명사

빈도	단어	뜻
3	縦軸(たてじく)	세로축
3	谷(たに)	골짜기, 계곡
3	谷間(たにま)	산골짜기
3	為(ため)	위함
3	短所(たんしょ)	단점
3	団地(だんち)	단지
3	単独(たんどく)	단독
3	田んぼ(たんぼ)	논
3	地下(ちか)	지하
3	知能(ちのう)	지능
3	乳房(ちぶさ)	유방
3	地名(ちめい)	지명
3	茶の湯(ちゃのゆ)	다도, 찻물
3	中学校(ちゅうがっこう)	중학교
3	昼食(ちゅうしょく)	중식, 점심식사
3	聴覚(ちょうかく)	청각
3	直径(ちょっけい)	직경, 지름
3	チラシ	전단지
3	使い物(つかいもの)	사용물건
3	蕾(つぼみ)	꽃봉오리
3	罪(つみ)	죄
3	ディスク	디스크
3	敵意(てきい)	적의
3	出口(でぐち)	출구
3	鉄腕(てつわん)	철완, 무쇠 팔
3	手間(てま)	수고, 품
3	寺(てら)	절
3	天気(てんき)	날씨
3	天候(てんこう)	날씨, 일기
3	電子(でんし)	전자
3	天井(てんじょう)	천장
3	天体(てんたい)	천체
3	ドア	문, 도어
3	糖分(とうぶん)	당분
3	トウモロコシ	옥수수
3	同僚(どうりょう)	동료
3	特色(とくしょく)	특색
3	特長(とくちょう)	특징
3	トップ	톱, 첫째
3	泥(どろ)	진흙
3	名札(なふだ)	명찰
3	なりふり	옷차림, 체면
3	日時(にちじ)	일시
3	日照(にっしょう)	일조
3	音色(ねいろ)	음색
3	熱気球(ねつききゅう)	열기구
3	眠気(ねむけ)	졸음
3	年貢(ねんぐ)	연공
3	年度(ねんど)	연도
3	能率(のうりつ)	능률
3	派(は)	파, 파동
3	バーベキュー	바비큐

빈도	단어	뜻
3	肺(はい)	폐
3	媒質(ばいしつ)	매질
3	博士(はかせ)	박사
3	柱(はしら)	기둥
3	パッド	패드
3	腹(はら)	배, 복부
3	パンフレット	팸플릿
3	ピアノ	피아노
3	膝(ひざ)	무릎
3	ビタミン	비타민
3	一口(ひとくち)	한 입
3	人里(ひとざと)	(사람이 사는) 마을
3	病巣(びょうそう)	병소
3	ヒレ	안심
3	頻度(ひんど)	빈도
3	ファクター	요소
3	フィードバック	피드백
3	フィールド	필드, 분야
3	フィルム	필름
3	フェロモン	페로몬
3	福祉(ふくし)	복지
3	フクロウ	올빼미
3	部品(ぶひん)	부품
3	ブラボー	브라보
3	プランクトン	플랑크톤
3	ブランド	브랜드

빈도	단어	뜻
3	文脈(ぶんみゃく)	문맥
3	平日(へいじつ)	평일
3	平面(へいめん)	평면
3	ペット	반려동물
3	ベネフィット	이익, 혜택
3	防虫(ぼうちゅう)	방충
3	ホームページ	홈페이지
3	本社(ほんしゃ)	본사
3	本屋(ほんや)	서점, 책방
3	孫(まご)	손자
3	祭(まつり)	축제
3	窓(まど)	창문
3	的(まと)	과녁, 목표
3	目の当たり(まのあたり)	눈 앞, 안전
3	豆(まめ)	콩, 굳은 살
3	ミネラル	미네랄
3	身分(みぶん)	신분, 지위
3	脈絡(みゃくらく)	맥락
3	民間(みんかん)	민간
3	無言(むごん)	무언
3	娘(むすめ)	딸
3	名称(めいしょう)	명칭
3	モチベーション	동기부여
3	焼畑(やきはた)	화전
3	薬品(やくひん)	약품
3	夕食(ゆうしょく)	저녁 밥, 석식

명사

빈도	단어	뜻
3	優等 (ゆうとう)	우등
3	有料 (ゆうりょう)	유료
3	世 (よ)	세상
3	要旨 (ようし)	요지
3	用水 (ようすい)	용수
3	要点 (ようてん)	요점
3	曜日 (ようび)	요일
3	要領 (ようりょう)	요령
3	予算 (よさん)	예산
3	呼び名 (よびな)	호칭
3	ライト	빛
3	ライン	라인, 선
3	落語 (らくご)	만담
3	リーダーシップ	리더십
3	陸 (りく)	땅, 육지
3	陸地 (りくち)	육지
3	理性 (りせい)	이성
3	レストラン	레스토랑
3	ロイヤルティー	로열티, 사용료
3	ろう者 (しゃ)	청각 장애인
3	労力 (ろうりょく)	노력, 노동력
3	技 (わざ)	기법, 기술
3	碗 (わん)	공기
2	アーキテクト	건축가
2	アーティスト	아티스트
2	間柄 (あいだがら)	사이, 관계

빈도	단어	뜻
2	相手方 (あいてがた)	상대방
2	アイデンティティー	아이덴티티
2	アウトプット	아웃풋
2	赤ん坊 (あかんぼう)	갓난아기
2	アクション	액션
2	足場 (あしば)	발판
2	宛先 (あてさき)	수신인
2	後書き (あとがき)	뒷말, 후기
2	油 (あぶら)	기름
2	雨戸 (あまど)	(비막이) 덧문
2	雨水 (あまみず)	빗물
2	荒れ地 (あれち)	황무지
2	委員 (いいん)	위원
2	イエロー	옐로, 노란색
2	医者 (いしゃ)	의사
2	衣装 (いしょう)	의상
2	一因 (いちいん)	일인, 한 원인
2	一行 (いっこう)	일행
2	一族 (いちぞく)	일족
2	一例 (いちれい)	일례
2	一室 (いっしつ)	일실
2	居場所 (いばしょ)	거처
2	妹 (いもうと)	여동생
2	インコ	잉꼬
2	因子 (いんし)	인자
2	咽頭 (いんとう)	인두

빈도	단어	뜻
2	インプット	인풋
2	インフラ	인프라
2	引力 (いんりょく)	인력
2	ウェブ	웹
2	牛 (うし)	소
2	内側 (うちがわ)	안쪽, 내측
2	打つ手 (うつて)	수단, 방법
2	有無 (うむ)	유무
2	裏 (うら)	뒤, 안, 속
2	売れ行き (うれゆき)	팔리는 상태
2	運命 (うんめい)	운명
2	映画 (えいが)	영화
2	笑顔 (えがお)	미소
2	エレベーター	엘리베이터
2	縁起 (えんぎ)	조짐, 유래
2	演劇 (えんげき)	연극
2	エンターテインメント	엔터테인먼트
2	オーケストラ	오케스트라
2	オーナー	오너, 주인
2	大家 (おおや)	집주인
2	おかず	반찬
2	奥さん (おく)	부인
2	オゾンホール	오존홀
2	弟 (おとうと)	남동생
2	尾びれ (お)	꼬리지느러미
2	織物 (おりもの)	직물

빈도	단어	뜻
2	お礼 (れい)	감사, 답례, 인사
2	オレンジ	오렌지
2	外界 (がいかい)	외계
2	海岸 (かいがん)	해안, 바닷가
2	回数 (かいすう)	횟수
2	街灯 (がいとう)	가로등
2	怪物 (かいぶつ)	괴물
2	海面 (かいめん)	해면, 해상
2	快楽 (かいらく)	쾌락
2	カウンター	카운터
2	格 (かく)	격
2	核 (かく)	핵, 핵심
2	各校 (かっこう)	각 학교
2	角質層 (かくしつそう)	각질층
2	学術 (がくじゅつ)	학술
2	カクテル	칵테일
2	格闘技 (かくとうぎ)	격투기
2	学歴 (がくれき)	학력
2	家計 (かけい)	가계
2	火口 (かこう)	화구
2	火災 (かさい)	화재
2	仮死 (かし)	가사
2	火事 (かじ)	화재, 불
2	片側 (かたがわ)	한쪽 편
2	学級 (がっきゅう)	학급
2	褐色 (かっしょく)	갈색

명 사

빈도	단어	뜻
2	カップル	커플
2	花粉 (かふん)	꽃가루, 화분
2	髪 (かみ)	머리카락
2	カメラマン	카메라맨
2	缶 (かん)	깡통, 캔
2	勘 (かん)	감, 직감
2	感傷 (かんしょう)	감상
2	気圧 (きあつ)	기압
2	戯曲 (ぎきょく)	희곡
2	器具 (きぐ)	기구
2	機嫌 (きげん)	기분, 심기
2	起源 (きげん)	기원
2	機構 (きこう)	기구
2	機材 (きざい)	기재
2	議事 (ぎじ)	의사
2	絆 (きずな)	인연, 유대
2	貴族 (きぞく)	귀족
2	基地 (きち)	기지
2	休日 (きゅうじつ)	휴일
2	旧制 (きゅうせい)	구제, 구 제도
2	宮殿 (きゅうでん)	궁전
2	牛乳 (ぎゅうにゅう)	우유
2	給料 (きゅうりょう)	급료
2	境界 (きょうかい)	경계
2	行儀 (ぎょうぎ)	예의, 예절
2	狂犬病 (きょうけんびょう)	광견병

빈도	단어	뜻
2	教務 (きょうむ)	교무
2	魚介 (ぎょかい)	어개, 어패
2	漁業 (ぎょぎょう)	어업
2	虚勢 (きょせい)	허세
2	漁船 (ぎょせん)	어선
2	漁網 (ぎょもう)	어망
2	錐 (きり)	송곳
2	霧 (きり)	안개
2	儀礼 (ぎれい)	의례
2	亀裂 (きれつ)	균열
2	金銭 (きんせん)	금전
2	空港 (くうこう)	공항
2	航空 (こうくう)	항공
2	空調 (くうちょう)	공조, 공기조절
2	空洞 (くうどう)	공동
2	寓話 (ぐうわ)	우화
2	草むら (くさ)	풀숲
2	口癖 (くちぐせ)	입버릇
2	苦痛 (くつう)	고통
2	グッズ	굿즈, 상품
2	国柄 (くにがら)	국체
2	雲 (くも)	구름
2	暗闇 (くらやみ)	어둠
2	クレーム	클레임
2	形骸 (けいがい)	뼈대, 형해
2	敬語 (けいご)	경어, 높임말

빈도	단어	뜻
2	軽症 (けいしょう)	경증
2	系統 (けいとう)	계통
2	経路 (けいろ)	경로
2	ケージ	새장, 우리
2	穢れ (けがれ)	더러움, 불결, 부정
2	景色 (けしき)	풍경, 경치
2	欠陥 (けっかん)	결함
2	月面 (げつめん)	월면, 달 표면
2	毛虫 (けむし)	모충, 송충이
2	煙 (けむり)	연기
2	件 (けん)	건, 사항
2	現金 (げんきん)	현금
2	原始 (げんし)	원시
2	原点 (げんてん)	원점
2	言動 (げんどう)	언동
2	原理 (げんり)	원리
2	高温 (こうおん)	고온
2	抗がん (こう)	항암
2	好奇心 (こうきしん)	호기심
2	鉱山 (こうざん)	광산
2	構図 (こうず)	구도
2	高層 (こうそう)	고층
2	抗体 (こうたい)	항체
2	耕地 (こうち)	경지
2	紅茶 (こうちゃ)	홍차
2	皇帝 (こうてい)	황제

빈도	단어	뜻
2	合板 (ごうはん)	합판
2	小売店 (こうりてん)	소매점
2	小枝 (こえだ)	작은 가지
2	五感 (ごかん)	오감
2	志 (こころざし)	뜻, 마음
2	小魚 (こざかな)	작은 물고기
2	コップ	컵
2	湖底 (こてい)	호수 바닥
2	古都 (こと)	고도, 옛 도읍
2	五分五分 (ごぶごぶ)	엇비슷함
2	戸別 (こべつ)	호별
2	根幹 (こんかん)	근간, 근본
2	コンテクスト	문맥, 맥락
2	サークル	서클, 동호회
2	差異 (さい)	차이
2	歳月 (さいげつ)	세월
2	在庫 (ざいこ)	재고
2	サイト	사이트, 대지
2	雑貨 (ざっか)	잡화
2	殺人 (さつじん)	살인
2	里 (さと)	마을, 시골
2	産地 (さんち)	산지
2	サンプル	샘플
2	寺院 (じいん)	사원
2	資格 (しかく)	자격
2	式 (しき)	방식, 형식

명사

빈도	단어	뜻
2	シグナリング	신호보내기
2	時系列(じけいれつ)	시계열
2	自国(じこく)	자국
2	事象(じしょう)	사상
2	詩人(しじん)	시인
2	滴(しずく)	물방울, 낙숫물
2	自重(じちょう)	자중
2	視聴覚(しちょうかく)	시청각
2	実質(じっしつ)	실질
2	湿地(しっち)	습지
2	失調(しっちょう)	실조
2	湿度(しつど)	습도
2	実務(じつむ)	실무
2	支店(してん)	지점
2	品揃え(しなぞろえ)	구색 갖추기
2	品物(しなもの)	물품, 물건
2	地盤(じばん)	지반
2	字引(じびき)	사전, 옥편
2	社交(しゃこう)	사교
2	車道(しゃどう)	차도
2	シャトル	셔틀
2	周縁(しゅうえん)	주변, 둘레
2	縦横(じゅうおう)	종횡
2	修士(しゅうし)	석사
2	重症(じゅうしょう)	중증
2	重層(じゅうそう)	중층

빈도	단어	뜻
2	周波(しゅうは)	주파
2	重病(じゅうびょう)	중병
2	主眼(しゅがん)	주안
2	儒教(じゅきょう)	유교
2	宿命(しゅくめい)	숙명
2	趣旨(しゅし)	취지
2	出自(しゅつじ)	출신, 출생, 태생
2	順序(じゅんじょ)	순서
2	女王(じょおう)	여왕
2	小学(しょうがく)	초등학교
2	上記(じょうき)	상기
2	情勢(じょうせい)	정세
2	省庁(しょうちょう)	성청
2	情熱(じょうねつ)	정열
2	職場(しょくば)	직장
2	書斎(しょさい)	서재
2	触角(しょっかく)	촉각
2	ショッピング	쇼핑
2	斜面(しゃめん)	사면, 경사면
2	書物(しょもつ)	서책, 도서
2	序列(じょれつ)	서열, 차례, 순서
2	市立(しりつ)	시립
2	人格(じんかく)	인격
2	震災(しんさい)	진재, 지진재해
2	新種(しんしゅ)	신종
2	神殿(しんでん)	신전

빈도	단어	뜻
2	真理（しんり）	진리
2	水蒸気（すいじょうき）	수증기
2	水族（すいぞく）	수족
2	水量（すいりょう）	수량
2	数式（すうしき）	수식
2	スクール	학교
2	スケール	스케일, 규모
2	図式（ずしき）	도식
2	裾（すそ）	소매, 옷자락
2	ストア	스토어, 가게
2	砂地（すなち）	사지, 모래땅
2	スピーカー	스피커
2	図表（ずひょう）	도표
2	ズボン	바지
2	成員（せいいん）	성원
2	生鮮（せいせん）	생선
2	生理（せいり）	생리
2	積雪（せきせつ）	적설
2	摂理（せつり）	섭리
2	前衛（ぜんえい）	전위
2	専業（せんぎょう）	전업
2	全線（ぜんせん）	전선
2	先達（せんだつ）	선배, 선도자
2	扇風機（せんぷうき）	선풍기
2	全文（ぜんぶん）	전문
2	前方（ぜんぽう）	전방

빈도	단어	뜻
2	全面（ぜんめん）	전면
2	全寮制（ぜんりょうせい）	전교생 기숙사 제도
2	全力（ぜんりょく）	전력
2	倉庫（そうこ）	창고
2	層別（そうべつ）	층별
2	底（そこ）	바닥
2	外側（そとがわ）	외측, 바깥 쪽
2	染め物（そめもの）	염색, 염색물
2	損失（そんしつ）	손실
2	田（た）	논
2	体液（たいえき）	체액
2	大学院（だいがくいん）	대학원
2	代金（だいきん）	대금
2	代償（だいしょう）	대상, 댓가
2	大小（だいしょう）	대소
2	大切（たいせつ）	중요, 소중
2	ダイニング	다이닝, 식사
2	互い（たがい）	상호
2	宅地（たくち）	택지
2	縦割り（たてわり）	종적관계
2	魂（たましい）	혼, 영혼, 넋
2	ダメージ	데미지, 손해
2	タンク	탱크
2	単語（たんご）	단어
2	ダンス	댄스
2	断層（だんそう）	단층

동사

형용사

형용동사

부사

숙어

명사

부록

명 사

빈도	단어	뜻
2	断片(だんぺん)	단편
2	端末(たんまつ)	단말
2	血(ち)	피, 혈액
2	地位(ちい)	지위
2	知見(ちけん)	지견, 식견
2	地点(ちてん)	지점
2	致命(ちめい)	치명
2	着(ちゃく)	착, 벌(옷)
2	茶の間(ちゃのま)	거실
2	チャンネル	채널
2	中古(ちゅうこ)	중고
2	昼行性(ちゅうこうせい)	주행성
2	帳(ちょう)	장, 장부
2	朝刊(ちょうかん)	조간
2	聴力(ちょうりょく)	청력
2	直線(ちょくせん)	직선
2	ツアー	투어
2	通路(つうろ)	통로
2	使い道(つかいみち)	용도
2	机(つくえ)	책상
2	作り手(つくりて)	제작자
2	つて	연고, 연줄
2	爪(つめ)	손톱
2	爪痕(つめあと)	손톱자국
2	手足(てあし)	수족
2	デイサービス	데이서비스
2	定量(ていりょう)	정량
2	テープ	테이프
2	テクノロジー	테크놀로지
2	手応え(てごたえ)	반응
2	鉄筋(てっきん)	철근
2	テニス	테니스
2	手のひら(てのひら)	손바닥
2	田園(でんえん)	전원
2	電源(でんげん)	전원
2	天才(てんさい)	천재
2	点数(てんすう)	점수
2	店頭(てんとう)	점두, 점포 앞
2	天然(てんねん)	천연, 자연
2	灯(とう)	등
2	動向(どうこう)	동향
2	当事(とうじ)	당사
2	糖質(とうしつ)	당질
2	盗蜜(とうみつ)	꿀 채집
2	東洋(とうよう)	동양
2	動力(どうりょく)	동력
2	トーン	톤, 음조, 색조
2	毒性(どくせい)	독성
2	土砂(どしゃ)	토사
2	都心(としん)	도심
2	特権(とっけん)	특권
2	扉(とびら)	문

빈도	단어	뜻
2	途方(とほう)	수단, 방도
2	泥沼(どろぬま)	수렁
2	トン	톤(단위)
2	内閣(ないかく)	내각
2	内臓(ないぞう)	내장
2	鳴き声(なきごえ)	울음소리
2	ナトリウム	나트륨
2	波(なみ)	파도
2	並(なみ)	보통
2	縄張り(なわばり)	세력 범위
2	南西(なんせい)	남서
2	南北(なんぼく)	남북
2	肉類(にくるい)	육류
2	偽物(にせもの)	가짜, 위조품
2	日記(にっき)	일기
2	担い手(にないて)	담당자
2	ニュアンス	뉘앙스
2	乳製品(にゅうせいひん)	유제품
2	ニュートン	뉴턴
2	乳幼児(にゅうようじ)	유아, 영유아
2	庭(にわ)	정원, 마당
2	ニワトリ	닭
2	ニンジン	당근
2	寝ぐせ(ねぐせ)	잠버릇
2	ネクタイ	넥타이
2	粘土(ねんど)	점토

빈도	단어	뜻
2	農産物(のうさんぶつ)	농산물
2	ノリ	김
2	バイオレット	바이올렛, 보라
2	俳句(はいく)	하이쿠
2	敗者(はいしゃ)	패자
2	ハイテク	하이테크
2	白紙(はくし)	백지
2	拍車(はくしゃ)	박차
2	白色(はくしょく)	백색
2	幕府(ばくふ)	막부
2	博物(はくぶつ)	박물
2	バス停(バスてい)	버스정류장
2	裸(はだか)	알몸, 나체
2	爬虫類(はちゅうるい)	파충류
2	波長(はちょう)	파장
2	罰(ばつ)	벌
2	パフォーマー	퍼포머, 연주자
2	バブル	버블, 거품
2	パラドックス	패러독스, 역설
2	馬力(ばりき)	마력
2	パワー	파워
2	半球(はんきゅう)	반구
2	万有(ばんゆう)	만유
2	ピーク	피크, 최고조
2	東(ひがし)	동쪽
2	備考(びこう)	비고

명 사

빈도	단어	뜻
2	飛行機 (ひこうき)	비행기
2	皮質 (ひしつ)	피질
2	ピッチ	피치, 속도, 횟수
2	必着 (ひっちゃく)	필착
2	筆頭 (ひっとう)	필두
2	ひと言 (こと)	일언, 한마디 말
2	人前 (ひとまえ)	남의 앞
2	ビニール	비닐
2	火元 (ひもと)	근원, 발화지점
2	秒速 (びょうそく)	초속
2	ピラミッド	피라미드
2	微量 (びりょう)	미량
2	部位 (ぶい)	부위
2	風車 (ふうしゃ)	풍차
2	風船 (ふうせん)	풍선
2	風俗 (ふうぞく)	풍속
2	ブーム	유행, 붐
2	フォルム	형식, 구조
2	不可 (ふか)	불가
2	武器 (ぶき)	무기
2	不況 (ふきょう)	불황
2	服飾 (ふくしょく)	복식
2	部材 (ぶざい)	부재, 부재료
2	節 (ふし)	마디, 매듭
2	腐植 (ふしょく)	부식
2	婦人 (ふじん)	부인

빈도	단어	뜻
2	部数 (ぶすう)	부수
2	不遜 (ふそん)	불손
2	蓋 (ふた)	뚜껑, 덮개
2	物体 (ぶったい)	물체
2	仏壇 (ぶつだん)	불단
2	筆 (ふで)	붓
2	プライド	프라이드, 자존심, 자긍심
2	ブラシ	브러시
2	ふりがな	후리가나
2	プロジェクト	프로젝트
2	フロンティア	프런티어, 국경
2	糞 (ふん)	똥, 대변
2	文明 (ぶんめい)	문명
2	ヘビ	뱀
2	ヘモグロビン	헤모글로빈
2	ペン	펜
2	ベンチ	벤치
2	芳香 (ほうこう)	방향
2	包丁 (ほうちょう)	식칼
2	暴力 (ぼうりょく)	폭력
2	ホーム	플랫폼
2	ホール	홀
2	母国 (ぼこく)	모국
2	保証人 (ほしょうにん)	보증인
2	ポスト	포스트, 우편함
2	ホタル	반딧불이

빈도	단어	뜻
2	発端(ほったん)	발단
2	骨組(ほねぐみ)	뼈대, 골조
2	ボリューム	볼륨
2	ホワイトノイズ	백색소음
2	本棚(ほんだな)	책장
2	枚数(まいすう)	매수
2	マインド	마인드
2	マウス	마우스
2	前置(まえお)き	서론, 머리말
2	マスメディア	매스미디어
2	真(ま)っ先(さき)	맨 앞, 맨 먼저
2	末日(まつじつ)	말일
2	まな板(いた)	도마
2	マネジメント	관리
2	マンション	맨션
2	慢性(まんせい)	만성
2	見栄(みえ)	허세
2	水色(みずいろ)	옥색, 물빛
2	水草(みずくさ)	수초
2	身振(みぶ)り	몸짓, 제스처
2	民営(みんえい)	민영
2	向(む)こう	저쪽, 맞은편
2	無償(むしょう)	무상, 무료
2	無断(むだん)	무단
2	胸(むね)	가슴
2	紫色(むらさきいろ)	보라색

빈도	단어	뜻
2	名刺(めいし)	명함
2	名詞(めいし)	명사
2	めぐり	순례, 주위
2	飯(めし)	밥, 식사
2	メス	메스
2	目線(めせん)	눈길, 시선
2	メッセンジャー	메신저
2	網膜(もうまく)	망막
2	目前(もくぜん)	목전, 눈 앞
2	持(も)ち主(ぬし)	소유주
2	木工(もっこう)	목공
2	素(もと)	원소, 원료
2	物音(ものおと)	소리
2	物心(ものごころ)	물심, 철
2	諸々(もろもろ)	여러 가지
2	紋切(もんき)り型(がた)	판에 박은 양식
2	役柄(やくがら)	직무
2	役者(やくしゃ)	배우, 연기자
2	役所(やくしょ)	관청, 관공서
2	役目(やくめ)	임무, 책임, 역할
2	野獣(やじゅう)	야수
2	柳(やなぎ)	버드나무
2	夕暮(ゆうぐ)れ	황혼, 해질녘
2	ユーザー	유저, 사용자
2	郵便(ゆうびん)	우편
2	指先(ゆびさき)	손가락 끝

명 사

빈도	단어	뜻
2	余韻(よいん)	여운
2	容器(ようき)	용기
2	用品(ようひん)	용품
2	容量(ようりょう)	용량
2	欲(よく)	욕망, 욕심, 의욕
2	善し悪し(よしあし)	좋고 나쁨
2	余地(よち)	여지, 여유
2	ヨット	요트
2	余力(よりょく)	여력
2	ライバル	라이벌
2	ラケット	라켓
2	力量(りきりょう)	역량
2	利己(りこ)	이기
2	リズム	리듬
2	流儀(りゅうぎ)	방식, 양식
2	流木(りゅうぼく)	유목
2	良書(りょうしょ)	양서
2	臨床(りんしょう)	임상
2	列車(れっしゃ)	열차
2	列島(れっとう)	열도
2	レモン	레몬
2	レンズ	렌즈
2	ワーカー	워커, 노동자
2	ワープロ	워드프로세서
2	ワット	와트
2	笑い声(わらいごえ)	웃음소리

빈도	단어	뜻
2	笑いごと(わらいごと)	우스운 일, 우스갯거리
1	アーケード	아케이드
1	愛(あい)	사랑
1	愛敬(あいけい)	경애, 호의
1	愛情(あいじょう)	애정
1	アイスクリーム	아이스크림
1	あいづち	맞장구
1	青(あお)	파란색
1	仰向け(あおむけ)	위를 향함
1	アオリ	부채질, 충격
1	紅・紅(べに・くれない)	연지, 분홍색
1	亜寒帯(あかんたい)	아한대
1	空き缶(あきかん)	빈 깡통, 빈 캔
1	空き地(あきち)	공터, 빈 터
1	揚げ足(あげあし)	말 꼬리, 꼬투리
1	顎(あご)	턱
1	朝市(あさいち)	아침 장, 새벽시장
1	朝日(あさひ)	아침 해
1	足掛かり(あしがかり)	발판
1	足取り(あしどり)	걸음, 보조
1	足元(あしもと)	발밑
1	アズキ	팥
1	汗(あせ)	땀
1	跡地(あとち)	철거지, 이전 터
1	アナウンサー	아나운서
1	アナログ	아날로그

빈도	단어	뜻
1	兄 (あに)	형, 오빠
1	油絵 (あぶらえ)	유화
1	甘味 (あまみ)	단맛
1	あらすじ	줄거리, 개요
1	新手 (あらて)	신참, 새 수법
1	荒波 (あらなみ)	거센파도
1	アルミニウム	알루미늄
1	アレルギー	알러지
1	アロマテラピー	아로마테라피
1	アングル	앵글, 각도
1	暗黙 (あんもく)	암묵
1	医 (い)	의, 의술
1	胃 (い)	위
1	言い分 (いいぶん)	할 말
1	家中 (いえじゅう)	집안
1	医学部 (いがくぶ)	의학부
1	息 (いき)	숨, 호흡
1	異議 (いぎ)	이의
1	息づかい (いきづかい)	숨결
1	戦 (いくさ)	전쟁, 싸움
1	異国 (いこく)	이국
1	意地 (いじ)	고집, 물욕
1	石ころ (いしころ)	돌멩이, 자갈
1	衣食住 (いしょくじゅう)	의식주
1	維新 (いしん)	유신
1	偉人 (いじん)	위인

빈도	단어	뜻
1	板 (いた)	판자
1	一丸 (いちがん)	한 덩어리
1	一度 (いちど)	한 번
1	胃腸 (いちょう)	위장
1	一翼 (いちよく)	일익
1	一理 (いちり)	일리
1	一過性 (いっかせい)	일과성
1	一帯 (いったい)	일대, 한 줄기
1	一端 (いったん)	일단
1	一直線 (いっちょくせん)	일직선
1	一等地 (いっとうち)	일등지
1	出で立ち (いでたち)	출발, 몸차림
1	井戸 (いど)	우물
1	田舎 (いなか)	시골
1	イノベーター	혁신가
1	今迄 (いままで)	지금까지, 여태껏
1	イヤホン	이어폰
1	衣類 (いるい)	의류
1	インスピレーション	영감
1	インタフェース	인터페이스
1	イントロダクション	인트로덕션, 서문, 소개
1	飲料 (いんりょう)	음료
1	ウォーター	물
1	ウグイス	휘파람새, 꾀꼬리
1	嘘つき (うそつき)	거짓말쟁이
1	歌 (うた)	노래

동사

형용사

형용동사

부사

숙어

명사

부록

명 사

빈도	단어	뜻
1	謡 (うたい)	노래
1	雨天 (うてん)	우천
1	裏技 (うらわざ)	비법
1	売り手 (うりて)	파는 쪽
1	売りもの (うりもの)	상품
1	漆 (うるし)	옻
1	鱗 (うろこ)	비늘
1	運賃 (うんちん)	운임
1	運動靴 (うんどうぐつ)	운동화
1	衛生 (えいせい)	위생
1	英雄 (えいゆう)	영웅
1	営利 (えいり)	영리
1	絵描き (えかき)	화가
1	駅名 (えきめい)	역명
1	エクササイズ	훈련, 연습
1	エゴ	자아
1	エッセイ	에세이
1	エッセンス	에센스, 본질
1	エピソード	에피소드
1	絵筆 (えふで)	그림 붓, 화필
1	エリート	엘리트
1	遠隔 (えんかく)	원격
1	演壇 (えんだん)	연단
1	園長 (えんちょう)	원장
1	煙突 (えんとつ)	굴뚝
1	鉛筆 (えんぴつ)	연필

빈도	단어	뜻
1	王 (おう)	왕
1	奥義 (おうぎ)	오의, 비결, 비법
1	王子 (おうじ)	왕자
1	王制 (おうせい)	왕제, 군주제도
1	応接間 (おうせつま)	응접실
1	王族 (おうぞく)	왕족
1	大雨 (おおあめ)	큰 비, 호우
1	大けが (おおけが)	중상
1	オカメ	일본 전통 탈
1	沖 (おき)	난 바다, 앞 바다
1	沖合 (おきあい)	난 바다 쪽, 연근해
1	置き去り (おきざり)	방치
1	置き場 (おきば)	물건을 두는 곳, 보관소
1	屋上 (おくじょう)	옥상
1	押入れ (おしいれ)	벽장
1	おしまい	마무리, 끝
1	おとぎ話 (おとぎばなし)	옛날 이야기
1	おなか	배
1	おにぎり	주먹밥
1	お化け (おばけ)	도깨비, 요괴
1	オピニオン	오피니언
1	汚物 (おぶつ)	오물
1	オペレーター	오퍼레이터
1	面影 (おもかげ)	모습, 면모
1	おもちゃ	장난감
1	思惑 (おもわく)	생각, 의도, 기대

빈도	단어	뜻
1	親御さん (おやご)	타인의 부모를 높여 부르는 말
1	親父 (おやじ)	친부, 아버지
1	おやつ	간식
1	オリーブ	올리브
1	オリジナリティー	오리지널리티, 독창성
1	音圧 (おんあつ)	음압
1	音階 (おんかい)	음계
1	音源 (おんげん)	음원
1	音節 (おんせつ)	음절
1	女 (おんな)	여, 여자
1	音波 (おんぱ)	음파
1	音量 (おんりょう)	음량
1	可 (か)	가, 옳음, 가능
1	カー	자동차
1	甲斐 (かい)	보람, 효과
1	下位 (かい)	하위
1	解 (かい)	해, 풀이, 해답
1	外圧 (がいあつ)	외압
1	飼い犬 (かいいぬ)	반려견
1	快音 (かいおん)	쾌음, 시원한 소리
1	開架 (かいか)	개가
1	海産物 (かいさんぶつ)	해산물
1	外傷 (がいしょう)	외상
1	外敵 (がいてき)	외적
1	外面 (がいめん)	외면
1	街路 (がいろ)	가로

빈도	단어	뜻
1	界隈 (かいわい)	근처, 부근
1	帰り道 (かえりみち)	귀로, 돌아가는 길
1	係員 (かかりいん)	계원, 담당자
1	書き言葉 (かきことば)	문장체
1	垣根 (かきね)	울타리
1	画一 (かくいつ)	획일
1	学園 (がくえん)	학원, 학교
1	各種 (かくしゅ)	각종
1	各所 (かくしょ)	각소
1	各層 (かくそう)	각층
1	学卒 (がくそつ)	대학 졸업자
1	楽譜 (がくふ)	악보
1	かくれんぼ	숨바꼭질
1	掛け算 (かけざん)	곱셈
1	過誤 (かご)	과오
1	笠 (かさ)	삿갓
1	家人 (かじん)	가족
1	かす	앙금, 찌꺼기
1	風邪 (かぜ)	감기
1	固唾 (かたず)	마른 침
1	カタログ	카탈로그
1	勝ち負け (かちまけ)	승부, 승패
1	課長 (かちょう)	과장
1	学会 (がっかい)	학회
1	各国 (かっこく)	각국
1	滑車 (かっしゃ)	도르래

명사

빈도	단어	뜻
1	河童 (かっぱ)	갓파, 하동
1	カテゴリー	카테고리
1	家電 (かでん)	가전
1	角 (かど)	모난 귀퉁이, 구석
1	可動 (かどう)	가동
1	河畔 (かはん)	하반, 강가
1	カバン	가방
1	カフェイン	카페인
1	株価 (かぶか)	주가
1	歌舞伎 (かぶき)	가부키
1	株式 (かぶしき)	주식
1	過不足 (かぶそく)	과부족
1	壁土 (かべつち)	벽토
1	下方 (かほう)	아래쪽, 하방
1	画法 (がほう)	화법
1	釜 (かま)	솥, 가마
1	カムフラージュ	카모플라주, 위장
1	かも	오리
1	カモメ	갈매기
1	画用紙 (がようし)	도화지
1	空手 (からて)	공수, 가라테
1	仮 (かり)	임시
1	枯葉 (かれは)	마른 잎
1	皮 (かわ)	껍질, 가죽
1	カン	캔 (깡통)
1	考えもの (かんが)	깊이 생각해 볼 일

빈도	단어	뜻
1	眼球 (がんきゅう)	안구
1	眼帯 (がんたい)	안대
1	慣例 (かんれい)	관례
1	棋 (き)	바둑
1	儀 (ぎ)	의식, 사항
1	幾何 (きか)	기하 (학)
1	飢餓 (きが)	기아
1	気球 (ききゅう)	기구
1	技巧 (ぎこう)	기교
1	生地 (きじ)	바탕, 옷감
1	疑似 (ぎじ)	의사, 유사
1	気象 (きしょう)	기상
1	擬人 (ぎじん)	의인
1	既成 (きせい)	기성
1	奇跡 (きせき)	기적
1	喫茶 (きっさ)	끽다, 음차
1	キッチン	주방, 키친
1	絹 (きぬ)	명주, 비단
1	肝 (きも)	간
1	逆説 (ぎゃくせつ)	역설
1	逆境 (ぎゃっきょう)	역경
1	キャッチフレーズ	캐치프레이즈
1	キャベツ	캐비지, 양배추
1	キャリア	캐리어
1	キャンパス	캠퍼스
1	キャンペーン	캠페인

빈도	단어	뜻
1	休暇 (きゅうか)	휴가
1	旧交 (きゅうこう)	구교, 오랜 교제
1	旧名 (きゅうめい)	구명
1	脅威 (きょうい)	위협
1	境遇 (きょうぐう)	경우, 처지
1	兄弟 (きょうだい)	형제, 남매
1	強敵 (きょうてき)	강적
1	業務 (ぎょうむ)	업무
1	局所 (きょくしょ)	국소, 국부
1	巨匠 (きょしょう)	거장
1	清澄 (せいちょう)	청등, 맑고 깨끗함
1	拠点 (きょてん)	거점
1	ギリシャ	그리스
1	切れ端 (きれはし)	끄트머리, 자투리
1	際 (きわ)	때, 기회, 끝
1	極 (きわみ)	극한, 경계
1	金言 (きんげん)	금언
1	金庫 (きんこ)	금고
1	区 (く)	구, 구역
1	串 (くし)	꼬챙이, 꼬치
1	口調 (くちょう)	어조
1	靴 (くつ)	구두
1	靴下 (くつした)	양말
1	首 (くび)	목
1	隈 (くま)	모퉁이, 칙칙함
1	クライアント	클라이언트

빈도	단어	뜻
1	グラウンド	그라운드
1	クラゲ	해파리
1	グラス	글라스, 유리컵
1	クレーン	크레인
1	郡 (ぐん)	군, 고을
1	訓話 (くんわ)	훈화
1	警察 (けいさつ)	경찰
1	刑事 (けいじ)	형사
1	形状 (けいじょう)	형상, 모양
1	経費 (けいひ)	경비
1	刑法 (けいほう)	형법
1	軽量 (けいりょう)	경량
1	消印 (けしいん)	소인
1	結核 (けっかく)	결핵
1	血管 (けっかん)	혈관
1	月刊 (げっかん)	월간
1	血清 (けっせい)	혈청
1	原案 (げんあん)	원안
1	権限 (けんげん)	권한
1	原材料 (げんざいりょう)	원재료
1	原作 (げんさく)	원작
1	原状 (げんじょう)	원상(태)
1	原色 (げんしょく)	원색
1	言説 (げんせつ)	언설
1	懸濁 (けんだく)	현탁, 현탁액
1	限度 (げんど)	한도, 한계

명사

빈도	단어	뜻
1	鯉(こい)	잉어
1	子犬(こいぬ)	강아지
1	高圧(こうあつ)	고압
1	工員(こういん)	공원
1	公益(こうえき)	공익
1	号音(ごうおん)	신호음
1	向学心(こうがくしん)	향학심
1	抗原(こうげん)	항원
1	光合成(こうごうせい)	광합성
1	後世(こうせい)	후세
1	功績(こうせき)	공적
1	校則(こうそく)	교칙
1	高卒(こうそつ)	고졸
1	校庭(こうてい)	교정
1	行程(こうてい)	행정
1	坑道(こうどう)	갱도, 지하도
1	光熱(こうねつ)	광열
1	香の物(こうのもの)	절인 야채
1	後方(こうほう)	후방
1	公務(こうむ)	공무
1	効力(こうりょく)	효력
1	コート	코트
1	湖岸(こがん)	호안, 호숫가
1	語句(ごく)	어구
1	刻印(こくいん)	각인
1	国学(こくがく)	국학
1	黒色(こくしょく)	흑색
1	国費(こくひ)	국비
1	国宝(こくほう)	국보
1	国有(こくゆう)	국유
1	国立(こくりつ)	국립
1	穀類(こくるい)	곡류
1	誤字(ごじ)	오자
1	答(こたえ)	답, 대답
1	国会(こっかい)	국회
1	小遣い(こづかい)	용돈
1	国境(こっきょう)	국경
1	個展(こてん)	개인전시회
1	小鳥(ことり)	작은 새
1	ゴミ箱(ばこ)	쓰레기통
1	小麦(こむぎ)	소맥, 밀
1	こめかみ	관자놀이
1	小物(こもの)	작은 도구, 소품
1	暦(こよみ)	달력
1	娯楽(ごらく)	오락
1	コラムニスト	칼럼니스트
1	コンクール	콩쿠르, 경연대회
1	コンサルタント	컨설턴트
1	痕跡(こんせき)	흔적
1	コンテスト	콘테스트, 경연
1	コントラスト	콘트라스트, 대비
1	コンロ	조리용 난로, 곤로

빈도	단어	뜻
1	座(ざ)	자리, 좌석
1	サイ	코뿔소
1	細管(さいかん)	세관
1	債権(さいけん)	채권
1	採算(さいさん)	채산
1	材質(ざいしつ)	재질
1	財政(ざいせい)	재정
1	財団(ざいだん)	재단
1	細部(さいぶ)	세부
1	在来(ざいらい)	재래
1	祭礼(さいれい)	제례
1	盛り(さかり)	한창 때, 성황
1	作(さく)	작, 만듦
1	柵(さく)	책, 울타리
1	作風(さくふう)	작풍
1	叫び声(さけびごえ)	큰소리로 외치는 소리
1	座敷(ざしき)	객실, 손님방
1	差出人(さしだしにん)	발신인, 발송인
1	刺身(さしみ)	생선회
1	殺虫(さっちゅう)	살충
1	雑用(ざつよう)	잡용
1	サプリメント	서플리먼트, 건강보조식품
1	サラダ	샐러드
1	サロン	살롱
1	残骸(ざんがい)	잔해
1	残額(ざんがく)	잔액

빈도	단어	뜻
1	山水(さんすい)	산수
1	残像(ざんぞう)	잔상
1	残高(ざんだか)	잔고
1	残飯(ざんぱん)	잔반
1	児(じ)	아이, 영아
1	椎茸(しいたけ)	표고버섯
1	塩味(しおあじ)	소금맛, 짠맛
1	敷居(しきい)	문턱, 문지방
1	資金(しきん)	자금
1	至近(しきん)	지근
1	仕組(しくみ)	구조, 짜임새
1	時候(じこう)	시후, 더위와 추위
1	地獄(じごく)	지옥
1	資材(しざい)	자재
1	資産(しさん)	자산
1	脂質(ししつ)	지질
1	資質(ししつ)	자질
1	司書(ししょ)	사서
1	市政(しせい)	시정
1	私生活(しせいかつ)	사생활
1	四則(しそく)	사칙
1	自尊心(じそんしん)	자존심
1	下町(したまち)	번화가, 상가
1	失意(しつい)	실의, 실망
1	実況(じっきょう)	실황
1	湿原(しつげん)	습원, 습지

명사

빈도	단어	뜻
1	湿潤 (しつじゅん)	습윤
1	実情 (じつじょう)	실정
1	実績 (じっせき)	실적
1	実費 (じっぴ)	실비
1	実物 (じつぶつ)	실물
1	実利 (じつり)	실리
1	事典 (じてん)	사전
1	自動詞 (じどうし)	자동사
1	芝生 (しばふ)	잔디(밭)
1	事物 (じぶつ)	사물
1	司法 (しほう)	사법
1	脂肪 (しぼう)	지방
1	資本 (しほん)	자본
1	縞 (しま)	줄무늬
1	シマウマ	얼룩말
1	島国 (しまぐに)	섬나라
1	ジム	짐, 체육관
1	締切 (しめきり)	마감
1	ジャーナリスト	저널리스트
1	弱者 (じゃくしゃ)	약자
1	若年者 (じゃくねんしゃ)	젊은이, 풋내기
1	ジャケット	재킷
1	車種 (しゃしゅ)	차종
1	車体 (しゃたい)	차체
1	シャワー	샤워
1	ジャングル	정글

빈도	단어	뜻
1	ジャンル	장르
1	主因 (しゅいん)	주인, 주된 원인
1	雌雄 (しゆう)	자웅
1	収益 (しゅうえき)	수익
1	習字 (しゅうじ)	습자
1	住所 (じゅうしょ)	주소
1	重心 (じゅうしん)	중심, 균형
1	シューズ	슈즈
1	住人 (じゅうにん)	주민, 거주자
1	周年 (しゅうねん)	주년
1	祝日 (しゅくじつ)	국경일
1	出身 (しゅっしん)	출신
1	出典 (しゅってん)	출전
1	種痘 (しゅとう)	종두
1	受動 (じゅどう)	수동
1	主任 (しゅにん)	주임
1	種苗 (しゅびょう)	종묘
1	主婦 (しゅふ)	주부
1	呪文 (じゅもん)	주문
1	主流 (しゅりゅう)	주류
1	遵法 (じゅんぽう)	준법
1	諸悪 (しょあく)	제악, 온갖 나쁜 짓
1	上下 (じょうげ)	상하, 위아래
1	上位 (じょうい)	상위
1	省エネ (しょう)	에너지 절약
1	奨学金 (しょうがくきん)	장학금

빈도	단어	뜻
1	情感 (じょうかん)	정감
1	商業 (しょうぎょう)	상업
1	蒸散 (じょうさん)	증산, 김내기
1	障子 (しょうじ)	미닫이 문, 장지
1	上層 (じょうそう)	상층
1	冗談 (じょうだん)	농담
1	焦点 (しょうてん)	초점
1	衝動 (しょうどう)	충동
1	少人数 (しょうにんずう)	소인수
1	少年 (しょうねん)	소년
1	勝敗 (しょうはい)	승패
1	上皮 (じょうひ)	상피, 겉껍질
1	上方 (じょうほう)	위쪽, 상방
1	商用 (しょうよう)	상용
1	条例 (じょうれい)	조례
1	常連 (じょうれん)	단골 손님
1	ショー	쇼
1	除菌 (じょきん)	제균
1	食指 (しょくし)	집게 손가락
1	植生 (しょくせい)	식생
1	職能 (しょくのう)	직능
1	食費 (しょくひ)	식비
1	抒情 (じょじょう)	서정
1	序文 (じょぶん)	서문
1	書名 (しょめい)	서명
1	尻 (しり)	엉덩이

빈도	단어	뜻
1	シリーズ	시리즈
1	地力 (じりき)	저력, 실력
1	私立 (しりつ)	사립
1	記 (しるし)	기록, 표기
1	素人 (しろうと)	아마추어
1	人員 (じんいん)	인원
1	新旧 (しんきゅう)	신구
1	心境 (しんきょう)	심경
1	親近感 (しんきんかん)	친근감
1	真空 (しんくう)	진공
1	寝室 (しんしつ)	침실
1	真髄 (しんずい)	진수
1	親戚 (しんせき)	친척
1	身長 (しんちょう)	신장, 키
1	神道 (しんとう)	신도
1	シンフォニー	심포니
1	人文 (じんぶん)	인문
1	シンボル	심볼
1	じんましん	두드러기
1	人脈 (じんみゃく)	인맥
1	人名 (じんめい)	인명
1	人力 (じんりょく)	인력
1	神話 (しんわ)	신화
1	水銀 (すいぎん)	수은
1	水源 (すいげん)	수원
1	随所 (ずいしょ)	도처, 곳곳

동사

형용사

형용동사

부사

숙어

명사

부록

명사

빈도	단어	뜻
1	水上 (すいじょう)	수상
1	水面 (すいめん)	수면
1	スープ	스프
1	数量 (すうりょう)	수량
1	頭蓋 (ずがい)	두개
1	素顔 (すがお)	맨 얼굴
1	隙 (すき)	틈
1	すきま	틈, 짬
1	スクリーン	스크린
1	スケジュール	스케줄
1	頭上 (ずじょう)	두상, 머리 위
1	裾野 (すその)	완한하게 경사진 들판, 자락
1	スタンド	스탠드
1	ステレオ	스테레오
1	ストーブ	스토브, 난로
1	ストライキ	파업
1	ストレッサー	스트레서, 스트레스의 원인
1	スペア	스페어, 예비품
1	スマイル	스마일
1	隅 (すみ)	모퉁이, 구석
1	スリル	스릴
1	誠意 (せいい)	성의
1	成因 (せいいん)	성인, 원인
1	盛期 (せいき)	성기, 한창인 시기
1	生協 (せいきょう)	생활협동조합
1	税金 (ぜいきん)	세금

빈도	단어	뜻
1	生計 (せいけい)	생계, 생활
1	聖職 (せいしょく)	성직
1	精度 (せいど)	정도, 정밀도
1	西部 (せいぶ)	서부
1	正方形 (せいほうけい)	정방형
1	セールスパーソン	판매원
1	セールスプロモーション	세일즈 프로모션, 판촉활동
1	積 (せき)	곱, 곱한 수치
1	咳 (せき)	기침
1	セクター	섹터, 구역
1	世間話 (せけんばなし)	세상이야기, 잡담
1	絶好 (ぜっこう)	절호
1	セレクション	셀렉션
1	善 (ぜん)	선, 선행
1	禅 (ぜん)	선
1	善意 (ぜんい)	선의
1	先鋭 (せんえい)	첨예
1	戦災 (せんさい)	전재, 전쟁피해
1	戦場 (せんじょう)	전장
1	染織 (せんしょく)	염직
1	先人 (せんじん)	선인
1	全長 (ぜんちょう)	전장
1	先入観 (せんにゅうかん)	선입견
1	全般 (ぜんぱん)	전반
1	鮮味 (せんみ)	(신)선미
1	前例 (ぜんれい)	전례, 선례

빈도	단어	뜻
1	創意(そうい)	창의
1	総額(そうがく)	총액
1	臓器(ぞうき)	장기
1	藻類(そうるい)	조류
1	ソーティング	소팅, 구분
1	俗語(ぞくご)	속어
1	側頭葉(そくとうよう)	측두엽
1	祖国(そこく)	조국
1	その他(た)	기타
1	祖父(そふ)	조부, 할아버지
1	ソフトウェア	소프트웨어
1	そろばん	주판
1	村落(そんらく)	촌락
1	体育(たいいく)	체육
1	第一人者(だいいちにんしゃ)	제1인자, 최고
1	第一線(だいいっせん)	최전선, 최전방
1	ダイオード	다이오드
1	退館(たいかん)	퇴관
1	対価(たいか)	대가
1	体感(たいかん)	체감
1	大局(たいきょく)	대국
1	大金(たいきん)	대금, 큰 돈
1	大工(だいく)	목수
1	大軍(たいぐん)	대군
1	大黒柱(だいこくばしら)	기둥, 대들보
1	大根(だいこん)	무

빈도	단어	뜻
1	第三者(だいさんしゃ)	제3자
1	大使(たいし)	대사
1	体質(たいしつ)	체질
1	体勢(たいせい)	자세
1	態勢(たいせい)	태세
1	体操(たいそう)	체조
1	大卒(だいそつ)	대학졸업자
1	大地(だいち)	대지, 땅
1	大腸(だいちょう)	대장
1	タイトル	타이틀
1	ダイナマイト	다이너마이트
1	ダイナミクス	다이내믹스
1	大木(たいぼく)	거목
1	タイミング	다이밍
1	ダイヤモンド	다이아몬드
1	平(たいら)	평지
1	大理石(だいりせき)	대리석
1	タオル	타올, 수건
1	高値(たかね)	고가
1	宝くじ(たから)	복권
1	竹(たけ)	대나무
1	打撃(だげき)	타격
1	たこ	낙지, 문어
1	多産(たさん)	다산
1	惰性(だせい)	타성
1	脱字(だつじ)	탈자

명사

빈도	단어	뜻
1	竪穴 (たてあな)	지면에 곧게 내리 판 굴, 직굴
1	他動詞 (たどうし)	타동사
1	束 (たば)	다발, 뭉치, 묶음
1	旅人 (たびびと)	여행자, 나그네
1	ダブル	더블
1	民 (たみ)	백성, 국민
1	ダム	댐
1	タンカー	탱커, 유조선
1	炭坑 (たんこう)	탄갱
1	単行本 (たんこうぼん)	단행본
1	段差 (だんさ)	단차
1	胆汁 (たんじゅう)	담즙
1	誕生日 (たんじょうび)	생일
1	淡水 (たんすい)	담수, 민물
1	弾性 (だんせい)	탄성
1	チェックイン	체크인
1	畜産 (ちくさん)	축산
1	築年 (ちくねん)	건축연도
1	地帯 (ちたい)	지대
1	知名度 (ちめいど)	지명도
1	着順 (ちゃくじゅん)	도착순
1	茶室 (ちゃしつ)	다실
1	注意書き (ちゅういがき)	주의서, 주의문
1	中核 (ちゅうかく)	중핵
1	中学 (ちゅうがく)	중학교
1	中級 (ちゅうきゅう)	중급

빈도	단어	뜻
1	中性 (ちゅうせい)	중성
1	中途 (ちゅうと)	중도
1	聴衆 (ちょうしゅう)	청중
1	頂点 (ちょうてん)	정점
1	町内会 (ちょうないかい)	주민 자치 조직, 마을회
1	チョコレート	초콜릿
1	直角 (ちょっかく)	직각
1	ツール	툴, 도구
1	つがい	한 쌍
1	束の間 (つかのま)	잠깐 동안, 순간
1	漬物 (つけもの)	절임
1	つじつま	사리, 이치
1	筒 (つつ)	통
1	つど	그때마다
1	勤め人 (つとめびと)	월급쟁이, 직장인
1	定員 (ていいん)	정원
1	帝王 (ていおう)	제왕
1	低温 (ていおん)	저온
1	定価 (ていか)	정가
1	定義 (ていぎ)	정의
1	低空 (ていくう)	저공
1	定型 (ていけい)	정형
1	定説 (ていせつ)	정설
1	低地 (ていち)	저지
1	程度 (ていど)	정도
1	堤防 (ていぼう)	제방

빈도	단어	뜻
1	低廉 ていれん	저렴
1	ており	손짜기, 수직
1	適性 てきせい	적성
1	デザイナー	디자이너
1	手触り てざわり	감촉, 촉감
1	デジカメ	디지털카메라
1	デスクトップ	데스크탑
1	手立て てだて	방법, 순서
1	手つき て	손놀림
1	鉄道 てつどう	철도
1	鉄板 てっぱん	철판
1	鉄棒 てつぼう	철봉
1	デパート	백화점
1	出番 でばん	나갈 차례
1	手本 てほん	본보기, 모범
1	デメリット	결점, 결함
1	できもの	종기, 뾰루지
1	テレホン	전화
1	店員 てんいん	점원
1	天下 てんか	천하
1	電球 でんきゅう	전구
1	典拠 てんきょ	전거
1	天空 てんくう	천공
1	天国 てんごく	천국
1	伝説 でんせつ	전설
1	電卓 でんたく	전자식 탁상계산기

빈도	단어	뜻
1	電柱 でんちゅう	전신주
1	天然ガス てんねん	천연가스
1	度合い どあい	정도
1	銅 どう	동, 구리
1	当館 とうかん	본관(시설)
1	陶器 とうき	도기, 도자기
1	東西 とうざい	동서
1	盗難 とうなん	도난
1	当人 とうにん	본인
1	豆腐 とうふ	두부
1	得策 とくさく	득책
1	特産 とくさん	특산
1	毒物 どくぶつ	독물, 독극물
1	匿名 とくめい	익명
1	トゲ	가시
1	年下 としした	연하
1	土日祝 どにちしゅく	토·일·축일 (공휴일)
1	トピック	토픽, 화제
1	徒歩 とほ	도보
1	富 とみ	부, 재산
1	友 とも	친구
1	ドライヤー	드라이어, 건조기
1	ドラム	드럼
1	取引先 とりひきさき	거래처
1	トレンド	트렌드
1	鈍 どん	둔함

명사

빈도	단어	뜻
1	トンボ	잠자리
1	問屋 (とんや)	도매상
1	内緒 (ないしょ)	비밀
1	内装 (ないそう)	내장
1	内面 (ないめん)	내면
1	苗 (なえ)	모종
1	長旅 (ながたび)	장기여행
1	ナス	가지
1	ナッツ	견과류
1	鍋 (なべ)	냄비
1	生ごみ (なま)	음식물 쓰레기
1	成り行き (な)	되어 가는 과정
1	縄跳び (なわと)	줄넘기
1	難易 (なんい)	난이
1	肉眼 (にくがん)	육안
1	肉声 (にくせい)	육성
1	逃げ足 (に あし)	도망치는 일
1	逃げ場 (に ば)	도피처
1	日常茶飯事 (にちじょうさはんじ)	일상다반사
1	日刊 (にっかん)	일간
1	二の次 (に つぎ)	두 번째, 뒷전
1	煮干し (にぼ)	마른 멸치
1	ニュータウン	뉴타운
1	庭木 (にわき)	정원수
1	人情 (にんじょう)	인정
1	任務 (にんむ)	임무

빈도	단어	뜻
1	布製 (ぬのせい)	천으로 만든 제품
1	ネック	목, 옷깃
1	根っこ (ね)	뿌리
1	ネット	인터넷
1	熱風 (ねっぷう)	열풍
1	年額 (ねんがく)	연액
1	年数 (ねんすう)	연수, 햇수
1	年配 (ねんぱい)	연배
1	燃費 (ねんぴ)	연비
1	農具 (のうぐ)	농기구
1	脳波 (のうは)	뇌파
1	農民 (のうみん)	농민
1	軒 (のき)	처마
1	軒先 (のきさき)	처마 끝, 집 앞
1	残り物 (のこ もの)	남은 물건(음식)
1	飲み水 (の みず)	식용수
1	刃 (は)	칼 날
1	パーソナル	퍼스널, 개인적
1	パート	파트
1	パートナー	파트너
1	バーナー	버너
1	パイ	파이
1	灰色 (はいいろ)	회색
1	バイオリン	바이올린
1	排ガス (はい)	배기 가스
1	売店 (ばいてん)	매점

빈도	단어	뜻
1	ハイビジョン	하이비전
1	パイプ	파이프
1	白書(はくしょ)	백서
1	歯(は)ごたえ	씹는 맛, 보람이 있음
1	はざま	틈새, 틈바구니
1	端(はし)	끝, 처음
1	恥(はじ)	부끄러움, 창피
1	パスポート	여권
1	肌触(はだざわ)り	촉감, 감촉
1	働(はたら)き者(もの)	부지런한 사람
1	はったり	허세
1	葉(は)っぱ	잎사귀
1	抜本(ばっぽん)	발본, 근본
1	バトル	배틀, 전투
1	バトン	배턴, 바통
1	バナナ	바나나
1	花火(はなび)	불꽃놀이, 폭죽
1	パニック	패닉
1	刃物(はもの)	날붙이, 칼
1	波紋(はもん)	파문
1	バラ	장미
1	パラフレーズ	알기 쉽게 말을 바꾸어 표현
1	張(は)り紙(がみ)	벽보, 게시문
1	晴(は)れ	맑음
1	パレット	팔레트
1	繁華街(はんかがい)	번화가

빈도	단어	뜻
1	反骨(はんこつ)	반골
1	反戦(はんせん)	반전
1	斑点(はんてん)	반점
1	番人(ばんにん)	파수꾼
1	万能(ばんのう)	만능
1	日陰(ひかげ)	응달, 그늘
1	彼岸(ひがん)	피안
1	ひきがね	방아쇠
1	秘訣(ひけつ)	비결
1	ビジネスパーソン	샐러리맨
1	ビジネスマン	비즈니스맨
1	秘書(ひしょ)	비서
1	非常口(ひじょうぐち)	비상구
1	美辞麗句(びじれいく)	미사여구
1	美人(びじん)	미인
1	美談(びだん)	미담
1	引(ひ)っ込(こ)み思案(じあん)	적극성이 없음
1	ビデオテープ	비디오테이프
1	一筋(ひとすじ)	한 줄기
1	ヒトデ	불가사리
1	人(ひと)となり	사람됨
1	一幕(ひとまく)	일막
1	人目(ひとめ)	남의 눈
1	一役(ひとやく)	일역, 중요한 구실
1	ひとりごと	혼잣말
1	ひなが	긴 낮

명 사

빈도	단어	뜻
1	飛沫(ひまつ)	비말, 물보라
1	干物(ひもの)	건어물
1	百科事典(ひゃっかじてん)	백과사전
1	百貨店(ひゃっかてん)	백화점
1	比喩(ひゆ)	비유
1	標識(ひょうしき)	표지
1	病身(びょうしん)	병든 몸
1	標題(ひょうだい)	표제
1	氷点(ひょうてん)	빙점
1	表皮(ひょうひ)	표피
1	ひらがな	히라가나
1	平地(ひらち)	평지
1	ビル	빌딩
1	広場(ひろば)	광장
1	ファイナンス	파이낸스
1	ファスト	패스트
1	ファスナー	파스너, 지퍼
1	ファミコン	가정용 게임기
1	風雨(ふうう)	풍우
1	風月(ふうげつ)	풍월, 청풍명월
1	風習(ふうしゅう)	풍습
1	フード	푸드, 음식
1	封筒(ふうとう)	봉투
1	フォーラム	포럼
1	部外者(ぶがいしゃ)	부외자, 외부인
1	部局(ぶきょく)	부국

빈도	단어	뜻
1	福(ふく)	복, 행복
1	副詞(ふくし)	부사
1	不在(ふざい)	부재
1	武士(ぶし)	무사
1	節穴(ふしあな)	옹이 구멍
1	風情(ふぜい)	운치, 모습, 정취
1	不測(ふそく)	불측
1	豚(ぶた)	돼지
1	葡萄(ぶどう)	포도
1	不動産(ふどうさん)	부동산
1	布団(ふとん)	이불
1	舞踊(ぶよう)	무용
1	プライバシー	프라이버시
1	プラン	플랜, 계획
1	不慮(ふりょ)	의외, 뜻밖
1	プリントアウト	프린트아웃, 인쇄물
1	ブルー	블루
1	ブルーレイ	블루레이
1	ブレーキ	브레이크
1	フレーズ	프레이즈, 관용구
1	プレッシャー	압력, 압박
1	プレミアム	프리미엄
1	風呂(ふろ)	욕조, 욕탕, 욕실
1	プロパガンダ	프로파간다
1	プロフィール	프로필
1	分科(ぶんか)	분과

빈도	단어	뜻
1	文庫 (ぶんこ)	문고
1	文書 (ぶんしょ)	문서
1	分身 (ぶんしん)	분신
1	分量 (ぶんりょう)	분량
1	ヘアー	헤어
1	兵士 (へいし)	병사
1	米飯 (べいはん)	쌀밥
1	ベース	베이스
1	ペース	페이스
1	ベクトル	벡터
1	下手 (へた)	서투름
1	別途 (べっと)	별도
1	ベッド	침대
1	ベビー	베이비, 아기
1	ベルトコンベヤー	벨트 컨베이어
1	弁護人 (べんごにん)	변호인
1	弁当 (べんとう)	도시락
1	ボイス	보이스, 목소리
1	砲火 (ほうか)	포화
1	法規 (ほうき)	법규
1	方策 (ほうさく)	방책
1	防除 (ぼうじょ)	방제
1	邦人 (ほうじん)	동포, 국민
1	法人 (ほうじん)	법인
1	法制 (ほうせい)	법제
1	暴動 (ぼうどう)	폭동

빈도	단어	뜻
1	法文 (ほうぶん)	법문
1	ポーズ	포즈, 자세
1	ポケット	주머니
1	補習 (ほしゅう)	보습
1	母体 (ぼたい)	모체
1	ポテンシャル	포텐셜, 잠재력
1	仏 (ほとけ)	부처
1	ボトル	병
1	骨つき (ほね)	뼈가 붙음
1	盆 (ぼん)	쟁반
1	本格 (ほんかく)	본격
1	本国 (ほんごく)	본국
1	本旨 (ほんし)	본지, 본래 취지
1	本題 (ほんだい)	본제
1	本音 (ほんね)	진심, 본심
1	間合い (まあい)	짬, 틈, 사이
1	前々 (まえまえ)	이전
1	巻物 (まきもの)	두루마리
1	幕 (まく)	막, 장면
1	間口 (まぐち)	영역, 폭
1	マクラ	베개
1	枕元 (まくらもと)	머리맡
1	マグロ	다랑어, 참치
1	マジック	마술, 매직
1	魔女 (まじょ)	마녀
1	マジョリティ	다수, 다수 세력

명 사

빈도	단어	뜻
1	末端 (まったん)	말단
1	松林 (まつばやし)	송림, 솔숲
1	末尾 (まつび)	말미
1	マテリアル	머티리얼, 재료
1	マナー	매너
1	まぶた	눈꺼풀
1	真冬日 (まふゆび)	한창 추운 날
1	丸裸 (まるはだか)	맨몸, 알몸, 무일푼
1	真ん中 (まなか)	한 가운데
1	水がめ (みず)	물동이, 저수지
1	水底 (みずそこ)	수저, 물밑
1	未然 (みぜん)	미연
1	身だしなみ (み)	단정한 몸가짐
1	密度 (みつど)	밀도
1	未読 (みどく)	미독
1	見取り図 (みとりず)	개요도
1	未納 (みのう)	미납
1	耳かき (みみ)	귀이개
1	耳たぶ (みみ)	귓볼
1	土産話 (みやげばなし)	여행담
1	みやげ物 (もの)	선물
1	ミラー	거울
1	民意 (みんい)	민의, 민심
1	民家 (みんか)	민가
1	民主 (みんしゅ)	민주
1	無菌 (むきん)	무균

빈도	단어	뜻
1	無色 (むしょく)	무색, 중립
1	無届け (むとどけ)	미신고
1	無風 (むふう)	무풍
1	無名 (むめい)	무명
1	村人 (むらびと)	마을 사람
1	目当て (めあ)	목적, 목표
1	命運 (めいうん)	명운, 운명
1	命題 (めいだい)	명제, 과제
1	名物 (めいぶつ)	명물
1	名目 (めいもく)	명목, 구실
1	眼鏡 (めがね)	안경
1	目薬 (めぐすり)	안약
1	目覚まし時計 (めざどけい)	자명종
1	メソン	메손, 중간자
1	目処 (めど)	목적, 전망
1	メニュー	메뉴
1	カメレオン	카멜레온
1	申し分 (もうぶん)	할 말
1	猛獣 (もうじゅう)	맹수
1	猛毒 (もうどく)	맹독
1	モーツアルト	모차르트
1	モード	모드, 방식
1	木質 (もくしつ)	목질
1	モグラ	두더지
1	モノクローム	모노크롬, 단색화, 흑백사진
1	物差し (ものさ)	자, 기준

빈도	단어	뜻
1	桃(もも)	복숭아
1	もも	넓적다리
1	門戸(もんこ)	문호
1	矢(や)	화살
1	屋(や)	전문가, 옥, 집
1	やきもの	도자기, 구이요리
1	役員(やくいん)	임원, 간부
1	薬草(やくそう)	약초
1	ヤシ	야자나무
1	夜食(やしょく)	야식
1	家賃(やちん)	집세
1	宿(やど)	사는 집, 숙소
1	山奥(やまおく)	깊은 산속
1	山道(やまみち)	산길
1	友好(ゆうこう)	우호
1	有数(ゆうすう)	유수
1	ユートピア	유토피아
1	優劣(ゆうれつ)	우열
1	床(ゆか)	마루, 바닥
1	油田(ゆでん)	유전
1	溶岩(ようがん)	용암
1	要件(ようけん)	요건
1	要項(ようこう)	요항, 요강
1	用材(ようざい)	용재, 재료
1	用事(ようじ)	용건, 용무
1	様相(ようそう)	양상

빈도	단어	뜻
1	要諦(ようてい)	요체, 요점
1	洋服(ようふく)	양복
1	浴槽(よくそう)	욕조
1	横這い(よこばい)	옆으로 기다, 보합
1	寄せ集め(よせあつめ)	오합지졸
1	予備(よび)	예비
1	読み書き(よみかき)	읽고 쓰기
1	拠り所(よりどころ)	근거, 기반
1	ライブラリー	도서관
1	烙印(らくいん)	낙인
1	卵黄(らんおう)	난황, 노른자위
1	卵殻(らんかく)	난각, 알껍데기
1	理科(りか)	이과
1	利害(りがい)	이해
1	力学(りきがく)	역학
1	理系(りけい)	이과계
1	リスト	리스트
1	率(りつ)	비율
1	リテラシー	문맹
1	リハビリ	재활훈련
1	リハビリテーション	재활치료
1	略歴(りゃくれき)	약력
1	流域(りゅういき)	유역
1	両側(りょうがわ)	양측
1	両親(りょうしん)	양친, 부모님
1	良心(りょうしん)	양심

명 사

빈도	단어	뜻
1	両手(りょうて)	양 손
1	両目(りょうめ)	두 눈
1	両輪(りょうりん)	양 바퀴
1	履歴(りれき)	이력
1	臨機応変(りんきおうへん)	임기응변
1	倫理(りんり)	윤리
1	ルーム	방, 룸
1	ルビー	루비
1	礼儀(れいぎ)	예의
1	レーン	레인, 차선
1	レコーダー	녹음기
1	レスリング	레슬링
1	レター	편지
1	レトロ	레트로, 복고
1	廊下(ろうか)	복도
1	老人(ろうじん)	노인
1	ロースクール	로스쿨
1	ローソク	촛불, 양초
1	録(ろく)	기록
1	ロビー	로비
1	論者(ろんしゃ)	논자
1	論法(ろんぽう)	논법
1	若手(わかて)	젊은 사람
1	わが家(や)	내 집, 우리 집
1	和語(わご)	일본어
1	ワゴン	왜건

빈도	단어	뜻
1	和装(わそう)	일본식 복장
1	和風(わふう)	일본풍
1	割り算(わりざん)	나눗셈
1	悪者(わるもの)	악인
1	割れ目(われめ)	갈라진 틈, 균열

サ行 변격 명사

빈도	단어	뜻
183	生活 (せいかつ)	생활
167	研究 (けんきゅう)	연구
143	意味 (いみ)	의미
139	仕事 (しごと)	일
122	利用 (りよう)	이용
117	関係 (かんけい)	관계
112	活動 (かつどう)	활동
103	理解 (りかい)	이해
98	行動 (こうどう)	행동
96	変化 (へんか)	변화
94	存在 (そんざい)	존재
93	実験 (じっけん)	실험
85	消費 (しょうひ)	소비
81	影響 (えいきょう)	영향
80	記憶 (きおく)	기억
78	経験 (けいけん)	경험
74	調査 (ちょうさ)	조사
72	建築 (けんちく)	건축
69	説明 (せつめい)	설명
68	意識 (いしき)	의식
68	使用 (しよう)	사용
66	作業 (さぎょう)	작업
64	教育 (きょういく)	교육
61	失敗 (しっぱい)	실패

빈도	단어	뜻
60	機能 (きのう)	기능
60	参加 (さんか)	참가
60	質問 (しつもん)	질문
60	判断 (はんだん)	판단
59	原因 (げんいん)	원인
56	成長 (せいちょう)	성장
56	旅 (たび)	여행
55	学習 (がくしゅう)	학습
55	思考 (しこう)	사고
55	授業 (じゅぎょう)	수업
54	生産 (せいさん)	생산
49	電話 (でんわ)	전화
49	発見 (はっけん)	발견
49	反応 (はんのう)	반응
48	表現 (ひょうげん)	표현
45	食事 (しょくじ)	식사
43	進歩 (しんぽ)	진보
43	体験 (たいけん)	체험
42	デザイン	디자인
41	観察 (かんさつ)	관찰
40	イメージ	이미지
40	勉強 (べんきょう)	공부
39	意見 (いけん)	의견
39	解決 (かいけつ)	해결

명사

빈도	단어	뜻
38	削除(さくじょ)	삭제
38	開発(かいはつ)	개발
36	進化(しんか)	진화
36	評価(ひょうか)	평가
36	野生(やせい)	야생
35	引用(いんよう)	인용
35	認識(にんしき)	인식
35	労働(ろうどう)	노동
34	学問(がくもん)	학문
34	観光(かんこう)	관광
34	購入(こうにゅう)	구입
33	施設(しせつ)	시설
33	成功(せいこう)	성공
32	計画(けいかく)	계획
32	繁殖(はんしょく)	번식
31	確認(かくにん)	확인
31	広告(こうこく)	광고
30	処理(しょり)	처리
30	整理(せいり)	정리
30	注意(ちゅうい)	주의
30	読書(どくしょ)	독서
29	移動(いどう)	이동
29	サービス	서비스
29	組織(そしき)	조직
29	発生(はっせい)	발생
27	紹介(しょうかい)	소개

빈도	단어	뜻
26	管理(かんり)	관리
26	期待(きたい)	기대
26	発達(はったつ)	발달
25	解釈(かいしゃく)	해석
25	買い物(かいもの)	쇼핑
25	コピー	복사
25	設計(せっけい)	설계
25	努力(どりょく)	노력
25	把握(はあく)	파악
25	発展(はってん)	발전
25	編集(へんしゅう)	편집
25	物語(ものがたり)	이야기, 구연
25	要求(ようきゅう)	요구
24	交通(こうつう)	교통
24	受診(じゅしん)	수진 (진찰을 받음)
24	創造(そうぞう)	창조
24	提供(ていきょう)	제공
24	破壊(はかい)	파괴
24	比較(ひかく)	비교
23	結論(けつろん)	결론
23	主張(しゅちょう)	주장
23	相談(そうだん)	상담
23	留学(りゅうがく)	유학
22	維持(いじ)	유지
22	会話(かいわ)	회화, 대화
22	獲得(かくとく)	획득

빈도	단어	뜻
22	感動 (かんどう)	감동
22	重視 (じゅうし)	중시
22	想像 (そうぞう)	상상
22	タイプ	타입
22	特定 (とくてい)	특정
22	保存 (ほぞん)	보존
21	加工 (かこう)	가공
21	共有 (きょうゆう)	공유
21	協力 (きょうりょく)	협력, 협조
21	議論 (ぎろん)	논의
21	形成 (けいせい)	형성
21	建設 (けんせつ)	건설
21	誤解 (ごかい)	오해
21	酸化 (さんか)	산화
21	実現 (じつげん)	실현
21	不足 (ふそく)	부족
21	欲求 (よっきゅう)	욕구
20	意図 (いと)	의도
20	改善 (かいぜん)	개선
20	競争 (きょうそう)	경쟁
20	共同 (きょうどう)	공동
20	攻撃 (こうげき)	공격
20	作用 (さよう)	작용
20	分析 (ぶんせき)	분석
20	保護 (ほご)	보호
20	料理 (りょうり)	요리

빈도	단어	뜻
19	いたずら	장난
19	客観 (きゃっかん)	객관
19	携帯 (けいたい)	휴대
19	設備 (せつび)	설비
19	選択 (せんたく)	선택
19	宣伝 (せんでん)	선전
19	注目 (ちゅうもく)	주목
19	適応 (てきおう)	적응
19	トレーニング	트레이닝
19	販売 (はんばい)	판매
18	指示 (しじ)	지시
18	実践 (じっせん)	실천
18	従事 (じゅうじ)	종사
18	対応 (たいおう)	대응
18	達成 (たっせい)	달성
18	展開 (てんかい)	전개
18	発行 (はっこう)	발행
18	発表 (はっぴょう)	발표
18	リサイクル	재활용
17	工夫 (くふう)	궁리, 고안, 연구
17	指導 (しどう)	지도
17	証明 (しょうめい)	증명
17	絶滅 (ぜつめつ)	절멸, 멸종
17	対処 (たいしょ)	대처
17	誕生 (たんじょう)	탄생
17	提出 (ていしゅつ)	제출

명 사

빈도	단어	뜻
17	動作(どうさ)	작동, 동작
16	アンケート	설문조사
16	インタビュー	인터뷰
16	運動(うんどう)	운동
16	鑑賞(かんしょう)	감상
16	関連(かんれん)	관련
16	記録(きろく)	기록
16	交流(こうりゅう)	교류
16	商売(しょうばい)	장사
16	診断(しんだん)	진단
16	生息(せいそく)	생식, 번식, 서식
16	増加(ぞうか)	증가
16	登場(とうじょう)	등장
16	批判(ひはん)	비판
16	命令(めいれい)	명령
15	介護(かいご)	개호, 간병
15	解約(かいやく)	해약
15	希望(きぼう)	희망
15	訓練(くんれん)	훈련
15	実感(じっかん)	실감
15	実施(じっし)	실시
15	受講(じゅこう)	수강
15	信頼(しんらい)	신뢰
15	対話(たいわ)	대화
15	定義(ていぎ)	정의
15	展示(てんじ)	전시

빈도	단어	뜻
15	伝達(でんたつ)	전달
15	パス	정기 승차권
15	捕食(ほしょく)	포식
15	満足(まんぞく)	만족
15	無視(むし)	무시
15	予約(よやく)	예약
14	安定(あんてい)	안정
14	依存(いぞん)	의존
14	応募(おうぼ)	응모
14	開催(かいさい)	개최
14	回復(かいふく)	회복
14	共通(きょうつう)	공통
14	向上(こうじょう)	향상
14	支持(しじ)	지지
14	案内(あんない)	안내
14	申請(しんせい)	신청
14	沈黙(ちんもく)	침묵
14	変更(へんこう)	변경
14	優先(ゆうせん)	우선
14	用意(ようい)	준비
14	予防(よぼう)	예방
14	履修(りしゅう)	이수
14	旅行(りょこう)	여행
13	汚染(おせん)	오염
13	拡大(かくだい)	확대
13	既存(きそん)	기존

빈도	단어	뜻
13	経営(けいえい)	경영
13	貢献(こうけん)	공헌
13	集中(しゅうちゅう)	집중
13	信用(しんよう)	신용
13	促進(そくしん)	촉진
13	蓄積(ちくせき)	축적
13	テスト	테스트
13	導入(どうにゅう)	도입
13	発揮(はっき)	발휘
13	普及(ふきゅう)	보급
13	分類(ぶんるい)	분류
13	報告(ほうこく)	보고
13	予測(よそく)	예측
13	レポート	리포트
12	解答(かいとう)	해답
12	回答(かいとう)	회답, 응답
12	活用(かつよう)	활용
12	規制(きせい)	규제
12	競技(きょうぎ)	경기
12	供給(きょうきゅう)	공급
12	区別(くべつ)	구별
12	減少(げんしょう)	감소
12	交換(こうかん)	교환
12	講義(こうぎ)	강의
12	採用(さいよう)	채용
12	試験(しけん)	시험

빈도	단어	뜻
12	準備(じゅんび)	준비
12	消化(しょうか)	소화
12	証言(しょうげん)	증언
12	所属(しょぞく)	소속
12	整備(せいび)	정비
12	摂取(せっしゅ)	섭취
12	卒業(そつぎょう)	졸업
12	抵抗(ていこう)	저항
12	提示(ていじ)	제시
12	配偶(はいぐう)	배우
12	排出(はいしゅつ)	배출
12	反映(はんえい)	반영
11	営業(えいぎょう)	영업
11	会議(かいぎ)	회의
11	共感(きょうかん)	공감
11	警戒(けいかい)	경계
11	計算(けいさん)	계산
11	決定(けってい)	결정
11	検討(けんとう)	검토
11	交尾(こうび)	교미
11	作成(さくせい)	작성
11	睡眠(すいみん)	수면
11	制限(せいげん)	제한
11	担当(たんとう)	담당
11	注視(ちゅうし)	주시
11	納得(なっとく)	납득

명 사

빈도	단어	뜻
11	排除 (はいじょ)	배제
11	発想 (はっそう)	발상
11	肥大 (ひだい)	비대
11	否定 (ひてい)	부정
11	負担 (ふたん)	부담
11	保育 (ほいく)	보육
11	募集 (ぼしゅう)	모집
11	輸送 (ゆそう)	수송
11	予想 (よそう)	예상
11	流行 (りゅうこう)	유행
10	あいさつ	인사
10	一致 (いっち)	일치
10	応答 (おうとう)	응답
10	応用 (おうよう)	응용
10	解消 (かいしょう)	해소
10	解説 (かいせつ)	해설
10	解明 (かいめい)	해명
10	加点 (かてん)	가산점
10	記入 (きにゅう)	기입
10	限定 (げんてい)	한정
10	削減 (さくげん)	삭감, 감축
10	執行 (しっこう)	집행
10	指摘 (してき)	지적
10	推測 (すいそく)	추측
10	成熟 (せいじゅく)	성숙
10	製造 (せいぞう)	제조

빈도	단어	뜻
10	生存 (せいぞん)	생존
10	成立 (せいりつ)	성립
10	設定 (せってい)	설정
10	創作 (そうさく)	창작
10	増大 (ぞうだい)	증대
10	着用 (ちゃくよう)	착용
10	低下 (ていか)	저하
10	定着 (ていちゃく)	정착
10	廃棄 (はいき)	폐기
10	配慮 (はいりょ)	배려
10	予定 (よてい)	예정
10	練習 (れんしゅう)	연습
9	握手 (あくしゅ)	악수
9	圧倒 (あっとう)	압도
9	依頼 (いらい)	의뢰
9	噂 (うわさ)	소문
9	運営 (うんえい)	운영
9	演出 (えんしゅつ)	연출
9	援助 (えんじょ)	원조
9	化石 (かせき)	화석
9	仮想 (かそう)	가상
9	吸収 (きゅうしゅう)	흡수
9	教授 (きょうじゅ)	교수
9	強制 (きょうせい)	강제
9	共存 (きょうぞん)	공존
9	緊張 (きんちょう)	긴장

빈도	단어	뜻
9	警告 (けいこく)	경고
9	継続 (けいぞく)	계속
9	研修 (けんしゅう)	연수
9	公開 (こうかい)	공개
9	更新 (こうしん)	갱신, 경신
9	刺激 (しげき)	자극
9	収穫 (しゅうかく)	수확
9	集合 (しゅうごう)	집합
9	出現 (しゅつげん)	출현
9	上達 (じょうたつ)	상달, 기능이 향상됨
9	象徴 (しょうちょう)	상징
9	自立 (じりつ)	자립
9	推進 (すいしん)	추진
9	挑戦 (ちょうせん)	도전
9	治療 (ちりょう)	치료
9	追求 (ついきゅう)	추구
9	統一 (とういつ)	통일
9	発光 (はっこう)	발광
9	反射 (はんしゃ)	반사
9	プラス	플러스
9	平均 (へいきん)	평균
9	模倣 (もほう)	모방
9	予告 (よこく)	예고
9	流出 (りゅうしゅつ)	유출
9	流通 (りゅうつう)	유통
9	連続 (れんぞく)	연속

빈도	단어	뜻
8	アドバイス	조언, 충고
8	演習 (えんしゅう)	연습
8	開拓 (かいたく)	개척
8	回避 (かいひ)	회피
8	確保 (かくほ)	확보
8	貸出 (かしだし)	대출, 대여
8	我慢 (がまん)	자제, 인내
8	監督 (かんとく)	감독
8	危惧 (きぐ)	위구, 걱정하고 두려워함
8	帰属 (きぞく)	귀속
8	寄付 (きふ)	기부
8	禁止 (きんし)	금지
8	掲載 (けいさい)	게재
8	検査 (けんさ)	검사
8	減点 (げんてん)	감점
8	雇用 (こよう)	고용
8	コントロール	컨트롤
8	栽培 (さいばい)	재배
8	試合 (しあい)	시합
8	指揮 (しき)	지휘
8	持参 (じさん)	지참
8	指定 (してい)	지정
8	修復 (しゅうふく)	수복, 복원
8	循環 (じゅんかん)	순환
8	従業 (じゅうぎょう)	종업
8	進展 (しんてん)	진전

명사

빈도	단어	뜻
8	心配 (しんぱい)	걱정
8	接触 (せっしょく)	접촉
8	操作 (そうさ)	조작
8	長寿 (ちょうじゅ)	장수
8	直面 (ちょくめん)	직면
8	手助け (てだすけ)	도움, 조력
8	入手 (にゅうしゅ)	입수
8	発言 (はつげん)	발언
8	表示 (ひょうじ)	표시
8	剽窃 (ひょうせつ)	표절
8	分解 (ぶんかい)	분해
8	返事 (へんじ)	대답, 답장
8	防止 (ぼうし)	방지
8	報道 (ほうどう)	보도
8	歩行 (ほこう)	보행
8	ミス	실수
8	緑化 (りょっか)	녹화
7	安心 (あんしん)	안심
7	飲食 (いんしょく)	음식, 마시고 먹음
7	開花 (かいか)	개화
7	回収 (かいしゅう)	회수
7	苦労 (くろう)	고생
7	経過 (けいか)	경과
7	軽減 (けいげん)	경감
7	見学 (けんがく)	견학
7	講演 (こうえん)	강연

빈도	단어	뜻
7	工事 (こうじ)	공사
7	構成 (こうせい)	구성
7	肯定 (こうてい)	긍정
7	交付 (こうふ)	교부
7	実行 (じっこう)	실행
7	上演 (じょうえん)	상연
7	上昇 (じょうしょう)	상승
7	照明 (しょうめい)	조명
7	所有 (しょゆう)	소유
7	推定 (すいてい)	추정
7	遭遇 (そうぐう)	조우
7	走行 (そうこう)	주행
7	想定 (そうてい)	상정
7	尊重 (そんちょう)	존중
7	代表 (だいひょう)	대표
7	対立 (たいりつ)	대립
7	追及 (ついきゅう)	뒤쫓음, 추궁
7	投入 (とうにゅう)	투입
7	登録 (とうろく)	등록
7	討論 (とうろん)	토론
7	独創 (どくそう)	독창
7	納入 (のうにゅう)	납입
7	発信 (はっしん)	발신
7	疲労 (ひろう)	피로
7	復興 (ふっこう)	부흥, 복구
7	分離 (ぶんり)	분리

빈도	단어	뜻
7	保全 (ほぜん)	보전
7	明記 (めいき)	명기
7	予習 (よしゅう)	예습
6	悪化 (あっか)	악화
6	位置 (いち)	위치
6	異変 (いへん)	이변
6	運転 (うんてん)	운전
6	運搬 (うんぱん)	운반
6	運用 (うんよう)	운용
6	エラー	에러
6	演奏 (えんそう)	연주
6	感染 (かんせん)	감염
6	観測 (かんそく)	관측
6	強調 (きょうちょう)	강조
6	駆使 (くし)	구사
6	契約 (けいやく)	계약
6	幻想 (げんそう)	환상
6	採集 (さいしゅう)	채집
6	再生 (さいせい)	재생
6	サイン	사인
6	支援 (しえん)	지원
6	識別 (しきべつ)	식별
6	就職 (しゅうしょく)	취직
6	習得 (しゅうとく)	습득
6	受験 (じゅけん)	수험
6	取材 (しゅざい)	취재

빈도	단어	뜻
6	出発 (しゅっぱつ)	출발
6	衝突 (しょうとつ)	충돌
6	進行 (しんこう)	진행
6	進出 (しんしゅつ)	진출
6	制御 (せいぎょ)	제어
6	世話 (せわ)	보살핌, 돌봄
6	潜在 (せんざい)	잠재
6	先進 (せんしん)	선진
6	総合 (そうごう)	종합
6	送信 (そうしん)	송신
6	団欒 (だんらん)	단란
6	チャレンジ	도전
6	著作 (ちょさく)	저작
6	通勤 (つうきん)	통근
6	通信 (つうしん)	통신
6	提案 (ていあん)	제안
6	適用 (てきよう)	적용
6	転換 (てんかん)	전환
6	統率 (とうそつ)	통솔
6	独立 (どくりつ)	독립
6	入学 (にゅうがく)	입학
6	入門 (にゅうもん)	입문
6	飛行 (ひこう)	비행
6	負荷 (ふか)	부하
6	複合 (ふくごう)	복합
6	プレイ	플레이

名 詞

빈도	단어	뜻
6	分割(ぶんかつ)	분할
6	分布(ぶんぷ)	분포
6	放棄(ほうき)	포기, 방기
6	舗装(ほそう)	포장
6	矛盾(むじゅん)	모순
6	迷惑(めいわく)	민폐, 폐
6	目撃(もくげき)	목격
6	やりとり	주고받음, 교환
6	預金(よきん)	예금
6	類似(るいじ)	유사
6	劣化(れっか)	열화
6	連絡(れんらく)	연락
5	アクセス	접근, 접속
5	アップ	업, 올림
5	アプローチ	접근
5	暗記(あんき)	암기
5	育成(いくせい)	육성
5	開設(かいせつ)	개설
5	開放(かいほう)	개방
5	拡散(かくさん)	확산
5	確立(かくりつ)	확립
5	歓迎(かんげい)	환영
5	記述(きじゅつ)	기술
5	規定(きてい)	규정
5	休息(きゅうそく)	휴식
5	居住(きょじゅう)	거주

빈도	단어	뜻
5	許容(きょよう)	허용
5	区分(くぶん)	구분
5	啓蒙(けいもう)	계몽
5	交信(こうしん)	교신
5	合成(ごうせい)	합성
5	構築(こうちく)	구축
5	再現(さいげん)	재현
5	再発(さいはつ)	재발
5	支給(しきゅう)	지급
5	視聴(しちょう)	시청
5	ジャンプ	점프
5	就業(しゅうぎょう)	취업
5	充実(じゅうじつ)	충실
5	収集(しゅうしゅう)	수집
5	充足(じゅうそく)	충족
5	推論(すいろん)	추론
5	生殖(せいしょく)	생식
5	整頓(せいとん)	정돈
5	節約(せつやく)	절약
5	掃除(そうじ)	청소
5	対抗(たいこう)	대항
5	探索(たんさく)	탐색
5	抽象(ちゅうしょう)	추상
5	調和(ちょうわ)	조화
5	統計(とうけい)	통계
5	ノート	노트

빈도	단어	뜻
5	破損 (はそん)	파손
5	発音 (はつおん)	발음
5	反省 (はんせい)	반성
5	氾濫 (はんらん)	범람
5	非難 (ひなん)	비난
5	飛躍 (ひやく)	비약
5	評論 (ひょうろん)	평론
5	分担 (ぶんたん)	분담
5	弁護 (べんご)	변호
5	放送 (ほうそう)	방송
5	訪問 (ほうもん)	방문
5	捕獲 (ほかく)	포획
5	補助 (ほじょ)	보조
5	味方 (みかた)	자기편, 아군
5	メモ	메모
5	郵送 (ゆうそう)	우송
5	要望 (ようぼう)	요망
5	冷蔵 (れいぞう)	냉장
4	逸脱 (いつだつ)	일탈
4	稲作 (いなさく)	벼농사
4	印刷 (いんさつ)	인쇄
4	演技 (えんぎ)	연기
4	会計 (かいけい)	회계
4	ガイド	가이드
4	解放 (かいほう)	해방
4	改良 (かいりょう)	개량

빈도	단어	뜻
4	加入 (かにゅう)	가입
4	感心 (かんしん)	감탄
4	寄生 (きせい)	기생
4	喫煙 (きつえん)	흡연
4	記念 (きねん)	기념
4	逆転 (ぎゃくてん)	역전
4	究明 (きゅうめい)	구명, 규명
4	寄与 (きよ)	기여
4	教訓 (きょうくん)	교훈
4	共生 (きょうせい)	공생
4	許可 (きょか)	허가
4	禁煙 (きんえん)	금연
4	吟味 (ぎんみ)	음미
4	勤労 (きんろう)	근로
4	駆除 (くじょ)	구제
4	喧嘩 (けんか)	다툼, 싸움, 분쟁
4	兼業 (けんぎょう)	겸업
4	謙遜 (けんそん)	겸손
4	講習 (こうしゅう)	강습
4	購買 (こうばい)	구매
4	公表 (こうひょう)	공표
4	混在 (こんざい)	혼재
4	混乱 (こんらん)	혼란
4	裁判 (さいばん)	재판
4	差別 (さべつ)	차별
4	産卵 (さんらん)	산란

명 사

빈도	단어	뜻
4	飼育 (しいく)	사육
4	嗜好 (しこう)	기호
4	試着 (しちゃく)	시착
4	失業 (しつぎょう)	실업
4	支配 (しはい)	지배
4	修正 (しゅうせい)	수정
4	収束 (しゅうそく)	수속, 수습
4	集約 (しゅうやく)	집약
4	終了 (しゅうりょう)	종료
4	出席 (しゅっせき)	출석
4	主導 (しゅどう)	주도
4	種別 (しゅべつ)	종별
4	承認 (しょうにん)	승인
4	蒸発 (じょうはつ)	증발
4	消耗 (しょうもう)	소모
4	植林 (しょくりん)	식림
4	処分 (しょぶん)	처분
4	伸長 (しんちょう)	신장
4	推薦 (すいせん)	추천
4	スリップ	슬립
4	生育 (せいいく)	생육
4	制作 (せいさく)	제작
4	制約 (せいやく)	제약
4	選挙 (せんきょ)	선거
4	選考 (せんこう)	선고, 전형
4	戦争 (せんそう)	전쟁

빈도	단어	뜻
4	相違 (そうい)	상위, 다름, 틀림
4	装飾 (そうしょく)	장식
4	増殖 (ぞうしょく)	증식
4	措置 (そち)	조치
4	退職 (たいしょく)	퇴직
4	宅配 (たくはい)	택배
4	タッチ	터치
4	多用 (たよう)	다용
4	着陸 (ちゃくりく)	착륙
4	注射 (ちゅうしゃ)	주사
4	中断 (ちゅうだん)	중단
4	中毒 (ちゅうどく)	중독
4	直立 (ちょくりつ)	직립
4	入社 (にゅうしゃ)	입사
4	熱中 (ねっちゅう)	열중
4	配達 (はいたつ)	배달
4	配布 (はいふ)	배포
4	博覧 (はくらん)	박람
4	発芽 (はつが)	발아
4	パック	팩
4	発電 (はつでん)	발전
4	判明 (はんめい)	판명
4	昼寝 (ひるね)	낮잠
4	孵化 (ふか)	부화
4	複製 (ふくせい)	복제
4	不自由 (ふじゆう)	부자유, 부족

빈도	단어	뜻
4	復帰 (ふっき)	복귀
4	腐敗 (ふはい)	부패
4	分泌 (ぶんぴつ)	분비
4	変異 (へんい)	변이
4	冒険 (ぼうけん)	모험
4	放出 (ほうしゅつ)	방출
4	補給 (ほきゅう)	보급
4	マイナス	마이너스
4	前書き (まえがき)	서론
4	模索 (もさく)	모색
4	融通 (ゆうずう)	융통
4	由来 (ゆらい)	유래
4	世直し (よなおし)	세상을 바로잡음
4	恋愛 (れんあい)	연애
4	連携 (れんけい)	연계, 제휴
4	連帯 (れんたい)	연대
4	老朽 (ろうきゅう)	노후
3	合図 (あいず)	신호
3	アルバイト	아르바이트
3	移住 (いじゅう)	이주
3	うっかり	부주의
3	延長 (えんちょう)	연장
3	確信 (かくしん)	확신
3	下降 (かこう)	하강
3	加速 (かそく)	가속
3	活躍 (かつやく)	활약

빈도	단어	뜻
3	金儲け (かねもうけ)	돈벌이
3	喚起 (かんき)	환기
3	感激 (かんげき)	감격
3	完結 (かんけつ)	완결
3	完成 (かんせい)	완성
3	乾燥 (かんそう)	건조
3	企画 (きかく)	기획
3	休講 (きゅうこう)	휴강
3	給水 (きゅうすい)	급수
3	競合 (きょうごう)	경합
3	凝縮 (ぎょうしゅく)	응축
3	継承 (けいしょう)	계승
3	決心 (けっしん)	결심
3	欠席 (けっせき)	결석
3	結束 (けっそく)	결속
3	決断 (けつだん)	결단
3	公演 (こうえん)	공연
3	考察 (こうさつ)	고찰
3	構想 (こうそう)	구상
3	後退 (こうたい)	후퇴
3	興奮 (こうふん)	흥분
3	広報 (こうほう)	홍보
3	呼吸 (こきゅう)	호흡
3	克服 (こくふく)	극복
3	故障 (こしょう)	고장
3	子育て (こそだて)	육아

동사

형용사

형용동사

부사

숙어

명사

부록

명사

빈도	단어	뜻
3	コメント	코멘트
3	誤訳(ごやく)	오역
3	採捕(さいほ)	채포, 채집, 포획
3	撮影(さつえい)	촬영
3	サポート	서포트
3	算出(さんしゅつ)	산출
3	散歩(さんぽ)	산책
3	試行(しこう)	시행
3	志向(しこう)	지향
3	執筆(しっぴつ)	집필
3	集会(しゅうかい)	집회
3	終始(しゅうし)	시종
3	集積(しゅうせき)	집적
3	修理(しゅうり)	수리
3	狩猟(しゅりょう)	수렵
3	浄化(じょうか)	정화
3	消去(しょうきょ)	소거
3	照射(しょうしゃ)	조사
3	勝利(しょうり)	승리
3	除外(じょがい)	제외
3	処置(しょち)	처치
3	指令(しれい)	지령
3	進学(しんがく)	진학
3	浸透(しんとう)	침투
3	遂行(すいこう)	수행
3	衰退(すいたい)	쇠퇴

빈도	단어	뜻
3	スケッチ	스케치, 사생
3	ストック	스톡, 저장
3	正座(せいざ)	정좌
3	成人(せいじん)	성인
3	接種(せっしゅ)	접종
3	説得(せっとく)	설득
3	専攻(せんこう)	전공
3	先行(せんこう)	선행
3	潜水(せんすい)	잠수
3	洗濯(せんたく)	세탁
3	専念(せんねん)	전념
3	増強(ぞうきょう)	증강
3	増減(ぞうげん)	증감
3	操縦(そうじゅう)	조종
3	創出(そうしゅつ)	창출
3	相当(そうとう)	상당
3	即答(そくとう)	즉답
3	代替(だいたい)	대체
3	打破(だは)	타파
3	断定(だんてい)	단정
3	知覚(ちかく)	지각
3	中継(ちゅうけい)	중계
3	仲裁(ちゅうさい)	중재
3	抽選(ちゅうせん)	추첨
3	調整(ちょうせい)	조정
3	調理(ちょうり)	조리

빈도	단어	뜻
3	通用 (つうよう)	통용
3	定住 (ていじゅう)	정주, 정착
3	手入れ (てい)	손질, 보살핌
3	伝承 (でんしょう)	전승
3	伝染 (でんせん)	전염
3	展望 (てんぼう)	전망
3	展覧 (てんらん)	전람
3	同化 (どうか)	동화
3	到着 (とうちゃく)	도착
3	同調 (どうちょう)	동조
3	侵入 (しんにゅう)	침입
3	取引 (とりひき)	거래, 흥정
3	内省 (ないせい)	내성, 반성
3	肉食 (にくしょく)	육식
3	認知 (にんち)	인지
3	排水 (はいすい)	배수
3	配付 (はいふ)	배부
3	拍手 (はくしゅ)	박수
3	発掘 (はっくつ)	발굴
3	発病 (はつびょう)	발병
3	発明 (はつめい)	발명
3	反論 (はんろん)	반론
3	表出 (ひょうしゅつ)	표출
3	付加 (ふか)	부가
3	複写 (ふくしゃ)	복사
3	付属 (ふぞく)	부속

빈도	단어	뜻
3	紛失 (ふんしつ)	분실
3	分別・分別 (ふんべつ・ぶんべつ)	분별
3	並行 (へいこう)	병행
3	平行 (へいこう)	평행
3	保管 (ほかん)	보관
3	補修 (ほしゅう)	보수
3	保証 (ほしょう)	보증
3	哺乳 (ほにゅう)	포유
3	翻訳 (ほんやく)	번역
3	マーク	마크
3	無理 (むり)	무리
3	モニター	모니터
3	養殖 (ようしょく)	양식
3	要約 (ようやく)	요약
3	リード	리드
3	流入 (りゅうにゅう)	유입
3	連鎖 (れんさ)	연쇄
3	論争 (ろんそう)	논쟁
3	割引 (わりびき)	할인
2	愛着 (あいちゃく)	애착
2	圧縮 (あっしゅく)	압축
2	アピール	어필, 호소
2	言い訳 (いわけ)	변명, 핑계
2	移行 (いこう)	이행
2	位置付け (いちづけ)	자리매김
2	一括 (いっかつ)	일괄

동사

형용사

형용동사

부사

숙어

명사

부록

명 사

빈도	단어	뜻
2	一喜一憂 (いっきいちゆう)	일희일비
2	一服 (いっぷく)	한 잔, 한 대, 한 포
2	一変 (いっぺん)	일변
2	違反 (いはん)	위반
2	印 (いん)	도장
2	飲酒 (いんしゅ)	음주
2	会釈 (えしゃく)	목례
2	餌付け (えづけ)	길들임
2	延納 (えんのう)	연납, 체납
2	遠慮 (えんりょ)	사양
2	応援 (おうえん)	응원
2	お返し (おかえし)	답례
2	お辞儀 (おじぎ)	인사
2	おしゃべり	수다
2	汚濁・汚濁 (おだく・おじょく)	오탁
2	開始 (かいし)	개시
2	懐中 (かいちゅう)	회중
2	該当 (がいとう)	해당
2	覚悟 (かくご)	각오
2	革新 (かくしん)	혁신
2	覚醒 (かくせい)	각성
2	拡張 (かくちょう)	확장
2	拡幅 (かくふく)	확폭, 확장
2	加勢 (かせい)	가세
2	滑走 (かっそう)	활주
2	合致 (がっち)	합치, 일치

빈도	단어	뜻
2	稼働 (かどう)	가동
2	還元 (かんげん)	환원
2	勘違い (かんちがい)	착각
2	陥没 (かんぼつ)	함몰
2	記載 (きさい)	기재
2	寄贈 (きぞう)	기증
2	帰宅 (きたく)	귀가
2	キャンセル	취소
2	休憩 (きゅうけい)	휴게, 휴식
2	急伸 (きゅうしん)	급신장, 급성장
2	休眠 (きゅうみん)	휴면
2	強化 (きょうか)	강화
2	拒絶 (きょぜつ)	거절, 거부
2	規律 (きりつ)	규율
2	勤務 (きんむ)	근무
2	具現 (ぐげん)	구현
2	屈折 (くっせつ)	굴절
2	ケア	케어, 보살핌
2	敬遠 (けいえん)	경원
2	傾斜 (けいしゃ)	경사
2	計測 (けいそく)	계측
2	形容 (けいよう)	형용
2	経歴 (けいれき)	경력
2	激減 (げきげん)	격감
2	欠勤 (けっきん)	결근
2	結婚 (けっこん)	결혼

빈도	단어	뜻
2	嫌悪 (けんお)	혐오
2	顕在 (けんざい)	현재
2	検索 (けんさく)	검색
2	検証 (けんしょう)	검증
2	見聞 (けんぶん)	견문
2	後悔 (こうかい)	후회
2	後続 (こうぞく)	후속
2	交配 (こうはい)	교배
2	小売 (こうり)	소매
2	考慮 (こうりょ)	고려
2	コーチ	코치
2	固定 (こてい)	고정
2	孤立 (こりつ)	고립
2	混同 (こんどう)	혼동
2	作文 (さくぶん)	작문
2	挫折 (ざせつ)	좌절
2	錯覚 (さっかく)	착각
2	察知 (さっち)	찰지, 헤아려 앎
2	賛成 (さんせい)	찬성
2	参入 (さんにゅう)	참가, 참여
2	散布 (さんぷ)	산포, 살포
2	自覚 (じかく)	자각
2	持久 (じきゅう)	지구
2	施策 (しさく)	시책
2	失敬 (しっけい)	실례
2	実習 (じっしゅう)	실습

빈도	단어	뜻
2	実証 (じっしょう)	실증
2	叱責 (しっせき)	질책
2	視認 (しにん)	시인
2	自問 (じもん)	자문
2	習熟 (しゅうじゅく)	습숙 배워서 능숙해짐
2	修繕 (しゅうぜん)	수선
2	充電 (じゅうでん)	충전
2	受給 (じゅきゅう)	수급
2	縮小 (しゅくしょう)	축소
2	熟練 (じゅくれん)	숙련
2	受信 (じゅしん)	수신
2	出演 (しゅつえん)	출연
2	出荷 (しゅっか)	출하
2	出産 (しゅっさん)	출산
2	受容 (じゅよう)	수용
2	巡礼 (じゅんれい)	순례
2	上下 (じょうげ)	상하
2	焼失 (しょうしつ)	소실
2	省力 (しょうりょく)	성력, 노동력 절감
2	奨励 (しょうれい)	장려
2	除去 (じょきょ)	제거
2	処遇 (しょぐう)	처우
2	助言 (じょげん)	조언
2	所持 (しょじ)	소지
2	所蔵 (しょぞう)	소장
2	思慮 (しりょ)	사려

명 사

빈도	단어	뜻
2	審査(しんさ)	심사
2	水泳(すいえい)	수영
2	推量(すいりょう)	추량, 추측
2	スピーチ	스피치, 연설
2	請求(せいきゅう)	청구
2	静止(せいし)	정지
2	清掃(せいそう)	청소
2	制定(せいてい)	제정
2	積載(せきさい)	적재
2	接客(せっきゃく)	접객
2	説教(せっきょう)	설교
2	接近(せっきん)	접근
2	接続(せつぞく)	접속
2	切断(せつだん)	절단
2	窃盗(せっとう)	절도
2	前後(ぜんご)	전후
2	先着(せんちゃく)	선착
2	洗面(せんめん)	세면, 세수
2	占有(せんゆう)	점유
2	専用(せんよう)	전용
2	相関(そうかん)	상관
2	喪失(そうしつ)	상실
2	草食(そうしょく)	초식
2	装丁(そうてい)	장정
2	増幅(ぞうふく)	증폭
2	疎外(そがい)	소외

빈도	단어	뜻
2	即売(そくばい)	즉매, 직매, 직판
2	速報(そくほう)	속보
2	組成(そせい)	조성
2	損害(そんがい)	손해
2	退会(たいかい)	퇴회, 탈퇴
2	滞在(たいざい)	체재, 체류
2	体得(たいとく)	체득
2	対比(たいひ)	대비
2	対面(たいめん)	대면
2	滞留(たいりゅう)	체류
2	断食(だんじき)	단식
2	短縮(たんしゅく)	단축
2	断絶(だんぜつ)	단절
2	担任(たんにん)	담임
2	チェック	체크
2	遅刻(ちこく)	지각
2	注文(ちゅうもん)	주문
2	聴取(ちょうしゅ)	청취
2	調節(ちょうせつ)	조절
2	直観(ちょっかん)	직관
2	追加(ついか)	추가
2	通行(つうこう)	통행
2	綱引き(つなひき)	줄다리기
2	提起(ていき)	제기
2	撤去(てっきょ)	철거
2	徹底(てってい)	철저

빈도	단어	뜻
2	撤廃 (てっぱい)	철폐
2	点在 (てんざい)	점재, 산재
2	伝授 (でんじゅ)	전수
2	統括 (とうかつ)	통괄
2	統合 (とうごう)	통합
2	淘汰 (とうた)	도태
2	到達 (とうたつ)	도달
2	冬眠 (とうみん)	동면, 겨울잠
2	当面 (とうめん)	당면
2	動揺 (どうよう)	동요
2	登山 (とざん)	등산
2	徒長 (とちょう)	도장, 웃자람
2	突発 (とっぱつ)	돌발
2	ドライブ	드라이브
2	内在 (ないざい)	내재
2	苦笑い (にがわらい)	쓴웃음
2	入館 (にゅうかん)	입관, 입장
2	入場 (にゅうじょう)	입장
2	入浴 (にゅうよく)	입욕
2	入寮 (にゅうりょう)	기숙사 입소
2	熱狂 (ねっきょう)	열광
2	寝坊 (ねぼう)	늦잠
2	媒介 (ばいかい)	매개
2	配管 (はいかん)	배관
2	配置 (はいち)	배치
2	売買 (ばいばい)	매매

빈도	단어	뜻
2	剥奪 (はくだつ)	박탈
2	派遣 (はけん)	파견
2	派生 (はせい)	파생
2	発覚 (はっかく)	발각
2	醗酵 (はっこう)	발효
2	伐採 (ばっさい)	벌채, 채벌
2	繁栄 (はんえい)	번영
2	反抗 (はんこう)	반항
2	反発 (はんぱつ)	반발
2	反復 (はんぷく)	반복
2	批評 (ひひょう)	비평
2	疲弊 (ひへい)	피폐
2	肥満 (ひまん)	비만
2	拍子抜け (ひょうしぬけ)	맥빠짐
2	評判 (ひょうばん)	평판
2	ビルド	빌드, 건축함
2	不意打ち (ふいうち)	기습
2	赴任 (ふにん)	부임
2	並列 (へいれつ)	병렬
2	弁解 (べんかい)	변명
2	変革 (へんかく)	변혁
2	返却 (へんきゃく)	반환
2	返金 (へんきん)	환불
2	変遷 (へんせん)	변천
2	返送 (へんそう)	반송
2	変動 (へんどう)	변동

명 사

빈도	단어	뜻
2	返品 (へんぴん)	반품
2	崩壊 (ほうかい)	붕괴
2	包装 (ほうそう)	포장
2	放置 (ほうち)	방치
2	補強 (ほきょう)	보강
2	保持 (ほじ)	유지, 보유
2	補正 (ほせい)	보정
2	マスター	마스터, 숙달함
2	身支度 (みじたく)	몸치장, 몸단장
2	無駄遣い (むだづかい)	낭비
2	免除 (めんじょ)	면제
2	申し訳 (もうしわけ)	변명
2	妄想 (もうそう)	망상
2	模写 (もしゃ)	모사
2	模造 (もぞう)	모조
2	問答 (もんどう)	문답
2	夜行 (やこう)	야행, 야간
2	山登り (やまのぼり)	등산
2	遊泳 (ゆうえい)	유영
2	優勝 (ゆうしょう)	우승
2	溶解 (ようかい)	용해
2	養成 (ようせい)	양성
2	予期 (よき)	예기
2	抑圧 (よくあつ)	억압
2	抑止 (よくし)	억지, 억제
2	リストラ	구조조정

빈도	단어	뜻
2	離農 (りのう)	이농
2	流動 (りゅうどう)	유동
2	離陸 (りりく)	이륙
2	隣接 (りんせつ)	인접
2	老化 (ろうか)	노화
2	露出 (ろしゅつ)	노출
1	愛読 (あいどく)	애독
1	悪戦 (あくせん)	악전
1	味見 (あじみ)	간보기, 맛보기
1	後追い (あとおい)	뒤 쫓기, 추격
1	後片付け (あとかたづけ)	뒷정리, 설거지
1	後始末 (あとしまつ)	뒤처리
1	後ずさり (あとずさり)	뒷걸음
1	アナウンス	안내방송
1	安住 (あんじゅう)	안주
1	行き来 (いきき)	왕래
1	息抜き (いきぬき)	숨돌림, 휴게, 휴식
1	依拠 (いきょ)	의거
1	育児 (いくじ)	육아
1	畏敬 (いけい)	외경, 경외
1	居候 (いそうろう)	식객, 눌러 앉음
1	一覧 (いちらん)	일람
1	一触即発 (いっしょくそくはつ)	일촉즉발
1	一新 (いっしん)	일신
1	遺伝 (いでん)	유전
1	移入 (いにゅう)	이입

빈도	단어	뜻
1	畏怖 (いふ)	외포, 두려워함
1	隠蔽 (いんぺい)	은폐
1	飢え死に (うえじに)	아사, 굶어 죽음
1	羽化 (うか)	우화
1	腕組み (うでぐみ)	팔짱 낌
1	腕だめし (うでだめし)	시험해봄
1	鵜呑み (うのみ)	통째로 삼킴
1	運行 (うんこう)	운행
1	云々 (うんぬん)	운운
1	永続 (えいぞく)	영속
1	越冬 (えっとう)	월동
1	演算 (えんざん)	연산
1	演説 (えんぜつ)	연설
1	応接 (おうせつ)	응접
1	往復 (おうふく)	왕복
1	大騒ぎ (おおさわぎ)	대소동 (크게 소란을 피움)
1	オフ	오프
1	カーブ	커브
1	改革 (かいかく)	개혁
1	会合 (かいごう)	회합
1	介在 (かいざい)	개재
1	概算 (がいさん)	개산, 어림 계산
1	外出 (がいしゅつ)	외출
1	介助 (かいじょ)	시중듦
1	改正 (かいせい)	개정
1	改装 (かいそう)	개장

빈도	단어	뜻
1	改造 (かいぞう)	개조
1	解体 (かいたい)	해체
1	回転 (かいてん)	회전
1	壊滅 (かいめつ)	궤멸
1	乖離 (かいり)	괴리
1	格納 (かくのう)	격납
1	隔離 (かくり)	격리
1	駆引き (かけひ)	흥정
1	加減 (かげん)	가감
1	餓死 (がし)	아사
1	過食 (かしょく)	과식
1	過信 (かしん)	과신
1	加担 (かたん)	가담
1	括弧 (かっこ)	괄호
1	合宿 (がっしゅく)	합숙
1	合体 (がったい)	합체
1	カット	컷
1	カバー	커버
1	灌漑 (かんがい)	관개
1	監視 (かんし)	감시
1	監修 (かんしゅう)	감수
1	干渉 (かんしょう)	간섭
1	観念 (かんねん)	관념
1	含有 (がんゆう)	함유
1	関与 (かんよ)	관여
1	慣用 (かんよう)	관용

명 사

빈도	단어	뜻
1	緩和 (かんわ)	완화
1	気兼ね (きがね)	사양, 배려
1	帰郷 (ききょう)	귀향
1	起業 (きぎょう)	기업, 창업 사업을 일으킴
1	起床 (きしょう)	기상
1	キャッチ	캐치
1	キャッチボール	캐치 볼
1	吸血 (きゅうけつ)	흡혈
1	救護 (きゅうご)	구호
1	吸水 (きゅうすい)	흡수
1	凝結 (ぎょうけつ)	응결
1	凝集 (ぎょうしゅう)	응집
1	恐縮 (きょうしゅく)	공축, 죄송스러움
1	競走 (きょうそう)	경주
1	強迫 (きょうはく)	강박
1	拒否 (きょひ)	거부
1	起立 (きりつ)	기립
1	近似 (きんじ)	근사, 유사
1	禁酒 (きんしゅ)	금주
1	禁制 (きんせい)	금제
1	空想 (くうそう)	공상
1	区画 (くかく)	구획
1	くじ引き (びき)	제비뽑기
1	苦渋 (くじゅう)	쓰고 떫음, 고생
1	苦戦 (くせん)	고전
1	口まね (くち)	성대모사

빈도	단어	뜻
1	掘削 (くっさく)	굴삭
1	クリアー	클리어
1	クローズアップ	클로즈업
1	群生 (ぐんせい)	군생
1	君臨 (くんりん)	군림
1	軽視 (けいし)	경시
1	怪我 (けが)	상처, 부상
1	激戦 (げきせん)	격전
1	激突 (げきとつ)	격돌
1	激変 (げきへん)	격변
1	化粧 (けしょう)	화장
1	結晶 (けっしょう)	결정
1	決着 (けっちゃく)	결착
1	下痢 (げり)	설사
1	厳禁 (げんきん)	엄금
1	減刑 (げんけい)	감형
1	堅持 (けんじ)	견지
1	厳守 (げんしゅ)	엄수
1	建造 (けんぞう)	건조
1	兼用 (けんよう)	겸용
1	考案 (こうあん)	고안
1	合意 (ごうい)	합의
1	交歓 (こうかん)	교환 (다 같이 즐김)
1	耕作 (こうさく)	경작
1	交渉 (こうしょう)	교섭
1	交代 (こうたい)	교대

빈도	단어	뜻
1	高騰 こうとう	앙등, 급등
1	荒廃 こうはい	황폐
1	高揚 こうよう	고양
1	口論 こうろん	말다툼
1	コーディネート	코디네이트
1	ゴール	목표
1	ゴールイン	골인
1	枯渇 こかつ	고갈
1	互換 ごかん	호환
1	告白 こくはく	고백
1	酷評 こくひょう	혹평
1	ご馳走 ちそう	대접, 진수성찬
1	誇張 こちょう	과장
1	誤認 ごにん	오인
1	ご無沙汰 ぶさた	오랫동안 무소식
1	小回り こまわ	조금 돌아가는 길
1	混雑 こんざつ	혼잡
1	梱包 こんぽう	곤포, 짐을 꾸림
1	細工 さいく	세공
1	採取 さいしゅ	채취
1	採食 さいしょく	음식물을 섭취함
1	在籍 ざいせき	재적
1	催促 さいそく	재촉
1	在宅 ざいたく	재택
1	在住 ざいじゅう	재주, 거주
1	裁定 さいてい	재정

빈도	단어	뜻
1	再読 さいどく	재독, 다시 읽음
1	先回り さきまわ	앞질러 감
1	作為 さくい	조작함, 작위
1	策定 さくてい	책정
1	指図 さしず	지시
1	作曲 さっきょく	작곡
1	雑踏 ざっとう	잡답, 혼잡
1	参画 さんかく	참획 (계획에 참가함)
1	残業 ざんぎょう	잔업
1	散策 さんさく	산책
1	参照 さんしょう	참조
1	賛同 さんどう	찬동
1	参拝 さんぱい	참배
1	残留 ざんりゅう	잔류
1	思案 しあん	생각, 근심, 걱정
1	司会 しかい	사회
1	自活 じかつ	자활
1	思索 しさく	사색
1	試食 ししょく	시식
1	自生 じせい	자생, 야생
1	自責 じせき	자책
1	質疑 しつぎ	질의
1	実在 じつざい	실재
1	実測 じっそく	실측
1	失墜 しっつい	실추
1	品定め しなさだ	품평, 물건 보기

명 사

빈도	단어	뜻
1	市販（しはん）	시판
1	死亡（しぼう）	사망
1	シミュレーション	시뮬레이션
1	死滅（しめつ）	사멸
1	自滅（じめつ）	자멸
1	自問自答（じもんじとう）	자문자답
1	借用（しゃくよう）	차용
1	射撃（しゃげき）	사격
1	写生（しゃせい）	사생
1	邪魔（じゃま）	방해
1	謝礼（しゃれい）	사례
1	終演（しゅうえん）	종연
1	集金（しゅうきん）	집금, 수금
1	集計（しゅうけい）	집계
1	収蔵（しゅうぞう）	수장
1	渋滞（じゅうたい）	정체, 지체
1	充満（じゅうまん）	충만
1	往来（おうらい）	왕래
1	宿泊（しゅくはく）	숙박
1	熟慮（じゅくりょ）	숙려, 숙고
1	主催（しゅさい）	주최
1	受賞（じゅしょう）	수상
1	出港（しゅっこう）	출항
1	出社（しゅっしゃ）	출사, 출근
1	出世（しゅっせ）	출세
1	出版（しゅっぱん）	출판

빈도	단어	뜻
1	取得（しゅとく）	취득
1	傷害（しょうがい）	상해
1	乗降（じょうこう）	승강
1	称賛（しょうさん）	칭찬
1	消失（しょうしつ）	소실
1	成就（じょうじゅ）	성취
1	招待（しょうたい）	초대
1	承諾（しょうだく）	승낙
1	消毒（しょうどく）	소독
1	勝負（しょうぶ）	승부
1	消滅（しょうめつ）	소멸
1	常用（じょうよう）	상용
1	上陸（じょうりく）	상륙
1	省略（しょうりゃく）	생략
1	除籍（じょせき）	제적
1	除草（じょそう）	제초
1	署名（しょめい）	서명
1	振興（しんこう）	진흥
1	信号（しんごう）	신호
1	新作（しんさく）	신작
1	伸縮（しんしゅく）	신축
1	新築（しんちく）	신축
1	振動（しんどう）	진동
1	侵略（しんりゃく）	침략
1	尽力（じんりょく）	진력
1	推移（すいい）	추이

빈도	단어	뜻
1	推察 (すいさつ)	추찰, 짐작
1	炊事 (すいじ)	취사
1	炊飯 (すいはん)	취반 (밥을 지음)
1	スタート	스타트
1	ストップ	정지
1	生起 (せいき)	생기, 일어남
1	成形 (せいけい)	성형
1	制裁 (せいさい)	제재
1	製作 (せいさく)	제작
1	精製 (せいせい)	정제
1	生成 (せいせい)	생성
1	生長 (せいちょう)	생장, 성장
1	セーブ	세이브, 절약
1	積算 (せきさん)	적산
1	節減 (せつげん)	절감
1	設置 (せっち)	설치
1	セット	세트
1	前述 (ぜんじゅつ)	전술
1	戦闘 (せんとう)	전투
1	前納 (ぜんのう)	전납 : 예납
1	選別 (せんべつ)	선별
1	洗練 (せんれん)	세련
1	想起 (そうき)	상기
1	造形 (ぞうけい)	조형
1	相似 (そうじ)	상사 (서로 닮음)
1	装填 (そうてん)	장전

빈도	단어	뜻
1	遭難 (そうなん)	조난
1	装備 (そうび)	장비
1	送付 (そうふ)	송부
1	続出 (ぞくしゅつ)	속출
1	測定 (そくてい)	측정
1	束縛 (そくばく)	속박
1	続報 (ぞくほう)	속보
1	訴訟 (そしょう)	소송
1	蘇生 (そせい)	소생
1	尊敬 (そんけい)	존경
1	ダイエット	다이어트
1	退学 (たいがく)	퇴학
1	退屈 (たいくつ)	지루함
1	退治 (たいじ)	퇴치
1	代謝 (たいしゃ)	대사
1	貸借 (たいしゃく)	대차
1	対照 (たいしょう)	대조
1	堆積 (たいせき)	퇴적
1	台頭 (たいとう)	대두
1	滞納 (たいのう)	체납
1	大別 (たいべつ)	대별
1	田植え (たうえ)	모내기
1	足し算 (たしざん)	덧셈
1	立ち話 (たちばなし)	서서 이야기함
1	脱却 (だっきゃく)	탈각, 벗어남
1	脱水 (だっすい)	탈수

명 사

빈도	단어	뜻
1	脱線 (だっせん)	탈선
1	脱落 (だつらく)	탈락
1	探求 (たんきゅう)	탐구
1	探究 (たんきゅう)	탐구
1	探査 (たんさ)	탐사
1	探知 (たんち)	탐지
1	断念 (だんねん)	단념
1	暖房 (だんぼう)	난방
1	着目 (ちゃくもく)	착목, 착안
1	駐在 (ちゅうざい)	주재
1	中止 (ちゅうし)	중지
1	抽出 (ちゅうしゅつ)	추출
1	躊躇 (ちゅうちょ)	주저, 망설임
1	注力 (ちゅうりょく)	주력
1	彫刻 (ちょうこく)	조각
1	嘲笑 (ちょうしょう)	조소, 비웃음
1	長話 (ながばなし)	긴 이야기
1	直射 (ちょくしゃ)	직사
1	直視 (ちょくし)	직시
1	直輸入 (ちょくゆにゅう)	직수입
1	貯水 (ちょすい)	저수
1	貯蔵 (ちょぞう)	저장
1	直感 (ちょっかん)	직감
1	直結 (ちょっけつ)	직결
1	沈下 (ちんか)	침하, 가라앉음
1	鎮守 (ちんじゅ)	진수

빈도	단어	뜻
1	通説 (つうせつ)	통설
1	通報 (つうほう)	통보
1	通訳 (つうやく)	통역
1	手当 (てあて)	수당, 수단, 처치
1	提携 (ていけい)	제휴
1	提言 (ていげん)	제언
1	停止 (ていし)	정지
1	呈示 (ていじ)	정시, 제시
1	掲示 (けいじ)	게시
1	提唱 (ていしょう)	제창
1	停滞 (ていたい)	정체
1	停電 (ていでん)	정전
1	ディベート	논쟁, 토의, 토론
1	出入り (でいり)	출입
1	敵対 (てきたい)	적대
1	手続 (てつづき)	수속, 절차
1	徹夜 (てつや)	철야
1	デビュー	데뷔
1	デモンストレーション	시범, 전시
1	転嫁 (てんか)	전가
1	点検 (てんけん)	점검
1	添付 (てんぷ)	첨부
1	転用 (てんよう)	전용
1	同意 (どうい)	동의
1	動員 (どういん)	동원
1	投影 (とうえい)	투영

빈도	단어	뜻
1	同居 (どうきょ)	동거
1	凍結 (とうけつ)	동결
1	倒産 (とうさん)	도산
1	同室 (どうしつ)	같은 방
1	搭乗 (とうじょう)	탑승
1	陶酔 (とうすい)	도취
1	統制 (とうせい)	통제
1	同席 (どうせき)	동석
1	登頂 (とうちょう)	등정
1	堂々巡り (どうどうめぐり)	공회전 (계속 이어짐)
1	統廃合 (とうはいごう)	통폐합
1	逃避 (とうひ)	도피
1	投票 (とうひょう)	투표
1	同封 (どうふう)	동봉
1	到来 (とうらい)	도래
1	度外視 (どがいし)	도외시
1	得心 (とくしん)	납득함
1	独占 (どくせん)	독점
1	独断 (どくだん)	독단
1	突破 (とっぱ)	돌파
1	吐露 (とろ)	토로
1	鈍化 (どんか)	둔화
1	とんぼ返り (とんぼがえり)	곧 되돌아옴
1	長居 (ながい)	오래 앉아있음
1	仲違い (なかたがい)	사이가 틀어짐
1	長続き (ながつづき)	오래 계속함

빈도	단어	뜻
1	入院 (にゅういん)	입원
1	入札 (にゅうさつ)	입찰
1	認定 (にんてい)	인정
1	値引き (ねびき)	할인
1	濃縮 (のうしゅく)	농축
1	覗き見 (のぞきみ)	엿봄
1	拝見 (はいけん)	삼가 봄
1	排泄 (はいせつ)	배설
1	倍増 (ばいぞう)	배증, 배가
1	配属 (はいぞく)	배속
1	配当 (はいとう)	배당
1	配分 (はいぶん)	배분
1	発酵 (はっこう)	발효
1	発祥 (はっしょう)	발상
1	発声 (はっせい)	발성
1	発送 (はっそう)	발송
1	早とちり (はやとちり)	지레짐작하다가 실패함
1	反響 (はんきょう)	반향
1	半減 (はんげん)	반감
1	反対 (はんたい)	반대
1	反転 (はんてん)	반전
1	判別 (はんべつ)	판별
1	繁茂 (はんも)	번무, 무성
1	反乱 (はんらん)	반란
1	美化 (びか)	미화
1	引き算 (ひきざん)	뺄셈, 감산

명 사

빈도	단어	뜻
1	美食 (びしょく)	미식
1	筆記 (ひっき)	필기
1	びっくり	깜짝 놀람
1	引越 (ひっこし)	이사
1	避難 (ひなん)	피난, 대피
1	表記 (ひょうき)	표기
1	表明 (ひょうめい)	표명
1	披露 (ひろう)	피로
1	頻発 (ひんぱつ)	빈발
1	復元 (ふくげん)	복원
1	浮上 (ふじょう)	부상
1	付随 (ふずい)	부수
1	附属 (ふぞく)	부속
1	復活 (ふっかつ)	부활
1	復旧 (ふっきゅう)	복구
1	払拭 (ふっしょく)	불식
1	プリント	프린트
1	プログラミング	프로그래밍
1	噴火 (ふんか)	분화
1	分業 (ぶんぎょう)	분업
1	分散 (ぶんさん)	분산
1	分断 (ぶんだん)	분단
1	分納 (ぶんのう)	분납
1	分配 (ぶんぱい)	분배
1	併存 (へいぞん)	병존
1	変換 (へんかん)	변환

빈도	단어	뜻
1	変形 (へんけい)	변형
1	変身 (へんしん)	변신
1	返信 (へんしん)	답변, 답신
1	妨害 (ぼうがい)	방해
1	忘却 (ぼうきゃく)	망각
1	防御 (ぼうぎょ)	방어
1	奉仕 (ほうし)	봉사
1	飽食 (ほうしょく)	포식
1	放任 (ほうにん)	방임
1	放牧 (ほうぼく)	방목
1	募金 (ぼきん)	모금
1	保障 (ほしょう)	보장
1	勃興 (ぼっこう)	발흥
1	埋没 (まいぼつ)	매몰
1	摩擦 (まさつ)	마찰
1	磨耗 (まもう)	마모
1	回り道 (まわりみち)	돌아서 가는 길
1	満喫 (まんきつ)	만끽
1	満載 (まんさい)	만재
1	見聞き (みきき)	견문 (보고 들음)
1	密集 (みっしゅう)	밀집
1	銘記 (めいき)	명기
1	明言 (めいげん)	명언
1	目隠し (めかくし)	눈가리개
1	面接 (めんせつ)	면접
1	メンテナンス	유지보수

빈도	단어	뜻
1	目礼 もくれい	목례
1	模様替え もようがえ	(무늬, 모양, 상황 등) 변경
1	誘導 ゆうどう	유도
1	誘発 ゆうはつ	유발
1	猶予 ゆうよ	유예
1	雪かき ゆき	제설, 눈치우기
1	輸出 ゆしゅつ	수출
1	輸入 ゆにゅう	수입
1	養育 よういく	양육
1	擁護 ようご	옹호
1	養護 ようご	양호
1	要請 ようせい	요청
1	容認 ようにん	용인
1	抑制 よくせい	억제
1	予行 よこう	예행
1	横取り よこど	가로챔
1	予知 よち	예지
1	来館 らいかん	내관
1	来店 らいてん	내점
1	来訪 らいほう	내방
1	落選 らくせん	낙선
1	落下 らっか	낙하
1	履行 りこう	이행
1	離乳 りにゅう	이유
1	留意 りゅうい	유의
1	凌駕 りょうが	능가

빈도	단어	뜻
1	量販 りょうはん	양판, 대량판매
1	リラックス	릴랙스
1	類推 るいすい	유추
1	留守 るす	부재, 자리를 비움
1	例示 れいじ	예시
1	礼拝 れいはい	예배
1	連想 れんそう	연상
1	連動 れんどう	연동
1	浪費 ろうひ	낭비
1	ログイン	로그인
1	録音 ろくおん	녹음
1	録画 ろくが	녹화
1	論述 ろんじゅつ	논술
1	論評 ろんぴょう	논평
1	割付 わりつけ	할당, 배당

7

付録1　EJU 文系キーワード
付録2　EJU 理系キーワード

부록1　EJU 문과 키워드
부록2　EJU 이과 키워드

음성과 TEST

부록

부록1　EJU 문과 키워드

역사

단어	의미	단어	의미
アイゼンハワー	아이젠하워	エカチェリーナ2世	예카트리나 2세
アテネ	아테네	エリツイン	옐친
アフガニスタン侵攻	아프가니스탄 침공	カースト制度	카스트 제도
アヘン戦争	아편전쟁	カイロ会談	카이로 회담
アムステルダム	암스테르담	カシミール地方	카슈미르 지방
アメリカ独立革命	미국독립혁명	カストロ	카스트로
アルザス・ロレーヌ	알자스 로렌	カトリック	가톨릭
アロー戦争	애로호 전쟁, 제 2 차 아편전쟁	ガリレオ	갈릴레오
アンクル・トムの小屋	톰 아저씨의 오두막	カルヴァン	칼뱅
アンシャン・レジーム	앙시앵 레짐	キューバ危機	쿠바 미사일 위기
イラン・イラク戦争	이란 - 이라크전쟁	クーデタ	쿠데타
イラン革命	이란혁명	グラスノスチ	글라스노스트
インディアン	인디언	クリミア戦争	크림 전쟁
ヴァージニア	버지니아	クリントン	클린턴
ヴァスコ・ダ・ガマ	바스쿠 다 가마	クロムウェル	크롬웰
ウィーン会議	빈 회의	ケープ植民地	케이프 식민지
ヴィクトリア女王	빅토리아 여왕	ケネディ	케네디
ヴェルサイユ宮殿	베르사이유 궁전	ケベック	퀘벡
ヴェルサイユ条約	베르사이유 조약	ゲリラ戦	게릴라전
ウサマ・ビン・ラーディン	오사마 빈 라덴	ケルト人	켈트족

단어	의미	단어	의미
コペルニクス	코페르니쿠스	ソマリア内戦	소말리아 내전
コミンフォルム（共産党情報局）	코민포름 (공산당 정보국)	チェチェン紛争	체첸 분쟁
コメコン（東欧経済相互援助会議）	코메콘 (동구경제 상호원조회의)	チェルノブイリ原子力発電所	체르노빌 원자력 발전소
コモン・センス	상식	チャーチスト運動	차티스트 운동
ゴルバチョフ	고르바초프	チャーチル	처칠
コロンブス	콜럼버스	チューダー朝	튜터 왕조
サイクス・ピコ協定	사이크스 피코 협정	ツァーリ	챠르
サダム・フセイン	사담 후세인	ティトー	티토 (유고슬라비아 정치인)
サッチャー	대처	ド・ゴール	드 골
サライェヴォ	사라예보	トルーマン・ドクトリン	트루먼 독트린
サンサルバドル島	산살바도르 섬	ナチス	나치스
サンフランシスコ平和条約	샌프란시스코 평화조약	ナポレオン	나폴레옹
シェークスピア	셰익스피어	ニクソン	닉슨
ジェノサイド	제노사이드	ニューコメン	뉴커먼
シオニズム	시오니즘	ネルー	네루
ジュネーブ	제네바	ノルマンディー上陸作戦	노르망디 상륙작전
スエズ運河	수에즈 운하	パクス・ブリタニカ	팍스 브리타니카
スターリン	스탈린	バスク民族運動	바스크 민족운동
スチュアート朝	스튜어트 왕조	バスティーユ牢獄	바스티유 감옥
スローガン	슬로건	パナマ運河	파나마 운하
セオドア・ローズヴェルト	시어도어 루즈벨트	ハノイ	하노이
ソヴィエト社会主義共和国	소비에트 사회주의 공화국	ハノーヴァー朝	하노버 왕조

부록

단어	의미	단어	의미
パリ・コミューン	파리 코뮌	フランス革命	프랑스 혁명
バルカン半島	발칸 반도	プランテーション	플랜테이션
バルトロメウ・ディアス	바르톨로뮤 디아스	フルシチョフ	흐루시초프
バルフォア宣言	벨푸어 선언	ブレジネフ	브레즈네프
パレスチナ問題	팔레스타인 문제	プロイセン	프로이센
パン・ゲルマン主義	범 게르만 주의	フロリダ	플로리다
パン・スラヴ主義	범 슬라브 주의	ベルリン・ローマ枢軸	베를린 - 로마 추축
ビスマルク	비스마르크	ベルリンの壁	베를린 장벽
ヒトラー	히틀러	ホームステッド法	홈스테드 법
ヒューマニズム	휴머니즘	ボストン茶会事件	보스턴
ピューリタン革命	청교도 혁명	ポツダム宣言	포츠담 선언
ピルグリム・ファーザーズ	필그림 파더스	ホメイニ	호메이니
ファシスト党	파시스트당	マーシャル・プラン	마셜 플랜
ファショダ事件	파쇼다 사건	マゼラン	마젤란
フィラデルフィア	필라델피아	マニュファクチュア	매뉴팩처, 공장제 수공업
フーヴァー	후버	マルコ・ポーロ	마르코 폴로
プーチン	푸틴	マルタ条約	말타 조약
フォークランド戦争	포클랜드 전쟁	マルティン・ルター	마틴 루터
フセイン・マクマホン協定	후세인 - 맥마흔 협정	マンデラ	만델라
ブッシュ	부시	ミケランジェロ	미켈란젤로
フランクフルト国民議会	프랑크푸르트 국민의회	ミュンヘン会談	뮌헨 회담
フランクリン・ローズヴェルト	프랭클린 루즈벨트	ムッソリーニ	무솔리니

단어	의미
メッテルニヒ	메테르니히
モナ・リザ	모나리자
モンロー教書	먼로 주의
ヤルタ会談	얄타 회담
ユーゴスラヴィア	유고슬라비아
ユートピア	유토피아
ユダヤ教	유대교
ヨークタウンの戦い	요크타운 전투
ラ・ファイエット	라 파예트
ラダイト運動	러다이트 운동
リスボン	리스본
リンカーン	링컨
ルイジアナ	루이지애나
ルネサンス	르네상스
レーガン	레이건
レーニン	레닌
レオナルド・ダ・ヴィンチ	레오나르도 다 빈치
ワーテルローの戦い	워털루 전투
ワット	와트
ワルシャワ条約機構	바르샤바 조약기구
囲い込み運動	인클로저 운동
喜望峰	희망봉

단어	의미
日清戦争	청일전쟁
名誉革命	명예혁명
宥和政策	유화정책
湾岸戦争	걸프전쟁

부록

지리

단어	의미	단어	의미
アグリビジネス	애그리비즈니스, 농업 관련 사업	シーア派	시아파 (이슬람교)
アパラチア山脈	애팔래치아 산맥	ジャガイモ	감자
アフリカ大地溝帯 (グレートリフトヴァレー)	아프리카 대지구대 (그레이트 리프트 밸리)	シリコンバレー	실리콘밸리
アマゾン川	아마존 강	シルクロード	실크로드
アラスカ海流	알래스카 해류	すず	주석
アルパカ	알파카	スラム	슬럼
アルプス山脈	알프스 산맥	スンナ派	수니파 (이슬람교)
エルニーニョ現象	엘니뇨 현상	スプロール現象	스프롤 현상
エレクトロニクス	일렉트로닉스, 전자 공학	セルバ	셀바
オアシス	오아시스	ダイヤモンド	다이아몬드
オタワ	오타와	デトロイト	디트로이트
グリニッジ標準時	그리니치 표준시	トウモロコシ	옥수수
グレートアーテジアン(大鑽井)盆地	대찬정 분지	ドーナツ化現象	도넛화 현상
グレートディヴァイディング山脈	그레이트 디바이딩 산맥	ドーハ	도하
グレートプレーンズ	대평원	トロント	토론토
ケープタウン	케이프타운	バイオマスエネルギー	바이오매스 에너지
ゴールドラッシュ	골드러시	ハイサーグラフ	평균 기온과 평균 강수량 그래프
コペンハーゲン	코펜하겐	パイプライン	파이프 라인
サトウキビ	사탕수수	パナマ運河	파나마 운하
サハラ	사하라	ハリケーン	허리케인
サマータイム	서머 타임	バルト三国	발트 3국

단어	의미	단어	의미
パルプ工業	펄프 공업	モスクワ	모스크바
パンパ	팜파	モンスーン	몬순
ヒスパニック	히스패닉	モントリオール	몬트리올
ヒューストン	휴스턴	ラニーニャ現象	라니냐 현상
フィヨルド	피오르드, 협만	リアス海岸	리아스식 해안
フェーン	푄(현상)	リオデジャネイロ	리우데자네이루
ブエノスアイレス	부에노스아이레스	ストックホルム	스톡홀름
フランクフルト	프랑크푸르트	ルール工業地帯	루르 공업지대
プレートテクトニクス説	플레이트텍토닉스 설	レアメタル	레어 메탈, 희소 금속
プロテスタント	프로테스탄드	ロッキー山脈	록키 산맥
ベビーブーム	베이비 붐	ワスプ (WASP)	와스프
ペルシア湾岸	페르시아 만	干ばつ	가뭄, 한발
ボーキサイト	보크사이트	地球サミット	지구 서밋
ボストン	보스턴	アフガニスタン	아프가니스탄
マイン・ドナウ運河	마인-도나우 운하	アラブ首長国連邦	아랍 에미리트 연방 (UAE)
マヤ文明	마야 문명	イエメン	예멘
マングローブ	맹그로브	イスラエル	이스라엘
ミシシッピ川	미시시피 강	イラク	이라크
ミュンヘン	뮌헨	イラン	이란
メコン川	메콩 강	インド	인도
メッカ	메카	インドネシア	인도네시아
モータリゼーション (車社会化)	모터리제이션 (자동차 사회화)	オマーン	오만

부록

단어	의미	단어	의미
カタール	카타르	ミャンマー	미얀마
韓国(かんこく)	한국	モルディブ	몰디브
カンボジア	캄보디아	モンゴル	몽골
キプロス	키프로스	ヨルダン	요르단
クウェート	쿠웨이트	ラオス	라오스
サウジアラビア	사우디아라비아	レバノン	레바논
シリア	시리아	オーストラリア	호주
シンガポール	싱가포르	キリバス	키리바시
スリランカ	스리랑카	サモア	사모아
タイ	태국	ソロモン	솔로몬
中国(ちゅうごく)	중국	ツバル	투발루
トルコ	터키	トンガ	통가
日本(にほん)	일본	ナウル	나우루
ネパール	네팔	ニュージーランド	뉴질랜드
バーレーン	바레인	バヌアツ	바누아투
パキスタン	파키스탄	パプアニューギニア	파푸아뉴기니
バングラデシュ	방글라데시	パラオ	팔라우
フィリピン	필리핀	フィジー	피지
ブータン	부탄	マーシャル	마셜
ブルネイ・ダルサラーム	브루나이	ミクロネシア	미크로네시아
ベトナム	베트남	アルジェリア	알제리
マレーシア	말레이시아	アンゴラ	앙골라

단어	의미	단어	의미
ウガンダ	우간다	スワジランド	스와질란드
エジプト	이집트	セーシェル	세이셸
エチオピア	에티오피아	赤道ギニア	적도 기니
エリトリア	에리트레아	セネガル	세네갈
ガーナ	가나	ソマリア	소말리아
カーボベルデ	카보베르데	タンザニア	탄자니아
ガボン	가봉	チャド	차드
カメルーン	카메룬	中央アフリカ	중앙아프리카 공화국
ガンビア	감비아	チュニジア	튀니지
ギニア	기니	トーゴ	토고
ギニアビサウ	기니비사우	ナイジェリア	나이지리아
ケニア	케냐	ナミビア	나미비아
コートジボワール	코트디부아르	ニジェール	니제르
コモロ	코모로	ブルキナファソ	부르키나파소
コンゴ共和国	콩고 공화국	ブルンジ	부룬디
コンゴ民主共和国	콩고 민주공화국	ベナン	베냉
サントメ・プリンシペ	상투메 프린시페	ボツワナ	보츠와나
ザンビア	잠비아	マダガスカル	마다가스카르
シエラレオネ	시에라리온	マラウイ	말라위
ジブチ	지부티	マリ	말리
ジンバブエ	짐바브웨	南アフリカ	남아프리카 공화국
スーダン	수단	モーリシャス	모리셔스

부록

단어	의미	단어	의미
モーリタニア	모리타니	スロバキア	슬로바키아
モザンビーク	모잠비크	スロベニア	슬로베니아
モロッコ	모로코	チェコ	체코
リビア	리비아	デンマーク	덴마크
リベリア	라이베리아	ドイツ	독일
ルワンダ	르완다	ノルウェー	노르웨이
レソト	레소토	バチカン	바티칸
アイスランド	아이슬란드	ハンガリー	헝가리
アイルランド	아일랜드	フィンランド	핀란드
アルバニア	알바니아	フランス	프랑스
アンドラ	안도라	ブルガリア	불가리아
イタリア	이탈리아	ベルギー	벨기에
英国(えいこく)	영국	ボスニア・ヘルツェゴビナ	보스니아
エストニア	에스토니아	ポーランド	폴란드
オーストリア	오스트리아	ポルトガル	포르투갈
オランダ	네덜란드	マケドニア(旧ユーゴスラビア共和国(きょうわこく))	마케도니아 (구 유고슬라비아 공화국)
ギリシャ	그리스	マルタ	몰타
クロアチア	크로아티아	モナコ	모나코
サンマリノ	산마리노	ラトビア	라트비아
スイス	스위스	リトアニア	리투아니아
スウェーデン	스웨덴	リヒテンシュタイン	리히텐슈타인
スペイン	스페인	ルーマニア	루마니아

단어	의미	단어	의미
ルクセンブルク	룩셈부르크	セントクリストファー・ネービス	세인트크리스포터 네비스
セルビア・モンテネグロ	세르비아 몬테네그로	セントビンセント・グレナディーン諸島	세인트빈센트 그레나딘 제도
アゼルバイジャン	아제르바이젠	セントルシア	세인트루시아
アルメニア	아르메니아	ドミニカ共和国	도미니카 공화국
ウクライナ	우크라이나	ドミニカ国	도미니카 연방
ウズベキスタン	우즈베키스탄	トリニダード・トバゴ	트리니다드 토바고
カザフスタン	카자흐스탄	ニカラグア	니카라과
キルギス	키르기스	ハイチ	아이티
グルジア	그루지아	パナマ	파나마
タジキスタン	타지키스탄	バハマ	바하마
トルクメニスタン	투르크메니스탄	バルバドス	바베이도스
ベラルーシ	벨로루시	米国	미국
モルドバ	몰도바	ベリーズ	벨리즈
ロシア連邦	러시아 연방	ホンジュラス	온두라스
アンティグア・バーブーダ	앤티가 바부다	メキシコ	멕시코
エルサルバドル	엘살바도르	アルゼンチン	아르헨티나
カナダ	캐나다	ウルグアイ	우루과이
キューバ	쿠바	エクアドル	에콰도르
グアテマラ	과테말라	ガイアナ	가이아나
グレナダ	그레나다	コロンビア	콜롬비아
コスタリカ	코스타리카	スリナム	수리남
ジャマイカ	자메이카	チリ	칠레

부 록

단어	의미
パラグアイ	파라과이
ブラジル	브라질
ベネズエラ	베네수엘라
ペルー	페루
ボリビア	볼리비아

정치경제

단어	의미	단어	의미
GDPデフレーター	GDP 디플레이터	イニシアティブ	이니셔티브, 주도
アイデンティティ	아이덴티티	イノベーション	이노베이션, 혁신
アイヌ民族	아이누 민족	イラク戦争	이라크 전쟁
アクセス権	액세스권	インフラ	인프라
アジア太平洋経済協力	아시아태평양경제협력체 (APEC)	インフレーション(インフレ)	인플레이션
アジア通貨危機	아시아 통화위기	ウィーン条約	빈 조약
アセスメント	평가	ウィルソン	윌슨
アダム・スミス	아담 스미스	ウェストファリア条約	웨스트팔리아 조약
アパルトヘイト	아파르트헤이트	ウラン	우라늄
アファーマティブ・アクション	아파마티브 액션 (차별 철폐 정책)	ウルグアイ・ラウンド	우루과이 라운드
アベノミクス	아베노믹스	エネルギー革命	에너지 혁명
アムネスティ・インターナショナル	앰네스티 인터내셔널 (국제 앰네스티)	エリザベス救貧法	엘리자베스 구빈법
アメとムチ	당근과 채찍	エンゲルス	엥겔스
アメリカ同時多発テロ事件	9.11 테러 사건	オイル・ショック	오일 쇼크
アメリカ独立宣言	미국 독립선언	オゾン層	오존층
アラブの春	아랍의 봄	オンブズマン制度	옴부즈맨 제도
アラブ石油輸出国機構	아랍 석유 수출국 기구	カリスマ	카리스마
アルカイダ	알카에다	カルテル	카르텔
イスラーム(イスラム教)	이슬람 (이슬람교)	カント	칸트
イタイイタイ病	이타이이타이 병	キチンの波	경기 단기 파동
イデオロギー	이데올로기	キリスト教	기독교

부 록

단어	의미	단어	의미
キングストン合意	킹스턴 합의	シフト	시프트, 옮김
クォータ制	쿼터제, 할당제	シャウプ勧告	샤우프 권고
クズネッツの波	쿠즈네츠 곡선	ジャスミン革命	튀니지 혁명
グリーン・コンシューマ	그린 컨슈머	シャドー・キャビネット	섀도 캐비닛
グローバリズム	글로벌리즘	ジュグラーの波	주글라 파동
クローン	클론	スケールメリット	규모의 경제
ケインズ	케인스	スタグフレーション	스태그플레이션
ゲティスバーグ演説	게티스버그 연설	ストック	스톡, 저장량
ケネディ・ラウンド	케네디 라운드	ストライキ	스트라이크, 파업
コソボ紛争	코소보 분쟁	スミソニアン協定	스미소니언 협정
コモン・ロー	보통법, 관습법	セーフガード	세이프 가드, 긴급 수입 제한 조치
コングロマリット	거대기업	セクシャル・ハラスメント	성희롱
コンツェルン	콘체른, 기업 연대	ぜんそく	천식
コンドラチェフの波	콘트라체프 곡선	ソクラテス	소크라테스
コンプライアンス	컴플라이언스, 복종, 승낙	タリバン	탈레반
サービス残業	무보수 잔업	チェック・アンド・バランス	견제와 균형
サブプライム・ローン危機	서브프라임 모기지 사태	ディスクロージャー	경영 공개, 기업 정보 공개
サラリーマン	샐러리맨	デカルト	데카르트
ジェノサイド条約	제노사이드 조약	テネシー川	테네시 강
ジェファソン	제퍼슨	デフレーション（デフレ）	디플레이션
ジニ係数	지니 계수	デフレスパイラル	진행성 디플레이션
シビリアン・コントロール	문민 통제	ドッジ・ライン	도지 라인

단어	의미	단어	의미
トラスト	트러스트, 기업 합동	フリードマン	프리드먼
ニート	니트 족	ブルジョワジー	자본가 계급
ニクソン・ショック	닉슨 쇼크	フレックス・タイム制	유연근무제
ニューディール政策	뉴딜 정책	ブレトンウッズ体制	브레튼 우즈 체제
ねじれ国会	뒤틀린 국회	フロー	흐름, 유동
ノーマライゼーション	노멀라이제이션	ブロック経済	블록 경제
ノン・ルフールマンの原則	농르풀망 원칙	プロレタリア	프롤레탈리아, 노동자
パネル	패널	フロンガス	프레온 가스
バブル経済	버블 경제	ベトナム戦争	베트남 전쟁
バリアフリー	배리어 프리 (장벽 제거)	ベバリッジ報告	베버리지 보고서
ビューロクラシー	관료주의	ペレストロイカ	페레스트로이카
ビルトイン・スタビライザー	빌트인 스태빌라이저 (경기 변동 조정장치)	ベンチャー企業	벤처 기업
ヒンドゥー教	힌두교	ホッブズ	홉스
ファシズム	파시즘	ポリシー・ミックス	폴리시 믹스
フィスカル・ポリシー	재정 정책	マーストリヒト条約	마스트리히트 조약
プライスリーダー	가격 선도 기업	マイナス成長	마이너스 성장
プライバシーの権利	프라이버시의 권리	マキャヴェリ	마키아벨리
プライマリー・バランス	기본 재정 수입 및 지출	マグナ・カルタ	마그나 카르타, 대헌장
プラザ合意	플라자 합의	マス・メディア	매스 미디어
ブラック企業	악덕 기업	マッカーサー	맥아더
ブランド品	명품	マックス・ウェーバー	맥스 베버
フリーター	프리터	マニフェスト	매니페스토

동사

형용사

형용동사

부사

숙어

명사

부록

부록

단어	의미	단어	의미
マネタリズム	통화주의	レーガノミクス	레이거노믹스
マルクス	마르크스	レファレンダム	국민투표
マルサス	맬서스 (맬더스)	ロック	로크
ムスリム	무슬림	ワークシェアリング	업무 공유
メガバンク	거대 은행	ワイマール憲法	바이마르 헌법
モノカルチャー経済	모노컬처 경제	為替レート	환율 시세, 외환 시세
モンテスキュー	몽테스키외	遺伝子組換え	유전자 조작
ユーロ	유로	一人っ子政策	한 자녀 정책
ユニバーサルデザイン	범용 디자인	王権神授説	왕권신수설
ゆりかごから墓場まで	요람에서 무덤까지	温室効果ガス	온실가스
リージョナリズム	지역주의	株式会社	주식회사
リーマン・ショック	리먼 쇼크	株主総会	주주총회
リヴァイアサン	리바이어던	環太平洋パートナーシップ協定	환태평양 경제 동반자 협정 (TPP)
リカード	리카도	関税および貿易に関する一般協定	관세 무역 일반 협정
リコール（解職請求権）	리콜 (해직 청구권)	議院内閣制	의원내각제
リサイクル	재활용	金融ビッグバン	금융 빅뱅
リスト	리스트	固定相場制	고정환율제
リストラ	구조 조정	国際連合	국제연합 (UN)
リデュース	감축	市場メカニズム	시장 매커니즘
リユース	재사용	市民革命	시민 혁명
リンカーン	링컨	失われた10年	잃어버린 10년
ルソー	루소	省エネルギー	에너지 절약

단어	의미
神の「見えざる手」	신의「보이지 않는 손」
人口ピラミッド	인구 피라미드
北大西洋条約機構	북대서양 조약기구 (NATO)
貸し渋り	대출 거절
知る権利	알 권리
鉄のカーテン演説	철의 장막 연설
天下り	낙하산
東ティモール紛争	동티모르 분쟁
排他的経済水域	배타적 경제 수역
買いオペレーション	매수 개입
売りオペレーション	매도 개입
封じ込め政策	봉쇄 정책
米ソホットライン	미 - 소 핫라인
変動相場制	변동 환율제

부록2 EJU 이과 키워드

― 물 리 ―

단어	의미	단어	의미
凹面鏡	오목 거울	電力量	전력량
半導体レーザー	반도체 레이저	電気力線の密度	전기력선의 밀도
半減期	반감기	電気振動	전기 진동
比透磁率	비투자율	電位	전위
不導体	부도체	電位降下	전위 강하
不可逆変化	불가역 변화	電圧	전압
磁場	자장	電圧降下	전압 강하
磁化	자기화	電子ボルト	전자 볼트
磁気力	자기력	定常電流	정상 전류
磁気に関するクーロンの法則	쿨롱 법칙	定常状態	정상 상태
磁束密度	자속 밀도	反磁性体	반자성체
抵抗	저항	放射能	방사능
点電荷	점전하	放射線	방사선
電波	전파	放射性崩壊	방사성 붕괴
電磁気力	전자기력	放射性原子核	방사성 원자핵
電磁誘導	전자 유도	分子間力	분자간 힘
電荷	전하	負荷	부하
電荷結合素子	전하결합 소자	復元力	복원력
電界	전계	光電流	광전류
電界の重ね合わせの原理	전계의 중첩 원리	光電子	광전자

단어	의미	단어	의미
光量子 (こうりょうし)	광양자	実在気体 (じつざいきたい)	실재 기체
光路長 (こうろちょう)	광로의 거리	試験電荷 (しけんでんか)	시험 전하
合成抵抗 (ごうせいていこう)	합성 저항	順方向 (じゅんほうこう)	순방향
合成電解 (ごうせいでんかい)	합성 전해	素粒子 (そりゅうし)	소립자
合成容量 (ごうせいようりょう)	합성 용량	速度のベクトル (そくど)	속도 벡터
合成速度 (ごうせいそくど)	합성 속도	太陽電池 (たいようでんち)	태양 전지
核反応 (かくはんのう)	핵 반응	透磁率 (とうじりつ)	투자율
核分裂 (かくぶんれつ)	핵 분열	運動量 (うんどうりょう)	운동량
核力 (かくりょく)	핵력	α崩壊 (ほうかい)	알파 붕괴
核子 (かくし)	핵자	アボガドロ定数 (ていすう)	아보가드로 상수
核エネルギー (かく)	핵 에너지	凹レンズ (おう)	오목 렌즈
角振動数 (かくしんどうすう)	각 진동수	白色光 (はくしょくこう)	백색광
角周波数 (かくしゅうはすう)	각 주파수	半導体 (はんどうたい)	반도체
静止衛星 (せいしえいせい)	정지 위성	β崩壊 (ほうかい)	베타 붕괴
理想気体 (りそうきたい)	이상 기체	比誘電率 (ひゆうでんりつ)	비유전율
屈折波 (くっせつは)	굴절파	波源 (はげん)	파원
屈折角 (くっせつかく)	굴절각	うなり	주파수 차
散乱 (さんらん)	산란	像の倍率 (ぞう ばいりつ)	상의 배율
射線 (しゃせん)	사선	充電 (じゅうでん)	충전
実像 (じつぞう)	실상	撃力 (げきりょく)	관성력, 충격력
実効線量 (じっこうせんりょう)	실효선량	力積 (りきせき)	역적, 충격량
実効値 (じっこうち)	실효값	磁界 (じかい)	자계

동사

형용사

형용동사

부사

숙어

명사

부록

부록

단어	의미	단어	의미
磁力線	자력선	運動量保存の法則	운동량 보존의 법칙
誘導電流	유도전류	ドップラー効果	도플러 효과
磁束	자속	反発係数	반발 계수
荷電粒子	하전 입자	逆起電力	역기 전력
単振り子	단진자	非慣性系	비관성계
単色光	단색광	波の干渉	파 간섭
ばね定数	스프링 정수	剛体	강체
導体	도체	ガウスの法則	가우스의 법칙
等電位面	등전위면	共振周波数	공진 주파수
定積変化	정적변화	慣性力	관성력
定積モル比熱	정적물 비열	光電効果	광전 효과
定圧変化	정압변화	光路差	광로 차
定圧モル比熱	정압물 비열	格子定数	격자 정수
電場	전기장	原子核反応	원자핵 반응
電気力線	전기력선	原子炉	원자로
電荷保存の法則	전하 보존의 법칙	比電荷	비전하
電流	전류	等温変化	등온 변화
電気容量	전기 용량	横波	횡파
誘電率	유전율	ホール効果	홀 효과
コンデンサー	콘덴서, 축전기	電気素量	전기 소량
電位差	전위차	キルヒホッフ法則	키르히호프의 법칙
電子	전자	励起状態	들뜬 상태, 여기 상태

단어	의미	단어	의미
極板(きょくばん)	극판	理想気体の状態方程式(りそうきたいのじょうたいほうていしき)	이상기체 상태방정식
γ崩壊(ほうかい)	감마 붕괴	うでの長(なが)さ	지레 받침점에서 힘점까지의 거리
弱(よわ)め合(あ)いの条件(じょうけん)	서로 약해지는 조건	力(ちから)のモーメント	힘의 모멘트
単振動(たんしんどう)	단진동	偶力(ぐうりょく)	우력
交流(こうりゅう)	교류	連続 X 線(れんぞくエックスせん)	연속 X 선
焦点(しょうてん)	초점	臨界角(りんかいかく)	임계각
ジュール熱(ねつ)	줄 열	臨界量(りんかいりょう)	임계량
グルーオン	글루온	ローレンツ力(りょく)	로렌츠 힘
角速度(かくそくど)	각속도	内力(ないりょく)	내력
接地(せっち)	접지	内部エネルギー(ないぶエネルギー)	내부 에너지
誘電体(ゆうでんたい)	유전체	エネルギー準位(じゅんい)	에너지 준위
媒質(ばいしつ)	매질	逆位相(ぎゃくいそう)	역위상
静電気力(せいでんきりょく)	정전기력	周波数(しゅうはすう)	주파수
静電遮蔽(せいでんしゃへい)	정전 차폐	振動数(しんどうすう)	진동수
断熱変化(だんねつへんか)	단열 변화	平均(へいきん)の速度(そくど)	평균 속도
絶縁体(ぜつえんたい)	절연체	平面波(へいめんは)	평면파
2 乗平均速度(じじょうへいきんそくど)	제곱 평균속도	水平投射(すいへいとうしゃ)	수평 투사
ケプラーの法則(ほうそく)	케플러 법칙	平行板(へいこうばん)コンデンサー	평행판 축전지
クローンの法則(ほうそく)	쿨롱 법칙	気体定数(きたいていすう)	기체 상수
クローン	쿨롱	球面波(きゅうめんは)	구면파
クォーク	쿼크	全反射(ぜんはんしゃ)	전반사
レンツの法則(ほうそく)	렌츠 법칙	熱機関(ねつきかん)	열기관

부 록

단어	의미	단어	의미
熱力学第1法則	열역학 제1 법칙	回折格子	회절 격자
熱効率	열효율	原子核	원자핵
入射角	입사각	原子量	원자량
瞬間の加速度	순간 가속도	原子番号	원자 번호
瞬間の速度	순간 속도	等速円運動	등속 원운동
速度の分解	속도 분해	強め合いの条件	서로 강해지는 조건
速度の合成	속도 합성	屈折	굴절
同位相	동위상	屈折率	굴절률
凸レンズ	볼록 렌즈	真空の透磁率	진공 투자율
ワット	와트	真空の誘電率	진공 유전률
万有引力	만유인력	振幅	진폭
変位	변위	正弦波	사인파, 정현파
渦電流	와전류	正弦曲線	정현 곡선, 사인 곡선
吸収スペクトル	흡수 스펙트럼	陽子	양자
相対速度	상대 속도	減速材	감속재
スペクトル	스펙트럼	終端速度	종단 속도
向心加速度	구심 가속도	重力	중력
向心力	구심력	重心	중심
斜方投射	사방 투사	周期	주기
共振回路	공진 회로	自由電子	자유 전자
虚像	허상	インピーダンス	임피던스, 저항
回折	회절	座標軸	좌표축

단어	의미
LED	발광다이오드
X線	X선
一様な電界	같은 전계
力の3要素	힘의 3요소

化学

単語	의미	単語	의미
アボガドロの法則	아보가드로의 법칙	ブラウン運動	브라운 운동
アミノ基	아미노기	シャルルの法則	샤를 법칙
アミノ酸	아미노산	超臨界状態	초임계 상태
オストワルト法	오스트발트 법	潮解	조해
半透膜	반투막	赤鉄鉱	적철광
飽和結合	포화 결합	二次電池	이차전지, 축전지
飽和溶液	포화 용액	粗銅	조동
飽和蒸気圧	포화 증기압	大気圧	대기압
保護コロイド	보호 콜로이드	ダニエル電池	다니엘 전지
ベンゼン環	벤젠 고리	単結合	단결합
比熱	비열	単量体	단량체
標準状態	표준 상태	単位格子	단위 격자
氷	얼음	タンパク質	단백질
氷酢酸	빙초산	ドルトンの分圧の法則	돌턴의 분압 법칙
氷晶石	빙정석	典型元素	전형 원소
ボイル・シャルルの法則	보일-샤를 법칙	ヨウ素デンプン反応	요오드-전분 반응
ボイルの法則	보일 법칙	ヨードホルム反応	요오드 포름 반응
ガラス	유리	電池	전지
不飽和結合	불포화 결합	起電力	기전력
不斉炭素原子	부제 탄소 원자	電気分解	전기 분해
不可逆反応	불가역 반응	電離定数	이온화 상수

단어	의미	단어	의미	
イオン化傾向	이온화 경향	高分子化合物	고분자 화합물	동사
チンダル現象	틴들 현상	官能基	관능기	
不働態	부동태	光ファイバー	광섬유	형용사
ファラデー定数	패러데이 상수	光学異性体	광학 이성체	
反応熱	반응열	遷移元素	전이 원소	형용동사
反応速度定数	반응속도 상수	還元性	환원성	
ファンデルワールス力	반데르발스 힘	合成ゴム	합성 고무	
芳香族化合物	방향족 화합물	核酸	핵산	부사
放電	방전	ヘスの法則	헤스의 법칙	
発熱反応	발열 반응	ヘンリーの法則	헨리의 법칙	숙어
非金属元素	비금속 원소	アンモニアソーダ法(ソルベー法)	암모니아 소다 법	
フェーリング液	펠링 용액	化学電池	화학 전지	명사
沸点	비점, 끓는 점	化学エネルギー	화학 에너지	
沸騰	비등	環状構造	환상 구조	
分散コロイド	콜로이드 분산	環式炭化水素	환식 탄화수소	
分圧	분압	緩衝作用	완충 작용	부록
分子間力	분자간 힘	黄銅	황동	
分子結晶	분자 결정	リサイクル	재활용	
分子式	분자식	活性化エネルギー	활성화 에너지	
フェノール類	페놀류	活性化状態	활성화 상태	
負極	(전기의) 음극	幾何異性体	기하 이성체	
乾留	건류	付加反応	첨가 반응	

부록

단어	의미	単語	의미
付加重合	첨가 중합	理想気体	이상 기체
アルカリ金属	알칼리 금속	鎖状構造	연쇄 구조
アルカリ土類金属	알칼리 토금속	両性金属	양성 금속
架橋構造	다리걸침 구조	臨界点	임계점
コロイド	콜로이드	六方最密構造	육방 밀집 구조
接触法	접촉법	ハロゲン	할로겐
構造式	구조식	塩化物	염화물
構造異性体	구조 이성체	錯イオン	착이온
結合エネルギー	결합 에너지	エーテル結合	에테르 결합
結晶	결정	面心立方格子	면심 입방 격자
結晶格子	결정 격자	モル分率	몰 분율
金属結晶	금속 결정	モル濃度	몰 농도
金属元素	금속 원소	逆反応	역반응, 반작용
絶対温度	절대온도	凝固点	응고점
ケルビン	켈빈	凝固点降下	응고점 강하
開環重合	개환 중합	ゲル	겔, 젤
可逆反応	가역 반응	凝縮	응축
クーロン力	쿨롱의 힘	凝析	응석
拡散	확산	濃度	농도
ルシャトリェの原理	르 샤틀리에의 원리	濃硫酸	농황산
イオン結合	이온 결합	アゾ化合物	아조 화합물
イオン結晶	이온 결정	配位数	배위수

단어	의미	단어	의미	
配位子	리간드	溶融塩電解	용융염 전해	동사
気体定数	기체 상수	三重結合	삼중 결합	
気液平衡	기액 평형	三重点	삼중점	형용사
鉛蓄電池	납 축전지	色素	색소	
ヒドロキシ基	하이드록시기	石灰水	석회수	형용동사
置換反応	치환 반응	示性式	시성식	
アルデヒド基	알데히드기	疎水コロイド	소수 콜로이드	
燃料電池	연료 전지	二重結合	이중 결합	부사
燃焼熱	연소열	水のイオン積	물의 이온 곱	
熱化学方程式	열화학 방정식	加水分解	가수 분해	숙어
溶解度積	용해도 곱	シストランス異性体	시스 트랜스 이성체	
溶媒	용매	ソーダ石灰	소다 석회	
ゾル	졸	速度定数	속도 상수	명사
溶解度	용해도	プラスチック	플라스틱	
溶解度曲線	용해도 곡선	カルボキシ基	카르복시 기	부록
溶解熱	용해열	カルボン酸	카복실 산	
溶液	용액	ペプチド結合	펩티드 결합	
溶質	용질	体心立方格子	체심 입방격자	
融点	용점, 녹는 점	天然高分子化合物	천연 고분자 화합물	
融解曲線	용해 곡선	炭化水素	탄화수소	
融解熱	용해열	異性体	이성체	
融解塩電解	용해염 전해	ケトン基	케톤 기	

부 록

단어	의미	단어	의미
脱離反応	E2 반응, 제거 반응	クメン法	쿠멘 법
脱水反応	탈수 반응	陰極	음극
温室効果	온실효과	銀鏡反応	은거울 반응
無機化合物	무기 화합물	有機化合物	유기 화합물
吸熱反応	흡열 반응	元素分析	원소 분석
吸湿性	흡습성	一次電池	일차 전지
希硫酸	희황산	けん化	검화, 비누화
希ガス（貴ガス）	희가스	実在気体	실재 기체
アミド結合	아미드 결합	脂肪酸	지방산
下方置換	하방 치환	エステル結合	에스테르 결합
ニトロ基	나이트로기	質量パーセント濃度	질량 퍼센트 농도
マンガン乾電池	망간 건전지	質量モル濃度	질량 몰 농도
圧力	압력	中和熱	중화열
塩の加水分解	소금 가수분해	周期表	주기표, 주기율표
塩析	염석	全圧	전압력
陽極	양극	組成式	조성식, 실험식
陽極泥	양극 전물		
酸化数	산화수		
酸化作用	산화작용		
アルコール	알콜		
ビニル基	비닐기		
アセチル化	아세틸화		

동사

형용사

형용동사

부사

숙어

명사

부록

생 물

단어	의미	단어	의미
筋小胞体	근소포체	オーダーメイド医療	맞춤의료
アリー効果	얼리효과	活動電位	활동전위
エディアカラ生物群	에디아카라 생물군	ポリペプチド	폴리펩티드
アミノ酸	아미노산	アンチコドン	안티코돈
暗発芽種子	암발아 종자	放射性同位体	방사성 동위원소
胞子体	포자체	分極	분극
エキソサイトーシス	엑소시토시스	割球	할구
被子植物	피자식물, 속씨식물	感覚ニューロン	감각 뉴런
フェニルケトン尿症	페닐케톤 요증	ゴルジ体	골지체
標識再捕法	표지재포법	共進化	공진화
アロステリック酵素	알로스테릭 효소	アーキア	고세균
哺乳類	포유류	窒素固定	질소 불가화동
オペレーター	작동자	キーストーン種	핵심종
オペロン	오페론	冠輪動物	촉수담륜동물
花成ホルモン	화성 호르몬	光合成	광합성
オゾン層	오존층	フィトクロム	피토크롬
春化	춘화 처리	過敏感反応	과민감반응
代謝	대사	海綿状組織	해면상 조직
フォールディング	단백질 접힘	カンブリア大爆発	캄브리아 대폭발
電気泳動	전기영동	和名	일본명
先体反応	선체반응	核酸	핵산

부록

단어	의미	단어	의미
リボ核酸	리보핵산	減数分裂	감수분열
核相	핵상	塩基	염기
横紋筋	횡문근	キアズマ	키아스마
虹彩	홍채	接合菌類	접합균류
呼吸量	호흡량	密着結合	밀착연접
ツボカビ類	호상균류	近交弱勢	근교약세
化学受容器	화학 수용기	精原細胞	정원세포
環境収容力	환경용량	アルコール発酵	알코올 발효
灰白質	회백질	シアノバクテリア	남조세균
活性化エネルギー	활성화 에너지	老化	노화
ミオシンフィラメント	굵은 필라멘트	カロテノイド	카로티노이드
筋繊維	근섬유	離層	이층
筋原繊維	근원섬유	イオン	이온
基本組織系	기본 조직계	両生類	양서류
基底膜	기저막	リン酸	인산
遺伝子	유전자	ホスホグリセリン酸	포스포글리세린산
遺伝子プール	유전자 풀	リン脂質	인지질
ゲノムプロジェクト	게놈 프로젝트	えり鞭毛虫類	편모충류
ジベレリン	지베렐린	テリトリー	영토
極核	극핵	硫黄細菌	황세균
脊髄	척수	卵黄膜	노른자 막
ギャップ結合	간극연접	裸子植物	겉씨 식물

단어	의미	단어	의미
モータータンパク質	모터 단백질	軟骨魚類	연골어류
盲斑	맹점	神経回路	신경회로
基質	기질	神経鞘	신경초
免疫グロブリン	면역 글로불린	神経胚	신경배
膜電位	막전위	ニューロン	뉴런
末梢神経系	말초신경계	浸透圧	삼투압
木部	목부	生物多様性	생물 다양성
胞胚	포배	オーキシン	옥신
エンドサイトーシス	엔도사이토시스	生殖的隔離	생식적 격리
擬態	의태	雄原細胞	생식세포
齢構成	연령분포	かん体細胞	간상세포
グアニン	구아닌	眼胞	안포
ウラシル	우라실	網膜	망막
胚珠	배주	受精卵	수정란
配偶子	배우자	受精膜	수정막
膨圧	팽압	重複受精	중복수정
気孔	기공	ペプチド	펩티드
器官	기관	解糖	해당
遺伝	유전	耳小骨	이소골, 청소골
体性神経系	체신경계	同位体	동위체, 동위 원소
リソソーム	라이소좀	相同染色体	상동 염색체
溶血	용혈	瞳孔	동공

부록

단어	의미	단어	의미
シナプス	시냅스	羊膜(ようまく)	양막
アブシシン酸(さん)	아브시스산	陽イオン	양이온
脱水素酵素(だっすいそこうそ)	탈수소효소	クロロフィル	클로로필, 엽록소
デオキシリボース	디옥시리보스	葉緑体(ようりょくたい)	엽록체
外胚葉(がいはいよう)	외배엽	液胞(えきほう)	액포
エキソン	엑손	エチレン	에틸렌
尾芽胚(びがはい)	미아배아	異化(いか)	이화
味蕾(みらい)	미뢰, 맛봉오리	抑制性シナプス(よくせいせい)	억제성 시냅스
吸収(きゅうしゅう)スペクトル	흡수 스펙트럼	陰(いん)イオン	음이온
細胞壁(さいぼうへき)	세포벽	プライマー	프라이머
アポトーシス	아포토시스	富栄養化(ふえいようか)	부영양화
細胞小器官(さいぼうしょうきかん)	세포 소기관	真獣類(しんじゅうるい)	태반 포유류
細胞質基質(さいぼうしつきしつ)	세포질 기질	有袋類(ゆうたいるい)	유대류
バクテリア	박테리아	顎口類(がっこうるい)	악구류
サイトカイニン	시토키닌	有機物(ゆうきぶつ)	유기물
細胞質(さいぼうしつ)	세포질	有胚乳種子(ゆうはいにゅうしゅし)	유배유 종자
リーディング鎖(さ)	선도사슬	魚竜(ぎょりゅう)	어룡
ミトコンドリア	미토콘드리아	原核生物(げんかくせいぶつ)	원핵생물
フォトトロピン	포토트로핀	運動野(うんどうや)	운동피질
光屈性(こうくっせい)	향광성	運動神経(うんどうしんけい)	운동신경
雄性配偶子(ゆうせいはいぐうし)	수 배우자	運動(うんどう)ニューロン	운동뉴런
維管束系(いかんそくけい)	관다발계	ヘテロ接合体(せつごうたい)	이형 접합체

단어	의미		단어	의미
再生医療	재생의료		遺伝子座	유전자 자리
真核細胞	진핵세포		遺伝子重複	유전자 중복
菌類	균류		休眠	휴면
真体腔	진체강		共同繁殖	공동번식
ホモ・サピエンス	호모 사피엔스		クエン酸回路	TCA 회로
中胚葉	중배엽		間脳	간뇌
中枢神経系	중추신경계		外耳	외이
セントラルドグマ	센트럴 도그마			
個体群	개체군			
種子植物	종자식물			
アミノ基転移酵素	아미노기 전이 효소			
遺伝子組換え	유전자 조작			
オーガナイザー	오거나이저, 형성체			
アクチンフィラメント	액틴필라멘트			
アデニン	아데닌			
αヘリックス構造	알파-나선구조			
アロステリック部位	알로스테릭 부위			
暗順応	암순응			
暗帯	불투명부			
アンチセンス鎖	안티센스 사슬			
イントロン	인트론			
遺伝的浮動	유전자 부동			

동사

형용사

형용동사

부사

숙어

명사

부록

시사일본어학원 수원EJU플랜센터
EJU 일본대학전문학원

EJU문과종합반 **EJU이과종합반** **미대(예체능)대비반**

시사 EJUplan이 일본 명문대 진학의 길을 열어드립니다!

왜 시사일본어학원 수원 EJU플랜센터를 선택할 수밖에 없는가?

01 최단기간 합격에 맞춘 최상의 커리큘럼(타의 추종을 불허하는 스케줄!!)
- 초단기간에 N2완성 및 EJU 전과목 학습 시작
- 한자/독해/회화/문법의 체계적인 학습(어학연수 프로그램도입)
- 스케줄대로 따라 오면 반드시 고득점이 나온다.

02 담임제 학원입학부터 최종 대학입학까지 관리
- 담임선생님이 최종 입학때 까지 학습 관리
- 일본유학 상담 12년 경력의 상담선생님의 주기적인 관리
- 3개월 단위 부모님 상담 및 학습성취도 관리

03 최고의 강사진이 고득점을 반드시 달성한다.
- 서울 유명학원의 강사진을 능가하는 최고의 강사진
- JLPT 및 EJU 전과목 강사진의 탁월한 강의력

04 체계적인 대학지원 및 전략수립 원서대행
- 12년 경력의 전문상담 선생님의 대학지원 상담
- 최근 5년 합격/불합격 자료를 바탕으로 반드시 합격시킨다.

05 본고사 및 면접대비/지망이유서의 체계적인 관리
- 이제 EJU점수만으로 합격을 안심할 수 없다.
- 구두시문/본고사완벽대비/ 면접/지망이유서의 체계적인 작성
- 최다 일본인 선생님의 전방위적인 지원

06 영어성적이 이제 명문대 합격을 좌우한다.
- 20년 경력의 토플선생님이 반드시 고득점을 보장한다.
- 최고의 토익강사진이 단기간에 토익 목표 달성

EJU 수업에서 진학상담까지 수속 ONE-STOP SERVICE

www.sisasuwon.co.kr

수원역점 수원역 9번출구 031) **224-1582**
영통점 영통역 1번출구 031) **273-7311**

전국 최고! 압도적 실적!
영인에듀 EJU 전과목 인강 오픈!
명실상부 완벽한 일본대학 입시를 위한 전문 강사진의 커리큘럼을 이제 언제 어디서나 만나보세요~!

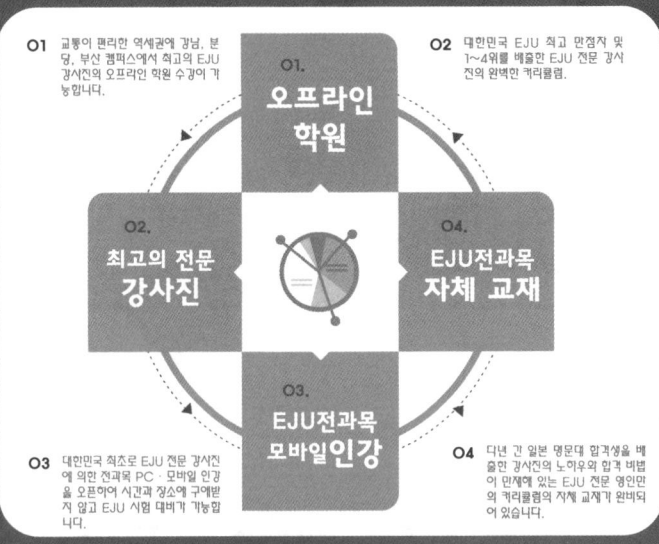

O1 교통이 편리한 역세권에 강남, 분당, 부산 캠퍼스에서 최고의 EJU 강사진의 오프라인 학원 수강이 가능합니다.

O2 대한민국 EJU 최고 만점자 및 1~4위를 배출한 EJU 전문 강사진의 완벽한 커리큘럼.

O3 대한민국 최초로 EJU 전문 강사진에 의한 전과목 PC · 모바일 인강을 오픈하여 시간과 장소에 구애받지 않고 EJU 시험 대비가 가능합니다.

O4 다년 간 일본 명문대 합격생을 배출한 강사진의 노하우와 합격 비법이 면제돼 있는 EJU 전문 영인만의 커리큘럼의 자체 교재가 완비되어 있습니다.

PC · 모바일 인강
www.younginedu.net

강남캠퍼스 서울시 강남구 테헤란로 4길 40 신소에빌딩 7층 (일본어황재심학원) TEL : 02-6959-1558
분당캠퍼스 경기도 성남시 분당구 내정로 165번길50 (수내동 크리스탈빌딩 5층) TEL : 031-719-3433
부산캠퍼스 부산시 해운대구 좌동로 108 무량빌딩 3층 TEL : 051-714-3305

문과 · 예체능 유학 전문
토토로하우스어학원

토토로하우스에서는 당신이 주인공입니다.

토토로하우스가
이 모든 과정의
동반자가 되겠습니다.

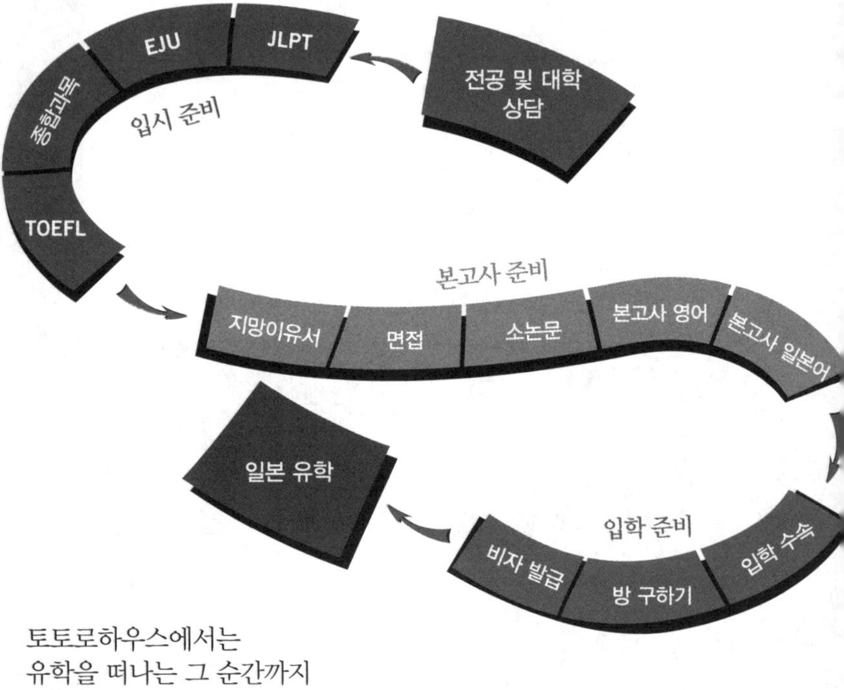

- 종합과목
- EJU
- JLPT
- 입시 준비
- TOEFL
- 전공 및 대학 상담

본고사 준비
- 지망이유서
- 면접
- 소논문
- 본고사 영어
- 본고사 일본어

입학 준비
- 입학 수속
- 방 구하기
- 비자 발급

일본 유학

토토로하우스에서는
유학을 떠나는 그 순간까지
당신이 주인공입니다.

강남점
서울 강남구 강남대로 354 14층,
TEL (02)538-1213
http://www.yuhak.totorohouse.co.kr

홍대점
서울 마포구 와우산로23길 9 0
TEL (02)322-5237
http://www.totorohouse.co

名校志向塾 ——— 日本で最も権威のある

留学生進学塾

- 留学生は、日本の大学に合格することが年々難しくなっている。

- それでも、名校志向塾は第一希望校合格へ導く。

文系、理系、芸術系など 多様な進学コース を用意

専門分野の プロ講師が 指導する

数十年分の過去問を 分析・対策した 特別授業

MEKO EDUCATION GROUP
~2019 合格実績

合格数、前年より伸び率止昇中！

東京大学 文系！1類〜3類 理系！1類・2類 **122名**

早大 695名

慶應 288名

東京藝術大学 11名

京都精華大学 56名 留学生合格者数1位

| 一橋 111名 | 東工大 158名 | 武蔵美 29名 | 多摩美 30名 |

国公立大学・難関私立大学 合格者計 10,000人超！

名校志向塾
MEKO EDUCATION GROUP

お気軽にお問い合わせください。 *10:00~22:00
03-5332-7836

https://www.mekoedu.com/　　詳しくは、右記のQRコードを読み込み、アクセスしてください。

㈜해외교육사업단 발행 도서

일본유학시험(EJU)
2024년 기출문제집

일본유학시험(EJU)
대비 개념서 하이레벨
종합과목 개정 제2판

일본유학시험(EJU)
대비 개념서 하이레벨
이과 물리·화학·생물 개정판

일본유학시험(EJU)
대비 개념서 하이레벨
수학 코스1

일본유학시험(EJU)
모의시험 10회분
일본어 기술·독해

일본유학시험(EJU)
모의시험 10회분
일본어 청독해·청해

일본유학시험(EJU)
실전문제집(10회분)
일본어 기술·독해 vol.1

일본유학시험(EJU)
실전문제집(10회분)
일본어 청독해·청해 vol.1

일본유학정보도서
일본대학 학과도감

일본유학정보도서
일본 고등학교 유학가기
개정판

일본유학정보도서
일본 유학으로 성공하기

일본유학정보도서
일본 유학 수속 가이드

▶ 판매처 : 교보문고, 영풍문고, 예스24, 알라딘 (각 서점 및 사이트에서 구입 가능)

▶ 해외교육사업단 : 전화 02-552-1010/ 팩스 02-552-1062/ 이메일 hedc@hed.co.kr

【 일본어판 제작진 】

監修	豊原　明（東京大学 Ph.D） 陳　苙（東京大学）
編著	佐藤　翼（早稲田大学）
執筆	祝 暁明（東京大学） 王 茜玥（西安外国語大学） 邱 卉嫺（早稲田大学）
編集協力・校正	芹澤　美希（早稲田大学） 長島　由乃（早稲田大学） 明石さと子（早稲田大学） 柏原　節子（早稲田大学大学院） 村松　綾（東京大学大学院）
ナレーション	専門学校アニメ・アーティスト・アカデミー 打田マサシ（Timely Office） 宮崎　綸（ワイスプロダクション） 亀中理恵子

©2019 MEKO EDUCATION GROUP Co.,Ltd
All rights reserved. No part of this publication may be reproduced, stored in a retrieval system, or transmitted in any form or by any means, electronic, mechanical, photocopying, recording, or otherwise, without the prior written permission of the Publisher.
The contents of the audio files and the practice tests are the property of MEKO EDUCATION GROUP Co.,Ltd. And are protected under copyright laws of Japan and other countries.
Published by MEKO EDUCATION GROUP Co.,Ltd
Dai-san Yamahiro Bldg. 2F, 4-1-1, Kita-Shinjuku, Shinjuku, Tokyo 169-0074, Japan
ISBN 978-4-909907-08-0
First published 2019

【번역감수】 김상회 (일본어 번역가)
　　　　　　 도쿄외국어대학 국제일본학부 졸업
　　　　　　 동 대학원 박사전기과정 수료

일본유학시험(EJU)
일본어 단어・어휘 10000어

발 행 일 :	2020년 04월 01일 초판 1쇄	
	2021년 10월 01일 초판 2쇄	
	2024년 03월 22일 초판 3쇄	
	2025년 10월 27일 초판 4쇄	
저　　자 :	메코시코주쿠(名校志向塾)	
발 행 인 :	송부영	
발 행 처 :	(주)해외교육사업단	
출 판 등 록 :	제16-1456호	
주　　소 :	서울시 서초구 강남대로 381,(두산 709호)	
전　　화 :	02-736-1010	
이 메 일 :	song@hed.co.kr	
홈 페 이 지 :	www.hedgroup.co.kr	

- 이 도서의 국립중앙도서관 출판예정도서목록(CIP)은 서지정보유통지원시스템 홈페이지(http://seoji.nl.go.kr)와 국가자료종합목록 구축시스템(http://kolis-net.nl.go.kr)에서 이용하실 수 있습니다.
  (CIP제어번호 : CIP2020011532)
- 이 책은 저작권법에 따라 보호받는 저작물이므로 무단전재와 무단복제를 금지하며, 이 책의 내용의 전부 또는 일부를 이용하려면 반드시 저작권자의 서면동의를 받아야 합니다.

※책값은 뒤표지에 있습니다.
※잘못 만들어진 책은 구입하신 서점에서 교환해드립니다.